Torey L. Hayden:

Kein Kind wie alle anderen

Wie eine Lehrerin mit ungewöhnlichen Methoden ihren Schülern zu einem besseren Leben verhilft

Aus dem Amerikanischen von
Mechtild Sandberg

Deutscher
Taschenbuch
Verlag

dtv

Von Torey L. Hayden
ist im Deutschen Taschenbuch Verlag erschienen:
Sheila (10223)

Ungekürzte Ausgabe
1. Auflage Oktober 1990
3. Auflage April 1992: 28. bis 39. Tausend
Deutscher Taschenbuch Verlag GmbH & Co. KG,
München

Titel der amerikanischen Originalausgabe:
Just Another Kid

ISBN 3-502-18302-3
Umschlaggestaltung: Celestino Piatti
Umschlagfoto Vorderseite: Bavaria Bildagentur GmbH,
Gauting
Umschlagfoto Rückseite: Scherz Verlag, Bern
Gesamtherstellung: C. H. Beck'sche Buchdruckerei,
Nördlingen
Printed in Germany · ISBN 3-423-30004-3

Das Buch

Sechs verhaltensgestörte Kinder: Dirkie, hyperaktiv, wirbelt alles durcheinander, Mariana, verwahrlost und viel zu früh auf Sex fixiert, Geraldine, Shamie und Shemona, drei irische Kinder, die ihre Eltern durch Terroranschläge verloren, und die kleine autistische Leslie stellen die Lehrerin vor schier unlösbare Probleme. Mit unendlicher Geduld, Einfühlungsvermögen und Konsequenz meistert sie die Mühen und Plagen, Fortschritte und Rückschritte, die sie bei der Betreuung «ihrer Kinder» täglich erlebt. Hinzu kommt plötzlich Leslies alkoholsüchtige Mutter, die sich als eigentlicher Problemfall und damit als die größte Herausforderung für Torey L. Hayden erweist. Nachdem sie auch Zugang zu Leslies Mutter gefunden hat, engagiert sie sie als «Klassenhelferin». Haydens Mut, ungewöhnliche Situationen mit ungewöhnlichen Mitteln anzugehen, ihre Liebe zu ihrer Arbeit und ihr Humor führen am Ende eines schweren Jahres dazu, daß sich für ihre Schüler genauso wie für Leslies Mutter gangbare Wege in eine leichtere Zukunft öffnen.

Die Autorin

Torey L. Hayden, 1951 geboren, arbeitete als Psychologin, Sonderschullehrerin und Universitätsdozentin in den Vereinigten Staaten. Dabei praktizierte sie mit schwer geschädigten Kindern eine ungewöhnliche, über alle Lehrbücher hinausweisende Pädagogik des Herzens. Seit 1978 lebt sie als freie Schriftstellerin zusammen mit ihrem schottischen Ehemann in Wales. Von ihr erschien auf deutsch außerdem: ‹Sheila› (1981), ‹Bo und die anderen› (1982).

I

Das Klassenzimmer war ein Provisorium, ähnlich wie mein Leben zu jener Zeit; es war ein riesengroßer Raum in einem Gebäude aus der Jahrhundertwende mit einer ungefähr vier Meter hohen Decke und schönen hohen Fenstern mit Blick auf eine eintönige Backsteinmauer und den Kamin des Heizwerks nebenan. Ein beträchtlicher Teil war mit grauen Stahlregalen abgetrennt, in denen die Lehrerbibliothek des Schulbezirks untergebracht war. Der L-förmige Raum, der blieb, gehörte mir. Im langen, breiten Arm des L, durch eine Reihe Fenster erhellt, standen die Stühle und der Arbeitstisch; im schmalen, kurzen Fuß des L waren die Tafel und ganz hinten die Tür. Platz war hier genug; ich hatte schon in wesentlich beengteren Verhältnissen unterrichtet, aber das Arrangement war, gelinde gesagt, ungewöhnlich. Die Tafel war vom Arbeitsraum aus nicht zu sehen und daher unbrauchbar. Und wenn ich die Tür im Auge haben wollte, mußte ich direkt am Knick der beiden L-Arme Posten beziehen.

Das also sollte die erste offizielle, unabhängige Unterrichtsstätte im Bezirk für emotional gestörte Kinder werden seit Inkrafttreten des Eingliederungs- und Rückführungsgesetzes in den siebziger Jahren. Meine Arbeitsbeschreibung wies mich als Fachlehrkraft für den Förderunterricht aus; die Kinder wurden als verhaltensgestört bezeichnet; das Klassenzimmer wurde, auf dem Papier, nur Das Zentrum genannt, aber im Grunde waren wir wieder da, wo wir angefangen hatten.

Ich hatte eigentlich nicht vorgehabt, wieder zu unterrichten. Nach zwei Jahren schriftstellerischer Tätigkeit im Ausland hatten mich Familienangelegenheiten gezwungen, nach Hause zurückzukehren, und dann war ich in dem Bemühen, eine unbegrenzte Aufenthaltserlaubnis für Großbritannien zu erhalten, wo in Wales mein Verlobter, mein Häuschen und mein Hund auf mich warteten, in die langsam mahlenden Mühlen der Behörden geraten. Ein Hindernis nach dem anderen türmte sich auf, von verlorenen Bankunterlagen zu geschlossenen Konsulaten, und die einmonatige Wartezeit dehnte sich auf drei, dann vier Monate aus, ohne daß mir jemand sagen konnte, wann ich mit dem Visum rechnen konnte. Frustriert und verärgert reiste ich zwischen Freunden und Familienangehörigen hin und her.

Eines Nachmittags rief mich die Bekannte einer Freundin an. Sie hätte von meinen Schwierigkeiten gehört, und da auch sie im Moment ein Problem hätte, könnten wir vielleicht einander helfen. Eine ihrer Sonderschullehrkräfte war plötzlich schwer erkrankt. Bis zum Beginn des neuen Schuljahres waren es nur noch zehn Tage, und sie hatten bisher keinen Ersatz gefunden, ob ich daran interessiert wäre einzuspringen?

Nein, sagte ich sofort. Ich wollte abreisen, sobald mein Antrag genehmigt war. Aber die Frau ließ sich nicht so leicht abwimmeln. Es wäre doch eine gute Möglichkeit, die Wartezeit zu überbrücken. Und wenn das Visum wirklich schnell käme, brauche ich mich ja nicht gebunden zu fühlen. Ich solle es mir wenigstens durch den Kopf gehen lassen.

Nein, sagte ich noch einmal, aber als mich der Leiter des Sonderschulwesens anrief, stand ich dem Gedanken nicht mehr so ablehnend gegenüber. Okay, sagte ich. Warum nicht?

Nun saß ich vor einem Berg von Materialien für das neue Schuljahr und starrte durch das Fenster zum Kamin hinaus, der trist und grau im Sommersonnenschein stand. Es bedrückte mich etwas, daß ich so wenig zielstrebig war. Von einer geradlinigen beruflichen Laufbahn konnte bei mir nicht die

Rede sein; meine Karriere war eher eine Folge von zufälligen Begegnungen mit interessanten Gelegenheiten. Nachdem ich jahrelang nicht unterrichtet hatte, einen Versuch zu promovieren bald wieder aufgegeben, mehrere Jahre in der Forschung gearbeitet und mich vorübergehend als klinische Psychologin versucht hatte und dann ins Ausland gegangen war, um zu schreiben, saß ich nun wieder als Lehrerin an einem Pult. Ich mochte diese Unberechenbarkeit und Abwechslung; sie regten mich an. Aber zugleich wurde mir immer stärker bewußt, wie unstet mein Leben war.

Ein Klopfen an der Tür riß mich aus meinen Gedanken.

«Torey?» rief jemand.

Da ich von meinem Platz aus nicht sehen konnte, wer es war, stand ich auf. Eine Sekretärin war an der Tür.

«Eines Ihrer Kinder ist da», sagte sie. «Die Eltern sind im Sekretariat.»

Das alte Gebäude wurde nicht mehr als Schule benutzt; hier waren jetzt die Verwaltungsräume des Schulbezirks untergebracht, größtenteils im Erdgeschoß. Das erste Stockwerk hatte ich für mich, die anderen Räume dienten als Lager. Es gab überhaupt nur zwei Unterrichtsräume im ganzen Haus, meinen und den der Tagesschule für retardierte Vorschüler im Souterrain. Die Korridore waren an diesem ersten Schultag gespenstisch still.

Vor der brusthohen Abtrennung im Sekretariat, die als Rezeption diente, warteten ein Mann und eine Frau, ein bemerkenswertes Paar. Der Mann, dessen lockiges graues Haar an zerzauste Kinderlocken erinnerte, war bestimmt zwei Meter groß, wirkte aber trotz seiner Größe sehr weich, beinahe zart. Er mußte etwa Ende Fünfzig sein, und obwohl er nicht unbedingt gut aussehend war, hatte er etwas sehr Anziehendes, das mehr auf seinem ruhigen Selbstvertrauen als auf körperlicher Schönheit beruhte.

Die Frau, gewiß mehr als fünfundzwanzig Jahre jünger als ihr Mann, war auffallend schön. Ich hatte noch nie eine so schöne Frau gesehen. Sie war groß und schmal, mit stark ausgeprägten Wangenknochen und einem Grübchen im Kinn. Die Augen waren grün, richtig grün, wie die einer Katze, nur ein wenig heller und leicht vorgewölbt, was dem Gesicht etwas Eindringliches, beinahe Arrogantes gab. Das lange Haar in der Farbe dunklen Honigs war voll und ungebändigt wie eine Löwenmähne. Sie verkörperte jene elegante, selbstsichere Schönheit, der man eigentlich nur in teuren Modezeitschriften begegnet und die im realen Leben irgendwie fehl am Platz wirkt. Mich fesselte sie.

«Guten Morgen», sagte ich und bot den beiden die Hand. «Ich bin Torey Hayden.»

Der Mann drückte mir flüchtig die Hand, die Frau rührte sich nicht. Sie war sehr lässig gekleidet, doch ihr Verhalten hatte nichts Lässiges an sich. Jeder Muskel war angespannt. Das machte ihre Schönheit noch beeindruckender. Sie knisterte förmlich vor Schönheit, die sie wie einen Mantel um sich trug.

Schweigen folgte. Ich hatte keine Ahnung, wer die beiden waren.

«Sie müssen entschuldigen», sagte ich. «Mrs. Adams, die eigentlich diese Klasse übernehmen sollte, mußte plötzlich ins Krankenhaus. Ich bin erst vor ein paar Tagen für sie eingesprungen und muß gestehen –»

«Sie will nicht aussteigen», stieß die Frau hervor.

«Oh.»

Der Mann sah sich um, als interessierte ihn das nicht sonderlich. Die Frau beobachtete mich mit unverwandtem Blick, nicht gerade feindselig, aber auch nicht freundlich. Ihre Musterung war von einer Unverfrorenheit, die im allgemeinen unter Erwachsenen verpönt ist.

«Lassen wir's doch einfach für heute», meinte der Mann und sah lustlos zu mir herunter. «Vielleicht ist sie morgen in besserer Stimmung.»

Der Frau traten plötzlich Tränen in die Augen. Sie errötete

tief, alle Muskeln um ihren Mund spannten sich. «Nein», sagte sie, drehte sich abrupt um und lief aus dem Büro.

Der Mann trat unbehaglich von einem Fuß auf den anderen. Ich dachte schon, er würde ihr nachlaufen, aber er tat es nicht.

«Meine Frau ist ein bißchen erregt», sagte er leise.

«Ja, das sehe ich.»

Schweigen. Der Mann sah mich an. Er hatte wasserhelle blaue Augen. «Ich finde, wir sollten es einfach lassen.»

«Wie wär's, wenn ich mit hinunterkomme? Ich kenne so etwas. Es ist ganz normal. Neue Lehrerin, neue Umgebung...»

Er schüttelte den Kopf. «Nein, lassen wir's. Ich bringe sie morgen wieder her.»

Ehe ich etwas erwidern konnte, ging auch er. Verdutzt sah ich ihm nach. Als ich mich umdrehte, merkte ich, daß die drei Sekretärinnen mich beobachteten. Wir fingen an zu lachen.

«Und ich weiß nicht einmal, wer die Leute sind», sagte ich.

«Die Considynes», antwortete eine der Frauen. «Unser Pendant zu *Dallas*.»

Das zweite Kind kam, kurz nachdem ich ins Zimmer zurückgekehrt war. Mariana Gilchrist. Sie wurde von ihrer Mutter begleitet, einer jungen Frau von höchstens fünfundzwanzig, deren kurzes mit Gel gesteiftes Haar in lauter kleinen Stacheln vom Kopf abstand. Mit ihrem Augen-Make-up – dicker schwarzer Lidstrich und perlmuttschimmernder Lidschatten – sah sie aus wie Kleopatra. Mariana im rotkarierten Trägerrock mit weißer Rüschenbluse wirkte reizend altmodisch daneben.

«Bin ich die erste?» fragte sie. «Ach, gut. Da krieg ich alles zuerst. Da kann ich mir alles zuerst aussuchen.» Sie strebte von ihrer Mutter weg.

«Sei brav», sagte Mrs. Gilchrist. «Du mußt dich ordentlich benehmen. Dafür wird deine neue Lehrerin schon sorgen. Hier kannst du nicht rumtoben wie in der anderen Klasse.»

«Wo ist mein Platz?» fragte Mariana. Sie befand sich bereits am anderen Ende des Zimmers. «Wo sitze ich?»

«Ich gehe jetzt», sagte ihre Mutter.

«Sind die Spielsachen da für die Kinder?» Mariana war bereits dabei, den Schrank unter dem Waschbecken auszuräumen.

«Wiedersehen. Ich gehe. Ich lasse dich jetzt hier.»

Mariana sah nicht einmal auf. Sie war acht Jahre alt; Entwicklungsprofile wie das ihre waren beinahe alltäglich in Klassen dieser Art: Intelligenzquotient unter der Altersnorm, kurze Konzentrationsspanne, Überaggressivität. Sie zeigte außerdem frühreifes Sexualverhalten. Ihre gesamte Schullaufbahn hatte sich praktisch ohne Fortschritte in Sonderschulklassen dieser oder jener Art abgespielt. Nach drei Jahren konnte sie weder lesen noch schreiben und begriff nur die elementarsten Rechenaufgaben.

«Wo sind die anderen Kinder?» Mariana ließ ein Durcheinander von Puzzles, Spielen und Bastelmaterial auf dem Boden zurück und stand auf. «Wer kommt noch? Sind auch Mädchen dabei?»

«Ja, eines. Wir sind fürs erste nur zu dritt. Aber im Lauf des Schuljahres kommen sicher noch ein paar andere.»

«Wie heißt das andere Mädchen? Ist sie auch acht?»

«Sie ist sieben und heißt Leslie.»

«Und wann wird sie acht? Wann hat sie Geburtstag?»

«Im nächsten Frühjahr.»

«Ach, wir werden bestimmt Freundinnen, auch wenn sie ein bißchen jung ist für mich.» Mariana griff sich einen Bleistift und versuchte, ein Loch in die Resopaltischplatte zu bohren.

Auf Dirkie war ich gut vorbereitet. Alle hatten mir von ihm erzählt. Er war elf und hatte praktisch nur in Heimen gelebt. Auf eine leidvolle frühe Kindheit, geprägt von Vernachlässigung und Mißhandlung, folgte ein langer Aufenthalt in einer Nervenheilanstalt. Dort hatte endlich ein in der Anstalt tätiges Psychologenehepaar Dirkie kennengelernt und liebgewonnen.

Die beiden beschlossen, den damals Neunjährigen in Pflege zu nehmen und zu versuchen, ihm ein normales Familienleben zu geben. Aber Dirkies Schwierigkeiten waren mit Liebe allein nicht zu bewältigen. Man hatte bei ihm eine kindliche Schizophrenie diagnostiziert, und die Prognose auf Besserung war nicht gut. Eine wahrhaft verblüffende Vielfalt an ungewöhnlichen Verhaltensweisen hatte ihn das Jahr an der Normalschule nicht überstehen lassen, und er hatte schließlich zu Hause Privatunterricht bekommen.

Die Pflegeeltern kamen an diesem Morgen gemeinsam, zwischen sich den schreienden und wild strampelnden Dirkie.

«Nein! Nein! Nein!» kreischte er. «Ich will nicht da rein. Nein! Hilfe!» schrie er ohne Unterlaß.

Ich hielt die Tür auf. Sobald er drinnen war, riß er sich los und stürzte durch das Zimmer. «Hi-hi-hii!» Mit plötzlichem Freudengeheul sprang er auf den Tisch.

Mariana riß verblüfft die Augen auf.

«Komm da runter, Dirkie, bitte», sagte seine Pflegemutter sanft und geduldig. «Man stellt sich nicht auf den Tisch, das weißt du doch. Komm jetzt runter.»

«Hi-hi-hii!» Schon saß er unter dem Tisch.

Ich lächelte die Pflegeeltern an, denen ich mich sofort zugetan fühlte. «Wir werden schon miteinander zurechtkommen.»

Die Frau erwiderte mein Lächeln, und ich sah ihre Erleichterung. Ob der Grund meine Versicherung war, daß wir miteinander zurechtkommen würden, oder die Aussicht, Dirkie ein paar Stunden abgeben zu können, konnte ich nicht erkennen.

Dirkie blieb unter dem Tisch und johlte wie ein übergeschnappter Affe.

«Der spinnt», sagte Mariana ernsthaft. «Haben Sie das gewußt? Haben Sie gewußt, daß der spinnt?»

Ich nickte.

«Aber die andere spinnt doch nicht, oder? Das Mädchen,

meine ich. Das Mädchen ist doch nicht auch verrückt? Sie wird meine Freundin.»

«Ich kenne sie noch nicht, darum weiß ich es nicht. Aber sie hat sicher nicht solche Probleme wie Dirkie, falls du das meinst.»

«Dirkie? Dirkie? So ein blöder Kerl. Kein Wunder, daß er spinnt. He, Dirkie-Zirkie, was machst du da unten?»

«Mariana ...»

«Dirkie-Zirkie, Dirkie-Zirkie.» Sie brach plötzlich ab und warf sich zu Boden, um Dirkie durch das Gewirr von Stuhlbeinen besser sehen zu können. «Ui, schaun Sie mal, was der macht, Fräulein. Der rubbelt sich. Der wichst. Der wichst da am Stuhlbein.» Sie sprang auf.

Ich zog die Stühle weg und griff nach Dirkie.

«Hu-huu-huu-huu-huu!» kreischte er in höchster Erregung.

«Komm, Dirkie. Komm raus da unten. Da, nimm meine Hand. Setz dich auf einen Stuhl. Ich hab heute ein paar spannende Dinge für uns vor.»

Ich zog Dirkie hervor und richtete mich auf.

«Mariana!» rief ich perplex. «Was machst *du* denn da?»

Sie hatte ihren Rock bis zur Taille hochgeschoben und war dabei, die Unterhose auszuziehen.

«Zieh die Hose auf der Stelle wieder hoch und laß dein Kleid runter. Sofort!»

«Ooooh», rief Dirkie mit glänzenden Augen und glitt vom Stuhl. Der Stuhl neben mir wackelte, als er zu onanieren begann.

Hinter der Regalwand ging die Tür, und ehe ich Dirkie unter dem Tisch hervorziehen konnte, erschien Mrs. Considyne, die Hand fest am Genick ihrer Tochter.

«Guten Morgen», sagte ich lächelnd, während neben mir Mariana noch immer dabei war, ihre Unterhose hochzuziehen, und Dirkie wie ein Wahnsinniger johlte.

Mrs. Considyne schob ihre Tochter vorwärts. Ihre Fingerspitzen waren weiß, so fest hielt sie das Kind.

«Hallo, Leslie», sagte ich. «Es freut mich, daß du doch noch gekommen bist. Wir wollten gerade anfangen.»

Leslie sah durch mich hindurch. Ihr Blick war leer.

«Hier, komm, ich zeig dir, wo dein Schrank ist. Da kannst du deine Pausetasche hinstellen.» Ich legte dem Mädchen die Hand auf die Schulter und entzog sie sachte der Umklammerung ihrer Mutter.

Mariana tauchte wieder vorschriftsmäßig gekleidet an meiner Seite auf.

«Hallo, du», sagte sie zu Leslie. «Ich bin das zweite Mädchen hier in der Klasse. Willst du meine Freundin sein? Setzen wir uns nebeneinander?»

Leslie verzog das Gesicht und legte die Hände auf die Ohren.

«Ach, Scheiße», murmelte Mariana. «Sie ist genauso verrückt wie er.»

Ich kehrte zu der ziemlich entsetzt wirkenden Mrs. Considyne zurück. «Leslie wird sich hier sicher schnell einleben. In den ersten Tagen geht es immer ein bißchen hektisch zu.»

Sie sagte nichts, sondern blickte über meine Schulter hinweg zu den Kindern.

«Ich bin Ihnen wirklich dankbar, daß Sie sich die Mühe gemacht haben, Leslie herzubringen, Mrs. Considyne. Ich weiß, daß es Schwierigkeiten gab, aber es ist sicher gut, wenn sie gleich vom ersten Tag an hier ist.»

Sie nickte. Dann öffnete sie ein kleines Köfferchen voller Fläschchen und Becher.

«Das sind Leslies Sachen. Die Teststreifen, das Insulin und so weiter. Es sind ein paar Süßigkeiten dabei für den Fall eines Schocks. Sie wissen doch, was Sie tun müssen?»

Ich hoffte, sie meinte in bezug auf Leslies Diabetes, und nickte. «Ich hab es mir zeigen lassen. Aber die ersten Wochen kommt die Schulschwester, um ihr die Spritzen zu geben.»

Nachdem ich die Tasche auf eines der Borde gestellt hatte, wo die Kinder sie nicht erreichen konnten, ging ich zur Tür, um Mrs. Considyne zum Gehen zu veranlassen. Sie folgte mir.

«Ach übrigens», sagte sie, als wir an der Tür waren. «Ich heiße nicht Considyne. Das ist mein Mann. Mein Name ist Taylor.»

«Oh, das wußte ich nicht, Miss Taylor.»

Sie schüttelte den Kopf. «Nicht Miss Taylor. Ich bin Dr. Taylor.»

Dirkie pirschte sich an uns heran und starrte Dr. Taylor einen Moment schweigend an. «Mensch», sagte er dann feierlich, «du hast vielleicht große Titten.»

2

Leslie Considyne war eine sehr merkwürdige kleine Person. Als ich nach dem kurzen Gespräch mit ihrer Mutter wieder ins Zimmer kam, stand sie immer noch an derselben Stelle wie vorher. Ich zog einen Stuhl heraus und deutete darauf. Sie setzte sich. An ihren Bewegungen war nichts Eckiges. Sie bewegte sich vielmehr mit geschmeidiger Anmut, doch in ihrem Körper schien niemand zu Hause zu sein. Den ganzen Vormittag lang handelte sie nur auf Anweisung. Sonst blieb sie, wo sie gerade war, und starrte mit leerem Blick vor sich hin, Gesicht und Körper unbewegt. Sie sah weder mich noch die anderen Kinder an. Selbst als ich mich direkt vor sie hinsetzte, mein Gesicht auf gleicher Höhe mit dem ihren, sah sie weiter starr geradeaus, blickte durch mich hindurch, als wäre ich nicht vorhanden. Mir war klar, daß sie mich überhaupt nicht wahrnahm. Ich konnte jedoch nicht erkennen, ob bewußtes Bemühen dahintersteckte.

Man hatte mich glauben gemacht, Dirkie wäre das am schwersten gestörte meiner Kinder, doch Leslie zeigte sich an diesem Morgen weit schwieriger. Sie war die einzige unter den dreien, die nicht sprach und nicht selbständig auf die Toilette gehen konnte. Wegen ihrer Diabetes brauchte sie mittags schmerzhafte Injektionen, aber nicht einmal darauf reagierte sie. Die Schwester kam, zog sich mit ihr zurück, gab ihr die Spritzen, ohne daß Leslie auch nur mit der Wimper zuckte. Sie sah nicht einmal zu, was die Schwester tat.

Als die Kinder um Viertel nach zwölf zum Mittagessen gegangen waren, setzte ich mich mit den Akten an den Arbeitstisch. Jetzt, wo ich die drei Kinder kennengelernt hatte, hoffte ich, die Berichte besser verstehen zu können.

Es klopfte kurz, und die Tür ging auf. Wieder versperrten mir die Regale den Blick, und ich wußte schon jetzt, daß mich das auf die Dauer verrückt machen würde.

«Herein», rief ich und wartete.

«Ich bin's nur. Wie war's? Alles gutgegangen?» Es war Carolyn, die Sonderschullehrerin der Vorschulklasse.

Ich nickte. «Ganz gut, ja.»

Sie lächelte. «Haben Sie Lust, mit uns zu *Enrico's* zu gehen? Da essen wir mittags meistens.»

«Danke, das ist nett, aber ich hab mir was mitgenommen. Ich muß die Unterlagen durchsehen. Vielleicht geh ich morgen mit.»

«Wen haben Sie denn alles?» fragte sie, näher kommend, und las die Namen auf den Akten.

Ich hatte Carolyn vom ersten Moment an gemocht, und das war ein Glück; wir waren nämlich die einzigen Lehrkräfte im Haus. Sie war in meinem Alter, noch unverheiratet (was sie, wie sie gestand, beunruhigte): eine ungezwungene, lustige Person von erfrischender Spontaneität.

Sie pfiff plötzlich durch die Zähne. «Die kleine Considyne haben Sie? Ist es *die* Considyne?»

«Keine Ahnung. Haben – Sie Leslie auch schon gehabt?»

«Guter Gott, nein, Gott sei Dank, nein. Die Kleine ist total verdreht, genau wie der Rest der Familie. Wenn Sie erst mal eine Weile hier gelebt haben, werden Sie über die Considynes bestens Bescheid wissen. Oder genauer gesagt, über Tom Considyne und *Dr.* Taylor.»

«Ja, darauf wurde ich bereits hingewiesen.»

Carolyn schlug Leslies Akte auf und tippte mit dem Finger auf den Namen des Vaters. «Er ist Maler. Angeblich berühmt. Ich habe allerdings nie von ihm gehört.»

Ein boshaftes Lächeln huschte über Carolyns Gesicht, und sie setzte sich zu mir. «Wollen Sie hören, was über sie geklatscht wird? Heiße Geschichten.» Sie nahm sich von meinen Kartoffelchips. «Sie soll ein absolutes Genie sein. Wissenschaftlerin. Weiß der Himmel, wie die beiden sich kennenlernten. Aber wenn das nicht eine Vaterfixierung ist! Sie ist ungefähr fünfundzwanzig Jahre jünger als er. Sie arbeitete an irgendeiner Universität an der Ostküste und pendelte jedes Wochenende hin und her. Sie hatte ihren eigenen Jet und flog dauernd in der Weltgeschichte rum. Einmal war sie sogar in Moskau. Aber dann war urplötzlich Schluß damit. Sie flog raus; jedenfalls hab ich das gehört. Sie hat ein ziemliches Alkoholproblem, wie Sie bestimmt bald entdecken werden, und ich bin sicher, daß das der Grund war.

Jetzt haben wir sie auf dem Hals. Und sie hat's in sich, das kann ich Ihnen sagen. Hat eine Affäre nach der anderen. Ganz offen. Ich weiß mit Sicherheit, daß sie mit Dr. Addison von der Kinderklinik was hatte. Für Considyne muß das ganz schön demütigend sein, wo doch die ganze Gegend Bescheid weiß. Es ist bestimmt ihr Aussehen. Ich meine, wenn ich so aussähe, würde ich mir auch einen reichen Papa halten und was fürs Vergnügen nebenbei.» Carolyn lachte.

Ich starrte bedrückt auf mein Käsebrot. Solche Geschichten hört man mit Erheiterung über Leute, die man nur flüchtig kennt, aber nicht über die Eltern der Kinder, die man in der Klasse hat.

«Teures Flittchen, darauf läuft's doch hinaus», meinte Carolyn. Sie beugte sich über den Tisch und nahm sich von meinen Weintrauben. «Und dieser Dünkel. Das alberne Getue mit ihrem Doktortitel. Sie ist sich zu fein, mit uns auch nur ein Wort zu wechseln. Sie grüßt nicht einmal. Und wer ist sie schon? Was wäre sie, wenn sie nicht Tom Considynes kleiner

Betthase wäre? Er ist der Berühmte. Er hat das Geld. Aber er ist nett, ausgesprochen freundlich, wenn man ihn irgendwo trifft. Man kann ihm höchstens vorwerfen, daß er ein bißchen zu lässig ist. Er läßt die Dinge gern schleifen. Rita ist letztes Jahr die Wände hochgegangen. Sie hatte Leslie in der ersten Klasse. Sie redete immer wieder mit ihm, und er versprach dauernd, ihre Vorschläge zu befolgen, aber getan hat er's nie. Und ans Telefon geht er auch nie. Wenn die Haushälterin nicht da ist, muß man die Tür einschlagen, um ihn zu erreichen. Er hat hinter dem Haus ein Atelier, und letztes Jahr, als Leslie einmal im Koma war, trommelte Rita wie eine Wilde bei ihm ans Fenster, und er drehte sich nicht mal um.»

«Das hört sich an wie eine Seifenoper, Carolyn.»

«Viel besser», versicherte sie. «Das ist das wirkliche Leben.»

Ich schnitt eine Grimasse. Carolyn grinste und zog die anderen Akten zu sich heran. «Soll ich Ihnen über die hier auch was sagen?»

«Über die wissen Sie auch Bescheid?» fragte ich ungläubig.

Sie lachte. «Nein. Aber mir würde schon was einfallen.»

Als Carolyn gegangen war, schlug ich Leslies Akte auf. Nichts darin deutete auf die saftigen Geschichten, die Carolyn mir erzählt hatte. Dr. Taylor war Physikerin, ihr Mann Kunstmaler. Das einzige, was mir auf den ersten Blick auffiel, war Dr. Taylors Vorname: Ladbrooke. Ich hätte gern gewußt, wie man eine Frau mit so einem Namen in intimen Momenten nannte.

Die Unterlagen über Leslie waren recht umfangreich. Wie bei so vielen Fällen schwerer Behinderung dieser Art gab es kaum Gewißheit darüber, was für ein Leiden sie hatte und was es verursacht hatte. Geburt und frühe Kindheit waren offenbar normal verlaufen. Sie war ein ruhiger, nicht sonderlich aufgeweckter Säugling gewesen, hatte aber keinen Anlaß zur Sorge gegeben. Ihre Entwicklung war langsam vorangegangen, aber innerhalb der Grenzen des Normalen. Irgendwann zwischen dem zweiten und dritten Lebensjahr jedoch zeigten sich deutliche Rückschritte. Sie hatte aufgehört zu sprechen. Was sie sich bis dahin an Selbständigkeit angeeignet hatte, ging verloren. Bald nach Leslies drittem Geburtstag hatten die endlosen Besuche bei Ärzten und Psychiatern begonnen, die alle ergebnislos geblieben waren. Autismus, stand in einem Befund. Geistige Retardation in einem anderen. Kindliche Schizophrenie im dritten. Niemand schien etwas Genaues zu wissen, aber jeder war bereit, Vermutungen anzustellen.

Zu meiner Verwunderung war Leslie nicht in eine Sonderschule gekommen, sondern hatte zwei Jahre lang den normalen Unterricht besucht. Was für Schwierigkeiten das gemacht hatte, war durch einige herbe Bemerkungen Rita Ashworths, Leslies vorheriger Lehrerin, belegt. Mein Eindruck war, daß man Leslie schließlich mehr oder weniger sich selbst überlassen hatte.

Nirgends wurde etwas darüber gesagt, wie die Eltern sich mit Leslies Behinderung auseinandergesetzt hatten und wie die häusliche Situation aussah. Eine kurze Notiz erwähnte zwei Stiefgeschwister, von denen das jüngere, ein Mädchen von etwa vierzehn Jahren, ein schlechtes Verhältnis zu Leslie hatte. Aber das war auch alles.

Eine Woche ging vorüber. Die drei Kinder waren sehr unterschiedlich, und ich war in diesen ersten Tagen eigentlich nur damit beschäftigt, zwischen den dreien hin und her zu flitzen, um irgendwo Ordnung zu halten. Leslie und Dirkie hätten beide eine Lehrkraft für sich allein gebrauchen können. Dirkie war ziemlich weit im Vergleich zu vielen anderen schizophrenen Kindern, mit denen ich zu tun gehabt hatte. Er konnte allein auf die Toilette gehen, konnte sich recht gut ausdrücken, einfachen Anweisungen folgen und hatte sogar eine Anzahl schulischer Fertigkeiten gemeistert, wenn auch auf einem Niveau weit unter dem, das seinem Alter entsprochen hätte. Dennoch war die ungeteilte Aufmerksamkeit des Lehrers nötig, um ihn bei der Arbeit zu halten.

Die Hauptschwierigkeit aber waren Dirkies Zwangsvorstellungen. Er brauchte beispielsweise nur ein Bild zu sehen oder ein Geräusch zu hören, und schon geriet er in eine Erregung, die sich rasch zur Raserei steigerte. Dann mußte er zwanghaft irgendwelche komplizierten Rituale vollziehen, ehe er sich befreien und seine Gedanken wieder anderen Dingen zuwenden konnte. Unglücklicherweise wurden diese Zwangsvorstellungen durch ganz alltägliche Dinge ausgelöst, wie Katzen, Haare, alte Männer und Frauen, Feuerwehrautos und Türangeln. Die Entladung der Erregung nahm häufig den größten Teil des Tages in Anspruch. Mit der Zeit lernte ich die ersten Anzeichen eines Anfalls erkennen. Dirkies Stimme bekam einen fremden Ton. Er sprach sowieso meistens unnatürlich, mit tiefer, heiserer Stimme, wie ein Kind, das seinen Vater nachahmt, obwohl er eine normale Sprechstimme hatte, die er allerdings selten gebrauchte. Aber wenn eine seiner Obsessionen sich seiner bemächtigte, wurde seine Stimme noch tiefer, klang drängend, nahm einen Ton an, als sei er in ständiger Angst. Mit wachsender Erregung geriet er völlig außer sich und war nicht mehr imstande, Wörter zu bilden. Statt dessen johlte er. Hu-huu-huu-huu. Kein anderer Laut. Und dann fing er an zu klatschen. Rastlosigkeit kam dazu, er konnte nicht mehr stillsitzen, sondern sprang auf und begann mit künstlich wirkenden, abgehackten Bewegungen umherzugehen wie eine Marionettte an den Schnüren eines schlechten Spielers. Meistens landete er am Schluß unter dem Tisch, wo er klatschend und heulend sitzen blieb und häufig am Tischbein onanierte. Danach kehrte langsam wieder Ruhe ein.

Manchmal gelang es mir, früh genug einzugreifen, Dirkie zu beruhigen und wieder auf die Arbeit in der Klasse zu konzentrieren. Meistens aber kam ich zu spät. Und wenn er einen bestimmten Punkt überschritten hatte, mußte er weitermachen, sonst kam es zu einem Gewaltausbruch, bei dem er schreiend und kreischend um sich schlug, die Papiere von den Anschlagbrettern riß, Zeitschriften aus den Regalen fegte,

Stühle umkippte, seine Kleider zerfetzte und sich gegen Wände und Möbelstücke warf. Aber auch ohne diese zerstörerischen Höhepunkte wurden unsere ersten Tage von Dirkies Zwangsvorstellung beherrscht.

«Hast du eine Katze?» fragte er mich am ersten Tag.

«Ja.» Ich ahnte nicht, was ich da in Gang brachte.

Seine Augen begannen zu glänzen. «Was für eine?»

«Eine ganz normale Katze. Weiß getigert.»

Aber das reichte ihm nicht. «Wie groß ist sie? Wie lang ist ihr Schwanz?»

In der Hoffnung, ihn abzuwimmeln, erklärte ich ihm, ich kenne die Katze gar nicht so genau; sie gehöre meinen Großeltern, die sie mir geliehen hätten, damit ich ein bißchen Gesellschaft hätte. Aber gerade dieses ungewohnte Arrangement machte Dirkie neugierig. «Was für Augen hat deine Katze? Wann hat sie Geburtstag? Wie lange war sie bei deinen Großeltern, ehe sie zu dir kam? Hier», sagte er und gab mir ein Blatt Papier. «Mal ein Bild von deiner Katze.» Als ich nichts dergleichen tat, geriet er in Panik. «Mal! Mal schon! Mal deine Katze in ihrem Korb. Mal deine Katze in der Badewanne. Mal deine Katze beim Fressen», schrie er, immer lauter werdend. Sobald ich anfing zu zeichnen, beruhigte er sich. «Das ist deine Katze. Du malst deine Katze. Du malst deine Katze, wie sie sitzt.» Als ich fertig war, schob er mir schon das nächste Blatt hin. «Mal deine Katze im Liegen.» Das Zimmer war bald der reinste Ausstellungsraum meiner wenig genialen Katzenbilder.

Bald drehte sich alles nur noch um meine Katze. Dirkies Fragen nahmen kein Ende. Ich brauchte nur einen Moment aus Dirkies Blickfeld zu verschwinden und wieder zu erscheinen, schon begannen die Fragen von neuem. So konnte das zwanzig-, dreißigmal am Tag gehen. Und wenn es nicht um meine Katze ging, dann um andere. Ob ich noch andere Katzen kenne. Ob Mrs. Renton, die Sekretärin, eine Katze hätte. Ob es ein großer roter Kater sei. Ob er sieben Pfund wöge. Ob er aus einem grünen Napf fresse. Oder einem weißen. Es war mir peinlich, Mrs. Renton zu fragen, welche Farbe der Freßnapf ihrer Katze hatte, aber ich fragte. Sonst hätte ich eine Antwort erfinden müssen.

Gleichermaßen aufregend fand Dirkie mein langes Haar, wenn es auch nicht so viel Stoff zur Unterhaltung bot.

«Du hast langes Haar», pflegte er zu sagen. «Mir gefällt dein Haar. Läßt du es schneiden?»

«Nein», antwortete ich.

«Laß dein Haar nicht schneiden. Laß es lang. Ich mag es lang. Ich mag langes Haar.» Und dann prompt: «Ich muß dein Haar anfassen.»

Es war, wie ich bald entdeckte, besser, ihn mein Haar nicht berühren zu lassen. Es steigerte nur seine Erregung, und er hockte bald wieder heulend und klatschend unter dem Tisch. Außerdem neigte er dazu, fest zuzupacken und kräftig zu ziehen.

Aber das Gespräch über langes Haar wiederholte sich noch häufiger als das Katzengespräch. Immer wieder kam er auf mein Haar zu sprechen. Einmal zählte ich mit: Vierzehnmal innerhalb einer Stunde fragte er mich nach meinem Haar. Am zweiten Schultag band ich es mir nach hinten. Am Freitag war ich soweit, daß ich mich am liebsten hätte kahlscheren lassen.

Mit Leslie war es kaum weniger schwierig als mit Dirkie. Wenn ich ihre Windeln wechselte und dabei jedesmal mit einem Meßstäbchen in der Bescherung herumstochern mußte, um den Zuckerspiegel zu prüfen, hatte ich nur zwei Möglichkeiten: Entweder ich ging mit Leslie zur Toilette, dann mußte ich die beiden anderen unbeaufsichtigt lassen, oder ich zog mich diskret in den Schatten der Regale zurück, dann konnte ich nur hoffen, daß keine böse Überraschung mich erwartete. Keinesfalls konnte ich Dirkie und Mariana zur Toilette mitnehmen. Für Dirkie war der Anblick einer ausgezogenen Leslie viel zu stimulierend. Er fing sofort an zu onanieren, und das wiederum mobilisierte Mariana. Beide Kinder hatten ernste sexuelle Störungen, und ich konnte nicht zulassen, daß Leslie auf diese Weise ausgebeutet wurde. Aber dadurch wurde das Wechseln der Windeln natürlich zu einem Problem.

Im Klassenzimmer tat Leslie nichts. Wenn ich sie aufforderte, sich zu setzen, setzte sie sich. Tat ich es nicht, blieb sie stehen, wo sie stand. Sie handelte nur, wenn der Bewegungsimpuls von außen gesetzt wurde, hielt den Bewegungsablauf dann stereotyp durch, bis er von außen wieder angehalten wurde. Gab ich ihr Buntstifte und Papier und forderte sie auf, etwas zu malen, so malte sie unentwegt weiter, auch wenn das Blatt längst voll war.

Nie war ich einem so in sich zurückgezogenen Kind begegnet. An manchen Tagen schien sie mir nicht nur geistig, sondern beinahe auch körperlich abwesend. Es war, als sei sie überhaupt nicht da, als befände ich mich in Gesellschaft eines Hologramms.

Andererseits machte Leslie sonst keine Schwierigkeiten. Sich selbst überlassen, machte sie niemals Dummheiten, stellte nichts an, tat höchstens ab und zu etwas zu ihrer Eigenstimulation. Sie sprach nicht, gab durch nichts zu erkennen, ob sie überhaupt sprechen konnte, gab überhaupt keinen Laut von sich, außer wenn sie weinte, was nicht oft vorkam.

Meiner Meinung nach brauchte Leslie intensive Zuwendung, jene Art der Eins-zu-eins-Betreuung, die im beschränkten Rahmen dieser Gruppe fast nicht durchführbar war. Allzu oft mußte ich sie einfach «verschwunden» sein lassen. Ich versuchte durch Körperkontakt zu kompensieren, indem ich jede Gelegenheit wahrnahm, sie zu halten, zu berühren, zu knuddeln und an mich zu drücken. Selbst dann schien Leslie kaum mehr zu sein als ein Körper, in dem niemand wohnte; doch nur durch die körperliche Berührung konnte ich mich vergewissern, daß sie wirklich existierte.

Die arme Mariana war in trauriger Gesellschaft. Sie hatte auch ihre eigenen Schwierigkeiten, aber verglichen mit Dirkie und Leslie war sie Welten voraus. Nachdem sie sich einmal damit abgefunden hatte, daß sie in dieser Klasse keine Freundin haben würde, setzte sie sich jeden Morgen brav mit ihrem Hefter ans hintere Tischende. Ihre schulischen Leistungen waren äußerst dürftig, und es hätte ihr gutgetan, wenn ich ihr mehr Zeit hätte widmen können, aber es ging einfach nicht. Leslie und Dirkie nahmen mich zu sehr in Anspruch. So ackerte also Mariana tapfer und ohne zu klagen meist allein vor sich hin.

Mir war klar, daß ich dringend eine Hilfskraft brauchte. Ich brauchte jemanden, der Leslie die Windeln wechseln oder sich um die anderen kümmern konnte, während ich es tat; der die Aufsicht führen konnte, während ich mich einem Kind allein widmete; von dem ich Resonanz bekam, mit dem ich lachen, die Ereignisse des Tages besprechen, die blauen Flecken an den Schienbeinen vergleichen konnte.

Ich sprach mit Carolyn darüber, mit der ich abends nach der Arbeit oft zum Schwimmen und in die Sauna ging. Sie hatte eine ausgebildete Hilfskraft und zwei freiwillige Helferinnen, die regelmäßig kamen. Da ich noch nicht lange am Ort war, hatte ich keine Möglichkeiten, freiwillige Helfer aufzutreiben. An einem unserer gemeinsamen Abende fragte ich sie, wo sie die ihren gefunden hatte; ob sie jemanden wüßte, der sich für so eine Arbeit interessierte. Ob sie mir einen Tip geben könnte.

Ich sprach auch mit Frank Cotton, dem Leiter des Sonderschulwesens. Da wir im selben Gebäude hausten, hatte ich täglich Kontakt mit ihm, was für die Zusammenarbeit ein großer Vorteil war. Er war einer von uns, saß in den Kaffeepausen mit uns im Lehrerzimmer, aß mittags mit uns bei *Enrico's*, und so wurden wir rasch Freunde.

«Ich fange langsam an, an mir selbst zu zweifeln», sagte ich, als wir zusammen in seinem Zimmer saßen. «Herrgott noch mal, ich hab nur drei Kinder, aber es wird einfach keine Gruppe daraus.» Ich erklärte ihm, ich hätte das Gefühl, ständig nur zwischen Dirkie und Leslie herumzuspringen und nichts zustande zu bringen.

Frank lächelte, in seinen Sessel zurückgelehnt. «Sie fühlen sich außer Praxis.»

Ich nickte. «Sicher, das ist es auch. Aber es geht mir um die Gruppe. Jeden Tag sag ich mir, sie werden schon noch zusammenwachsen. Aber es klappt nicht.»

Frank zupfte an seiner Lippe. «Nicht genug Kinder.»

«Mir reicht's, danke.»

«Nein, im Ernst. Nicht genug für eine Gruppe. Sie haben doch sonst immer größere Klassen gehabt, nicht wahr?»

Ich nickte. «Aber ich hatte auch schon mal eine tolle Vierergruppe.» Ich lächelte so entwaffnend wie möglich. «Frank, ich brauche eine Hilfskraft.»

«Ich wollte, wir könnten uns das leisten.»

Ich hatte geahnt, daß das kommen würde. «Sie kennen niemanden, der das ehrenamtlich machen würde?»

Er schüttelte den Kopf. «Nein. Reden Sie doch mal mit Carolyn. Die scheint eine geheime Quelle zu haben.»

«Das hab ich schon getan. Kein Glück.»

Frank beugte sich plötzlich vor. Ich spürte, daß ein Themawechsel bevorstand.

«Torey, es fällt mir schwer, das gerade jetzt zu sagen, aber –» Er schwieg, sah weg, sah mich wieder an. «Sie bekommen nächste Woche noch zwei Kinder dazu.»

«Zwei?»

«Ja. Schwestern. Fünf und acht. Sie kommen aus Nordirland.»

«Oh.»

«Sie haben bei den Unruhen ihre Eltern verloren und leben jetzt hier bei Verwandten. Sie waren bis jetzt auf der Washington-Grundschule, aber es klappt nicht. Sie integrieren sich nicht.»

«Ich verstehe.»

«Die Kleinere spricht nicht, darum dachte ich sofort an Sie. Sie haben doch Erfahrung mit solchen Fällen.»

Ich war so perplex, daß mir überhaupt nichts einfiel.

Frank schien es nicht zu bemerken. «Ich glaube wirklich, Sie brauchen ein paar Kinder mehr, um eine Gruppe zu bilden. Drei reichen nicht, jedenfalls nicht diese drei. Außerdem ist es für Mariana Gilchrist sicher besser so.» Er lächelte aufmunternd. «Jetzt können Sie richtig loslegen.»

Ich bezweifelte das.

3

Ich erinnerte mich, daß ich als junges Mädchen einmal eine Nachrichtensendung über die Unruhen in Nordirland gehört und meinen Großvater gebeten hatte, mir die Zusammenhänge zu erklären. Was ich hörte, widersprach meinem kindlichen Empfinden. Krieg zwischen Katholiken und Protestanten? Wie das überhaupt möglich wäre, hatte ich gefragt. Die konnten sich doch gegenseitig gar nicht auseinanderhalten.

Sie konnten es und taten es. Während meiner zwei Jahre in Wales hatte ich mehr Einblick in die Streitfrage gewonnen, hatte erkannt, wie komplex sie war, wie weit entfernt von einer Lösung. Vor allem aber war mir klargeworden, daß mir immer noch das Verständnis für die Auseinandersetzung fehlte. In einem jungen Land geboren und aufgewachsen, wo sich die unterschiedlichsten nationalen Elemente miteinander vermischt hatten, konnte ich dieses Zurückgreifen auf jahrhundertealte Erinnerungen an Invasion und Eroberung nicht begreifen. Ich hatte kein Auge für die Differenzen, die sie zwischen sich sahen, kein Verständnis, warum sie sie sehen mußten. Das einzige, was ich sah, war die Gewalt auf beiden Seiten; ich konnte weder mit der einen noch mit der anderen sympathisieren.

Gerade deshalb war ich vielleicht als Lehrerin für diese beiden Mädchen besonders ungeeignet. In unserer Gemeinde gab es starke irische Verbindungen, viele Leute waren offen für die IRA. Ihre Geschichte eilte den beiden Mädchen voraus, sie gewannen aufgrund dessen, was sie durchgemacht hatten, eine traurige Berühmtheit.

Dem Klatsch zufolge war der Vater der Mädchen in der IRA gewesen. Achtzehn Monate zuvor war er im Rahmen einer großen Säuberungsaktion von der Royal Ulster Constabulary festgenommen und schwerer Verbrechen, darunter Mord, angeklagt worden. Kurz danach jedoch hatte man ihn freigelassen. Gerüchte tauchten auf, er sei ein Spitzel gewesen, obwohl es keinerlei konkrete Beweise dafür gab. Man fing an, ihn und seine Familie unter Beschuß zu nehmen. Niemand wußte, wer wirklich dahintersteckte, die IRA, die einen der Ihren strafen wollte, eine der Splittergruppen oder militante Elemente einer protestantischen Gruppe. Wie dem auch gewesen sein mochte, eines Abends wurde eine Benzinbombe durch den Briefschlitz in der Haustür geworfen. Das Haus brannte lichterloh, und während es dem Vater gelang, die beiden Töchter zu retten, starben seine Frau und der kleine Sohn in den Flammen. Drei Wochen später fand man den Mann erhängt in der Garage seines Bruders. Selbstmord. Die beiden Mädchen wurden zwischen Verwandten hin und her geschoben, bis sie schließlich im Sommer die Einreisegenehmigung für die USA erhielten, wo die Schwester ihres Vaters und deren Mann sie bei sich aufnehmen wollten.

Geraldine und Shemona McCulley waren – beinahe enttäuschend nach all dem Wirbel – zwei ganz gewöhnliche kleine Mädchen mit runden, sommersprossigen Gesichtern und blaugrauen Augen. Shemona, die Jüngere, hatte ziemlich langes, zerzaustes Haar und schmutzige Knie. Geraldine trug eine Brille mit einem scheußlichen pinkfarbenen Plastikgestell, mit der sie aussah wie eine Hausfrau aus den fünfziger Jahren. Das dunkle Haar trug sie kurz in einem Bubikopf.

Frank und die Tante führten sie herein, ehe die anderen Kinder da waren. Schüchtern traten sie ein, die Jüngere einen sichtlich geliebten Stoffaffen in der einen Hand, den Mantelzipfel ihrer Tante in der anderen. Mrs. Lonrho wies auf die Stühle am Tisch, und die beiden Mädchen setzten sich gehorsam, die Hände im Schoß gefaltet. Mrs. Lonrho kniete neben Shemona nieder und strich ihr sanft das Haar aus den Augen. «Seid jetzt schön brav, ja? Tut, was die Lehrerin euch sagt. Sie will euch helfen.» Dann stand sie auf und wandte sich zu mir. «Die beiden sind sehr lieb.»

Als wir allein waren, forderte ich sie auf, die Mäntel auszuziehen, zeigte ihnen die Garderobe und ihre Schränke. Als sie Seite an Seite wieder am Tisch saßen, legte ich ihnen die Arbeitshefte hin, die ich für sie vorbereitet hatte. Geraldine nahm erst ihr eigenes, sah es kurz durch und ergriff dann Shemonas. Die Kleinere saß still da, den Affen an sich gedrückt, und tat gar nichts.

«Wir machen es hier ein bißchen anders als in den meisten Schulen», erklärte ich. «Da alle unterschiedlich weit sind, muß jeder für sich allein arbeiten. Ich komme natürlich immer wieder vorbei und helfe, aber manchmal braucht mich ein anderes Kind, dann müßt ihr allein arbeiten. Es kann vorkommen, daß ihr nicht weiterwißt, während ich gerade bei einem anderen Kind bin. Dann laßt ihr den Teil einfach aus und macht an einer anderen Stelle weiter, bis ich kommen kann.»

Geraldine nickte. «Das da kann ich», sagte sie und wies auf eines der Arbeitsblätter. «Die Aufgaben kann ich.» Sie warf einen kurzen Blick in das Heft ihrer Schwester. «Und Shemona sagt, sie kann ihre auch.»

Shemona rührte sich nicht, starrte mich nur mit unergründlicher Miene unverwandt an.

Mariana war begeistert. «Das Mädchen da soll meine Freundin sein», sagte sie, sobald sie Shemona und Geraldine erblickte. Sie rückte ihren Stuhl neben Geraldine. «Willst du meine Freundin sein? Magst du einen Drops? Dann schenkst du mir auch was, und wir sind Freundinnen. Okay?»

Geraldines Gesicht hellte sich beim Anblick des Bonbons auf, sie nahm es begierig und schob es in den Mund. Dann sah sie Mariana erwartungsvoll an. «Shemona möchte auch eins.»

Mariana schüttelte den Kopf. «*Du* bist meine Freundin, nicht die da. Die ist zu klein.»

Ruckzuck hatte Geraldine ihr die Rolle Drops aus der Hand gerissen, schälte ein Bonbon heraus und gab es ihrer Schwester. Mariana fing an zu weinen.

«Die gehören mir. Meine Mami hat sie mir gekauft.»

«He», sagte ich und nahm Geraldine die Drops weg. «So was tun wir hier nicht.» Worauf auch Geraldine zu weinen anfing.

In diesem Moment trudelte Dirkie ein. «Wer sind die?» fragte er, heiser vor Erregung.

«Setz dich, Dirkie. Das sind unsere zwei neuen Mädchen. Du weißt doch, ich habe euch am Freitag erzählt, daß heute zwei neue Kinder kommen. Jetzt setz dich bitte.»

Geraldine schnüffelte. Mariana heulte immer noch. «Sie gehören doch mir, Fräulein!»

«Gut. Hier.» Ich gab ihr die Drops zurück. «Aber du weißt, was wir ausgemacht haben, für den Fall, daß jemand Süßigkeiten mitbringt, nicht wahr?»

Mariana sagte nichts.

«Wir müssen teilen», sagte Dirkie mit viel Nachdruck.

«Richtig. Wir müssen teilen. Du hast Geraldine einen Drops gegeben, da ist es nur gerecht, daß du auch Shemona und Dirkie einen schenkst. Und dann steck sie weg, wenn du sie nicht alle verteilen willst.»

Mariana begann von neuem zu weinen. «Das ist ungerecht. Meine Mama hat sie für mich gekauft.»

«Ich kann verstehen, wie dir zumute ist. Du ißt die Drops selber gern und möchtest sie behalten. Aber es ist auch nicht gerecht, nur Geraldine einen zu geben. Es war richtig von Geraldine, sich um ihre Schwester zu sorgen, wenn sie auch nicht gleich so grob hätte zuzupacken brauchen.»

Widerstrebend verteilte Mariana die Bonbons, zählte nach,

wieviel ihr noch blieben, und steckte sie weg. «Und was schenkst du *mir* jetzt?» fragte sie Geraldine.

Die zuckte die Achseln. «Ich hab nichts.»

Zornig trat Mariana gegen das Tischbein. «Du bist vielleicht eine feine Freundin.»

Dirkie war fasziniert von den beiden Mädchen. Den Vormittag über begnügte er sich damit, sie zu beobachten; nach der Mittagspause fing er an, den Tisch zu umkreisen, und mir ging auf, was ihn so faszinierte: Shemonas Haar. Leslies und auch Marianas Haar war länger, aber an ihnen hatte Dirkie nie Interesse gezeigt. Ich hatte geglaubt, nur das Haar erwachsener Frauen hätte Reiz für ihn, daher war ich überrascht und erschrocken, als ich sah, daß Shemonas Haar es ihm angetan hatte. Ich konnte mir das nur damit erklären, daß Shemonas Haar blond war wie meines, während Leslie und Mariana dunkel waren. Was auch der Grund sein mochte, er konnte nicht von Shemonas Haar lassen. Unablässig wanderte er leicht gekrümmt, angespannt vor Erregung um den Tisch. Und immer wenn er hinter ihr war, blieb er zitternd stehen. Drehten sich Shemona oder Geraldine nach ihm um, fuhr er zusammen und begann von neuem zu kreisen. «Hu-hu-huu», flüsterte er unterdrückt.

«Dirkie, setz dich hin», sagte ich. Ich hatte Leslie auf dem Schoß und versuchte mit ihr zu arbeiten.

Dirkie machte sich davon, aber gleich war er wieder da und umkreiste von neuem den Tisch wie eine Hyäne ihre Beute.

«Fräulein», sagte Geraldine, «Shemona mag das nicht. Der Junge stört sie.»

«Dirkie», rief ich, «setz dich endlich hin. Du hast Aufgaben genug in deinem Heft. Setz dich also bitte hin und arbeite.» Ich zog seinen Hefter näher zu mir heran, und als er kam, setzte ich ihn neben mich. Geraldine, schräg gegenüber, hob den Kopf, um uns zu beobachten.

«Du bist ein Mädchen», sagte Dirkie mit tiefer Stimme zu ihr.

«Na und?»

«Sie ist auch ein Mädchen», sagte er, auf Shemona zeigend.

Geraldine verdrehte nur die Augen und machte sich wieder über ihre Aufgaben.

«Und sie ist ein Mädchen und sie ist ein Mädchen», fuhr Dirkie zu Mariana und Leslie gewandt fort. «Und *du* bist ein Mädchen», sagte er zu mir. «Weißt du, was das bedeutet?»

«Lauter Muschis», warf Mariana kichernd ein.

Geraldine war entsetzt.

«Mädchen, Mädchen, Mädchen», sagte Dirkie erregt.

«Dirk, es wird Zeit, daß du dich setzt. Komm, arbeite weiter.» Ich nahm ein Blatt aus seinem Hefter.

Er musterte Shemona, die sich über ihre Aufgaben beugte. «Und das Mädchen», sagte er betont, «das Mädchen mit dem gelben Haar, mit dem langen gelben Haar, sie ist ein Mädchen. Sie hat ein Mädchenpipi, das Mädchen mit dem langen gelben Haar.»

«Dirkie, es ist mir ernst! Setz dich jetzt.»

Die Erregung war unbezwingbar. Schon wieder trippelte Dirkie um Shemona herum.

«Fräulein!» schrie Geraldine erbittert. «Der Junge soll aufhören. Wir wollen unsere Aufgaben machen.»

Ich schob Leslie vom Schoß und fing Dirkie ein, faßte ihn bei der Schulter und brachte ihn zu seinem Stuhl zurück.

«Das Mädchen hat langes gelbes Haar. Und du auch. Du hast auch langes gelbes Haar. Schneidest du es ab?»

«Nein, Dirkie.»

«Und das Mädchen da, schneidet sie ihr Haar ab?»

«Kann schon sein», sagte Geraldine bissig.

«Nein, Dirkie, sie schneidet ihr Haar auch nicht. Komm jetzt. Fang an zu rechnen. Mal sehen, ob du vor der Pause fertig wirst. Ich helf dir erst mal.»

Aber er konnte sich nicht umorientieren. «He, Mädchen», rief er. «Mädchen mit dem langen gelben Haar. Hast du eine Katze?»

Gegen Ende des Nachmittags kam Geraldine zu mir. «Shemona mag den Jungen nicht, Fräulein.»

«Ja, er kann wirklich lästig sein. Aber wenn Shemona ihn nicht mag, braucht sie ihm nur zu sagen, er soll weggehen, dann tut er es auch. Er meint es nicht böse.»

Geraldine runzelte die Stirn.

«Und du?» fragte ich. «Wie findest du ihn denn?»

«Shemona findet ihn blöd. Und ich auch.»

Ich war froh, als dieser Tag um war. Die Ankunft der beiden neuen Mädchen hatte die anderen Kinder aus dem Tritt gebracht. Dirkie im besonderen war den ganzen Tag nicht mehr zu beruhigen gewesen, und als die letzte Stunde kam, war ich mit meiner Geduld fast am Ende. Um es uns allen leichter zu machen, ließ ich sie schon fünf Minuten vor Unterrichtsschluß hinaus. Es war ein klarer, herber Septembertag, und ich wußte, die angestauten Spannungen würden sich an der frischen Luft schneller abbauen. Erst kamen die Busse, die Mariana und Dirkie mitnahmen. Dann kam Mrs. Lonrho und fuhr mit den beiden Mädchen ab. Nur Leslie war noch da, ihre Hand in der meinen.

«Wo ist deine Mama?» fragte ich. «Sie verspätet sich doch sonst nie.» Ich hielt nach Dr. Taylors blauem Mercedes Ausschau. Normalerweise wartete sie schon im Wagen, wenn ich die Kinder hinunterführte. Manchmal, wenn ich mich ein, zwei Minuten verspätete, kam sie sogar ins Klassenzimmer herauf.

Wir warteten noch eine Weile, dann ging ich mit Leslie in den Hof und setzte sie auf die Schaukel. Sie schaukelte leidenschaftlich gern. Es war die einzige Aktivität, die eine echte Reaktion bei ihr auslöste. Sie schloß dann die Augen und legte den Kopf weit in den Nacken, so daß das lange dunkle Haar hinter ihr ausschwang. Es sah beinahe aus, als lächelte sie.

Leslie wäre zweifellos gern bis zum Einbruch der Dunkelheit

auf der Schaukel geblieben, aber ich hatte um Viertel vor fünf noch eine Besprechung. Zehn, zwanzig Minuten verstrichen, und Dr. Taylor kam nicht. Als es vier Uhr wurde, ließ ich die Schaukel ausschwingen und ging mit Leslie ins Sekretariat, um bei den Considynes anzurufen.

Es meldete sich niemand. Ich war ratlos. Sollte ich Leslie einfach hier lassen? Sollte ich sie selbst nach Hause bringen, auch auf die Gefahr hin, daß niemand da war? Noch einmal wählte ich die Nummer der Considynes, ließ es eine Ewigkeit läuten.

Im Klassenzimmer gab ich Leslie ein paar Spielsachen und ging meine Notizen für die Besprechung noch einmal durch. Es wurde vier Uhr zwanzig, und ich wurde immer nervöser. Die Considynes wohnten am anderen Ende der Stadt; wenn ich jetzt nicht mit ihr losfuhr, würde ich zu der Besprechung nicht mehr zur Zeit kommen. Ich konnte nicht verstehen, warum Dr. Taylor nicht kam. Ich ging in den Flur hinaus zum Treppenhausfenster, von wo ich die Straße sehen konnte. Nirgends ein blauer Mercedes. Das paßte einfach nicht zu ihr. Sie war immer auf die Minute pünktlich. Leslie war immer sauber und ordentlich und mit sämtlichen Utensilien versehen, keine Kleinigkeit bei den vielen Dingen, die sie täglich brauchte, von den Wegwerfwindeln bis zu den Spritzen. Dr. Taylor hielt mich niemals mit Diskussionen auf. Leslie und ihre Sachen wurden gebracht und mitgenommen, ohne daß Dr. Taylor auch nur ein Wort wechselte. Es war alles sehr förmlich, aber effizient. Gerade darum machte mir diese unerwartete Verspätung Sorge.

Leslie kam mir in den Korridor nach.

«Komm her, Herzchen», sagte ich und streckte den Arm aus. «Ich weiß nicht, wo deine Mama bleibt, aber sie kommt bestimmt bald.» Ich drückte sie an mich.

In meiner Verzweiflung ging ich mit Leslie zu Carolyn hinunter, die ebenfalls zu der Besprechung mußte und gerade gehen wollte. Ich erklärte ihr, was los war, und bat sie, mich zu entschuldigen. Ich würde so bald wie möglich nachkommen.

Mir war auch wegen Leslies Diabetes nicht wohl. Sie mußte sich an eine strenge Diät von kleineren und größeren Mahlzeiten halten, und ich wußte, sie würde bald essen müssen, um den Insulinstand zu halten. Carolyn hatte noch ein paar Kräckers und Milch von ihren Kindern da.

«Wenn Sie's zu der Besprechung nicht mehr schaffen, sehen wir uns beim Schwimmen, ja? Dann können Sie mir alles erzählen.» Carolyn lachte boshaft.

Ich marschierte wieder ins Sekretariat, versuchte nochmals anzurufen, wieder ohne Erfolg.

Zurück ins Klassenzimmer. An die Heizung gelehnt, starrte ich zum Fenster hinaus. Die Tür öffnete sich, ich atmete erleichtert auf und drehte mich um, Leslies Mantel zu holen, aber die Schritte verklangen in der Bibliothek. Gedämpft drangen die Stimmen zweier Leute zu uns herein. Ich sah Leslie an. Sie sah mich an. Ich glaube, sie war auch enttäuscht. Ich setzte mich und nahm sie auf den Schoß.

«Keine Angst, mein Schatz, deine Mama ist sicher nur aufgehalten worden. Wir müssen einfach Geduld haben.»

Leslie entspannte sich und lehnte sich an mich. Ihr Haar roch nach Kräutershampoo. Ich legte meine Wange daran.

Die Leute in der Bibliothek gingen, und alles war wieder ruhig. Fünf Uhr, Viertel nach fünf. Ich beschloß, bis halb sechs zu warten und dann Frank anzurufen. Die Uhr über der Tafel tickte laut, jede Minute dehnte sich zur Ewigkeit. Ich sah, wie der Himmel sich rosig färbte. Leslie saß still und reglos auf meinem Schoß.

Dann flog die Tür auf, und da war Dr. Taylor. Fast zwei Stunden nach Unterrichtsende.

«Ich habe mich verspätet.» Mehr sagte sie nicht. Sie blieb an der Ecke der Regale stehen und nickte Leslie mit ausgestrecktem Arm kurz zu. Leslie glitt augenblicklich von meinem Schoß und lief zu ihrer Mutter.

Sie sah fabelhaft aus, unglaublich elegant in einer lässigen Kombination aus Wolle und Leinen. Ihr Gesicht war gerötet, als wäre sie länger an der frischen Luft gewesen, und das stand ihr. Sie hatte sonst einen sehr hellen Teint, der irgendwie ungesund wirkte. Fasziniert von ihrer Erscheinung, vergaß ich meinen Ärger. Aber als ich zu ihr ging, während sie Leslie den Mantel zuknöpfte, wurde mir schlagartig klar, daß ihre gesunde Gesichtsfarbe nicht von der frischen Luft kam.

Dr. Taylor war betrunken.

Im ersten Moment war ich wie vom Donner gerührt, stand vom Whiskydunst eingehüllt da und sah zu, wie sie an den Knöpfen fummelte. Ohne meine Anwesenheit auch nur zur Kenntnis zu nehmen, machte sie den letzten Knopf zu, richtete sich auf und zog Leslie mit sich zur Tür.

«Dr. Taylor?»

Sie drehte sich um. Ich wußte nicht, was ich sagen sollte, und die Pause wurde zu lang. Sie wandte sich ab und ging hinaus.

«Dr. Taylor, sind Sie allein?»

Sie ging schon durch den Korridor.

«Warten Sie», rief ich und lief ihr nach. «Dr. Taylor! Einen Augenblick.»

Keine Reaktion.

«Dr. Taylor, warten Sie.» Ich trat ihr in den Weg.

«Was wollen Sie?»

«Sind Sie mit dem Auto da?»

Sie ging um mich herum. Ich grapschte rasch nach Leslies freier Hand. Beide blieben abrupt stehen. Leslie wimmerte.

«Ich könnte Sie nach Hause fahren», sagte ich.

«Nein, danke.» Sie löste geschickt Leslies Hand aus der meinen. Der Whiskygeruch war so stark, daß ich unwillkürlich zurückwich. Sie schob Leslie vor sich her zur Treppe.

«Dr. Taylor, bitte!»

Keine Reaktion.

Ich war schneller an der Treppe und packte Leslies Mantelkragen. Dr. Taylor warf mir einen wütenden Blick zu. Sie war noch eine Stufe über mir, überragte mich also um Hauptes-länge. Mir kam sie vor wie eine Riesin.

«Ich brauche Ihre Hilfe nicht, besten Dank», stieß sie verbissen hervor.

Ich ließ Leslies Mantel nicht los. «Ich finde, Sie sollten lieber nicht fahren.»

Sie starrte mich an, als traute sie ihren Ohren nicht, und ich fühlte mich noch kleiner. Aber ich ließ Leslie nicht los. «Ich bin hier für Leslie verantwortlich», sagte ich. «Ich kann sie nicht ruhigen Gewissens mit Ihnen fahren lassen.»

Sie sagte nichts, fixierte mich nur mit diesem starren Blick, und ich war so fasziniert von ihrer Schönheit, daß ich unsicher wurde.

«Bitte, Dr. Taylor –»

«Lassen Sie los!»

«Dr. Taylor, bitte. Seien Sie doch vernünftig.»

«Ich habe gesagt, Sie sollen loslassen.»

«Dann lassen Sie mich Leslie fahren.»

«Haben Sie nicht gehört?»

«Kommen Sie schon.»

«Lassen Sie los», zischte sie.

«Bitte!»

Ihre Augen verengten sich, und sie griff ungerührt und bestimmt nach meiner Hand. Kläglich geschlagen, ließ ich Leslies Kragen los, ehe Dr. Taylor mich berühren konnte. Ohne ein weiteres Wort eilte sie mit Leslie die Treppe hinunter und war verschwunden.

4

Shemona und Geraldine waren ein ungewöhnliches Pärchen. Zwei Hälften eines Ganzen, nicht zwei getrennte Kinder. Shemona sprach den ganzen Tag nicht ein einziges Wort. Ihr Gesicht war verschlossen, ihre Augen waren wie Einwegspiegel; während sie mich unablässig beobachtete, gelang es mir niemals, in sie hineinzusehen. Sie ließ mich wirklich kaum aus den Augen. Selbst wenn ich sie direkt ansah, wandte sie den Blick nicht ab, sondern fuhr einfach fort, mich zu mustern. In solchen Augenblicken fiel es mir schwer, nicht zu vergessen, daß sie eine Fünfjährige war. Es war nichts Unschuldiges an ihr.

Geraldine war von ganz anderer Art. Sie hing ständig wie eine Klette an mir, war laut und infantil. Von Anfang an suchte sie bei jeder Gelegenheit körperlichen Kontakt zu mir. Kaum setzte ich mich, versuchte sie schon, auf meinen Schoß zu klettern, hängte sich an mich, streichelte mein Haar und mein Gesicht. Alles, was zu mir gehörte, war ihr Ziel für Küsse und Liebkosungen: mein Haar, meine Hände, mein Gürtel. Einmal küßte sie mir sogar den Fuß, ehe mir auch nur aufging, was sie tat. Es überraschte mich, wie sehr mir diese ständigen Aufmerksamkeiten auf die Nerven fielen, obwohl ich selbst ein Mensch bin, dem Körperkontakt wichtig ist. Ich lasse mich gern anfassen, aber Geraldine tat so, als sei mein Körper ihr Eigentum.

Jede für sich hatte genug Störungen, um psychologische Behandlung zu rechtfertigen. Doch es war die Beziehung zwischen den beiden Mädchen, die mich faszinierte und irritierte. Geraldine tat alles für Shemona. Ob Shemona nun einen Bleistift, ein Blatt Papier oder ein Glas Wasser haben wollte, Geraldine holte es ihr, ohne daß Shemona, soweit ich sehen konnte, ihren Wunsch auch nur andeutete. In der Pause knöpfte Geraldine mit mütterlicher Fürsorge Shemona den Mantel zu, schlang ihr den Schal um den Hals, zog ihr die Mütze über die Ohren. Beim Mittagessen schnitt sie ihrer Schwester das Essen. Selten entfernte sie sich weiter als auf Armeslänge von Shemona. Sie behütete sie; sie bediente sie; sie sprach für sie.

Shemona ließ all diese Liebesdienste ziemlich unbewegt über sich ergehen. Sie erbat sie nicht, sondern nahm sie einfach hin, und ich bekam langsam den Eindruck, daß nicht Geraldine, sondern Shemona die Dominante in diesem Zweiergespann war. Shemona führte sich auf wie eine kleine Königin; Geraldine war der Lakai.

Die auffälligste Störung war Shemonas Stummheit. Ich überlegte immer wieder, wie ich ihr beikommen könnte. In den siebziger Jahren hatte ich mich eingehend mit dieser Mutismus genannten Störung bei Kindern beschäftigt und viel mit mutistischen Kindern gearbeitet. Aber ohne Hilfskraft konnte ich Shemona nicht die individuelle Betreuung geben, die für den Erfolg einer solchen Arbeit notwendig war. Genau gesagt, ich konnte sie nicht von Geraldine trennen, und mir war klar, daß ich sie nie zum Sprechen bringen würde, solange die beiden Mädchen zusammen waren.

Nach drei Wochen bestellte ich Mrs. Lonrho. Ich mußte mehr über das Verhalten der Mädchen in der Familie wissen, wenn ich wirksamer mit ihnen arbeiten wollte.

Mrs. Lonrho schien froh über diese Gelegenheit, mir ihr Herz auszuschütten. Sie und ihr Mann hatten vier eigene Kinder, alle etwa im gleichen Alter wie die Mädchen, und sie hatten erwartet, daß die beiden sich reibungslos eingliedern würden.

«Ich kannte sie aus Belfast», erzählte Mrs. Lonrho. «Ich fahre ungefähr alle zwei Jahre rüber. Fast alle meine Angehörigen leben noch dort, und meine Kinder sollen wissen, wo ihre Wurzeln sind.»

«Machten die Mädchen einen normalen Eindruck, als Sie sie das letztemal in Belfast sahen?» fragte ich.

Sie nickte. «Sie waren Kinder wie alle anderen.»

«Shemona war immer die ruhigere», fügte Mr. Lonrho hinzu. Er sprach das breite Amerikanisch der Südstaaten, während bei seiner Frau noch die Melodik des Irischen durchschimmerte.

Wieder nickte Mrs. Lonrho. «Ja, das stimmt. Sie war immer ein ruhiges kleines Ding. Selbständig. Sie wird drei oder dreieinhalb gewesen sein, als wir sie zuletzt sahen. Sie hatte sich aus zwei Stühlen und einer Decke ein Haus gebaut und saß stundenlang allein darin und spielte. Mit Shemona mußte man sich nie beschäftigen. Wenn ich da an unsere eigenen denke! Da war immer was los.»

«Und Geraldine?» fragte ich.

«Tagsüber war sie in der Schule, deshalb haben wir sie wenig erlebt. Aber sie spielte gern mit unseren Kindern.»

«Ich kann mich kaum an sie erinnern», bemerkte Mr. Lonrho. Sie war ein unauffälliges Kind.»

«Genau», bestätigte seine Frau. «Sie waren ganz gewöhnliche Kinder. Als wir hörten, was passiert war und daß die beiden allein dastanden, war es für uns selbstverständlich, daß es am Anfang ein bißchen schwieriger werden würde, aber wir dachten, sie würden sich schon einleben. Daß es so werden würde, hätten wir nie geglaubt.»

«Haben Sie es einmal mit psychologischer Hilfe versucht?» fragte ich.

«O ja. Wir waren mit Shemona bei einem Psychologen. Aber sie sprach nicht. Acht Wochen lang saß sie nur stumm herum. Das war uns auf die Dauer einfach zu teuer.»

«Und Shemona hat nie gesprochen, seit sie hier ist?»

«Nicht ein Wort», sagte Mr. Lonrho.

«Ich weiß nicht, wann es anfing», fügte seine Frau hinzu, «aber es geht schon eine ganze Weile so. Die Mädchen waren bei meiner Schwester Cath, ehe sie zu uns kamen, und da hat Shemona auch nicht gesprochen. Das ist jetzt ungefähr ein Jahr her. Wir dachten uns nichts weiter, als Cath es erwähnte. Wir meinten, das würde sich geben, wenn sie und Geraldine sich erst bei uns eingelebt hätten.»

«Spricht Shemona mit Geraldine?»

Mrs. Lonrho zuckte die Achseln. «Ich denke, das muß sie wohl, aber ich habe sie nie gehört.»

«Ich dachte, eine Trennung würde etwas ändern», sagte Mr. Lonrho. «Meine Frau hielt nichts davon, aber einmal nahm ich

Geraldine trotzdem allein zu meiner Mutter mit. Es war die reine Hölle. Sie hat das ganze Wochenende nur gebrüllt. Und Shemona hat nicht gesprochen.»

«Wie kam es eigentlich dazu, daß sie die beiden aufnahmen?» fragte ich. «Sie haben doch gewiß drüben noch Familie.»

«Die einzige, die sie nehmen konnte, ist meine Schwester Cath. Ihre Kinder sind aber fast alle aus dem Haus, und sie arbeitet. Es klappte einfach nicht. Zu Pflegeeltern wollten wir sie nicht geben. Sie waren sowieso schon zeitweise in Pflege. Wir wollten ihnen eine reelle Chance geben.»

Beide schwiegen nachdenklich. Ich machte mir ein paar Notizen, und als ich aufblickte und sie so nachdenklich sah, wollte ich sie nicht stören.

Mrs. Lonrho hob den Kopf. «Shemona weint nachts», sagte sie leise. «Meistens fängt sie erst an, wenn Geraldine eingeschlafen ist, aber wenn ich zu ihr gehe, wird sie sofort still. Wenn ich das Licht anmache, liegt sie mit völlig verweintem Gesicht da, aber sie sagt keinen Ton. Ich wechsle dann den Kopfkissenbezug, manchmal auch das Kissen, weil es ganz naß ist. Aber sie läßt sich nicht anfassen. Ich möchte sie so gern in den Arm nehmen. Sie ist noch so klein. Aber ich wage es nicht. Man braucht nur ihr Gesicht anzusehen, dann weiß man, daß man besser auf Distanz bleibt.»

Am folgenden Morgen, als wir in der Pause im Hof waren, kamen Geraldine und Shemona zu mir, wie das ihre Gewohnheit war. Ich lehnte an der Mauer, die Hände tief in den Taschen meiner Jeans. Geraldine hing an meinem Arm, während Shemona zu unseren Füßen kauerte und in der Erde grub.

«Habt ihr Sehnsucht nach Nordirland?» fragte ich.

Geraldine antwortete nicht gleich, aber Shemona sah auf. Sie hatte ein Bündel kleiner Zweige in der Hand. Ich betrachtete ihr Gesicht und fragte mich, ob sie mit ihren fünf Jahren überhaupt wußte, was Nordirland war.

«Shemona hat Sehnsucht», sagte Geraldine.

«Und du?»

Wieder eine Pause, dann ein Nicken. «Ich auch.»

Sie schmiegte sich an mich. Ich zog die Hand aus der Tasche und legte ihr den Arm um die Schultern.

«Willst du wieder zurück?»

Sie nickte ohne Zögern. «Und ich geh auch zurück. Wir gehen alle beide zurück. Wenn wir größer sind. Jetzt müssen wir hier bleiben, weil wir noch so klein sind.»

«Es ist sicher schlimm für dich und Shemona, daß ihr eure Eltern verloren habt und so weit von zu Hause fort mußtet. Es ist sehr schwer, mit so vielen traurigen Ereignissen auf einmal fertig zu werden.»

«Unser Bruder Matthew ist auch gestorben, nicht nur Mama und Papa», sagte Geraldine.

«Ja, das muß schlimm gewesen sein. Ihr habt viel verloren. Da seid ihr manchmal traurig.»

Wir schwiegen beide. Mariana warf nicht weit von uns mit Eifer einen Ball an die Mauer. Das rhythmische Knallen füllte die Stille.

«Jetzt ist Shemona die Jüngste», sagte Geraldine. «Früher kam erst ich, dann Shemona, dann Matthew. Jetzt ist sie die Jüngste. Und ich bin die Älteste. Ich bleib immer die Älteste.» Eine kleine Pause. «Wenn ich nicht auch getötet werde. Dann ist Shemona ganz allein.»

Auch Mr. Considyne und Dr. Taylor wollte ich sprechen. Leslie machte keinerlei Fortschritte. Wie Shemona hatte auch sie darunter zu leiden, daß ich keine Hilfe hatte. Bis ich ihre Windeln gewechselt, den Zuckerspiegel geprüft und ihr die Spritzen gegeben hatte, war kaum noch Zeit übrig, mit ihr zu arbeiten. Und das, was ich mit ihr unternahm, zeitigte keine wahrnehmbaren Ergebnisse.

Ich wollte mehr über Leslies Verhalten zu Hause wissen. Nach meinen Beobachtungen war sie bei ihrer Mutter aufgeschlossener als bei mir. War sie zu Hause ganz allgemein mehr zur Interaktion bereit? War sie weniger in sich gekehrt?

Die zweite Sache, die mir auf der Seele lag, war Dr. Taylors Trunksucht. Es kam eine Zeit, wo Dr. Taylor fast jedesmal betrunken war, wenn sie Leslie abholte. Mich erschreckte sowohl die Schwere ihres Problems als auch die völlige Gleichgültigkeit, mit der es vom Lehrpersonal allgemein hingenommen wurde. Gab ich meiner Besorgnis Ausdruck, so reagierte man, als wäre ich die Kranke und nicht Ladbrooke Taylor.

Mir war bald klar, daß man Dr. Taylor mit Wonne haßte. Ihre Distanziertheit grenzte an Höflichkeit; ihre Arroganz wirkte um so feindseliger durch ihre Sprachlosigkeit. Es gab genug Leute, die mit ihrer Meinung, sie habe Bestrafung verdient, nicht hinter dem Berg hielten. In Wahrheit aber hatte man Angst vor ihr. Sie war reich, hatte Einfluß und verhielt sich abweisend. Niemand wagte, sich mit ihr auseinanderzusetzen.

Ich auch nicht. Ich dachte viel darüber nach. In meinen Phantasien stellte ich mir vor, wie ich Dr. Taylor Paroli bot, aber wenn der Moment kam, wo ich ihr hätte trotzen und Leslie festhalten müssen, schaffte ich es nicht. Aber ich hatte auch noch nicht aufgegeben und war bereit, es jeden Nachmittag wieder zu versuchen. Immer noch hielt ich Leslie am Kragen fest, immer noch trugen Dr. Taylor und ich täglich unsere Blickgefechte aus. Ich denke, sie hatte inzwischen erkannt, daß ich zwar nicht den Mut einer Löwin, dafür aber die Hartnäckigkeit eines Terriers besaß.

Die Besprechung war für den nächsten Freitag nachmittag anberaumt. Als Dr. Taylor Leslie abholte, erinnerte ich sie daran. Mit Erleichterung bemerkte ich, daß sie nüchtern war. Aber als es Zeit wurde, kam niemand. Ich saß am Tisch und wartete, Leslies Hefte neben mir. Die Uhr tickte, sonst war alles still.

Endlich ging hinter den Regalen die Tür, dann erschien

Tom Considyne. Wir tauschten einige Höflichkeitsfloskeln, ehe er sich mit überraschender Anmut auf einem der Kinderstühle niedersetzte.

«Meine Frau kann leider nicht kommen», sagte er. «Es geht ihr nicht gut.»

«Das tut mir leid. Ich habe vorhin, als sie Leslie abholte, noch mit ihr gesprochen.»

«Magengeschichten. Sie hat einen sehr empfindlichen Magen.»

«Oh.» Ich legte ihm Proben von Leslies Arbeiten vor, dazu Diagramme zur Veranschaulichung ihrer – nicht vorhandenen – Fortschritte, um meine Besorgnis über die Stagnation in Leslies Entwicklung zu belegen.

Tom Considyne war umgänglich und redefreudig. Ich hatte bisher keine Gelegenheit gehabt, mir ein Bild von ihm zu machen, hatte aber automatisch angenommen, er werde ähnlich distanziert sein wie seine Frau. Ganz im Gegenteil. Er war warm und zugewandt, sprach offen, hörte zu, stellte Fragen, scherzte und lachte. Er versuchte auch ein wenig zu flirten, flocht gerade so viele sexuelle Anspielungen ins Gespräch, daß mir nie ganz behaglich war.

Die Methoden, die ich bei Leslie anwandte, sah er überraschend klar. Er war ihnen offensichtlich schon früher begegnet und hatte aufgepaßt. Was ihm unklar war, studierte er eingehend. Es war offenkundig, daß er Leslie trotz ihrer Behinderung abgöttisch liebte.

«Sie ist sehr gern bei Ihnen», sagte er einmal. «Das ist für mich der beste Beweis für Ihre Fähigkeiten. Sie kann es morgens kaum erwarten, hierherzukommen. Manchmal steht sie schon um halb vier fix und fertig bereit. Am Samstag war es auch so. Ich sagte ihr beim Zubettgehen, daß am nächsten Tag keine Schule sei, aber sie vergaß es. Um dreiviertel sechs erschien sie bei uns im Schlafzimmer, riß meiner Frau die Decke weg und zog ihr die Pantoffeln an die Füße, um sie zum Aufstehen zu bewegen. Sie war fertig angezogen. Wir mußten sie zu uns ins Bett holen, sonst wäre sie nicht mehr eingeschlafen.»

So viel Lebendigkeit hätte ich Leslie nicht zugetraut. Ich konnte mir nicht vorstellen, daß sie sich allein anzog.

«Bei Fremden hat sie Hemmungen», erklärte Considyne. «In der Hinsicht ist sie wie ihre Mutter.»

«Mir scheint das mehr als Gehemmtheit zu sein», sagte ich. «An manchen Tagen ist sie praktisch gar nicht da.» Ich sagte nichts davon, daß ich doch für Leslie kaum eine Fremde war.

Er nickte. «Ja, ja, zu Hause ist sie auch manchmal so», sagte er resigniert. «Sie ist unberechenbar.»

«Wie meinen Sie das?»

«Manchmal ist sie ganz in Ordnung. Kommt ganz darauf an. Wenn das, was man tut, sie interessiert, wenn es ums Essen geht oder so etwas, kann sie sehr aufgeschlossen sein. Oder wenn es etwas ist, wo sie merkt, daß es sie eigentlich nichts angeht...» Er lachte. «Aber –» Sein Gesicht bekam einen müden Zug. «Manchmal ist sie Schwerstarbeit.»

«Das kann ich mir vorstellen.»

«Aber so ist sie nun einmal. Ich nehme es inzwischen einfach, wie es ist. Was haben wir nicht alles unternommen, aber nichts half.» Er zuckte die Achseln. «Damit ist jetzt Schluß. Wir haben gelernt, es anzunehmen. Das ist die einzige Möglichkeit. Leslie ist einfach anders.»

«Und Ihre Frau nimmt es auch an?»

Er rieb sich nachdenklich das Kinn. «Ich glaube schon. Meine Frau hat nicht die Geduld, die Leslie braucht. Sie ist ein sehr verstandesbetonter Mensch. Und Leslie – nun, bei Leslie braucht man keinen Verstand. Für Leslie braucht man Gefühl. Instinkt. Das ist schwierig für meine Frau. An manchen Tagen ist das Leben mit Leslie für sie kaum erträglich. Das geht uns ab und zu beiden so.» Er sah mich mit einem sanften Lächeln an. «Wenn ich sage, daß ich Leslie so nehmen kann, wie sie ist, heißt das nicht, daß ich das Zusammenleben mit ihr immer einfach finde.»

Ich nickte. «Gibt es Gebiete, wo der Umgang mit Leslie besonders schwierig ist?»

Er überlegte einen Moment. «Ich glaube, am schlimmsten ist es nachts. Leslie braucht unglaublich wenig Schlaf. Sie kann um elf zu Bett gehen und um drei schon wieder aufsein. Oder aber sie wacht die ganze Nacht durch jede Stunde auf. Da muß man dann sechs-, siebenmal mit ihr aufstehen. Das geht seit Jahren so. Keiner kann sich vorstellen, wie das ist. Wir haben es in unserer Verzweiflung einmal mit Beruhigungsmitteln versucht. Aber wenn wir ihr nicht gleich eine Vierundzwanzigstunden-Dosis gegeben haben, ist sie trotzdem aufgewacht.»

«Bleibt sie in ihrem Zimmer, wenn sie aufwacht?»

«Nein. Ich kann mich nicht mit dem Gedanken anfreunden, ein Kind einzusperren. Ich bin jedesmal entsetzt, wenn jemand das vorschlägt. Leslie scheint die Möglichkeit zu brauchen, im Haus herumzuwandern, wenn keine anderen Ablenkungen da sind. Es scheint ihr Sicherheit zu geben, Schränke und Schubladen durchzusehen. Ich glaube, das hilft ihr, irgendwie ihr Leben zu definieren.»

«Was heißt das, sie sieht Schränke und Schubladen durch?»

«Nun, sie macht alles auf. Hauptsächlich geht sie in die Küche und ins Bad und nimmt die Sachen heraus. Nur um zu sehen, ob alles da ist, verstehen Sie?»

Verblüfft fragte ich: «Sie geistert nachts herum und nimmt alles aus den Schränken?»

«Oh, sie ist sehr behutsam. Sie macht fast nie etwas kaputt. Sie nimmt die Sachen nur heraus und läßt sie liegen.»

Ich versuchte mir vorzustellen, ich müßte mit einem Kind zusammenleben, das jede Nacht alle Schränke ausräumte. Considyne schien daran nichts Außergewöhnliches zu finden.

«Das einzige Problem ist, daß sie manchmal herumschmiert. Mit Marmelade oder Ketchup oder Zahnpasta. Das liebt sie. Ich nehme sie manchmal mit ins Atelier und geb ihr meine Farben.» Er lachte leise. «Gott, hat sie neulich eine Bescherung angerichtet. Sie stand auf, und keiner hörte sie. Als wir am nächsten Morgen in die Küche kamen, hatte sie den Gefrierschrank aufgemacht und alles, was darin war, auf dem Boden deponiert. Die Eiskrem hatte sie über sämtliche Fliesen verschmiert. So etwas haben Sie noch nicht gesehen.»

Ich fand die Nachsicht, mit der er darüber sprach, befremdlich. Keine Spur von Ärger.

«Was sagt denn Ihre Frau zu alledem?»

«Oh, es war ihre Schuld. Sie hatte vergessen, den Gefrierschrank abzuschließen.»

«Nein, ich meine ganz allgemein. Stört es sie nicht, daß Leslie diese Dinge tut?»

Er zuckte die Achseln. «Sie wird manchmal ungeduldig. Aber ich sagte ja schon, sie ist nicht mit Geduld gesegnet. Sie hat kein Gefühl für Kinder. Ich versuche immer wieder, ihr zu erklären, daß Leslie das braucht. Es ist ihre Art, sich auszudrücken. Außerdem hat meine Frau eine Haushaltshilfe. Sie braucht sich um diese Dinge nicht zu kümmern. Das würde ich ihr nicht zumuten.»

«Ich verstehe.»

Einen Moment trat Schweigen ein. Considyne sah zu mir herüber, ohne mich direkt anzusehen, und lächelte etwas verlegen. «Ich rede und rede. Sie müssen entschuldigen. Ich habe selten Gelegenheit, über Leslie zu sprechen. Die meisten Leute haben kein Verständnis. Und kein Interesse.»

«Mich interessiert das alles sehr. Es vermittelt mir ein klareres Bild.»

«Ich liebe dieses Kind», sagte er. «Es ist schwer, das anderen zu erklären. Die sehen nur ihre Mängel. Aber wenn man mich fragen würde, müßte ich gestehen, daß ich sie mehr liebe als meine beiden gesunden Kinder. Sie ist so rein. So unbefleckt. Sie fühlt und handelt nur. Es gibt keine Hemmungen. Keinen Intellekt, der alles verdirbt. Nur Reinheit. Sie ist ein völlig ursprünglicher kleiner Mensch.» Er hielt inne und schüttelte den Kopf. «Aber das heißt nicht, daß sie nicht manchmal sehr schwierig ist.»

In der Stille hörte ich den Wind vor dem Fenster, das ich einen Spalt aufgemacht hatte, um frische Luft hereinzulassen.

«Haben Sie extra für Leslie eine Hilfe?»

«Nein, das nicht. Aber Consuela, unsere Haushälterin, kümmert sich viel um Leslie. Sie ist schon sehr lange bei uns. Ich weiß nicht, was wir ohne sie anfangen würden. Meine Frau ist keine Hausfrau. Ohne Consuela wären wir verloren. Und mit Leslie hat sie eine Engelsgeduld. Mit uns allen eigentlich.»

«Schläft sie mit Leslie zusammen?»

«Nein, sie hat ihr eigenes Zimmer.»

«Und wer steht nachts auf, wenn Leslie aufwacht?»

«Wir, meine Frau und ich.»

«Und das jede Nacht?»

Er nickte, ich notierte mir das.

«Wenn ich ehrlich bin, muß ich zugeben, daß meistens meine Frau aufsteht. Ich habe einen tiefen Schlaf. Die meisten Nächte höre ich sie gar nicht.»

Considyne spielte mit einem der Arbeitsblätter.

«Wann hat Ihre Frau zu arbeiten aufgehört?»

«Vor ungefähr dreieinhalb Jahren.»

«Was brachte sie zu diesem Entschluß?»

«Ihr Projekt war beendet. Sie ist Physikerin und arbeitete zusammen mit ein paar anderen Leuten an der Princeton-Universität an einem Forschungsprojekt. Aber sie mußten sich oft treffen, und das Hin und Her wurde ihr einfach zuviel, besonders wegen Leslie. Und sie hatten immer wieder Probleme mit der Finanzierung. Als die Regierung wechselte, war ihr klar, daß die Mittel nicht erhöht würden und das Projekt früher oder später auslaufen würde. Da hat sie aufgehört.»

«Und seitdem hat sie nicht mehr gearbeitet?»

«Nein. Leslie wurde um diese Zeit sehr schwierig. Meine Frau hat mit ihr allein genug zu tun.» Als gefiele ihm nicht, wie das klang, fügte er hinzu: «Sie könnte wahrscheinlich auch gar nicht wieder arbeiten. In ihrem Beruf gibt es hier kaum Möglichkeiten.»

«War Leslie geplant?» fragte ich.

Er lächelte seltsam. «Nein. Aber das heißt nicht, daß sie nicht geliebt wird. Oder nicht erwünscht ist.»

«Nein, ich weiß.»

Ein Anflug von Zärtlichkeit überzog sein Gesicht. «Man könnte sagen, Leslie ist eine der unerwarteten Freuden des Lebens.»

Wieder kehrte Stille ein und blieb. Ich sah auf meine Uhr. Considyne, der sich auf dem kleinen Stuhl anscheinend ganz behaglich fühlte, machte keine Anstalten zu gehen. Ich wünschte, er würde sich verabschieden. Dann hätte ich nichts mehr zu sagen brauchen. Aber er blieb ruhig sitzen, ungestört von dem Schweigen. Ich hingegen verkrampfte mich immer mehr. Es war, als schlinge langsam eine Python ihren Leib um mich.

«Es fällt mir schwer, das zu sagen, was ich als nächstes sagen muß», murmelte ich.

Er sah auf. «Ja? Was denn?»

Die Python hatte meinen Hals erreicht. «Es betrifft Ihre Frau.»

«Sie sprechen von der Tatsache, daß meine Frau Alkoholikerin ist?» fragte er im gleichen freundlich ungezwungenen Ton wie vorher. Doch sein Blick wanderte von meinem Gesicht zu dem grauen Stahlregal.

«Ja», sagte ich leise.

«Das ist kein Geheimnis.»

«Hat jemand einmal ernsthaft mit ihr darüber gesprochen? Ihr geraten, zu den Anonymen Alkoholikern zu gehen oder etwas Ähnliches?»

Ein spöttisches Lächeln schlich sich auf sein Gesicht. «Sie kennen offensichtlich meine Frau nicht.»

«Nein. Das ist vielleicht eines meiner Probleme.»

Immer noch das spöttische Gesicht. Er sah mich jetzt wieder an, und ich spürte, wie die Stimmung umschlug. Von der freundlichen Kameradschaftlichkeit blieb nichts.

«Es gibt doch eine Fülle guter Programme. Auch wenn sie nicht zu den AA will, kann sie bestimmt etwas für sie Geeignetes finden. Es gibt Alternativen genug. Ich bin gern bereit, Ihnen die Informationen zu besorgen.»

«Danke», sagte er von oben herab. «Das ist nett von Ihnen, aber ich bezweifle, daß meine Frau das interessiert. Gruppen liegen ihr nicht.» Er sah mich an. Seine Augen waren wäßrig, als sei er dem Weinen nahe, aber ihr Ausdruck war hart, ihr Blick war zugesperrt, wie mir das bei Shemona oft aufgefallen war. Schließlich wandte er sich mit einem müden Achselzucken ab.

«Wirklich», sagte er freundlicher, «es ist nett von Ihnen, sich zu sorgen. Sie meinen es zweifellos gut. Aber ich denke, es gibt gewisse Dinge an den Menschen, die man einfach akzeptieren muß. Ich wollte, meine Frau tränke nicht. Ich wollte, sie würde es, wenn sie schon trinken muß, ein bißchen diskreter tun. Ich wollte, sie würde sich endlich zusammenreißen. Aber es ist wie mit Leslie. Man muß die Menschen so nehmen, wie sie sind, und nicht immer nach dem suchen, was man sich wünscht.»

«Aber in diesem Fall ist diese ruhige Hinnahme für beide nicht gut. Ich bin jedesmal in Todesängsten, wenn Ihre Frau Leslie abholt. Ich weiß, daß Ihre Frau es übelnimmt, wenn ich mich einmische, aber ich muß es tun. Ich würde meines Lebens nicht mehr froh, wenn Leslie etwas passiert.»

«Machen Sie sich wegen des Fahrens keine Sorgen. Es sind nur vier Kilometer, und ich habe meiner Frau einen soliden Wagen gekauft. Sie hat noch nie einen Unfall gehabt. Sie ist eine sehr zuverlässige Fahrerin.»

Ich wußte nichts mehr zu sagen.

Tom Considyne griff nach seinem Mantel. «Ich weiß nicht», sagte er leise. «Vielleicht wäre ein Unfall sogar gut. Vielleicht würde der Schock sie endlich aufwecken.»

«Oder umbringen.»

Er zuckte die Achseln. «Das besorgt sie bereits selbst.»

5

Am Montag brachte Mrs. Lonrho Shemona allein in die Schule. Geraldine hatte eine Darmgrippe. Shemona, die die kurze Erkrankung bereits überstanden hatte, war nicht glücklich über ihr Alleinsein.

Ich hingegen war hoch erfreut. Hier war meine Gelegenheit. Sobald Mrs. Lonrho gegangen war, setzte ich mich mit Shemona zusammen über ihre Aufgaben.

«Wo ist das andere Mädchen?» erkundigte sich Dirkie, als er kam. Er nannte nie jemanden beim Namen. Wir waren alle einfach Mädchen, Jungen, Frauen und Männer.

«Sie ist krank und kommt heute nicht.»

«Dann ist das Mädchen hier allein da.» Er grinste. «Das Mädchen mit dem langen gelben Haar.» Er beugte sich über den Tisch zu Shemona. Shemona schlug ärgerlich nach ihm. Dirkie johlte.

«Du hast ein Mädchenpipi», sagte er.

Shemona setzte zum Spucken an.

«He, ihr beiden», fuhr ich dazwischen. «Laßt das.»

Mariana mischte sich ein. «Shemona mag diesen Jungen nicht, Fräulein», äffte sie Geraldine nach.

Ich setzte Dirkie und Mariana an ihre Aufgaben, ließ Leslie eine Kassette hören und ging mit Shemona um die Ecke zur Tafel. Es war düster hier. Die Regale ließen kaum Licht in den Gang. Ich gab Shemona ein Stück farbige Kreide. «Mach mir eine Sieben», sagte ich.

Sie tat es.

«Gut. Jetzt zeichne mir sieben Quadrate.»

Sie zeichnete mit Sorgfalt und Genauigkeit und malte jedes Quadrat aus. Die bunten Kreiden lockten sie, wie ich gehofft hatte.

Mehrere Minuten machten wir so weiter, schrieben Zahlen und zeichneten die entsprechende Anzahl von Gegenständen dazu. Auch ich zeichnete einige Serien von Gegenständen und ließ sie jede Serie durch Striche mit der entsprechenden Zahl verbinden. Shemona hatte ein gutes Zahlenverständnis. Ich wollte sie auflockern, ihr Interesse an dem neuen Medium wecken, ihr die Möglichkeit geben, sich an ihrer eigenen Geschicklichkeit zu freuen. Ich hatte mit mutistischen Kindern häufig nach dieser Methode gearbeitet, und sie hatte sich bewährt. Waren die Kinder erst einmal von ihrer Tätigkeit gepackt, gingen sie bereitwillig mit, wenn ich das Tempo steigerte. Ich schrieb nun selbst, stellte die Fragen und gab zu jeder Frage selbst die Antwort. Immer schneller folgten Fragen und Antworten einander, und wenn ich alles richtig machte, wuchsen Eifer und Erregung so, daß schließlich, wenn ich eine Frage stellte, aber selbst nicht antwortete, das Kind die Antwort gab. Es war eine einfache Methode, die gerade bei mutistischen Kindern so oft gewirkt hatte, daß ich sie auf Video aufgenommen und bei Seminaren vorgeführt hatte.

Es bereitete einige Mühe, Shemona ins richtige Fahrwasser zu bringen. Sie war zunächst nur daran interessiert, schön zu malen. Immer wieder löschte sie, wenn ihr eine Linie nicht gerade genug, ein Kreis nicht rund genug war. Schließlich mußte ich ihr die Kreide mit dem Versprechen wegnehmen, sie könne nachher weitermalen.

«Zeig mir eine Acht. Zeig mir die Vier. Zeig mir die Elf. Zwölf. Sechs. Eins. Vierzehn. Null.» Ich wurde immer schneller. Jetzt war Shemona gepackt. Einige Zahlen standen so weit oben, daß sie nicht hinauflangen konnte. Sie mußte hochspringen, um sie zu zeigen. Das fand sie lustig und kicherte. «Sechs. Neun. Drei. Dreizehn. Was ist das? Fünf. Und das? Sieben. Was ist das? Zwei. Was ist das? Fünfzehn.»

Immer weiter, immer schneller. Die ganze Tafel war mit meinen schnell hingeworfenen Zahlen bedeckt. Shemona versuchte keuchend, mit mir Schritt zu halten. Sie lächelte und kicherte so laut, daß ich es hören konnte.

«Was ist das? Vier. Was ist das? Zehn. Was ist das? Acht. Was ist das?»

Schweigen.

Shemona wußte, daß es eine Sechs war. Sie war schon hochgesprungen, um auf die Zahl zu zeigen, und wartete darauf, daß ich «sechs» sagen würde. Als nichts kam, blieb sie mit erhobenem Arm stehen. Auf ihren Lippen war noch ein erwartungsvolles Lächeln, das mich an meinen Labrador erinnerte. Genauso eifrig und erwartungsvoll sah er mich an, wenn ich mitten im Spiel mit dem Ball in der Hand innehielt.

«Was ist das für eine Zahl?» fragte ich und wies auf die Sechs.

Sie sah auf die Tafel. Das Lächeln erlosch, sie betrachtete die Zahl, als wäre sie in einer fremden Schrift geschrieben.

«Was ist das für eine Zahl?» Ich klopfte an die Tafel.

Sie blieb stumm.

«Wie heißt die Zahl?» Ich wußte, daß der Schwung weg war. Es war mir nicht gelungen, sie mitzureißen. Ich lächelte, um das gute Einverständnis zwischen uns zu bewahren. «Es ist eine Sechs, nicht wahr?» Mit einem halbherzigen kleinen Sprung langte sie zu der Sechs hinauf, offensichtlich ebenso bemüht wie ich, den glücklichen Moment zu erhalten. Ich gab ihr die Schachteln mit Kreiden. «Das hast du wirklich gut gemacht. Du kennst alle Zahlen. Hier. Du kannst bis zur Pause mit ihnen malen.»

Carolyn und ich wechselten uns bei der Pausenaufsicht ab, so daß ich jeden Tag entweder vormittags oder nachmittags eine Viertelstunde für mich hatte. Im allgemeinen verwendete ich diese Zeit darauf, Dinge zu erledigen, zu denen ich vorher nicht gekommen war, oft aber setzte ich mich einfach ins Lehrerzimmer und streckte alle viere von mir. An diesem Morgen hatte ich mir von Bill, dem Hausmeister, die Schlüssel für die Putzkammer geben lassen, wiel ich die Auffangschale unserer Staffelei auswaschen wollte. Ich hatte das Wasser laufen und war ganz in meine Arbeit vertieft, als plötzlich Leslie an der Tür der Putzkammer erschien.

«Was tust du denn hier, Herzchen?» Leslies Wangen waren gerötet, sie wirkte weit wacher als sonst. «Brauchst du etwas?»

Sie drehte den Kopf und blickte den Flur entlang.

«Was ist denn?» Ich trat aus der Kammer und sah mich um. Leslie war sichtlich erregt. «Wieso bist du nicht unten im Hof bei Miss Berry und Joyce?» fragte ich. «Wissen sie, daß du hier bist?»

Sie wies den Flur entlang und stieß einen unartikulierten Laut aus. Zum erstenmal hörte ich von Leslie eine beabsichtigte sprachliche Äußerung.

Wieder sah ich mich um. «Was ist denn?»

«Weinen», stieß sie heiser hervor.

«Weinen? Wer weint? Kannst du es mir zeigen?»

Leslie setzte sich in Bewegung. Ich folgte ihr die Treppe hinunter durch die Feuerschutztüren. Als wir aus dem Treppenhaus traten, hörte ich Lärm aus der Richtung des Sekretariats. Drinnen stand Carolyn. Mit der einen Hand hielt sie Dirkie am Hemdkragen gepackt, mit der anderen Shemona am Mantel; Dirkie weinte vor Zorn. Shemona strampelte und schlug und schrie wie am Spieß.

«Gott sei Dank», sagte Carolyn, als sie mich sah. «Ich dachte schon, Sie wären spurlos verschwunden.»

«Was ist denn los?»

«Sie wollte mich umbringen», schrie Dirkie. «Das Mädchen mit den langen gelben Haaren wollte mich umbringen.»

«Dirkie war mal wieder typisch Dirkie», erklärte Carolyn. Sie ließ ihn los und griff über die Abtrennung nach einer Handvoll Papiertaschentücher, die sie Dirkie reichte. «Du warst wirklich ein bißchen lästig, Dirkie, stimmt's? Du hast immer wieder Shemonas Haar anfassen wollen. Ich habe dir mehrmals gesagt, du sollst sie in Ruhe lassen.»

«Sie wollte mich umbringen.» Er zeigte einen Kratzer auf seiner Wange.

«Kein Wunder», versetzte Carolyn. «Wie oft habe ich dir gesagt, du sollst sie in Ruhe lassen?»

Shemona heulte ohrenbetäubend weiter, so daß man kaum sein eigenes Wort verstehen konnte.

«Können Sie Joyce einen Moment entbehren, damit sie auf meine Kinder aufpassen kann?» fragte ich Carolyn. «Oben ist schon eine Malarbeit vorbereitet. Dirkie könnten Sie vielleicht sicherheitshalber mit zu sich nehmen. Ich möchte einen Moment mit der Kleinen allein sein.»

Carolyn nickte. Ich faßte Shemona beim Mantel und zerrte das brüllende, strampelnde Kind zum Lehrerzimmer. Drinnen setzte ich mich aufs Sofa.

«Willst du dich neben mich setzen?» fragte ich.

Sie brüllte einfach weiter.

«Möchtest du auf meinen Schoß?»

«Nein!»

«Gut. Wie du willst. Aber ich kann dich jetzt nicht loslassen. Ich muß dich festhalten, damit du dir nicht selbst weh tust. Wenn du dich wieder ein bißchen gefaßt hast, laß ich dich los.»

Das zeitigte einen neuerlichen Zornesausbruch. Mit der Wildheit einer kleinen Raubkatze verkrallte sie sich in meinen Arm. Ich faßte ihre freie Hand, hielt sie fest und sagte nichts mehr. Shemona schrie und schrie ohne Unterlaß. Müdigkeit kroch in ihre Stimme, aber sie schaffte es immer noch, in monotonen, stoßweisen Ausbrüchen weiterzuschreien. Schließlich übermannte sie die Erschöpfung, die Schreie wurden leiser, waren am Ende nur noch ein heiseres Grunzen. Dann erst kamen die Tränen. Sie fiel auf die Knie und hockte sich mir zu Füßen auf den Boden. Ich ließ sie los.

«Das war anstrengend, nicht?» sagte ich.

Sie blieb stumm.

«Ich bin jetzt richtig müde. Du auch?»

Sie strich über die roten Druckstellen an ihrem Arm, schnüffelte und wischte sich am Blusenärmel die Nase.

«Das war wohl heute ein schwerer Tag für dich, hm? So ganz allein, ohne Geraldine? Sie fehlt dir sicher.»

Shemona nickte kaum merklich.

«Geraldine paßt immer gut auf dich auf, nicht?»

Wieder kamen ihr die Tränen. Ihre Lippen zitterten, und sie preßte sie aufeinander, um nicht zu weinen.

«Möchtest du zu mir aufs Sofa?»

Sie schüttelte den Kopf.

«Es ist schön weich. So richtig zum Ausruhen.»

Wieder schüttelte sie den Kopf.

«Es war alles ein bißchen viel für dich, nicht? Erst das Spiel an der Tafel. Hast du geglaubt, es wäre ein Trick, um dich zum Reden zu bringen? Das war es nicht, weißt du. Nur eine Hilfe, um dir den ersten Schritt zu erleichtern. Der ist immer besonders schwer.»

Sie starrte auf ihre Hände.

«Und dann Dirkie. Der kann wirklich lästig sein. Mein Haar will er auch immer anfassen, und ich mag es auch nicht.»

Die Tränen flossen. Sie tat nichts, um sie aufzuhalten.

Ich bückte mich zu ihr hinunter. «Komm her, Shemona.»

Sie schüttelte den Kopf, ohne aufzusehen.

«Ich hab Durst», sagte ich. «Du auch? Wollen wir uns eine Limonade teilen?»

Sie hob den Kopf und sah mich durch Tränen an.

«Welche Sorte möchtest du?»

Keine Antwort.

Ich stand auf und ging zum Automaten. «Cola?»

Sie nickte.

Ich steckte die Münzen in den Zahlschlitz, und die Dose fiel klappernd heraus. Als ich mich umdrehte, saß Shemona auf dem Sofa. Ich reichte ihr die Dose. Sie trank gierig mehrere Sekunden lang, ehe sie die Dose absetzte.

«Was sagt man?» fragte ich.

«Danke.»

Es war kein Durchbruch. Es war bestenfalls eine kleine Bresche. Kaum waren wir ins Klassenzimmer zurückgekehrt, senkte sich der Schleier wieder über Shemonas Gesicht, und sie flüchtete sich erneut in Schweigen. Mir war klar, daß nicht ich sie zum Sprechen gebracht hatte, sondern Erschöpfung und Angst vor Verlassenheit. Und das Cola.

Aber einen anderen Durchbruch hatte es gegeben, der im allgemeinen Wirbel beinahe untergegangen wäre. Bei Leslie. Zum erstenmal, seit ich sie kannte, hatte sie versucht, sich mitzuteilen. Hieß das, daß Leslie sprechen konnte? Daß sie fähig war, ihre Sprache zu kontrollieren? Ich hatte mich so an ihre Sprachlosigkeit gewöhnt, daß ich sie einfach akzeptiert hatte. Ich hatte angenommen, der Verlust des Sprechvermögens sei Teil ihrer Störung, und hatte mir keine Gedanken mehr darüber gemacht. Sollte sich nun gezeigt haben, daß Leslie doch sprechen konnte?

Nach dem Unterricht blieb ich mit Leslie im Zimmer, weil ich hoffte, damit Dr. Taylor aus der Geborgenheit ihres Mercedes ins Klassenzimmer zu locken. Keine fünf Minuten nachdem die Kinder gegangen waren, erschien sie.

«Kann ich Sie kurz sprechen?» fragte ich.

Sie zeigte augenblicklich Mißtrauen. Vielleicht hatte ihr Mann ihr erzählt, worüber wir am vergangenen Freitag gesprochen hatten. In der langen, unbehaglichen Stille sahen wir einander an. Als sie mich nicht zwingen konnte, den Blick abzuwenden, senkte sie die Lider und nickte kurz.

«Ich bringe Leslie solange zu der anderen Lehrerin hinunter.» Mit Leslie an der Hand ging ich zur Tür. «Möchten Sie eine Tasse Kaffee? Ich bringe Ihnen gern eine mit.»

Sie schüttelte den Kopf.

Wieder oben, setzte ich mich an den Tisch. Im Gegensatz zu ihrem Mann setzte sie sich nicht neben mich, sondern nahm auf der anderen Seite des Tisches auf dem Stuhl Platz, der der Tür am nächsten war. Nicht einmal mit ausgestreckten Armen hätten wir uns berühren können.

«Es tut mir leid, daß Sie neulich nicht kommen konnten. Ich hatte extra alles zurechtgelegt. Jetzt habe ich nichts da. Ich habe sie trotzdem hergebeten, weil es für mich eine große Hilfe ist, mit beiden Eltern zu sprechen. Außerdem ist heute etwas Ungewöhnliches geschehen, und es würde mich interessieren, wie es sich zu Leslies Verhalten zu Hause verhält.»

Dr. Taylor sah mich unverwandt an. Sie besaß eine beunruhigende Fähigkeit, ständigen Blickkontakt zu halten, und hatte ganz außergewöhnliche Augen, die das durch den unbewegten Blick ausgelöste Unbehagen noch erhöhten. Sie waren nicht übermäßig groß, aber sie hatte eine Art, sie so weit zu öffnen, daß die ganze Iris sichtbar wurde. Ihr Blick bekam dann den kalten, starren Ausdruck eines Reptils. Vielleicht lag es auch an dem Krokodilsgrün der Augen. Ganz gleich, ihr Blick zwang mich ständig wegzusehen, und es ärgerte mich, daß ich nicht standhalten konnte.

«Wie ist Leslie zu Hause?» fragte ich.

Erst da wandte Dr. Taylor endlich den Blick von meinem Gesicht. Sie zuckte leicht die Achseln. «Eben Leslie.»

«Nach dem, was Ihr Mann mir am Freitag erzählte, hatte ich den Eindruck, daß sie manchmal recht schwierig ist.»

Wieder Achselzucken.

«Wird es Ihnen nicht manchmal ein bißchen viel?»

Pause, dann ein leichtes Nicken.

«Können Sie mir sagen, in welcher Hinsicht?»

Achselzucken.

«Ihr Mann sagte mir, daß sie wenig schläft.»

Sie nickte.

«Wie äußert sich das?»

«Sie steht auf.»

«Und dann?»

«Dann wandert sie herum.»

Ich mußte ihr jede Antwort förmlich aus der Nase ziehen. Bei unseren früheren Begegnungen hatte ich das Gefühl gehabt, Dr. Taylor sei sich zu gut, ein Wort mit mir zu wechseln. Jetzt hatte ich eher den Eindruck, daß sie sich bedroht fühlte oder sorgfältig darauf bedacht war, ihr Privatleben zu schützen.

«Wer steht mit Leslie auf, wenn sie erwacht?» fragte ich.
«Meistens ich.»
«Bringen Sie sie dann wieder zu Bett?»
«Wenn es geht.»
«Und wenn nicht?»
«Dann muß ich mit ihr aufbleiben.»
«Wie oft kommt das vor?» fragte ich.
Sie zuckte die Achseln. «Jede Nacht.»
«*Jede* Nacht?»
«Ja.»
«Mehr als einmal in der Nacht?»
«Ab und zu, ja.»
«Das muß ja wahnsinnig anstrengend sein», sagte ich.
Dr. Taylor nickte.
«Und immer stehen Sie auf? Oder springt Ihr Mann auch manchmal ein?»
«Er hört sie meistens nicht.»
«Sie stehen also jede Nacht zwei- oder dreimal auf. Manchmal bringen Sie sie dann wieder zu Bett, aber wenn das nicht klappt, müssen Sie mit ihr aufbleiben.»
«Nicht die ganze Nacht. Nur bis sie wieder einschläft.»
«Wieviel Schlaf bleibt Ihnen denn da noch?»
Achselzucken. «Genug.»
«Und was wäre, wenn Sie sie einfach herumgeistern ließen, anstatt jedesmal aufzustehen und sie wieder hinzulegen?»
«Sie macht ein Riesendurcheinander.»
«Ich versteh. Haben Sie einmal daran gedacht, eine Halbtür oder Maschendrahttür an ihrem Zimmer anbringen zu lassen, damit sie nicht mehr hinauskann?»
«Mein Mann meint, Leslie braucht diese nächtlichen Ausflüge. Er sagt, das gibt ihr ein Gefühl von Geborgenheit.»
«Sind Sie auch der Meinung?»
Achselzucken. «Ja, wahrscheinlich.»
Ich warf einen Blick auf meine Notizen.
«Hier ist heute etwas Ungewöhnliches geschehen», sagte ich

dann. «Heute morgen gab es unten im Hof Streit. Ich war nicht dabei, weil ich meine Pause hatte. Ich war oben. Plötzlich stand Leslie vor mir. Sie war ganz allein heraufgekommen, um mich zu holen. Das allein fand ich schon erstaunlich. Aber noch erstaunlicher war, daß sie sprach. Es war nur ein Wort. Sie sagte ‹Weinen›, aber es machte Sinn und war der Situation angemessen. Sie wollte mich holen, weil unten zwei Kinder weinten.»

Dr. Taylor zeigte keine Reaktion. Sie schien weder überrascht noch erfreut. «Das tut sie manchmal.»

«Wirklich? Ich hatte keine Ahnung, daß sie spricht.»

«Nicht regelmäßig.»

«Aber sie spricht», sagte ich.

«Wenn man es so nennen will.»

«Wie oft?»

Dr. Taylor überlegte einen Moment. «Vielleicht einmal im Monat. Ich weiß nicht genau.»

Ich ließ mir das durch den Kopf gehen. «Ich glaube, in Leslie steckt mehr, als wir ahnen», sagte ich. «Ich wollte, ich könnte intensiver mit ihr arbeiten. Ich brauche hier dringend eine Hilfskraft, aber der Schulbezirk kann sich keine leisten. Eine Schande, wenn man an Kinder wie Leslie denkt. Leider hatte ich auch mit meinen Bemühungen um eine ehrenamtliche Hilfskraft bis jetzt kein Glück. Aber wenn ich jemanden auftreiben sollte, werde ich zuallererst mit Leslie arbeiten.»

Dr. Taylor kaute heftig an ihrem Daumennagel. Sie starrte mich an, und ich hatte den Eindruck, sie wolle etwas sagen. Aber die Sekunden verrannen, und sie blieb stumm.

«Wollten Sie etwas sagen?» fragte ich.

Das schien sie aus der Fassung zu bringen. Hastig sah sie weg und nahm wie ertappt die Hand vom Mund. Stumm schüttelte sie den Kopf.

Wieder trat eine Pause ein. Ich beobachtete sie und merkte, wie meine Abneigung gegen sie trotz ihrer Unzugänglichkeit dahinschmolz. Sie hatte etwas beinahe Rührendes, wie sie da saß, so weit entfernt, die Schultern gekrümmt, die Arme eng um den Körper geschlungen, im Panzer ihrer abweisenden Schönheit viel mehr Opfer als Aggressorin.

«Es würde mich interessieren», sagte sie sehr leise, «welchen Ursprung Ihrer Meinung nach Leslies Krankheit hat.»

«Sie meinen, ihre Behinderung im allgemeinen?»

Sie nickte.

«Das ist schwer zu sagen. Ich weiß sehr wenig von Leslie.»

Ein kurzes Nicken, als hätte ich ihr eine Antwort gegeben.

«Für mein Gefühl ist es eine organische Dysfunktion. Wie Autismus. Ihr Verhalten hat Ähnlichkeit mit dem anderer Kinder, mit denen ich gearbeitet habe. Aber mit Gewißheit kann ich nichts sagen.»

«Was heißt das?» fragte sie mit einem kurzen Blick zu mir. «Organische Dysfunktion?»

Sie nickte.

«Das heißt, daß ein körperlicher Schaden vorliegt. Ich glaube nicht, daß Leslies Schwierigkeiten rein emotionaler Natur sind. Damit will ich nicht sagen, daß nicht auch emotionale Störungen vorhanden sind. Selbst bei klaren Fällen körperlicher Schädigung, wie Gehirnschäden, findet man auch emotionale Störungen, beträchtliche sogar in vielen Fällen. Das Leben mit solchen Kindern ist ungeheuer schwierig. Sie beeinträchtigen das Zusammenleben praktisch jeder Familie, und sei sie noch so heil. Sehen Sie sich Ihren eigenen Fall an. Sie haben seit fünf Jahren keine Nacht mehr durchgeschlafen. Einer solchen Belastung ist kein Mensch auf die Dauer gewachsen; da ist es nicht verwunderlich, wenn Schwierigkeiten auftreten.»

Sie senkte die Lider, und flüchtig hatte ich den Eindruck, sie sei den Tränen nahe. Sie saß da und drehte eine Haarsträhne um ihren Finger, ohne etwas zu sagen.

«Die Psychiatrie und Psychologie der vergangenen Jahre haben die Eltern von Kindern mit derartigen Behinderungen weitgehend allein gelassen», fuhr ich fort. «Immer war nur von Schuld die Rede, aber das hilft niemandem. Schuldzuweisungen führen nicht weiter. Mich interessiert nicht, wodurch etwas entstanden ist – das gehört der Vergangenheit an –, ich will wissen, wie das Problem jetzt aussieht und wie ich es bessern kann. Wie ich helfen kann.»

Sie nickte, ohne aufzublicken. «Es hat mich nur interessiert.»

6

«Sie werden mich umbringen», sagte Frank, als er ins Klassenzimmer kam.

«Warum denn das?»

«Weil ich Ihnen noch ein Kind unterjubeln muß.»

«Das kann nicht Ihr Ernst sein.»

«Doch. Tut mir leid. Einen kleinen Iren noch dazu.»

«Jetzt hören Sie aber auf, Frank. Das kann nur ein Witz sein.»

«Nein, leider nicht. Die Lonrhos haben sich noch ein Pflegekind zugelegt. Einen dreizehnjährigen Jungen. Auch ein Verwandter, soviel ich weiß.»

«Und er kommt hierher? In diese Klasse?»

«Ja. Er scheint echte Schwierigkeiten zu haben.»

«Lieber Gott, die machen's einem wirklich nicht leicht.»

Frank lachte. «Kopf hoch, Torey. Mrs. Lonrho hat extra darum gebeten, daß der Junge zu Ihnen kommt. Sie findet Sie genial.»

«Wie schmeichelhaft.»

Shamus, oder Shamie, wie er genannt werden wollte, war der Sohn von Mrs. Lonrhos Schwester Cath. Er war, wie Mrs. Lonrho mir erzählte, das jüngste von acht Kindern, ein sanfter, musischer Junge, das geliebte Nesthäkchen einer großen Familie. Nicht gerade ein heller Kopf, meinte Mrs. Lonrho, aber ein gutherziger, fleißiger Junge.

Zwei von Shamies Brüdern waren «Provies», Mitglieder der Provisional IRA, seine Mutter arbeitete immer noch in einer Gastwirtschaft, auf die in den vergangenen vier Jahren zweimal Bombenanschläge verübt worden waren. Shamies Familie war der Geraldines und Shemonas eng verbunden gewesen. Die Familien hatten in derselben Straße gewohnt, und Shamie hatte sehr an seinem Onkel, der sich ausgerechnet in der Garage seines Vaters das Leben genommen hatte, gehangen. Er hatte nach Schulabschluß bei ihm in die Lehre gehen wollen und war oft in seiner Elektrowerkstatt gewesen, um ihm bei der Arbeit zu helfen. Nach der Verhaftung und der darauffolgenden Entlassung des Onkels hatten die Kinder in der Schule angefangen, Shamie zu hänseln, und auch ihn einen Spitzel geschimpft. Es sei nicht so ernst gewesen, meinte Mrs. Lonrho, und sie hätten ihm sicher nichts getan, aber Shamie sei immer schon ein sehr sensibler Junge gewesen. Er nahm es ernst. Er fiel in eine tiefe depressive Verstimmung, die von Schlaflosigkeit und Unrast begleitet wurde. Er war überzeugt, daß er und seine Familie genau wie die Familie seines Onkels getötet werden würden.

Mrs. Lonrhos Bericht weckte in mir tiefe Teilnahme für den kleinen Shamie. Ich konnte seine Ängste verstehen; sie schienen mir angesichts dessen, was in Nordirland täglich geschah, keineswegs unrealistisch.

Schließlich erklärte Shamie, er wolle nach Amerika wie Geraldine und Shemona. Er wollte von Belfast weg. So schnell wie möglich. Er könne nicht warten, sagte er seinen Eltern. Er könne es nicht bis zum Schulabschluß aushalten. Bis dahin wäre er tot, das wisse er.

Sechs Tage später kam Shamie zu uns. Er war ein magerer Junge mit schwarzem Haar und sah wesentlich jünger aus als dreizehn. Seine Gesichtszüge waren weich und mädchenhaft; die blauen Augen, die etwas Schläfriges hatten, beschatteten lange, dunkle Wimpern.

«Das ist unser Vetter Shamie», verkündete Geraldine stolz. «Er ist erst letzten Freitag aus Belfast gekommen. Er ist der Sohn von unserer Tante Cath und Onkel Joe und wohnt nur drei Häuser von uns entfernt, in der Greener Terrace 44. Wir wohnen auf Nummer 38.»

«Jetzt nicht mehr», sagte Shamie. «Jetzt wohnt ihr am Scenic View Drive 3018.» Er lächelte, stolz über sein Wissen.

«Aber ich fahr wieder heim», entgegnete Geraldine. «Wenn ich groß bin, ziehe ich wieder in unser Haus. Und Shemona auch, nicht Shemona?»

«Das geht nicht. Das Haus ist verkauft.»

«Geht schon. Wir kaufen's zurück.»

«So was Blödes. Ihr habt ja gar kein Geld.»

Trotzig schob Geraldine das Kinn vor. «Wir suchen uns Arbeit. Dann sparen wir und kaufen unser Haus zurück.»

«Aber dann ist doch sowieso alles anders, Geraldine», meinte Shamie.

«Wir machen es wieder so, wie es war. Nicht, Shemona?»

Ich hörte mir das alles nachdenklich an.

«Na schön», meinte Shamie achselzuckend. «Du kannst machen, was du willst. Aber ich fahr nie wieder zurück. Ich bleibe hier.»

Nach dem kurzen Gespräch mit Dr. Taylor fühlte ich mich in ihrer Gegenwart nicht mehr so befangen, obwohl sie weiterhin distanziert und unzugänglich blieb. Ich nahm ihr abweisendes Verhalten nicht mehr persönlich, sondern sah es eher als Ausdruck ihrer Unfähigkeit, sich anderen zu öffnen. Das half mir. Ich hatte keine Angst mehr vor ihr.

Während der ersten Woche nach meinem Gespräch mit Tom Considyne fürchtete ich ständig, sie würde wieder betrunken in der Schule erscheinen, aber er hatte wohl etwas zu ihr gesagt, denn von dem Tag an war sie stets nüchtern. Ich schmeichelte mir, daß vielleicht unser relativ freundschaftliches Gespräch dazu beigetragen hatte; ja ich gab mich sogar der Illusion hin, nun hätte *sie* Angst vor *mir* und wage es nicht mehr, angetrunken in die Schule zu kommen.

Aber dann kam die zweite Novemberwoche. Es war Dienstag nachmittag. Dr. Taylor saß in ihrem Wagen, als wir herauskamen, und ich öffnete wie gewohnt die hintere Tür, um Leslie in den Wagen zu helfen und sie anzuschnallen. Ein Gemisch aus Lakritzenduft und Whiskydunst schlug mir entgegen.

Augenblicklich zog ich Leslie wieder aus dem Wagen und schlug die Tür zu. Leslie schien verblüfft, blieb aber ruhig.

Das Fenster auf der Mitfahrerseite senkte sich surrend. «Was tun Sie da?» fragte Dr. Taylor gereizt.

Ich antwortete nicht, beugte mich auch nicht zu ihr hinunter, sondern machte mit Leslie an der Hand kehrt.

Dr. Taylor sprang aus dem Wagen. «Was soll das heißen?» rief sie über den Wagen hinweg.

Ich drehte mich um. «Ich rufe Leslie ein Taxi.»

Wie der Blitz schoß Dr. Taylor um den Wagen herum und vertrat Leslie und mir den Weg. «Was bilden Sie sich eigentlich ein?» fuhr sie mich an. «Das ist *mein* Kind. Sie haben mir keine Vorschriften zu machen.»

«Bitte regen Sie sich nicht auf. Ich hole ihr ein Taxi, und Sie nehmen sie zu Hause in Empfang.»

Sie funkelte mich aus ihren grünen Augen an. «Geben Sie sie mir.» Sie zählte jedes einzelne Wort ab.

«Nein.» Ich hatte den Rubikon überschritten, und wir wußten es beide. «Bitte gehen Sie zur Seite.»

Aber sie machte keine Anstalten nachzugeben. Ihre Augen verengten sich und verloren etwas von der reptilhaften Starre, ließen sie aber gleich viel zorniger wirken.

«Wenn Sie das tun», drohte sie, «werde ich dafür sorgen, daß Sie hier keinen Fuß mehr auf den Boden bekommen.»

Darauf gab es keine Erwiderung.

«Sobald ich zu Hause bin, rufe ich meinen Anwalt an, verlassen Sie sich darauf.» Ihre Stimme war leise und kalt.

Ich schluckte.

«Ich weiß nicht, was Sie sich einbilden», fuhr sie fort, «aber ich kann Ihnen versichern, daß Sie an dieser Schule die längste Zeit Lehrerin gewesen sind. In dieser Stadt werden Sie nie wieder unterrichten.»

Ich hüllte mich in Schweigen. Das war ein Trick, den ich von meinen mutistischen Kindern gelernt hatte. Sie mußte ihn auch irgendwo gelernt haben, denn sie fixierte mich ebenso schweigend, ohne mit der Wimper zu zucken.

Schließlich hielt ich den starren Blick nicht mehr aus und sah zu Boden, während ich überlegte, was ich tun sollte. Es bestand die Möglichkeit, daß sie mich angriff, wenn ich jetzt wegzugehen versuchte, und ich wollte auf keinen Fall ein Handgemenge. Ich hob den Kopf, um zu sehen, ob jemand in der Nähe war. Hinter der Tür konnte ich zwei Sekretärinnen erkennen, die uns beobachteten.

Ich holte tief Atem, machte eine halbe Drehung und ging mit Leslie an der Hand um Dr. Taylor herum auf das Schulhaus zu. Zum Glück versuchte sie nicht, uns aufzuhalten. Sie stürmte wütend zu ihrem Mercedes zurück, knallte die Tür zu und brauste davon.

Mit zitternden Knien schleppte ich mich ins Sekretariat, um ein Taxi anzurufen, während Leslie verblüffend ruhig und ungerührt an meiner Seite stand. Als das Taxi kam, setzte ich sie hinein und umarmte sie.

«Mach dir keine Sorgen, Herzchen. Es ist alles in Ordnung. Zu Hause warten dein Papa und Consuela auf dich. Und deine Mama ist sicher auch schon da.» Noch einmal nahm ich sie in den Arm, dann gab ich dem Fahrer das Geld.

Der Rest des Tages war wenig angenehm für mich. Die Gedanken an Dr. Taylor und ihre Drohung überschatteten alles. Sie war dank ihrem Einfluß in der Gemeinde zweifellos eine gefährliche Feindin, und obwohl ich der Meinung war, richtig gehandelt zu haben, war mir bei der Vorstellung einer möglichen gerichtlichen Auseinandersetzung nicht wohl.

Der folgende Tag ließ sich nicht viel besser an. Ich war nach einer beinahe schlaflosen Nacht so schlapp, daß ich kaum mit den Kindern fertig wurde. Dirkie hatte einen besonders schlimmen Tag, schlich ständig um Shemona herum, suchte in allen möglichen Zeitschriften nach Katzenfotos, hockte häufig unter dem Tisch und heulte leise vor sich hin wie eine verlassene kleine Eule. Leslie hatte eine Riesenbescherung in der Windel, die so penetrant roch, daß wir erst einmal alle Fenster aufreißen mußten, und Shemona, die auf dem Rückweg von der Pause über ein offenes Schuhband stolperte, schleuderte in ihrem Zorn den Schuh den Treppenschacht hinunter. Als ich ihr klarmachte, daß sie ihn erst in der Mittagspause holen könne, weil wir jetzt zum Unterricht mußten, waren sie und Geraldine so erbost darüber, daß sie den ganzen restlichen Vormittag mit finsteren Gesichtern dasaßen. Nur Shamie und Mariana hatten einen halbwegs guten Tag.

Nach der Rückkehr ins Klassenzimmer bemühte ich mich um einen reibungslosen Neubeginn. Shamie durfte lesen, anstatt die verhaßten Rechenaufgaben lösen zu müssen. Geraldine bekam für sich und Shemona ein Arbeitsblatt, an dem sie gemeinsam arbeiten konnten. Mit den anderen drei spielte ich Lotto. Bis etwa Viertel vor drei war Frieden. Dann knallte plötzlich die Tür.

Erschrocken sah ich auf. Als niemand kam, ging ich um die Ecke. Es war Dr. Taylor.

7

Wie eine mythische Gestalt – eine Walküre oder Furie – stand sie dort im Halbdunkel, schön und finster vor Zorn. Das vom Wind zerzauste Haar umfloß ihren Kopf wie eine Mähne, ihr Gesicht war gerötet. Und sie war betrunken.

«Ich will meine Tochter holen.»

Hinter mir sammelten sich die Kinder. «Geht wieder auf eure Plätze», befahl ich. «Ihr habt zu arbeiten.» Keines rührte sich.

Ich griff zum Türknopf. «Gehen wir hinaus», sagte ich zu Dr. Taylor.

Die Kinder beobachteten uns mit großen Augen.

«Shamie?» sagte ich.

«Ja, Fräulein.»

«Das ist nur Leslies Mutter. Ich will mich draußen kurz mit ihr unterhalten. Könntest du hier inzwischen die Aufsicht führen? Du kannst die Märchenkassetten herausholen, wenn du willst. Ich bin gleich wieder da.»

«Ja, Fräulein.»

Dr. Taylor war so betrunken, daß sie schwankte.

«Ich will meine Tochter mit nach Hause nehmen», sagte sie, als ich sie in den Flur schob und die Tür hinter uns schloß. «Und zwar sofort.»

«Es ist noch nicht Unterrichtsschluß, Dr. Taylor. Leslie ist erst in einer Dreiviertelstunde fertig.»

«Ich will sie *jetzt* mitnehmen.»

«Ich weiß. Aber jetzt hat sie Unterricht.»

Wütend starrte sie mich an. Wie am Vortag fragte ich mich, ob sie bis zur Tätlichkeit gehen würde. Ich konnte sie nicht wieder ins Klassenzimmer lassen, und mir graute vor einer gewaltsamen Auseinandersetzung.

«Möchten Sie vielleicht eine Tasse Kaffee?» fragte ich. «Wir können ins Lehrerzimmer –»

«Hören Sie auf mit Ihrer verdammten Gönnerhaftigkeit!»

«Das hat mit Gönnerhaftigkeit nichts zu tun, Dr. Taylor. Ich möchte zu meiner Klasse zurück. Ich bin Lehrerin, und es ist meine Aufgabe, mich um die Kinder da drinnen zu kümmern.»

«Dann geben Sie meine Tochter heraus. Sofort!»

Mit einem Satz sprang sie zur Tür. Ich faßte den Türknauf, um sie am Eintreten zu hindern, aber ich hätte mir keine Sorgen zu machen brauchen. Der Sprung riß sie aus dem Gleichgewicht, sie prallte erst torkelnd gegen mich, dann an den Türrahmen und fiel auf die Knie.

«Ich weiß schon, was Sie denken.» Sie sah zu mir auf. «Eine Säuferin wie ich verdient's nicht besser.»

Ich dachte nur, wie sehr sie sich erniedrigte.

Ich beugte mich hinunter und nahm sie bei der Schulter. «Stehen Sie auf, Dr. Taylor. Hier können Sie nicht bleiben.»

«Sie sind überhaupt kein Mensch», versetzte sie.

«Los, stehen Sie auf.»

«Sie kann nichts erschüttern, wie? Was sind Sie überhaupt? Eine Maschine? Ein Mensch jedenfalls nicht. Was sind Sie?»

«Nüchtern. Also, stehen Sie auf. Kommen Sie schon.»

Aber sie schaffte es nicht. Bei dem Versuch, auf die Beine zu kommen, sackte sie zusammen wie eine Marionette, der man die Fäden durchgeschnitten hat, und blieb bewußtlos liegen. Einen Moment war ich starr vor Entsetzen. Was sollte ich tun? Ich konnte sie nicht einfach hier liegen lassen. Ich kniete nieder.

«Dr. Taylor?» Ich schüttelte sie. «Wachen Sie auf. Sie können nicht hier liegen bleiben. Wachen Sie auf.»

Sie reagierte nicht.

Mir fiel keine andere Lösung ein, als sie ins Klassenzimmer zu schleppen. Ich schob meine Hände unter ihre Achselhöhlen, aber ich bekam sie nicht hoch. In meiner Verzweiflung öffnete ich die Tür zum Klassenzimmer und rief Shamie zu mir. Der wurde kreidebleich, als er Dr. Taylor liegen sah, und bekreuzigte sich hastig.

«Herrgott noch mal, Shamie, sie ist doch nicht tot.»

«Was ist denn mit ihr, Fräulein?»

«Sie ist betrunken. Weiter nichts.»

«Ich dachte, Sie hätten sie getötet, Fräulein.»

«Shamie! Also wirklich! Jetzt hilf mir lieber mal. Ich will sie ins Zimmer bringen.»

«Sollen wir Mr. Cotton holen?» fragte Shamie, als wir es geschafft hatten.

Ich überlegte kurz. «Nein. Das wird schon wieder.»

«Sollen wir ihr nicht ein Kissen holen, Fräulein?»

«Wir sind hier nicht in einem Luxushotel, Shamie. So ist es gut genug.»

Plötzlich kam Dirkie um die Ecke, sah Dr. Taylor und kreischte lauthals: «Du hast sie umgebracht. Sie ist tot!»

«Lieber Himmel, was ist los mit euch? Seh ich wie eine Mörderin aus? Sie ist nicht tot. Sei leise, Dirkie.»

«Doch, sie ist tot», rief Dirkie entsetzt.

«Wenn wir sie jetzt in Ruhe lassen, geht es ihr gleich wieder gut. Sie ist nicht tot, Dirkie, glaub mir.» Ich wollte ihm die Hand geben, um ihn an seinen Platz zu führen, aber er fuhr herum wie der Blitz und rannte davon. Shamie stand immer noch über Dr. Taylor geneigt.

«Komm jetzt, Shamie. Zurück an die Arbeit.»

Leicht verstört sah er mich an. «Wie Dornröschen», hauchte er. «Sie ist so schön.»

An Arbeit war natürlich nicht zu denken. Die Kinder wußten, daß Dr. Taylor drüben vor der Tür lag, und waren wie aufgedreht. Sie gab immer wieder Geräusche von sich, und bei jedem Grunzen oder Stöhnen fuhren wir alle zusammen. Mariana, Geraldine und Shemona kicherten ohne Unterlaß. Dirkie war immer noch überzeugt, ich hätte sie getötet, und Shamie mußte alle paar Minuten nachsehen, ob sie noch da sei. Nur Leslie war unberührt. Vielleicht war ihr das alles bekannt.

Nach zwanzig Minuten vergebener Liebesmüh ließ ich die Kinder zusammenpacken und führte sie hinunter. Carolyn hatte um diese Zeit Musikstunde, und ich wußte, sie würde gegen ein paar zusätzliche Stimmen nichts einzuwenden haben.

«Du hast keine Ahnung», sagte ich – wir waren inzwischen beim Du angelangt – «was bei mir oben los ist.»

«Ja», rief Dirkie strahlend. «Da liegt eine tote Frau.»

Im Klassenzimmer versuchte ich erneut, Dr. Taylor wachzuschütteln. Diesmal reagierte sie. Stöhnend wälzte sie sich auf die Seite.

«Stehen Sie auf!» befahl ich schroff.

Unendlich langsam richtete sie sich auf und umfaßte ihren Kopf mit beiden Händen.

«Ganz! Auf die Füße. Los!»

Das ging noch schwerer, und ich erkannte schlagartig, daß ich sie nicht einfach würde hinausbugsieren können, wie ich vorgehabt hatte. Ich legte ihr den Arm um die Schultern, und sie tappte schwankend neben mir her in den Arbeitsraum, wo sie sich schwer auf einen kleinen Stuhl fallen ließ und zusammengesunken sitzen blieb.

«Eine schöne Bescherung», sagte ich. «Was soll ich jetzt mit Ihnen anfangen?»

Sie erwiderte nichts.

«Verdammt!» Zornig starrte ich zum Fenster hinaus. Warum mußte ausgerechnet mir das passieren?

Als ich mich umdrehte, saß sie noch genau wie vorher.

«Geht es besser?» fragte ich, aber da übergab sie sich schon. Nicht diskret oder gehemmt, sondern in einer gewaltsamen Eruption, sich über Tisch und Stuhl, über den Fußboden und ihre Kleider erbrechend.

Im ersten Moment war ich wie gelähmt und tat überhaupt nichts. Als sie wieder zu würgen anfing, packte ich den Papierkorb und drückte ihn ihr in die Hand. «Da, nehmen Sie den. Ich hole den Hausmeister.» Ich hastete hinaus.

Bill saß mit Kaffee und Zeitung im Lehrerzimmer.

«Eine Mutter?» fragte er ungläubig. Ich verdrehte nur die Augen und fragte, ob er in seiner Kammer etwas hätte, womit sie sich saubermachen könne. Er warf mir die Schlüssel zu.

«Lassen Sie offen», sagte er. «Ich komme gleich nach.»

In der Putzkammer fand ich nichts außer einem Stapel frischer Scheuertücher.

Dr. Taylor hatte noch einmal erbrochen. Der Papierkorb

hing zwischen ihren Knien. Sie war leichenblaß. Ich öffnete die Fenster und ließ die kühle Novemberluft ins Zimmer strömen. Dann füllte ich einen Eimer mit Wasser und Soda und tauchte die Scheuerlappen hinein.

«Müssen Sie sich noch einmal übergeben?» fragte ich.

Sie schüttelte den Kopf.

«Gut, dann setzen Sie sich da drüben auf den Stuhl.»

Ich wusch sie ab wie eines meiner Kinder. Sie schien nicht mehr so betrunken wie vorher, war aber offenbar so erschöpft, daß sie sich die Reinigungsaktion widerstandslos gefallen ließ. Wir sprachen kein Wort. Ich wußte, daß später die Verlegenheit kommen würde, aber im Augenblick hatten die Formen keine Geltung. Hätte eine von uns nur ein Wort gesagt, der Bann wäre gebrochen gewesen.

Dann kam Bill mit dem Putzzeug. Er lächelte uns zu, während er den Boden mit einem Reinigungsmittel einspritzte, und griff dann leise vor sich hinpfeifend zum Schrubber. Der saure Geruch des Erbrochenen ging bald im beinahe gleichermaßen ekligen Geruch des Reinigungsmittels unter.

«Bis später, Tor», sagte er und verschwand wieder.

Bills ungezwungene Freundlichkeit hatte die gespannte Atmosphäre ein wenig gelockert. Ich trug Eimer und Lappen zum Becken und spülte sie aus. Dr. Taylor drehte sich um und sah mir zu. In ihr Gesicht kam langsam wieder Farbe.

«Möchten Sie ein Glas Wasser?» fragte ich.

Sie nickte.

Ich hatte nur meine Kaffeetasse da. Nachdem ich sie ausgespült hatte, füllte ich sie mit Wasser und brachte sie ihr. Sie trank in kleinen Schlucken. Ich faltete inzwischen die Scheuertücher und legte sie auf den Tisch. Die Schachtel mit dem Soda stand noch da. Ich hielt sie hoch.

«Das ist ein gutes Mittel», sagte ich. «Es nimmt den ganzen Geruch weg.» Ich drückte die kleine dreieckige Klappe herunter, um die Schachtel zu schließen. «Ich hab immer welches da. Wegen der Kinder.»

Ganz flüchtig sah sie mich an, blickte aber gleich wieder weg. Ein Moment akuten Unbehagens trat ein, als die letzten Reste erzwungener Intimität zerschmolzen.

Sie starrte auf ihre Hände. «Sie finden mich ekelhaft, nicht?» sagte sie leise und sachlich.

«Na ja ...» Ich lächelte verlegen. «Sie sind bestimmt nicht mit der Absicht hergekommen, das zu tun.»

Sie hielt den Kopf gesenkt. «Sie müssen mich hassen.»

«Nein», entgegnete ich. «Ich kenne Sie ja gar nicht.»

Ihr Kinn zitterte.

«Ich finde allerdings, daß Sie unbedingt Hilfe brauchen. Zwischenfälle wie dieser sind für alle Beteiligten schlimm.»

Einen Moment lang drückte sie eine Hand auf die Augen, als wollte sie Tränen zurückhalten. «Es gibt Tage, da würde ich mich am liebsten umbringen.»

Unerwartet stieg tiefes Mitleid mit dieser Frau in mir auf. Ihre Not bedrängte mich beinahe körperlich. Ihr verzweifeltes Bemühen, die Tränen zu unterdrücken, erschütterte mich. Dieser eigentlich geringfügige Kontrollverlust schien ihr ärger zu sein als alle Erniedrigung, die sie sich angetan hatte.

«Kann ich Ihnen helfen?» fragte ich.

Sie schüttelte den Kopf.

«Ich meine nicht nur hier und jetzt. Ganz allgemein. Kann ich irgend etwas tun, um Ihnen zu helfen?»

Wieder schüttelte sie den Kopf, schnüffelte, kramte in der Manteltasche nach einem Taschentuch.

«Ich kann mir vorstellen, wie schwer es für Sie ist», sagte ich ruhig. «Sie stehen unter einer starken Belastung. Es ist schwer, mit so etwas fertig zu werden.»

«Ich weiß nicht, was ich tun soll.»

«Vielleicht könnte ich Ihnen mit Leslie helfen», sagte ich. «Wenn Sie es wollen, kann ich Ihnen wahrscheinlich einiges ein wenig erleichtern.»

Wieder schüttelte sie den Kopf.

«Das wollen Sie nicht?»

«Es ist nicht Leslie. Ich bin es selbst. Ich wollte, ich könnte mich umbringen.»

Betroffen sah ich sie an.

«Ich kann nicht schlafen. Ich liege im Bett und denke darüber nach, wie ich es mache. Ich stelle unentwegt Listen zusammen.»

«Listen?»

«Von Leuten, die ich anrufen müßte. Sie wissen schon, die Anwälte und so, um alles zu regeln.»

Ich wußte nicht, was ich sagen sollte.

«Stundenlang denke ich darüber nach.» Sie sprach beinahe entschuldigend. «Ich hab wahnsinnig Angst, daß ich es verpfusche. Das würde Tom mir nie verzeihen.»

Ich blieb stumm.

«Ich denke und denke, und dann geh ich runter und sag mir, nur einen Schluck, um mir Mut zu machen. Aber der eine Schluck reicht nicht. Ich bin immer noch zu feige.» Wieder schossen ihr die Tränen in die Augen, wieder drängte sie sie zurück. «Und dann kommt Tom runter und sieht auf die Uhr. Es ist vielleicht halb sieben Uhr morgens, und er sagt: ‹Was ist aus dir für ein widerliches Frauenzimmer geworden.›»

8

Ich holte Leslie und fuhr sie und ihre Mutter nach Hause. Wir sprachen kaum auf der ziemlich langen Fahrt. Ich spürte, wie die Schutzmauern hochgezogen wurden, wie ich wieder eine Fremde wurde. Als ich vor dem prachtvollen, von alten Bäumen überschatteten Haus anhielt, sagte ich: «Dr. Taylor?»

Sie antwortete mir nicht. Die Hand schon am Türgriff, drehte sie sich nicht einmal nach mir um.

«Ich weiß, das war heute nachmittag ein schlimmes Erlebnis,

und ich kann mir vorstellen, daß sie mich am liebsten nie wiedersehen würden, aber ich würde Ihnen gern irgendwie helfen.»

«Wie denn?»

Ich lächelte entschuldigend. «Ich weiß nicht genau. Könnten wir vielleicht einfach noch einmal miteinander reden?»

Sie nickte kaum wahrnehmbar. Die Wagentür öffnete sich.

«Vielen Dank für alles», sagte sie leise und stieg aus. Sie öffnete Leslie die hintere Tür, und ich sah ihnen nach, wie sie über den Vorplatz zum Haus gingen.

Dr. Taylor machte keinen Gebrauch von meinem Angebot zu einem Gespräch. Im Gegenteil, in den folgenden Tagen schien sie mich absichtlich zu meiden. Leslie wurde von ihrem Vater gebracht und abgeholt.

Anfangs war ich beunruhigt. Ich wußte nicht, wie ernst ihre Selbstmordabsichten zu nehmen waren, fand aber, man könne sie nicht einfach ignorieren. Darum war es mir darauf angekommen, ihre Einwilligung zu einem Gespräch zu erhalten, auch wenn ich nicht wußte, ob ich ihr überhaupt helfen konnte. Immerhin besorgte ich mir verschiedene Broschüren über die Anonymen Alkoholiker und ähnliche Programme, die am Ort verfügbar waren.

Doch mit dem Verstreichen der Tage verlor die Situation an Dringlichkeit. Die Erinnerung an jenen schlimmen Nachmittag wich hinter dem Alltag mit den Kindern zurück.

Die Arbeit mit Shamie, Shemona und Geraldine entwickelte sich anders, als ich erwartet hatte. Ich hatte niemals mit Kindern zu tun gehabt, die aus Kriegs- und Unruhegebieten kamen. Ich hatte gemeint, sie müßten von ihren schrecklichen Erlebnissen völlig durchdrungen sein und würden die Spannungen, die Nordirland zerrissen, in unsere kleine Gruppe hineintragen, unfähig, sich aus ihrer Vergangenheit zu lösen. Aber dem war nicht so. Sie waren im großen und ganzen ganz gewöhnliche Kinder mit ganz gewöhnlichen Kindersorgen. Natürlich hatten sie unter ihren früheren Lebensumständen gelitten, aber sie hatten auf die gleiche Weise gelitten wie die meisten Kinder – in stummer Verwirrung. Geraldine war die einzige, die Belfast überhaupt erwähnte. Sie hatte offensichtlich heftiges Heimweh und unterzog ihr neues Leben hier ständigen Vergleichen mit dem alten, aber es ging dabei um alltägliche Dinge wie das Essen oder gewisse Gepflogenheiten, dies oder jenes zu tun. Belfast hätte ebensogut Buffalo sein können.

Geraldine war nicht bereit, mit den anderen Kindern zu spielen. Mit Carolyns Kindern wollte sie überhaupt nichts zu tun haben, was ich noch verstehen konnte, da sie um einiges jünger und aufgrund ihrer Behinderungen nicht die geeigneten Spielgefährten für eine Achtjährige waren. Aber auch die Gesellschaft von Mariana und Dirkie lehnte sie ab. Sie spielte nicht einmal für sich allein, sondern stand in den Pausen immer nur bei mir und Carolyn, und Shemona machte es ihr natürlich nach. Ich konnte die beiden nur zum Mitmachen bewegen, wenn ich selbst mitmachte.

Eines Morgens, als wir draußen waren, klebte Geraldine wieder einmal wie eine Klette an mir, hängte sich an meine Arme, zerrte an meinen Kleidern, trat mir auf die Füße oder schlang mir von hinten die Arme um den Leib und drückte ihr Gesicht in meine Daunenjacke.

«Schau mal da», sagte ich zu ihr. «Joyce macht ein Spiel. Geh doch mit Shemona hinüber und spiel mit.»

«Keine Lust», brummelte Geraldine in meine Jacke. «Das sind ja lauter Babyspiele.»

«Mariana ist ja auch drüben. Ich glaube, sie spielen ‹Ziehet durch das Tor›. Mariana würde sicher dich aussuchen.»

Geraldine drückte mich noch fester. «Das würde Shemona nicht mögen, stimmt's Shemona?»

Shemona sah auf, gab aber keine Antwort.

Ich löste Geraldines Umschlingung. «Und wenn ich auch mitmache?»

«Keine Lust, Fräulein.»

«Warum nicht?»

«Ich mag eben nicht.»

Shemona hockte sich auf den Asphalt und fing an, mit dem Kreppverschluß ihres Schuhs zu spielen. Auf und zu, auf und zu, jedesmal mit einem Reißgeräusch, das mir zunehmend auf die Nerven fiel.

«Hast du Angst vor anderen Kindern?» fragte ich Geraldine ruhig.

«Ich habe vor nichts Angst», antwortete sie ebenso ruhig.

Wir sahen schweigend dem Spiel der anderen zu. Auch Shamie machte mit. Es wurde immer ausgelassener.

«Wissen Sie, was sie mit mir mal gemacht haben?» fragte Geraldine leise.

«Was denn?» fragte ich.

«Sie haben mich in eine Mülltonne gesteckt.» Sie drückte sich an mich, und ich legte den Arm um sie. «Ich war in der High Street. Eigentlich durfte ich da gar nicht hin. Mama wollte es nicht. Aber ich hatte ein bißchen Geld und wollte mir was Süßes kaufen. Aber dann sah ich ihre Schuluniformen und wußte gleich, daß es besser war, nicht in den Laden zu gehen. Ich kehrte um und rannte zwischen den Häusern durch. Aber die Jungen sahen mich und rannten mir nach.»

Ich sah zu ihr hinunter.

«Ich rannte, so schnell ich konnte, aber sie waren größer als ich und fingen mich. Der eine hielt mich fest und nahm mir mein Geld ab. Und dann hoben er und die anderen mich hoch und steckten mich in eine Mülltonne. Sie hockten sich auf den Deckel und ließen mich nicht mehr raus.»

Ich zog sie fest an mich. «Die Kinder hier würden so etwas nicht tun, Geraldine.»

Sie antwortete nicht gleich, aber Shemona stand auf und kam näher zu uns.

«Ich weiß nicht», sagte Geraldine leise. «Ich bin noch nie mit Protestanten in die Schule gegangen.»

Auch am folgenden Montag war es Tom Considyne, der Leslie zur Schule brachte. Aber als ich die Kinder am Nachmittag hinunterführte, stand Dr. Taylors blauer Mercedes vor der Tür. Sie stieg aus, als ich mit Leslie kam, blieb auf der Straße stehen.

«Hallo», sagte ich mit einem höflichen Lächeln und half Leslie wie immer in den Wagen.

«Es tut mir leid, daß ich letzte Woche nicht gekommen bin», sagte Dr. Taylor, als ich mich aufrichtete.

«Das macht nichts.»

«Ich hatte es wirklich vor.»

«Ach, das ist doch nicht so schlimm.»

Sie schwieg, sah mich auch nicht an. Ich fing an, mich unbehaglich zu fühlen, und trat zurück, um ins Haus zu gehen.

«Tschüs, Leslie, bis morgen.» Dann sah ich zu ihrer Mutter hinüber. «Auf Wiedersehen, Dr. Taylor.»

«Nein, warten Sie!»

Hastig öffnete sie die Wagentür und nahm etwas vom Sitz.

«Ich kann nicht gut reden», erklärte sie. «Deshalb bin ich auch nicht gekommen. Das ist das einzige, was mir einfiel.» Sie schob mir ein grünes Spiralheft über das Wagendach. Ohne ein weiteres Wort stieg sie in ihren Wagen und fuhr ab.

Ich blätterte in dem Heft. Es war ein Tagebuch.

Oben im Zimmer setzte ich mich an den Tisch. Das Heft war von vorn bis hinten ohne Rand vollgeschrieben. Die Aufzeichnungen umfaßten eine Spanne von mehreren Monaten des vergangenen Jahres.

«Consuela ist übers Wochenende zu ihrer Mutter gefahren. Ich mache Leslie das Essen. Sie wirft es auf den Boden, weil ich vergessen habe, ihr vorher ihr rotes Lätzchen umzubinden. Während ich aufwische, macht Leslie in die Hose. Der ganze Stuhl ist voll. Tom kommt rein und schreit mich an, weil ich sie nicht aufs Klo gesetzt habe. Er sagt, ich müßte doch langsam wissen, wann es bei ihr soweit ist. Er ist wütend, weil das

Maisgemüse auf dem neuen Teppich gelandet ist und die Katze es aufleckt. Ich sage, wenn's dir nicht paßt, kannst du ja helfen. Aber er knallt nur die Tür zu und geht ins Atelier. Zum Abendessen kommt er nicht herüber, und ich bringe Leslie allein zu Bett. Sie haßt das und schläft erst um halb eins ein.

Das ganze Haus stinkt nach Urin. Es ist kein Fertigwerden mit den nassen Kleidern, Teppichen und Polstern. Aber Tom behauptet steif und fest, es sei falsch, Leslie in Windeln zu stecken, weil sie sie nicht schnell genug herunterbekommt und dann ständig frustriert würde. Wenn ich ihm sage, daß Leslies dauernde Bescherungen mich frustrieren, daß er zur Abwechslung mal die Scheiße abwaschen könnte, erklärt er nur, ich müßte eben aufmerksamer sein und dafür sorgen, daß sie rechtzeitig aufs Klo kommt. Wenn ich eine gute Mutter gewesen wäre, sagt er, wäre es zu diesem Dilemma nie gekommen.

Diesmal ist Tom mit Kirsten und Tony dran. Ich weiß nicht, wie ich zwei ganze Wochen mit Kirsten und Tony und Leslie dazu durchstehen soll. Kirsten nennt Leslie den ganzen Abend ‹Blödie-Baby›. Ich gehe ins Bad und sehe, daß Leslie wieder das kindersichere Schloß am Schrank aufgemacht hat. Aber das Kreppband an ihren Windeln kann sie nicht aufziehen! Sie hat Kirstens Feuchtigkeitsmilch über den ganzen Spiegel verschmiert und dann mit Kirstens Lidstift darübergemalt. Ein einziges Chaos. Kirsten ist wütend. Sie geht heute abend mit Sam aus und behauptet jetzt, Leslie hätte ihr Leben verpfuscht. Ich sage Kirsten, daß sie mein Schminkzeug benutzen kann. Sie sieht es durch und schmeißt alles auf den Boden. Ach, das war ein Versehen, sagt sie. Ich werde wütend. Tom kommt und will wissen, was los ist, und geht auf mich los. Ich sei so schlimm wie die Kinder, es wäre lächerlich von mir, mich ständig von Kirsten reizen zu lassen. Sie sei schließlich erst fünfzehn und ich zweiunddreißig, da müßte ich doch weiß Gott klüger sein. Ich fange an zu heulen. Ich will das nicht, aber das

Bad sieht so fürchterlich aus, alles liegt herum und die Hälfte davon ist kaputt, und Leslie ist von Kopf bis Fuß eine einzige Schmieralie. Das heißt, ich muß ihr das Haar waschen, und dabei möchte ich nur früh ins Bett. Kirsten grinst. Ich sage Tom, daß er genau das tut, was Kirsten gewollt hat, indem er sich auf ihre Seite stellte. Tom sagt, ich täte genau, was Kirsten wolle, indem ich mich von ihr aus der Fassung bringen ließe. Anscheinend tun wir alle genau das, was Kirsten will. Als ich endlich ins Bett komme, liegt zwischen den Decken ein Zettel, darauf steht mit Lidstift geschrieben: Wein, Baby, wein, trete dich ins Bein, hau dir eine runter, und dann laß ich dich schrein.

Ich habe die Tabletten. 271. Das müßte reichen. Ich hole mir eine Flasche Scotch und setz mich hin, teile die Tabletten in Fünfergruppen auf. Fünf auf einmal kann ich schlucken, denke ich. Aber dann höre ich auf und stell die Flasche weg. Mir fällt plötzlich ein, daß ich einmal gelesen habe, daß viele Leute die Tabletten wieder erbrechen, wenn sie Alkohol dazu trinken. Ich nehme sie lieber mit Wasser, mein Magen ist sowieso hinüber. An manchen Tagen übergeb ich mich schon beim Zähneputzen. Garson kommt herein, springt auf den Schreibtisch und marschiert über die Tabletten. Er will unbedingt gestreichelt werden. Er reibt sich an meiner Wange und springt immer wieder rauf, wenn ich ihn runtersetze. Sein Schnurren ist sehr laut und drängend. Streichel mich. Ich nenn ihn eine Nervensäge und setz ihn auf den Boden. Aber er kommt immer wieder herauf. Er schnurrt und möchte gehätschelt werden. Ich fange an zu weinen. Was wird aus Garson, denke ich. Tom wird ihn einschläfern lassen, wenn ich tot bin. Plötzlich hasse ich Garson. Ich hasse ihn, weil ich ihn liebe. Ich muß noch mehr weinen. Am Schluß hole ich den Scotch wieder her. Ich fühl mich beschissen. Und Garson, der blöde Kerl, hat die verdammten Tabletten überall rumgestreut.»

Ich schloß das Buch. Es war noch lange nicht die letzte Eintragung, aber ich konnte nicht weiterlesen. Die Ellbogen auf den Tisch gestützt, saß ich da und starrte auf das ganz gewöhnlich aussehende grüne Heft.

Als Dr. Taylor am nächsten Morgen mit Leslie kam, gab ich ihr das Tagebuch zurück. «Wollen Sie nicht doch einmal zu einem Gespräch kommen?»

Sie senkte den Kopf.

«Ich bin froh, daß Sie mir das Buch gegeben haben», fuhr ich fort. «Das erleichtert das Verständnis. Aber ich kann nicht viel tun, wenn wir nicht miteinander sprechen.»

Sie sah mich an. Ich mußte an einen Sommer meiner Jugend in Montana denken. Ich hatte ein junges, halbwildes Pferd. Meine ganze Freizeit verbrachte ich mit Bemühungen, es einzufangen. Ich mochte noch so ruhig und besänftigend sein, es blieb nervös und scheu, verlor im entscheidenden Moment immer wieder das Vertrauen in mich. Meistens kam es auf ein paar Schritte heran, dann packte es die Angst, es bäumte sich auf und galoppierte davon. Und dann mußten wir wieder ganz von vorn anfangen.

«Könnten Sie nicht heute nachmittag nach der Schule kommen? Gegen Viertel vor vier? Nur auf ein kleines Gespräch.»

Keine Antwort.

«Wollen Sie mir nicht eine Chance geben?»

Sie nickte kaum merklich.

Sie kam tatsächlich. Nüchtern und bedrückt. Aber sie kam erst um fünf, als ich bereits aufgegeben und mich anderen Dingen zugewandt hatte.

Ich war überrascht, sie doch noch zu sehen. «Hallo. Kommen Sie herein.»

Im Mantel setzte sie sich mir gegenüber und schob die Hände tief in die Taschen. Sie sah aus wie ein Schulmädchen mit schlechtem Gewissen, und ich hatte das Gefühl, bei der kleinsten falschen Bewegung von mir würde sie die Flucht ergreifen wie damals mein junges Pferd.

Ich lächelte, um die Spannung zu lockern. Aber sie sah mich gar nicht an. Ich merkte plötzlich, daß sie weinte. Bestürzt neigte ich mich über den Tisch.

«Möchten Sie eine Tasse Kaffee?»

Sie schüttelte den Kopf.

«Etwas anderes vielleicht? Tee oder einen Saft?»

«Nein, danke. Wirklich nicht. Es fällt mir nur so schwer – das hier, meine ich.»

«Das kann ich verstehen. Ich habe Ihr Tagebuch gelesen. Es ist schlimm, nicht?»

Sie nickte.

«Leslie muß ungeheuer anstrengend sein.»

Wieder nickte sie.

«Aber Leslie ist ja offenbar nicht das einzige Kind, mit dem Sie fertig werden müssen. Die Kinder Ihres Mannes sind wohl auch häufig bei Ihnen?»

Wieder ein Nicken.

«Wie oft?»

«Jedes zweite Wochenende. Und immer in den Ferien.»

«Die ganzen Ferien?»

«Im allgemeinen, ja.»

«Wie alt sind sie?»

«Kirsten ist sechzehn, Tony siebzehn.»

«Sie scheinen auch nicht ganz einfach zu sein.»

Sie zuckte die Achseln.

«Finden Sie das auch?»

«Hm.»

«Können Sie mir sagen, worin die Schwierigkeiten liegen?»

Die Andeutung eines Achselzuckens.

«Es fällt Ihnen schwer, mit mir zu sprechen, aber lassen Sie sich davon nicht quälen. Es macht mir nichts aus.»

Sie begann wieder zu weinen. Ich lehnte mich zurück und bemühte mich, auf meinem unbequemen Stuhl entspannt zu wirken, während Dr. Taylor sich aus der Schachtel auf dem Tisch ein paar Papiertücher nahm, um die Tränen abzuwischen. Nach einer Weile legte sie die Tücher weg und zog ihren Mantel aus. Immerhin ein positives Zeichen.

«Fällt es Ihnen ganz allgemein schwer, mit Menschen zu sprechen, die Sie nicht gut kennen?»

Sie nickte.

«Ist das einfach Nervosität?»

«Vermutlich. Ich weiß nicht.»

«Also, hier brauchen Sie sich deshalb keine Gedanken zu machen. Ich habe in meinem Beruf viel mit Menschen zu tun, denen es Mühe macht, mit anderen zu reden. Es gibt, insbesondere bei Kindern, ein Phänomen, das mich sehr interessiert: Mutismus. Das heißt, sie *können* sprechen, aber sie verweigern sich. Durch die Arbeit mit diesen Kindern ist mir Schweigen vertraut.»

Sie antwortete nicht gleich. Dann neigte sie den Kopf zur Seite und verzog das Gesicht. «Mein Mann findet es fürchterlich», sagte sie leise.

«Daß Ihnen die Worte nicht leicht über die Lippen kommen?»

Sie nickte.

«Ja, er redet gern, nicht?»

«Ich schaff das einfach nicht. Dieses nette, unverbindliche Geplauder. Mein Mann hat früher oft große Feste gegeben. Sie waren berühmt. Aber er hat meinetwegen damit aufgehört.»

Ich schwieg.

«Seine erste Frau war da in ihrem Element. Sie war eine großartige Gastgeberin. Ich glaube, Tom nahm einfach an, ich wäre genauso. Ein tolles Kleid, verstehen Sie, und ...»

«Aber Sie sind nicht so?»

«Nein. Manchmal versteckte ich mich im Schlafzimmer. Ich schloß mich ein und wartete, bis alle gegangen waren. Tom war jedesmal wütend. Oder ich hab den ganzen Abend getrunken», fuhr sie fort. «Das war die andere Methode, die Partys zu überstehen.»

«Haben Sie das Alkoholproblem schon lange?»

Sie zuckte die Achseln.

«Haben Sie jemals etwas dagegen unternommen?»

«Nein.»

Ich sah sie an. Unsere Blicke trafen sich flüchtig.

«Ich hab es nicht mit diesen Gruppen wie den Anonymen Alkoholikern. Bei denen war ich einmal, und hinterher mußte ich sofort etwas trinken, um es zu vergessen.»

Ich hatte den Eindruck, daß sie ein wenig übertrieb, und lächelte.

«Das ist nicht komisch. Es ist einfach nicht das Richtige für mich. Da bin ich lieber Alkoholikerin.»

«Es gibt ja Alternativen», meinte ich.

«Ich kann jederzeit aufhören.»

«Ah ja.»

«Wirklich. Sicher, ab und zu betrinke ich mich, aber ich tu's jedesmal mit voller Überlegung. Es ist nicht so, daß ich nicht aufhören kann. Ich habe immer die Kontrolle.»

«Oh.»

«Jeder betrinkt sich mal.»

Ich sah sie an. Sie senkte den Blick und begann wieder zu weinen. Ich erkannte, daß ich mich zurückhalten mußte. Sie machte weder mir noch sich was vor. Aber wenn ich die Sache jetzt forcierte, würde ich sie damit nur kopfscheu machen.

«Haben Sie jemanden von Ihrer Familie in der Nähe?»

«Ich habe nur einen Bruder. Und der lebt in Pennsylvania.»

So ging das Gespräch weiter: harte Arbeit die meiste Zeit. Selbst als Dr. Taylor sich etwas entspannte, wurde ihr das Sprechen nicht leichter. Ich war selten einem Erwachsenem mit einer derart ausgeprägten Sprechhemmung begegnet. Wo immer möglich, antwortete sie auf meine Fragen mit Gesten oder Einsilbigkeit. Daß sie Akademikerin war, hätte ich niemals vermutet, hätte ich es nicht gewußt.

Dennoch ging unser Gespräch voran, und langsam gewann ich Einblick in den bedrückenden Alltag der Familie Considyne. Hinter der goldenen Fassade alten Reichtums schien die ganze Familie emotional bankrott zu sein. Sie lebte wie eine Gruppe bedrohter Einsiedlerkrebse zusammen, jeder verschanzt, isoliert, ohne Vertrauen zu den anderen. Die einzige, die in dieser Situation zu gedeihen schien, war interessanterweise Leslie. Das Bild, das ich von ihr gewann, wich wesentlich von meinen ursprünglichen Eindrücken ab. Zu Schuljahresbeginn hatte ich sie als das typisch seelisch verwahrloste Kind gesehen. Sie war so still und fügsam, so in sich gekehrt, daß ich mich jede freie Minute bemüht hatte, ihr Wärme und Zuwendung zu geben, manchmal sogar auf Kosten der anderen Kinder, um sie wieder zum Leben zu erwecken. Aber schon beim Gespräch mit ihrem Vater bekam ich eine erste Ahnung, daß der Schein möglicherweise trog. Jetzt, im Dialog mit ihrer Mutter, wurde mir klar, daß Leslie keineswegs unter mangelnder Zuwendung litt.

Im Gegenteil, Leslie war der Mittelpunkt der Familie, um den sich alles drehte. Sie bestimmte den Tagesablauf. Sie aß, wann und wo sie wollte; sie schlief, wann und wo sie wollte; sie hinterließ sogar ihre Ausscheidungen, wann und wo sie wollte. Sie hinterließ, wo sie ging und stand, die «Äußerungen ihrer Persönlichkeit», wie Tom Considyne es nannte, in Form von Verwüstungen, die zu beseitigen manchmal Tage in Anspruch nahm. Niemand versuchte, Leslie an diesen Aktivitäten zu hindern. Verlangte man von ihr konventionelleres Verhalten, so strafte Leslie, indem sie sich entzog.

Es wurde sieben Uhr. Mein Magen knurrte. Das Gespräch wurde schleppender, und schließlich trat erschöpftes Schweigen ein.

Dr. Taylors angstvolle Gehemmtheit hatte sich im Lauf der zwei Stunden etwas gelegt. Sie sah mich jetzt forschend an, als hoffe sie, bei mir etwas für sich zu gewinnen.

«Ich möchte so gern eine bessere Mutter werden», sagte sie

leise. «Ich möchte mich von Leslie nicht mehr aus der Ruhe bringen lassen. Ich möchte mit ihr umgehen können wie Sie. Ich habe Ihnen oft im Hof zugesehen. Sie sind locker und vergnügt mit ihr. Können Sie mir das nicht auch beibringen?»

«Für mich ist das sicher leichter. Sie ist ja nicht mein Kind.»

Sie senkte kurz den Kopf und sah mich wieder an. «Ich möchte Sie etwas fragen.»

«Bitte.»

«Mir geht etwas im Kopf herum. Schon lange.» In ihrer Stimme war Scheu. «Aber ich weiß nicht, wie ich es sagen soll. Sie werden mich für verrückt halten.»

«Wer weiß? Was beschäftigt Sie denn?»

«Also – Sie sagten doch damals – als wir das erstemal miteinander sprachen – nach der Schule. Da sagten Sie, Sie hätten nie genug Zeit für Leslie. Wissen Sie noch?»

«Ja.»

Sie hielt den Kopf jetzt gesenkt. «Sie sagten, daß Sie eine Hilfskraft brauchen.» Sie wurde plötzlich glühend rot. «Würden Sie mich nehmen?»

Ich war sprachlos, und sie faßte meine Überraschung augenblicklich als Zurückweisung auf.

«Es war eine hirnverbrannte Idee. Verzeihen Sie, ich habe Sie in Verlegenheit gebracht. Ich bin wirklich nicht die – ich meine, ich bin mit so einer Arbeit überhaupt nicht vertraut. Es ist naiv von mir, zu fragen.»

«Nein, gar nicht. Ich bin nur überrascht. Die Idee ist gut. Ich brauche immer noch dringend eine Hilfe. Aber die Frage ist, wollen Sie das wirklich übernehmen?»

Sie nickte, sah mich aber immer noch nicht an.

«Ich überlege es mir schon lange. Natürlich habe ich nie so etwas gemacht. Aber ich kann lernen.» Sie hielt einen Moment inne. «Tom hält mir ständig vor, was für eine Rabenmutter ich bin, und er hat recht. Ich habe keine Geduld mit Leslie. Ich kann einfach nicht so mit ihr umgehen wie er.

Aber wenn ich es lernen könnte, wäre es sicher eine Hilfe. Und bei Ihnen sieht es so mühelos aus.»

«Sie dürfen nicht vergessen, Dr. Taylor, daß keines dieser Kinder mein eigenes ist. Ich kann abends die Tür hinter mir zumachen und meinen freien Abend genießen. Und so leicht, wie Sie glauben, geht es mir nicht von der Hand. Ich mache oft schlimme Fehler.»

«Das macht nichts», sagte sie. «Hauptsache, man lernt aus seinen Fehlern.»

9

«Du hast wirklich den Verstand verloren», sagte Carolyn. «Ladbrooke Taylor als Hilfskraft? Also wirklich!»

«Der Einfall kam von ihr.»

«Ja, und ihr letzter grandioser Einfall war, dir das ganze Zimmer vollzukotzen. Sie hat doch null Ahnung von der Arbeit.»

«Das macht nichts. Hauptsache, sie kann zupacken.»

«Die Frau ist keine Hilfe, die ist eine zusätzliche Belastung, Torey. Was machst du, wenn sie betrunken ankommt?»

«Dann schick ich sie heim.»

«Wenn ich mir vorstelle, wie sie in ihren Guccis und Puccis mit Dirkie unter dem Tisch rumkrabbelt!» Carolyn kicherte.

«Es ist mir ernst, Carolyn. Sie kommt heute abend noch einmal vorbei, und wenn sie dann noch immer will, sag ich zu.»

«Laß du dich lieber auf deinen Geisteszustand untersuchen.»

An diesem Abend war Dr. Taylor pünktlich.

«Sie haben es sich also nicht anders überlegt?» fragte ich.

«Nein», antwortete sie ohne die Spur eines Lächelns.

«Das freut mich. Setzen Sie sich. Dann zeige ich Ihnen, was wir hier tun.»

Während ich ihr die Hefter der Kinder vorlegte, erzählte ich von Mariana und Dirkie, skizzierte kurz die symbiotische Beziehung zwischen Shemona und Geraldine, schilderte ihr Shamie, der so sanft und lieb war, aber so unreif.

Ich erwähnte auch Dirkies Fixierung auf langes blondes Haar und riet ihr, wenigstens in den ersten Tagen ihr Haar zurückzubinden. Warum, wollte sie wissen; als ich es ihr erklärte, sah ich zum erstenmal Erschrecken in ihren Augen.

Danach ging ich unseren Tagesablauf mit ihr durch. Anfangs würde ich ihr spezifische Aufträge geben und versuchen, sie ein bißchen anzuleiten; aber im Grund, sagte ich, verlange diese Arbeit vor allem Einfühlungsvermögen, und ich hoffe, sie würde sich bei uns bald heimisch genug fühlen, um ohne Vorplanung auszukommen und einfach da einzuspringen, wo sie gerade am dringendsten gebraucht wurde. Mir liege vor allem an Teamarbeit.

Nur mit Leslie sollte sie nicht arbeiten. Das war mir wichtig. Leslie hatte ihren festen Platz in der Gruppe, und es wäre unfair gewesen, ihr den zu nehmen. Natürlich wollte ich nicht, daß Dr. Taylor ihre Tochter ignorierte, aber ich hielt es für besser, wenn nur ich mit Leslie arbeitete.

«Nun, was meinen Sie?» fragte ich am Schluß.

«Okay.»

«Entspricht es Ihren Erwartungen?»

Sie lächelte schief. «Ich weiß nicht, was ich erwartete.» Sie sah mich an. «Ich glaube, ich erwartete, Sie würden mir klarmachen, daß ich das alles gar nicht kann.»

«Es kommt allein darauf an, wie Sie zu der Arbeit stehen. Entweder Sie lieben oder Sie hassen sie. Das werden Sie bald genug herausbekommen.»

Sie nickte.

Ich warf einen Blick auf meine Notizen. «Ach, eines noch.

Der Alkohol.» Sie wandte den Kopf ab. «Sie müssen hier immer nüchtern sein. Sie werden schnell merken, daß wir hier immer alle fünf Sinne beisammenhaben müssen. Wenn Sie also trinken wollen oder wenn Sie getrunken haben, muß ich Sie bitten zu gehen. Glauben Sie mir, ich werde es nicht übelnehmen und Sie nicht unter Druck setzen. Sie können dann eben einfach nicht hier sein. Okay?»

Sie nickte. «Wann soll ich morgens anfangen?»

«Die Arbeitszeit können Sie selbst wählen. Für mich ist nur wichtig, daß ich mich auf Sie verlassen kann. Was meinen Sie, wie oft wollen Sie kommen?»

«Ich wollte eigentlich jeden Tag kommen», sagte sie ein wenig überrascht.

«Gern, wenn das Ihr Wunsch ist.»

«Wann fangen Sie morgens an?»

«Meistens um halb acht.»

«Kann ich auch um die Zeit kommen?»

«Das ist wahrscheinlich etwas früh. Die Kinder fangen erst um Viertel vor neun an. Aber kommen sie doch gegen acht. Da bleibt uns noch Zeit zur Vorbereitung.»

«Gut.» Sie stand auf und griff nach ihrem Mantel.

«Ach, noch etwas, Dr. Taylor.»

«Ja?»

«Wie sollen wir Sie nennen? Ich finde Titel so förmlich.»

«Nennen Sie mich Ladbrooke.»

Ich gab ihr die Hand. «Ich heiße Torey.»

Plötzlich lächelte sie heiter. Es war das erste Mal, daß ich ein richtiges Lächeln bei ihr sah. «Vielleicht klappt es wirklich», sagte sie froh. «Wir haben beide verrückte Namen.»

Erst zu Hause überfielen mich plötzlich Bedenken. Worauf hatte ich mich da eingelassen? Diese Frau, die mir vor ein paar Tagen noch mit einem Prozeß gedroht hatte, sollte mir jetzt Helferin sein? Ich hatte doch nur vorgehabt, sie an irgendeine Stelle zu verweisen, wo man ihr helfen konnte, und mich dann nicht mehr um sie zu kümmern. Wie hatte ich mich dazu verleiten lassen können, eine Alkoholikerin als Hilfskraft zu akzeptieren?

Ladbrooke kam am folgenden Morgen pünktlich um acht, in Sweatshirt, Jeans und abgetragenen Jogging-Schuhen. Aber sie trug Schmuck.

Ich sah sie an. «Den Schmuck müssen Sie ablegen.»

Sie blickte an sich herunter. «Warum?»

«Da können Sie sich weh tun, wenn die Kinder wild sind.»

«Ach so.»

«Und könnten Sie Ihr Haar zusammenbinden?»

Sie hatte es mit Klemmen zurückgesteckt, aber es hing immer noch lose. Da würde Dirkie kaum widerstehen können.

«Gummibänder sind da auf dem obersten Bord.»

Ohne ein Wort zu sagen, zog sie die Klemmen heraus und begann ihr Haar zu einem Zopf zu flechten.

Ich hatte die Kinder nicht weiter auf sie vorbereitet. Ich hatte nur angedeutet, daß wir vielleicht eine Hilfskraft bekämen, weil ich nicht sicher gewesen war, ob Ladbrooke wirklich kommen würde. Die Gruppe war ziemlich flexibel, darum glaubte ich nicht, daß es Schwierigkeiten geben würde.

Doch für Ladbrooke war der Anfang nicht ganz einfach.

«Geht es Ihnen jetzt wieder gut?» fragte Shamie sofort, als ich sie ihm vorstellte.

Ladbrooke warf mir einen fragenden Blick zu; offenbar erinnerte sie sich nicht an die traurige Vorstellung, die sie uns an jenem Nachmittag im Vollrausch gegeben hatte.

«Er spricht von Ihrem letzten Besuch hier. Anfang der Woche. Sie wissen schon.»

Sie errötete tief. «Ja, danke», antwortete sie.

«Bist du unsere neue Lehrerin?» fragte Geraldine.

«Sie ist unsere neue Helferin», sagte ich.

«Du bist hübsch», sagte Geraldine zu Ladbrooke. «Du müßtest eigentlich die Lehrerin sein. Du bist hübscher als sie.»

Mariana kam um die Ecke gehopst und blieb wie angewurzelt

stehen. Sie musterte Ladbrooke lange, dann lächelte sie erfreut. «Jetzt weiß ich, woher ich dich kenne», rief sie strahlend. «Du hast bei uns auf dem Boden gelegen.»

Als letzter kam Dirkie. Als er um die Ecke bog und Ladbrooke sah, schrie er wie am Spieß. «Die tote Frau», kreischte er. «Die tote Frau ist in unserem Zimmer!»

In meiner Hast, ihn einzufangen, ehe er aus dem Zimmer stürzte, stieß ich einen Stuhl um, aber ich erwischte ihn und hielt ihn fest. «Dirkie, sie ist nicht tot. Sie war auch nicht tot. Das hab ich dir doch gesagt.»

«Du hast sie totgemacht.»

«Sie ist ganz lebendig, Dirkie. Komm, beruhige dich.»

«Ich will nicht zu einer toten Frau. Laß mich los!»

Ich zog ihn um die Ecke in den Arbeitsraum.

«Sie soll weggehen! Schick die tote Frau weg!»

Ladbrookes Gesicht war so entsetzt, als ich den kreischenden Dirkie zu ihr hin zog, daß ich mich fragte, wer von den beiden zuerst die Flucht ergreifen würde. Mit der freien Hand nahm ich Ladbrookes Arm.

«Hier, Dirkie, fühl mal. Faß ihren Arm an.»

«Nein, nein, ich will nicht.»

«Komm, faß schon an. Fühl mal. Spürst du, wie warm ihr Arm ist? Fühl meinen. Fühl deinen Arm. Alle sind warm, nicht? Da kann sie doch nicht tot sein. Tote Menschen sind kalt, nicht wahr? Ladbrooke ist genauso lebendig wie wir alle hier. Fühl, wie warm sie ist.»

Ich mußte Dirkies Hand selbst auf Ladbrookes Arm legen. Die Berührung brachte den Erfolg, den ich erhofft hatte. Dirkies Hand lockerte sich, als er Ladbrookes warme Haut fühlte. Er berührte seinen eigenen Arm. Dann meinen. Dann wieder Ladbrookes. Er beruhigte sich, und ich konnte ihn loslassen. Er sah Ladbrooke ins Gesicht, musterte sie mit neugieriger Gründlichkeit von Kopf bis Fuß und berührte wieder ihren bloßen Arm.

«Jetzt hast du sie oft genug angefaßt, Dirkie.»

«Hu-huu-huuu!» säuselte er mit einem hingerissenen Lächeln.

«Dirkie! Komm jetzt. Das reicht. Das ist genug gestreichelt.»

Ladbrooke stand wie erstarrt, unfähig, sich Dirkie zu entziehen, dessen Liebkosungen an ihrem Arm immer heftiger wurden.

«Nimm jetzt die Hand weg, Dirkie.» Ich zog seine Hand weg. «Das gehört sich nicht.»

«Hu-huu-huu-»

Ich manövrierte Dirkie von Ladbrooke weg zu seinem Stuhl.

«Die hat vielleicht große Titten», sagte Dirkie begeistert.

«Ja, aber das brauchst du ihr nicht zu sagen.»

«Aber sie sind echt groß.»

«Ja, und wenn du dich jetzt nicht gleich hinsetzt, bekommst du *großen* Ärger.»

Ich begann den Tag wie immer mit der «Diskussion». Jede Diskussion hatte ein bestimmtes Thema; meistens ging es dabei um Verhaltensweisen, mit denen die Kinder Schwierigkeiten hatten, um Gefühle oder die Frage nach Gut und Böse. Gelegentlich verwendeten wir die Zeit auch zur Problemlösung. Bei Schuljahresbeginn mußte im allgemeinen ich die Themen vorschlagen; waren die Kinder einmal mit dem Vorgang vertraut, lieferten sie die meisten Themen. Wir begrenzten die Diskussion, bei der jedes zum Mitmachen ermuntert wurde, auf fünfzehn Minuten; danach bekam jedes Kind Gelegenheit, kurz zu erzählen, was es seit Unterrichtsschluß am vergangenen Nachmittag erlebt hatte. Dann teilte ich die Arbeitsblätter aus, gab kurze Erläuterungen, und wir fingen mit dem Unterricht an.

Im Laufe der Jahre hatte ich einen ganzen Karton voller Requisiten zusammengetragen, die die Kinder bei der Diskussion gern benutzten. Ich hatte einen Stapel Fotografien von Menschen in den unterschiedlichsten Situationen und mit den unterschiedlichsten Gesichtsausdrücken und eine ganze Sippe kleiner Plastikpuppen und Puppenmöbel dazu. Außerdem waren sechs Handpuppen da, zwei weibliche, zwei männliche, eine Hexe und ein Drache. Dazu ein großes Sortiment Plastiktiere.

«Heut hab ich ein Thema», verkündete Mariana und zog zwei weibliche Puppen aus dem Karton. Sie stellte sie auf und ließ sie aufeinander zutrippeln, während wir anderen es uns auf den Sitzpolstern auf dem Boden bequem machten. Aber kaum saßen wir und wandten Mariana unsere Aufmerksamkeit zu, da hielt sie inne.

«Willst du nicht weitermachen, Mariana?» fragte ich.

Sie betrachtete die Puppen. «Ich hab gestern meinen schönsten Radiergummi dabeigehabt. Den, der wie eine Erdbeere aussieht. Und dann hat ihn jemand geklaut.» Sie sah nicht auf. Statt dessen ließ sie die eine Puppe die andere schlagen.

«Hast du gründlich gesucht? Hast du auch ganz hinten in deinem Schrank nachgesehen?» fragte ich. «Weißt du genau, daß du ihn nicht zu Hause hast?»

Mariana nickte. «Es war mein Erdbeer-Radiergummi, und er hat wie eine richtige Erdbeere gerochen. Ich hab ihn Ihnen gestern gezeigt, wissen Sie noch? Dann hab ich ihn gleich wieder in meinem Schrank aufgehoben. Und jetzt ist er weg. Und ich weiß auch, wer ihn gestohlen hat.» Mariana funkelte Geraldine an. «Die da. Das kleine Luder da drüben.»

Einen Moment war es still, dann fing Dirkie leise an zu heulen. «Hu-huu-huu.» Er neigte sich zu Ladbrooke und sagte mit gesenkter Stimme: «Sie erlaubt, daß wir solche Wörter sagen. Schimpfwörter. Luder und Nutte. Nutte! Nutte!»

Ich warf ihm mit hochgezogenen Brauen einen Blick zu, und er lehnte sich brav wieder zurück. «Hu-huu-huuu», heulte er leise.

Ich wandte mich wieder Mariana zu. «Du weißt, daß die Diskussion nicht dazu da ist, andere zu beschuldigen.»

«Aber Geraldine hat meinen Erdbeer-Radiergummi geklaut. Er ist weg, und sie hat ihn geklaut. Ich weiß es. Ich beschuldige sie nicht. Ich weiß es.»

«Wir sprechen später darüber. Nach der Diskussion.»

Dumpfes Schweigen. Es war klar, daß es den Kindern unmöglich war, sich umzuorientieren. Shamie, Geraldine und Shemona drängten sich zusammen wie ein Häuflein Pioniere, die einen Indianerüberfall erwarteten. Mariana fixierte sie mit zornigen Blicken. Dirkie musterte Ladbrookes diverse Attribute. Leslie rührte sich nicht.

«Was glaubt ihr, warum manche Leute stehlen?» fragte ich.

«Weil sie blöde Arschlöcher sind», erwiderte Mariana heftig.

«Warum noch?»

«Weil sie was haben wollen, das sie nicht haben», meinte Shamie.

«Hat von euch schon mal eines gestohlen?» fragte ich.

«Die da!» erklärte Mariana. «Fragen Sie die doch mal.»

«Hat von euch schon mal eines gestohlen?» wiederholte ich.

Keine Antwort.

«Ich schon», sagte ich. «Einmal, als ich acht war, nahm ich eine Zeitschrift aus der Schule mit. Es waren Bastelentwürfe für kleine Halloween-Figuren drin, die ich unbedingt machen wollte. Aber unsere Lehrerin wollte nicht, da hab ich die Zeitung gestohlen und mit nach Hause genommen.»

Alle waren entsetzt.

«Haben sie Sie erwischt?»

Ich schüttelte den Kopf.

«Haben Sie ein schlechtes Gewissen gehabt?» fragte Shamie.

«Damals nicht, nein. Ich wollte nur die Figuren machen. Eine war ein kleines Skelett aus Büroklammern. Es war wirklich ganz toll. Aber hinterher war ich enttäuscht. Ich konnte meine Figuren ja keinem zeigen, sondern mußte sie verstecken. Das hat mir die ganze Freude verdorben.» Ich sah die Kinder an. «Ist es euch auch schon mal so gegangen?»

«Ich klau manchmal.» Mariana hielt immer noch die beiden Puppen. «Wenn Daddy Jack zu uns kommt und er und Mama immer nur rumhocken und trinken, krieg ich so eine Wut, dann stehl ich die Kassetten aus seinem Auto und mach sie kaputt. Dann verhaut er mich. Aber das ist mir gleich. Er und Mama kaufen sich immer einen Haufen Bier, und dann hocken sie vor der Glotze und saufen immer nur. Markie und ich kriegen kein Abendbrot, und dann muß ich Markie Rühreier machen, weil das das einzige ist, was ich kann. Aber jetzt auch nicht mehr, weil unser Ofen hin ist. Wißt ihr, was Markie gestern abend gemacht hat?»

«Was?» fragte Dirkie fasziniert.

«Er hat in die Schublade mit den Socken gepißt. Ich hab gesagt, ‹Markie, du Blödmann, laß das.› Aber er hat's trotzdem getan, und dann mußte ich die ganzen Socken waschen. Ich hab sie in der Badewanne gewaschen, wo schon anderes Zeug drinlag, das hab ich dann auch gleich mitgewaschen. Und dann hab ich alles über die Möbel gehängt. Zum Trocknen. Daddy Jack und Mam waren unten vor der Glotze, und er sagte: ‹He, Mariana, was machst'n du da oben?› Und ich sagte: ‹Ach nichts.› Da kam er rauf und sagte: ‹ Wieso hängen hier überall die Scheißsocken rum?› Ich wollt ihm nicht sagen, daß Markie dran schuld war, drum hab ich mich auf der Veranda versteckt, bis er sich ausgetobt hatte. Aber ich war ganz schön wütend. Drum hab ich später seine ganzen Kassetten aus dem Auto geholt und kaputtgemacht. Und ich hab überhaupt kein schlechtes Gewissen. Mich freut's. Es geschieht ihm ganz recht.»

«Du stiehlst also, um deinen Daddy Jack zu bestrafen», sagte ich.

Mariana nickte.

«Und du, Geraldine?» fragte ich. «Hast du auch mal was gestohlen, als du noch klein warst?»

Geraldine schüttelte den Kopf.

«Verlogenes Luder!» schrie Mariana.

Ich berührte Marianas Arm.

«Geraldine lügt», behauptete sie mit Tränen in den Augen.

«Meine Mami hat mir den Erdbeer-Radiergummi gekauft, weil ich letztes Wochenende so brav war. Er riecht wie eine richtige Erdbeere, und ich will ihn wiederhaben. Er gehört mir.»

Plötzlich riß Shemona Mariana die beiden Puppen aus der Hand, holte eine der weiblichen Handpuppen aus dem Karton, schob ihre Hand hinein und begann stumm und verbissen auf die beiden Puppen einzuschlagen.

Geraldine wurde unruhig. «Fräulein», rief sie aufgeregt. «Shemona will uns sagen, daß sie ihn genommen hat. Sie hat Marianas Radiergummi genommen. Und es tut ihr so leid.»

Shemona geriet plötzlich außer Rand und Band. Sie packte die beiden Puppen und schleuderte sie zu Boden, während sie mit der Handpuppe wie mit einer Waffe wild um sich schlug. Sie griff wieder nach den Puppen und warf sie wie Geschoße durch die Luft.

«He!» Ich richtete mich auf, um sie festzuhalten. Die anderen Kinder flüchteten. Geraldine geriet in Panik.

«Nicht hauen, Fräulein. Hauen Sie sie nicht. Er ist in meiner Tasche. Ich hab ihn dabei. Shemona hat ihn genommen, aber ich hab ihn zurückgebracht.» Sie stürzte zu ihrem Schrank.

Ich hob Shemona hoch über die Köpfe der Kinder.

«Bitte hauen Sie Shemona nicht, Fräulein. Hier ist der Radiergummi. Hier!» Geraldine hatte zu weinen angefangen. Sie warf Mariana den Gummi hin.

«Ich will niemanden hauen, Geraldine», sagte ich und ließ Shemona herunter, die sofort zum anderen Ende des Raumes stürzte und sich in den Polstern zusammenkauerte. «Ich schlage Kinder nicht.»

Geraldine rannte Shemona nach und drückte sie an sich.

Leslie wedelte in heller Aufregung mit den Armen, Dirkie kroch ins Regal, Shamie, selbst den Tränen nahe, rang verzweifelt die Hände, und Ladbrooke stand völlig verwirrt mitten im allgemeinen Tohuwabohu. Nur Mariana, wieder im Besitz ihres geliebten Radiergummis, war ruhig.

«Also, meine Herrschaften», sagte ich und trat zum Tisch.

«Jetzt geht's an die Arbeit. Ich zähle bis zehn, dann sind alle auf ihren Plätzen.» Ich zählte langsam, während ich die Arbeitshefte vom Regal nahm. «Komm, Dirkie. Komm da unten raus.» Ich beugte mich zu ihm hinunter. Langsam kroch er hervor und nahm seinen Hefter.

Shamie setzte sich. Mariana ebenfalls. Leslie mußte ich ein Weilchen halten, ehe sie sich beruhigte.

«Wenn ihr Fragen habt, wendet euch an Ladbrooke.»

Ich ging zu Geraldine und Shemona, die immer noch in der Ecke kauerten, und legte Geraldine die Hand auf die Schulter. «Komm Herzchen. Komm wieder an den Tisch.»

«Shemona wollte ihn nicht nehmen, Fräulein. Sie hat's nicht mit Absicht getan. Ich weiß nicht, was in sie gefahren ist.»

«Ich versteh schon, Geraldine. Jetzt komm. Steh auf.»

Geraldine stand auf, Shemona blieb zitternd sitzen. Als ich sie aufhob, entzog sie sich, wie immer, sofort meiner Berührung. Ich führte die beiden an ihre Plätze und setzte mich zu ihnen.

Als ich eine halbe Stunde später mit Leslie am Waschbecken war, kam Shamie, um sich die Hände zu waschen.

«Sie wissen doch, daß Geraldine den Radiergummi genommen hat, nicht?» fragte er sehr leise.

Ich nickte. «Ja, ich weiß.»

10

Jetzt, wo ich Hilfe hatte, konnte ich endlich so auf Leslie – und auf Dirkie – eingehen, wie ich das von Beginn an gewollt hatte. Gerade mit Leslie, die ich nach der Lektüre des Tagebuches und dem Gespräch mit Ladbrooke ganz anders wahrnehmen konnte, wollte ich unbedingt arbeiten.

Ich blieb zwar überzeugt, daß der Hauptgrund ihrer Störungen physiologischer Natur war, doch ich hatte wesentlich tieferen Einblick in die Schichten manipulativen Verhaltens gewonnen, die darum herum gewachsen waren. Ich fühlte mich an Helen Keller erinnert: ein intelligentes behindertes Kind, das seine Energien darauf verwendet, eine sie verwöhnende Familie zu tyrannisieren. Der Haken war nur, daß Leslie zu mir eine ähnliche Beziehung aufgebaut hatte. Ich hatte sie verhätschelt, weil ich wie alle anderen angenommen hatte, zu mehr reiche es bei dem armen kleinen Ding nicht. Je stiller und zurückgezogener sie war, desto mehr Streicheleinheiten bekam sie. Zwar war sie hier längst nicht der gleiche kleine Despot wie zu Hause, aber sie wußte recht genau, wie sie mich zu nehmen hatte.

Eines Morgens setzte ich mich mit Leslies Hefter an den Tisch. Wie immer kletterte sie auf meinen Schoß. Normalerweise enthielt Leslies Hefter keine Aufgaben, da sie allein nicht arbeiten konnte und auf Gruppenarbeit nicht ansprach. Diesmal jedoch hatte ich eines von Shemonas Arbeitsblättern eingelegt. Auf der linken Seite des Blattes war eine Serie farbiger Formen. Gegenüber waren die gleichen Formen in anderer Reihenfolge, die durch Linien mit ihren Pendants verbunden werden sollten.

«Schau, was ich heut für dich habe», sagte ich, als Leslie es sich auf meinem Schoß bequem gemacht hatte. «Du hast jetzt ein richtiges Arbeitsblatt wie die anderen. Das machen wir jetzt zusammen.»

Ich erklärte die Aufgabe. Leslie saß unbewegt.

«Hier. Hier ist ein Stift.»

Keine Reaktion.

Sie sah nicht einmal auf das Blatt, sondern starrte einfach ins Leere. Ich neigte ihren Kopf nach unten, legte ihr den Bleistift in die Hand und schloß ihre Finger darum. Er fiel zu Boden. Ich hob ihn auf und drückte ihn ihr erneut in die Hand. Wieder glitt er heraus und rollte unter den Tisch.

«Du mußt den Stift festhalten, Leslie. Schau, so. Halt ihn ganz fest. Sonst kannst du die Linien nicht ziehen.»

Sie war völlig abwesend. Ich hatte nur die Hülle eines Kindes auf dem Schoß.

«Ach, du hast jetzt keine Lust zu arbeiten. Na schön.»

Ich hob sie herunter, stand auf und ging zu Shamie, um ihm bei seinen Rechtschreibeübungen zu helfen.

Leslie blieb reglos an der Stelle stehen, wo ich sie hingestellt hatte; die Augen leer, das Gesicht ausdruckslos. Die ganze Stunde bis zur Pause blieb sie so.

Nach der Pause näherte ich mich ihr von neuem. Oder genauer gesagt, sie näherte sich mir und versuchte, auf meinen Schoß zu klettern.

«Ah, gut, du willst die Aufgaben machen», sagte ich. «Augenblick, ich hole nur dein Blatt.» Nachdem ich den Hefter aufgeschlagen hatte, hob ich Leslie auf meinen Schoß. «Hier.» Ich gab ihr den Bleistift. Sie nahm ihn nicht. Wieder legte ich ihn ihr in die Hand. Sie ließ ihn fallen.

«Magst du nicht arbeiten?» fragte ich.

Leslie war schon nicht mehr da.

«Na ja», sagte ich und hob sie herunter. «Dann kannst du leider nicht hier sitzen. Ich muß den Mädchen bei ihren Aufgaben helfen.» Damit wandte ich mich Mariana und Geraldine zu.

Das kam an. Diesmal zog sich Leslie nicht völlig zurück, sondern beobachtete uns mit leicht gekrauster Stirn. Nach ein paar Minuten wollte sie auf meinen Schoß klettern.

«Nein, Leslie, jetzt nicht. Ich muß arbeiten. Wenn du die Aufgaben machen willst, kannst du bleiben. Sonst muß ich mit Geraldine und Mariana weitermachen.»

Lautlos, wie es ihre Art war, begann sie zu drängen. Mit verbissener Beharrlichkeit versuchte sie, auf meinen Schoß zu kriechen. Sie schob ein Bein über meine Knie und blieb auf einem Bein wie ein Storch an meiner Seite stehen. Ich versuchte, sie nicht zu beachten. Den beiden Mädchen gelang das nicht.

«Warum sind Sie heut so gemein zu Leslie?» fragte Mariana.

«Ich bin nicht gemein, ich hab nur viel zu tun. Sie möchte auf meinen Schoß, und das geht im Moment nicht. Ich muß den Kindern helfen, die arbeiten.»

«Aber Leslie kann doch nicht arbeiten.» Mariana war sichtlich betroffen über meine Hartherzigkeit.

«Doch, Leslie *kann* arbeiten. Jeder kann das. Und wenn sie dazu bereit ist, kann sie auch auf meinen Schoß, und ich helfe ihr. Aber jetzt arbeite ich mit euch.»

Leslie stand stumm balancierend neben mir. Als ich meinen Stuhl zurückschob, fiel sie um. Ich stand auf und ging weg. Sie rührte sich nicht.

Leslie wußte, daß Kampf angesagt war, und sie hatte eine Position zu verteidigen. Sie tat es mit eisernem Willen. Tage vergingen, ohne daß sich außer den Arbeitsblättern, die ich ihr vorlegte, etwas veränderte. Wenn ich mit ihr arbeiten wollte, entzog sie sich. Wenn sie sich mir näherte, verweigerte ich ihr meinen Schoß. An manchen Tagen vollzogen wir drei-, viermal dieses Ritual, jede entschlossen, den eigenen Kopf durchzusetzen.

Ich konnte nur hoffen, daß ich das Richtige tat. Nach dem dritten Tag sank mir der Mut. Ladbrookes Anwesenheit war mir ständig quälend bewußt. Sie sagte nie ein Wort, aber ich wußte, daß sie uns beobachtete. Jedesmal, wenn ich ihr Kind wieder von meinem Schoß schob, sah ich unwillkürlich zu ihr hinüber und fing ihren aufmerksamen Blick auf. Schlimmer noch als Ladbrooke waren die anderen Kinder, besonders Mariana, die kein Blatt vor den Mund nahm und sich lautstark über meine «gemeine» Behandlung der «armen Leslie» empörte. Die Kommentare der Kinder zeigten mir am deutlichsten, wie sehr wir alle uns daran gewöhnt hatten, Leslies in sich gekehrtes Verhalten als normal zu betrachten.

Nur Carolyn, mit der ich mich mehrmals unterhielt, gab mir den Mut weiterzumachen. «Halt durch», sagte sie warm und aufmunternd. «Laß eine Woche verstreichen und warte ab, wie es sich entwickelt.»

Am Dienstag der folgenden Woche trat tatsächlich eine Veränderung ein. Wieder legte ich Leslie ein Arbeitsblatt vor. Wieder verweigerte sie sich. Wieder hob ich sie von meinem Schoß herunter und kümmerte mich um die anderen. Aber als ich kurz vor der Pause nach Leslie schaute, war sie verschwunden. Ich sah mich im Zimmer um. Ich ging in den Vorraum. Keine Leslie.

«Wo ist Leslie?» fragte ich, wieder an den Tisch tretend.

Die Kinder drehten suchend die Köpfe.

«Hat einer von euch sie gesehen?»

Plötzlich kam aus den Tiefen der Regale ein scharfes Reißgeräusch. Ich rannte in die Lehrerbibliothek. Ganz hinten hockte Leslie inmitten eines Berges zerfetzter Zeitschriften. Als sie mich sah, schaute sie mir starr ins Gesicht und zerriß das nächste Blatt.

«Ja, sag mal, was soll denn das?» Ich zog sie hoch. Fetzen von *Psychology Today* flatterten auf. «Du kannst doch nicht einfach die Zeitschriften zerreißen.»

Mit finster gerunzelter Stirn starrte Leslie zornig ins Leere.

«Hol den Papierkorb.»

Sie rührte sich nicht.

«Hol den Papierkorb, Leslie.»

Die Runzeln auf der Stirn wurden noch tiefer.

«Geh schon! Los jetzt!»

«Nein!» Sie rannte mit ausgebreiteten Armen den Gang hinauf und fegte alle erreichbaren Zeitschriften vom Bord. Am anderen Ende blieb sie stehen, packte alles, was sie greifen konnte, und schleuderte es um sich.

Ich sprang über die verstreuten Hefte hinweg zu ihr und hielt sie fest. Kreischend schlug sie um sich und biß mich in die Hand. Verblüfft ließ ich sie los.

Leslie schoß um die Ecke in den Arbeitsraum, und ich sauste ihr hinterher. Was sie erreichen konnte, riß sie herunter – Arbeitshefte, Bücher, Mäntel, Bastelmaterial, alles landete auf dem Boden. In der hintersten Ecke fing ich sie endlich ein, nahm sie fest in die Arme und ließ mich mit ihr zu Boden fallen. Sie gab keinen Laut von sich, versuchte aber wild strampelnd sich mir zu entwinden. Minutenlang rangen wir miteinander, ehe sie erschöpft in meinen Armen zusammensank. Als ich sie losließ, fiel sie aus meinen Armen zu Boden und blieb keuchend liegen.

Ich stand auf und ging in die «stille Ecke» hinten im Klassenzimmer, wo ein großer Holzstuhl stand. Dort schickte ich die Kinder hin, wenn sie Ruhe brauchten, um sich nach einem Gefühlsausbruch wieder zu finden.

«Komm, Leslie, setz dich hierher», sagte ich.

Sie sah auf; ich spürte, daß sie Widerstand erwog, aber dann kam sie ohne weitere Aufforderung.

«Ich stell den Wecker auf fünf Minuten. Wenn er läutet, kannst du aufstehen und wieder zu uns kommen.»

Blutverschmiert von der Bißwunde in meiner Hand, kehrte ich zu den anderen zurück und trat zu Ladbrooke, die bleich und verstört am Tisch saß.

«Ich geh nur schnell runter und hol mir ein Pflaster.»

«Nein! Bitte gehen Sie nicht», sagte sie.

«Ich bin gleich wieder da.»

Ich war zurück, ehe der Wecker klingelte, setzte mich zu Dirkie und half ihm bei seinen Aufgaben. Als die Uhr rasselte, drehte ich mich nach Leslie um. «Du kannst jetzt aufstehen.»

Sie reagierte nicht. Sie war wieder nur wie eine leere Hülle.

Als die Pause kam und die anderen Kinder sich anzogen, stand Leslie auf. Auf dem Weg zu ihrem Schrank blieb sie an ihrem Platz stehen, wo noch aufgeschlagen ihr Arbeitsheft lag. Ohne aufzusehen, nahm sie einen von Marianas Stiften und zog mit großer Sicherheit Verbindungslinien zwischen den farbigen Formen auf dem Papier. Dann ging sie zu ihrem Schrank. Ich sagte kein Wort. Aber ich war sehr froh.

Beide Jungen begannen sehr bald, Ladbrooke heftig zu umschwärmen. Ich hätte wahrscheinlich bedenken sollen, daß

Ladbrookes Schönheit auf die beiden pubertierenden Jungen eine starke Wirkung ausüben würde, aber der Gedanke kam mir gar nicht. Und so bedachte ich auch die möglichen Konsequenzen nicht. Ich war noch nie mit einem Problem dieser Art konfrontiert gewesen, schon gar nicht persönlich.

Shamie reagierte wie ein richtiger kleiner Mann. Er war schlicht und einfach völlig vernarrt, verschlang sie mit Blicken, versuchte bei jeder Gelegenheit neben ihr zu sitzen, ihr jeden Wunsch von den Augen abzulesen. Es war ein bißen lästig, aber es war liebenswert.

Dirkie hingegen reagierte ganz anders. Er wollte Ladbrooke ständig berühren, und das war schlimm, weil Ladbrooke, wie ich bald entdeckte, kaum ein normales Maß an Körperkontakt aushalten konnte. Sie schaffte es nicht, die Kinder anzufassen, und ertrug es schwer, sich von ihnen berühren zu lassen. Starr und verkrampft pflegte sie mit förmlich angehaltenem Atem darauf zu warten, daß das betreffende Kind sie losließ.

Dirkie tröstete sich, indem er sich selbst streichelte, was Ladbrooke beinahe noch unangenehmer war. «Oh, schöne Dame», pflegte er zu sagen, während er sich mit den Händen über die Wangen strich. «Schönes, schönes Gesicht.» Was immer noch besser war, als wenn er «große Titten, schöne Titten» säuselte und dabei sein Hemd streichelte.

Am meisten aber faszinierte Dirkie Ladbrookes volles, seidiges Haar, das zu berühren ihn immer wieder verlockte. Ich ahnte schon, daß früher oder später ein dramatischer Moment kommen würde, wo ich nicht rechtzeitig eingreifen konnte.

Nach Leslies Ausbruch an jenem Morgen waren wir alle ein wenig außer Tritt, und Dirkie sprach wie immer am empfindlichsten auf die Störung des normalen Ablaufs an. Er saß fast den ganzen Vormittag unter dem Tisch und heulte leise vor sich hin.

Nach der Mittagspause kam er völlig aufgedreht wieder. Kichernd und klatschend trippelte er auf Zehenspitzen im Zimmer herum wie eine beschwipste Balletteuse.

«Dirk, setz dich jetzt bitte», sagte ich. Die Kinder bastelten Papierketten für Weihnachten, das nur noch drei Wochen entfernt war.

Dirkie setzte sich an seinen Platz und griff sich eine Handvoll Tonpapierstreifen. Aber schon Minuten später war er wieder unterwegs und tänzelte zu Ladbrooke hinüber.

«Dirkie», sagte ich warnend.

Mit einer Fingerspitze berührte er Ladbrookes Haar. Sie schaffte es einfach nicht, sich das Haar zu binden oder zu flechten, wie ich sie gebeten hatte, und war sich wohl nicht klar, wieviel Zeit ich mit Interventionen verschwenden mußte. Ich kam mir mit meinen ständigen Ermahnungen nach einer Weile so kleinlich vor, daß ich beschloß, den Dingen einfach ihren Lauf zu lassen. Aber wenn ich dann im Klassenzimmer Dirkie auf der Pirsch sah, brachte ich es nicht fertig, unbeteiligt zu bleiben. Auch diesmal hatte sich Ladbrooke das Haar nur mit einer Libelle aus dem Gesicht gezogen; glänzend und weich hing es hinten herab. Da konnte Dirkie nicht widerstehen. Er trippelte davon und trippelte zurück; streckte wieder die Finger aus, berührte wieder das Haar.

Ich ging zu ihm und nahm ihn bei den Schultern. «Komm jetzt mit», sagte ich, setzte ihn neben mich und drückte ihm eine Girlande und Papier in die Hand.

«Du hast schönes Haar», sagte er und hob die Hand, um mein Haar zu streicheln.

«Nein», sagte ich und zog seine Hand herunter. «Das gehört sich nicht. Laß das jetzt.»

«Du hast schöne, lange Haare. Läßt du sie dir schneiden?»

Geraldine, die uns gegenübersaß, stöhnte. «Sagt der eigentlich nie etwas anderes?»

«Läßt du deine Haare schneiden?»

«Nein, Dirkie. Hilf jetzt mit bei den Girlanden.»

Er konnte nicht. «Hu-huu-huu.» Er glitt vom Stuhl unter den Tisch. «Hu-huu-huu.» Er fing an zu klatschen.

Nach der morgendlichen Aufregung mit Leslie fühlte ich

mich einem ähnlichen Ausbruch Dirkies nicht gewachsen; und ich wußte, der würde kommen, wenn ich ihn weiter bedrängte. Ich ließ ihn also unter dem Tisch sitzen.

Eine Zeitlang war alles friedlich. Die Kinder arbeiteten mit Eifer an ihren Girlanden, erzählten einander, was sie sich zu Weihnachten wünschten, was sie an Weihnachten besonders gern hatten.

Shamie, der neben Ladbrooke saß, hob seine Kette hoch, um zu sehen, wie weit er schon war, und fegte ein Häufchen Büroklammern vom Tisch, die sich in Ladbrookes Schoß und auf den Boden ergossen.

«Oh, Entschuldigung», sagte Shamie.

«Das macht doch nichts.» Ladbrooke tauchte unter den Tisch, um die Klammern einzusammeln. Ihr Haar fiel nach vorn; Dirkie, der unter dem Tisch hockte wie eine lauernde Katze, konnte der Versuchung nicht widerstehen.

Mit einem Aufschrei verschwand Ladbrooke unter dem Tisch. Die Kinder sprangen auf, Stühle kippten um, Papierketten und Büroklammern folgten nach allen Richtungen.

«Dirkie?» rief ich erschrocken und bückte mich unter den Tisch.

Dirkie hatte sich Ladbrookes Haarpracht bemächtigt. Dicke Strähnen in den Fäusten, rieb er sich ekstatisch zuckend und laut heulend vor Entzücken wie wild das Gesicht damit. Ladbrooke war beinahe ebensosehr außer sich wie er.

Ich kroch unter den Tisch, um sie zu trennen. «Weg. Auf die andere Seite. Ladbrooke, kriechen Sie drüben raus.»

«Ich kann nicht! Ich kann nicht!»

«Dirkie, *hör* jetzt auf! Los, komm raus da.»

Sie blieben beide, wo sie waren. Ich schob die Stühle weg, aber den Tisch selbst konnte ich nicht weit genug rücken, er war zu schwer, der freie Raum zu gering. Immerhin konnte ich jetzt besser an Dirkie heran. Ich wußte mir keinen anderen Rat, als mich rittlings auf Dirkies Bauch zu hocken und ihm die Arme auf den Boden zu drücken. Ein Knie auf seinen Ellbogen gestemmt, öffnete ich seine verkrallten Finger und entwand ihm praktisch jedes Haar einzeln. Es war ein mühsames Unterfangen; Ladbrookes langes Haar, nur noch ein einziger wirrer Wust, hatte sich an sämtlichen Knöpfen von Dirkies Hemd verfangen.

«Wenn du das noch einmal tust, Dirkie», schimpfte ich, während ich mich abmühte, «setzt's was. Das verspreche ich dir. Das ist gemein. Das tut furchtbar weh.»

Er wurde langsam ruhiger und hörte auf zu heulen. Ladbrooke kroch unter dem Tisch hervor und verschwand.

«Hast du mich verstanden?» fragte ich Dirkie. «Tu das nie wieder. Ist das klar?»

Er nickte ernsthaft. Ich rutschte von ihm herunter und stand auf. «Okay, komm jetzt raus und setz dich in die stille Ecke.»

«Bist du bös auf mich?» fragte er.

«Ja.»

Mit betretenem Gesicht schlich Dirkie in die stille Ecke. Ich rückte den Tisch wieder an seinen Platz, stellte die Stühle auf und sah mich dann nach Ladbrooke um. Shamie wies zum Vorraum bei der Tafel. «Sie ist da drüben.»

Sie lehnte ganz hinten an der Wand. Ich legte ihr den Arm um die Schultern. «Alles in Ordnung?»

Sie nickte stumm.

«Ich weiß aus eigener Erfahrung, wie weh das tut. Setzen Sie sich doch ein bißchen runter ins Lehrerzimmer. Ich komme nach, wenn Pause ist.»

Als ich hinunterkam, hatte sich Ladbrooke einigermaßen von ihrem Schrecken erholt und war dabei, ihr Haar zu entwirren. Ich holte mir ein Cola aus dem Automaten und betrachtete sie, während ich trank. Ich konnte inzwischen das Komische an der Situation sehen, aber ich lächelte nicht. Ladbrooke, das hatte ich schon gemerkt, war nicht gerade mit Humor gesegnet.

Sie kämpfte ungeduldig mit ihrem zerzausten Haar.

«Soll ich Ihnen helfen?»

«Nein, es geht schon.»

«Wollen Sie was trinken?» Ich hielt die Coladose hoch.

«O ja, das könnte ich jetzt gut gebrauchen.»

Offensichtlich immer noch ein wenig erregt, warf sie gereizt die Hände hoch, als es ihr nicht gelingen wollte, die Haarsträhne, an der sie gerade arbeitete, zu entwirren.

«So brauchen Sie ewig dazu, Ladbrooke. Geben Sie mir die Bürste. Ich komm von hinten besser ran.»

Sie zögerte.

«Kommen Sie, geben Sie her.»

«Na schön.» Resigniert reichte sie mir die Bürste.

Ich ging hinter das Sofa, hob ihr Haar über die Lehne und begann vorsichtig, das Haar zu teilen und von unten nach oben auszubürsten. Wir sprachen nichts. Das Lehrerzimnmer war leer, und die Ruhe tat uns beiden gut.

«Ich bin es nicht gewohnt, daß jemand mir die Haare macht», bemerkte sie nach einer Weile, während ich gerade versuchte, ein besonders wirres Nest mit den Fingern auseinanderzuzupfen. «Ich habe es nie gemocht, wenn man an mir so herumfummelt.»

«Das ist mir schon aufgefallen», sagte ich.

«Ich meine, wie sie das beim Friseur machen.»

Ich arbeitete schweigend weiter.

«Ich hätte nie gedacht, daß das so weh tun kann.»

«Ja, ich weiß. Ich kenn das.»

«Ich glaub, jetzt hab ich's endlich begriffen», sagte sie reuig. «Ich meine, daß ich mir das Haar binden sollte.»

Ich lachte. «Carolyn und ich setzen uns abends oft im Schwimmbad in den Whirlpool und vergleichen unsere blauen Flecken. Unsere Beine sind richtige Orientierungskarten. Der da stammt von Shemona, als ich sie für die Mittagspause fertig machte. Der ist von Mariana, als sie mir die Schaukel drauf sausen ließ. Deswegen trage ich meistens lange Hosen. Meine Beine sind das reinste Schlachtfeld.»

«Sie nehmen das alles ganz gelassen, nicht?»

«Es macht mir nichts aus, nein.»

«Ich habe den Eindruck, Sie haben sogar Spaß daran. An dieser dauernden Herausforderung.»

«Wahrscheinlich, ja», antwortete ich lächelnd, während ich ihr Haar mit langen Strichen durchbürstete. «Ich mag meine Arbeit. Ich mag die Unberechenbarkeit und die Unbeständigkeit, dieses Gefühl, ständig gefordert zu sein.»

«Und Sie sind gern mit Menschen zusammen», meinte sie.

«Ja, das auch. Ich glaube, ich mag das alles so, weil es lebendig ist. Es ist echt und läßt mich meine eigene Lebendigkeit spüren.»

Ein Ausdruck flog über Ladbrookes Gesicht, der beinahe ein Lächeln war. «Ja», sagte sie und berührte vorsichtig ihren Kopf, «meine Lebendigkeit spüre ich jetzt auch.»

11

In der ersten Dezemberwoche brach das Weihnachtsfieber aus. Da wir uns nicht in einer regulären Schule befanden, wo man unweigerlich in die allgemeine Hektik der Vorbereitungen und Weihnachtsfeiern hineingerissen wird, hatte ich keinen großen Rummel erwartet. Carolyn und ich hatten besprochen, am letzten Schultag für beide Klassen eine kleine Feier zu veranstalten, aber das war auch alles. Trotzdem packte meine Gruppe plötzlich das Weihnachtsfieber.

Als sich zeigte, daß Weihnachten zu einem der Hauptgesprächsthemen wurde, versuchte ich, die Erregung so weit zu dämpfen, daß sie nicht zum Delirium ausartete. Wir hängten unsere Girlanden und ein paar ausgeschnittene Weihnachtsmänner auf, ansonsten beschränkte ich unsere Bastelarbeiten auf andere Dinge und ging mit Weihnachtsgeschichten und -filmen und ähnlichen Aktivitäten sparsam um.

All diese Bemühungen, den Alltag hochzuhalten, fruchteten jedoch nichts. Vor allem Shamie torpedierte sie immer wieder. Ständig fragte er, wann wir denn dies oder jenes für Weihnachten vorbereiten würden, und entflammte die anderen mit Geschichten darüber, was in seiner Schule in Belfast um diese Zeit alles stattfand. Natürlich war er es, der mit dem Krippenspiel anfing.

Wir saßen eines Morgens alle zusammen um den Tisch herum und arbeiteten, als Shamie mitten ins Blaue hinein fragte: «Machen wir auch ein Krippenspiel?»

«An amerikanischen Schulen gibt es das eigentlich nicht», antwortete ich.

Geraldine krauste die Stirn. «Aber wir *müssen* ein Krippenspiel machen, Fräulein. Sonst ist ja gar nicht richtig Weihnachten.»

«Alle könnten mitspielen», fuhr Shamie fort. «Geraldine und ich haben es uns schon überlegt. Einer von uns Jungen könnte den Joseph spielen, dann brauchen wir die Maria, den Engel und einen Hirten und einen Weisen aus dem Morgenland.»

«Aber es sind doch drei Weisen», warf Ladbrooke ein.

«Ja, ich weiß. Es sind ja auch mehr Hirten. Aber wir könnten es doch einfach andeuten.» Shamie senkte den Kopf. «Eigentlich ist es ja was für die Kleinen. Aber ich würde natürlich mitmachen. Shemona hat noch nie ein Krippenspiel gesehen. Schon für sie müssen wir eines machen.»

«Ja, Fräulein, unbedingt», bekräftigte Geraldine.

Ich schnitt ein Gesicht. «Nein.»

«Bitte», sagte Shamie.

«Das wäre viel zu viel Arbeit, Shamie. Und wie würdest du Leslie und Shemona mit einbeziehen, wo beide doch nicht sprechen? Es ist eine hübsche Idee, aber wir haben nicht genug Mitspieler.»

«Doch, das geht bestimmt.»

«Und Zuschauer haben wir auch keine.»

«Doch», entgegnete Shamie eifrig. «Wir könnten Miss Berrys Klasse einladen. Und die Sekretärinnen und Mr. Cotton. Und Bill. Und unsere Familien könnten wir auch einladen. Das sind doch Zuschauer genug. Ach, bitte, Fräulein. Für Shemona.»

«Du meinst, für *dich*, Shamie», versetzte ich.

Er lachte verlegen. «Ja, es ist doch so lustig.»

«Was iss'n überhaupt ein Krippenspiel?» fragte Mariana.

«Ach, du weißt schon. Mit Maria und Joseph und dem Jesuskind», erklärte Geraldine.

«Ich könnte der Regisseur sein», erbot sich Shamie.

«Du müßtest Regisseur, Drehbuchautor und Schauspieler zugleich sein», entgegnete ich.

«Bitte, Fräulein. Das gehört zu Weihnachten dazu.»

Shamie und Geraldine hatten diesen Einfall offenbar ausführlich besprochen, ehe sie ihn präsentiert hatten; kein Einwand konnte sie entmutigen. Die anderen Kinder ließen sich von ihrer Begeisterung rasch anstecken, obwohl sie offensichtlich nur eine äußerst undeutliche Ahnung hatten, worum es ging, und bald bedrängten sie mich alle im Chor.

«Also schön, Shamie», sagte ich schließlich, «wenn ihr unbedingt spielen wollt, schlage ich folgendes vor: Du schreibst das Drehbuch. Das kannst du in der Zeit tun, wo du sonst Englisch hast. Geraldine und jeder, der Lust dazu hat, können dir helfen. Aber ihr müßt schnell machen. Bis Freitag müßte das Stück fertig sein. Und dann wollen wir sehen, ob wir eine Aufführung auf die Beine bringen.»

«Hurra!» schrie Shamie und warf seinen Bleistift in die Luft.

Ladbrooke war zu diesem Zeitpunkt fast einen Monat bei uns, und sie erstaunte mich. Ich hatte sie zu Anfang nicht recht ernst genommen. Meine Teilnahme an ihren schwierigen Lebensverhältnissen war echt, aber ich glaubte nicht, daß sie sich bei unserer Arbeit bewähren würde. Zum Teil entsprang diese Skepsis reinem Vorurteil. Sie war mir zu reich, zu schick und zu äußerlich. Zum Teil gründete meine Einstellung auch auf früheren Erfahrungen. Die Arbeit mit behinderten Kindern fordert einen seelisch und körperlich bis zum Letzten, und es gibt wenige, die sich ihr auf Dauer gewachsen fühlen. Ehrenamtliche Helfer kamen und gingen mit monotoner Regelmäßigkeit. Das war eine Erfahrenstatsache. Ich erwartete, daß auch Ladbrooke uns im Stich lassen würde, wenn die ersten Schwierigkeiten auftauchten.

Sie tat es nicht. Jeden Tag erschien sie pünktlich um acht Uhr im Klassenzimmer. Tag für Tag hielt sie aus bis zum Unterrichtsende, ging nie auch nur eine Minute früher als ich.

Niemals hätte ich erwartet, in Ladbrooke eine vollwertige Hilfskraft zu finden, doch indem sie mir täglich bewies, daß ihr keine Arbeit zuviel war, zwang sie mich, alle meine Vorurteile fahrenzulassen. Vom ersten Tag an faßte sie mit an, legte mir Materialien zurecht, räumte auf, ging intensiv auf die Kinder ein. Nie mußte ich ihr etwas zweimal sagen, meistens wußte sie schon, was ich brauchte oder wollte, ehe ich es ausgesprochen hatte. Plötzlich lagen keine Haufen unsortierter Papiere, ungeordneter Materialien, unkorrigierter Arbeiten mehr herum. Die Akten in unserem Schrank waren alphabetisch geordnet, mit unterschiedlichen Farben gekennzeichnet, immer auf dem neuesten Stand. Eine wohltuende, mir bisher unbekannte Ordnung kehrte ein.

Die Unterrichtsaufgaben gingen Ladbrooke nicht so leicht von der Hand. In ihrem Bestreben, sich nützlich zu machen, ging ihr häufig das Gefühl für die zeitliche Koordinierung verloren, so daß wir uns sowohl im übertragenen als auch im wörtlichen Sinn oft in die Quere kamen. Vermutlich lag das hauptsächlich an mangelnder Erfahrung, in anderer Beziehung nämlich schien Ladbrooke zum Unterrichten geboren. Sie ging unbefangen mit den Kindern um, behandelte sie nie von oben herab, achtete ihre unterschiedlichen Persönlichkeiten. Und – das war mir besonders wichtig – sie konnte

Disziplin halten, wenn ich mich mit einem bestimmten Kind allein beschäftigen mußte.

Eine besondere Hilfe im Unterricht war Ladbrookes mathematisches Verständnis. Kaum kam eine Frage, war sie mit bildlichen Darstellungen auf der Schiefertafel oder kleinen dreidimensionalen Konstruktionen aus Radiergummis, Stiften oder auch ausgeliehenen Zeitschriften aus der Bibliothek bei der Hand. Mit einer Handvoll Bauklötzchen machte sie Shamie die Division begreiflich, was ich das ganze Jahr nicht geschafft hatte.

Aber Hand in Hand mit Ladbrookes Eifer und Fähigkeiten ging ihre schwierige Persönlichkeit. Stets angespannt, mißtrauisch und ängstlich, verlangte sie mir an manchen Tagen mehr an Einfühlungsvermögen und Verständnis ab als die Kinder. Mir war klar, daß sie sich bei uns nicht gleich wie zu Hause fühlen konnte. Unsere Beziehung hatte eine unerfreuliche Vorgeschichte, die erst einmal bewältigt werden mußte. Sie hatte sich in einen Arbeitsbereich hineinbegeben, der ihr nicht vertraut war, und arbeitete in untergeordneter Stellung. Hinzu kam die natürliche Scheu vor allem Fremden. Aber das allein machte die Schwierigkeiten nicht aus.

Ladbrooke war ständig in Abwehrhaltung. Sie schien überzeugt, daß jeder seinen Lebenssinn allein darin sah, ihr etwas anzutun. Dem Grundsatz gemäß, daß Angriff die beste Verteidigung ist, reagierte sie häufig aggressiv. Es kostete mich oft eine Menge Kraft, mit dieser Kampf-oder-Flucht-Haltung umzugehen. Aber die Schwierigkeiten, die dieses Verhalten mir im Rahmen der Unterrichtssituation bereitete, waren trivial im Vergleich zu ihrer starren Abwehrhaltung Fremden gegenüber. Ihr schienen alle Formen des sozialen Umgangs zu fehlen; kam jemand ins Zimmer, so reagierte sie, als stünde ein persönlicher Angriff auf sie bevor. Sie verstummte, der kalte Krokodilsblick trat in ihre Augen, sie knisterte förmlich vor Feindseligkeit. Innerhalb von Tagen hatte sie alle Mitglieder des Personals so gründlich verschnupft, daß niemand mehr auf einen Schwatz zu uns ins Zimmer kam. Die Leute kamen nur noch, wenn unbedingt nötig. Es war, als teilte ich das Zimmer mit einer Aussätzigen.

Ich litt unter dieser Atmosphäre, und da ich mich dafür verantwortlich fühlte, diese feindselige Frau in unsere Gruppe gebracht zu haben, zog ich mich mehr und mehr zurück. Zwar verbrachte ich meine täglichen Pausen weiterhin im Lehrerzimmer, aber vor und nach dem Unterricht mied ich es, ging auch nicht mehr mit der Gruppe zum Mittagessen zu *Enrico's*. Ich hielt einfach die Spannung nicht aus, und saß statt dessen Mittag für Mittag mit meinen Broten im Klassenzimmer, einzig in Gesellschaft des Kuckucks, den ich mir ins Nest gesetzt hatte.

Ich wußte nicht, was ich in solchen Situationen mit Ladbrooke anfangen sollte. Im Klassenzimmer war sie längst nicht so steinern wie draußen. Gewiß machte uns auch hier ihre Unzulänglichkeit häufig genug zu schaffen, aber fühlte sie sich einmal sicher, so öffnete sie sich und wurde wieder umgänglich. Doch mit Fremden zusammen schien nichts ihr Sicherheit geben zu können.

Ladbrookes zweite große Schwierigkeit war ihre Unfähigkeit, sich verbal auszudrücken. Was ich anfänglich für eine nervöse Reaktion gehalten hatte, war, wie ich bald feststellte, ein fundamentaler Teil ihrer Persönlichkeit. Selbst in ihren besten Momenten blieb sie wortkarg. Das ungezwungene Geplauder, das ich aus meinen Beziehungen, insbesondere mit Frauen, gewöhnt war, kannte sie so wenig wie den Austausch von Gedanken und Gefühlen, der Vertrautheit ausmacht. Häufig wechselten wir in den neunzig Minuten Vorbereitungszeit nach dem Unterricht nicht mehr als ein knappes Dutzend Worte.

Ich vermutete hinter dieser Einsilbigkeit eine Sprechhemmung. Selbst in vertrauter Umgebung drückte sie sich selten gewandt aus, hatte für eine Frau ihrer offenkundigen Intelligenz einen mangelhaften aktiven Wortschatz. Immer wieder kam es vor, daß sie beim Sprechen ins Stocken geriet oder mitten im Gespräch verstummte; oder sie gab Antworten, die zwar mit dem behandelten Thema zu tun hatten, aber im Kontext folgewidrig klangen, beinahe wie Freudsche Versprecher. Ab und zu sagte sie sogar Dinge, die überhaupt keinen Sinn machten. Entweder waren die Wortsilben vertauscht oder die Wörter völlig unzutreffend. Ich war jedesmal perplex, aber Ladbrooke fiel es gar nicht auf. Wenn ich nachfragte, was sie meinte, schien sie zu glauben, ich wolle mich auf billige Art über sie lustig machen.

Trotz allem aber kamen wir miteinander zurecht, auch wenn Carolyn mit ihrer Vorhersage recht gehabt hatte: Ladbrooke mit all ihren psychischen Problemen hatte mehr mit den Kindern gemeinsam als mit mir. Aber obwohl mich die kühle Vernunft manchmal drängte, sie wieder wegzuschicken, tat ich es nicht. Sie war die engagierte Helferin, die ich ersehnt hatte, das war mir Rechtfertigung genug. Die Wahrheit aber war, daß ich mich ihr so wenig entziehen konnte wie den Kindern. Am Ende des ersten Monats war ich entwaffnet. Sie hätte mir gefehlt, wenn sie uns jetzt verlassen hätte.

Der folgende Montag wurde ein Unglückstag. Mitten in der Morgendiskussion, die wir ohne unsere drei kleinen Iren begannen, da diese nicht zur Zeit erschienen waren, kamen aus Leslies Richtung ominöse Geräusche, und schon passierte es: dicke braune Ströme quollen unter den Rändern ihrer Windel hervor, ergossen sich über ihren Stuhl, rannen ihre Beine herunter. Mit einem Ausruf des Entsetzens packte Ladbrooke sie und rannte mit ihr zur Toilette.

In den nachfolgenden Tumult platzten Geraldine, Shemona und Shamie. Ich war dabei, den Stuhl abzuwaschen, Dirkie hockte heulend unter dem Tisch, und Mariana trommelte mit zwei Linealen auf die Tischplatte. Leslie schmiß frische Windeln herum, und Ladbrooke versuchte verzweifelt, Leslie abzulenken und zugleich die anderen Kinder zu beruhigen.

Geraldine kam zu mir gelaufen. «Wollen Sie wissen, warum wir zu spät kommen, Fräulein? Unsere Katze ist mitten auf der

Straße überfahren worden, gerade als wir ins Auto steigen wollten. Plötzlich kam ein Auto, und peng, fuhr es genau über unsere Katze.»

Ich sah mich nach den anderen um. Shemona hängte gerade ihren Mantel auf.

«Wo ist Shamie?» fragte ich.

«Draußen. Er weint.»

«Shamie?» rief ich und lief hinaus.

Die Hände vors Gesicht geschlagen, lehnte er an der Wand.

«Es tut mir so leid, Shamie. Geraldine hat's mir eben erzählt.» Ich zog ihn an mich.

«Warum mußte das passieren?»

Hinter uns war das Chaos. Mariana schilderte lauthals in plastischen Details Leslies Unfall. Dirkie klatschte und heulte.

«Warum hat sie das nur getan?» weinte Shamie. «Gleich neben unserem Haus ist eine große Wiese. Warum mußte sie auf die Straße laufen?»

«Torey!» schrie Mariana. «Leslie hat schon wieder gepupst. Ihr ganzes Kleid ist voll.»

«Pupsie-dupsie-pups», kreischte Dirkie umd kam um die Ecke geschossen. «Pupsi! Pupsipo!»

Es war wahrhaftig nicht die richtige Atmosphäre, um dem Trauernden Trost zu spenden. Ich drückte Shamie noch einmal fest und ließ ihn dann los. «Bleib noch ein bißchen hier draußen, Shamie. Ich will nur drinnen für Ruhe sorgen.»

Leslie hatte eine Riesenschweinerei gemacht. Mariana führte auf dem Heizkörper einen provokativen Tanz auf, bei dem sie sich mit Enthusiasmus zwischen den Beinen rieb. Shemona hielt sich die Ohren zu. Dirkie fegte herum wie ein Derwisch. Nur Geraldine saß wie vom Donner gerührt auf ihrem Stuhl.

«Gehen Sie zu Shamie», sagte ich zu Ladbrooke, während ich mir Dirkie schnappte. «Setzen Sie sich mit ihm ins Lehrerzimmer, bis es ihm ein bißchen bessergeht.»

Ladbrooke sah mich erschrocken an.

«Er muß sich nur ausweinen können.»

«Was soll ich zu ihm sagen?»

«Irgendwas», antwortete ich und schob sie zur Tür.

«Aber was denn?» Ein Unterton von Panik schlich sich in ihre Stimme. «Gehen Sie doch lieber mit ihm, Torey!»

«Ich muß hier bleiben. Gehen Sie einfach ins Lehrerzimmer mit ihm. Da ist doch nichts dabei.»

Sie wich nicht von meiner Seite. Ich wurde nervös. Der Krach war ohrenbetäubend. Das Zimmer stank. Wir konnten nicht hier herumstehen und schwatzen wie nach dem Kirchgang.

«Machen Sie sich nicht soviel Gedanken, Lad. Er ist viel zu sehr mit seinem Kummer beschäftigt, um darauf zu hören, was Sie sagen. Tröstliche, liebevolle Laute reichen schon. Er muß nur spüren, daß Sie mit ihm fühlen.»

«Ich kann nicht.»

«Doch, Sie können.»

«Nein, ich kann das nicht.»

Ich griff in meine Tasche und holte zwei Münzen heraus. «Hier. Kaufen Sie ihm ein Cola.»

«Was?»

«Kaufen Sie ihm ein Cola, und zerbrechen Sie sich nicht den Kopf darüber, was Sie mit ihm reden sollen. Hauptsache, er kommt aus diesem Tohuwabohu heraus.» Ich drückte ihr die Münzen in die Hand und ging, ehe sie widersprechen konnte.

Als Shamie und Ladbrooke zwanzig Minuten später zurückkamen, war im Zimmer Ruhe eingekehrt, und die Kinder saßen über ihren Aufgaben. Shamie hatte sich beruhigt. Er hatte sich über das Cola gefreut und noch mehr, wie ich vermutete, darüber, Ladbrooke ganz für sich zu haben.

Aber es blieb nicht lange friedlich. Auch Shemona hatte der Tod der Katze bewegt, und sie wollte sich dauernd irgendwo verkriechen. Meine Bemühungen, sie zu trösten, wies sie zornig fauchend ab. Von den drei Kindern schien nur Geraldine unberührt. «Ich hab schon tote Menschen gesehen», erklärte sie mir. «Da regt mich eine tote Katze nicht auf.»

Beim Mittagessen brüllte Dirkie eine der Aufsichten an und wurde ins Klassenzimmer zurückgeschickt. Da war es mit unserer Mittagspause natürlich vorbei. Am frühen Nachmittag goß Mariana mehrere Gläser Temperafarbe über Geraldine aus und behauptete mit Unschuldsmiene, es wäre ein Versehen gewesen. In der Pause fiel Shemona von der Schaukel und schlug sich die Lippe auf. Um halb vier war meine Stimmung auf den absoluten Nullpunkt gesunken. Zu allem Überfluß mußte ich auch noch zu einer Sitzung in einer anderen Schule. Nachdem ich die Kinder hinuntergebracht hatte, lief ich ins Zimmer hinauf, um meine Sachen zu holen.

Ladbrooke saß am Tisch und heftete Arbeitsblätter zusammen.

«Ich muß heute gleich gehen», sagte ich, «weil ich nach Millington rüber muß. Können Sie absperren?»

«Natürlich.»

Ladbrooke beugte sich wieder über ihre Arbeit. Ihre Hände zitterten. Wie früher, wenn sie getrunken hatte. Sie hatte ihr Versprechen gehalten und war bei uns stets nüchtern gewesen, aber ich hatte keine Ahnung, ob und wieviel sie in ihrer freien Zeit trank. Mißgelaunt wie ich war, ärgerte es mich, daß sie sich nicht bemühte, ihre Sucht in den Griff zu bekommen.

«Sie sollten wirklich was tun», sagte ich.

Verständnislos sah sie auf.

«Sie schaffen es doch nicht alleine. Sie sollten in ärztliche Behandlung gehen oder so was.»

Erst jetzt verstand sie und zog ruckartig die Hände vom Tisch. «Ich schaffe es», sagte sie. «Oder haben Sie mich hier je betrunken gesehen? Lassen Sie mich also bitte in Ruhe. Ich mach das schon.»

Ich sagte nichts. Befriedigt, nun auch ihr die Laune verdorben zu haben, wandte ich mich zum Schrank.

«Torey, ich hab gesagt, ich schaffe es.»

«Okay. Okay.» Ich sah mich nicht einmal um.

Die Heftmaschine knallte auf den Tisch, Ladbrooke stürmte an mir vorbei. Bums, flog die Tür zu. Bums, hin war meine schadenfrohe Genugtuung und mein selbstgerechtes Überlegenheitsgefühl.

Ich lief ihr nach. Sie war in der Toilette vor einem der Waschbecken und wischte sich die Tränen vom Gesicht.

«Es tut mir leid», sagte ich. «Das war blöd von mir.»

Sie war stachlig vor Abwehr.

«Das war ein schlimmer Tag heute. Ich weiß, das ist keine Entschuldigung, aber ich bin einfach geschafft. Es tut mir leid, daß ich es an Ihnen ausgelassen hab.»

«Sie haben ja recht. Ich schaff es nicht. Ich kann's nicht.»

«Unsinn! Sie machen es wunderbar. Ich hab nur aus meiner schlechten Laune heraus Quatsch geredet.»

Sie senkte den Kopf. «Ich kann diese Arbeit nicht. Es klappt nicht», sagte sie leise.

«Sagen Sie nicht so etwas, Lad. Ich war eklig, und Sie sind berechtigterweise erregt. Es hat nichts mit Ihrer Arbeit zu tun.»

«Ich bin unfähig. Ich weiß nicht, wie man einen kleinen Jungen tröstet, dessen Katze überfahren worden ist. Ich hab's nicht mal geschafft, ihn in die Arme zu nehmen.»

«Ich hätte Sie wahrscheinlich nicht in die Situation zwingen dürfen», versetzte ich. «Aber ich wußte mir im Moment keinen anderen Rat.»

«*Sie* schaffen es doch auch!» rief sie zornig. «Sie gehen einfach hin und nehmen sie in die Arme. Sie können sogar mich in die Arme nehmen. Und ich saß mindestens zehn Minuten lang da wie ein Ölgötze und hab versucht, ihm den Arm um die Schulter zu legen. Es war, als gehörte mein Arm überhaupt nicht zu mir. Da sitzt dieser rührende kleine Junge und weint sich die Seele aus dem Leib, und ich führe Streitgespräche mit meinem verdammten Arm.» Sie riß ein Papiertuch aus dem Automaten und drückte es auf ihr Gesicht. Fast lautlos begann sie zu weinen.

Ich stand zwei Waschbecken entfernt und starrte auf meine schmutzigen Hände.

«Wieso bringen Sie mich immer zum Weinen?» murmelte sie. «Seit ich Sie kenne, hab ich mehr geweint als vorher mein ganzes Leben. Ich brauch Sie nur anzusehen, und schon heul ich los.» Zornig rieb sie sich das Gesicht. «Ich hasse es, wenn ich weinen muß. Ich fühl mich so schwach dabei.»

«Das geht mir auch so.»

Schweigen.

«Wollen Sie wirklich aufhören?» fragte ich.

«Nein», antwortete sie leise. «Doch. – Nein.»

«Ich finde, Sie machen Ihre Sache sehr gut. Ich hab's vielleicht nicht so oft gesagt, wie ich's hätte sagen sollen. Aber wenn man bedenkt, daß Sie noch nie so etwas gemacht haben, sind Sie wirklich bemerkenswert. Es würde mich traurig machen, wenn Sie jetzt gingen.»

Ladbrooke entdeckte ein Haar, das sich in ihrem Uhrenarmband verfangen hatte. Sie zog es heraus, dehnte es auf seine volle Länge und starrte es einen Moment lang an wie hypnotisiert. Dann ließ sie es ins Waschbecken fallen.

«Ich hab nicht mehr getrunken, seit ich hier angefangen habe», sagte sie leise. «Ich will nicht zu den AA. Ich kann das nicht, mich vor einem Saal voller Menschen entblößen. Ich wollte beweisen, daß ich es allein schaffen kann.»

Ich betrachtete ihr Profil. «Ist es schwer?»

Sie nickte. «Ich war nicht ganz ehrlich», fügte sie dann hinzu. «Ich hab während der Woche nicht getrunken, seit ich hier angefangen habe, aber ganz aufgehört hab ich nicht. Ich hab's versucht, aber letztes Wochenende bin ich doch schwach geworden. Ich hab mich nicht betrunken, aber ich hab getrunken. Ich hab aufgehört, ehe es ausuferte. Ich habe die ganze Flasche ins Waschbecken geschüttet. Aber es war ein schlimmes Wochenende. Ich brauchte einfach was.»

Ladbrooke hob den Kopf und starrte geistesabwesend in den Spiegel. «Wenn es so schlimm wird wie am Wochenende, denke ich an die Kinder. Ich denke daran, was Shemona und Geraldine durchgemacht haben. Oder Dirkie, was ihm alles angetan wurde. Ich möchte so sein wie Sie. Stark.»

«Aber das sind Sie doch», sagte ich mit einem Lächeln. «Ich glaube nur, Sie erwarten zu früh zu viel von sich selbst. Sie verlangen von sich, wie ich zu sein, Ladbrooke. Sie verlangen, daß Sie all das, was ich über Jahre lernen mußte, auf Anhieb von selbst können. Sie meinen, es müßte Ihnen leichtfallen, aber davon hat niemand was gesagt.»

Wir schwiegen beide. Ladbrooke drehte den Wasserhahn auf und spritzte sich kaltes Wasser ins Gesicht.

«Haben Sie Lust, mit mir was essen zu gehen?» fragte ich.

«Und Ihre Sitzung?»

«Die laß ich ausfallen.» Ich lachte. «Wir könnten in das kleine Lokal drüben in der Second Avenue gehen.»

Langsam hob Ladbrooke den Kopf und sah mich an. Ein zaghaftes Lächeln geisterte um ihren Mund. «Okay.»

12

Bei der Rollenverteilung für das Krippenspiel war eine gute Portion ungeschminkter Vetternwirtschaft am Werk. Am Freitag hatten Shamie und Geraldine das Stück fertig und sich selbst die Rollen von Maria und Joseph zugedacht. Shemona hätten sie gern als den Engel des Herrn gesehen, aber da sie nicht sprach, ging die Rolle an Mariana. Shemona wurde der Hirte. Dirkie bekam zwei Rollen, die des Wirts und die des Weisen aus dem Morgenland. Selbst Ladbrooke mußte lächeln, als sie das hörte. Leslie übernahm sämtliche Tierrollen, Schaf auf dem Feld und Kuh an der Krippe.

Am Freitag nachmittag war die erste Probe. Shamie hatte alle Rollentexte auf kleine Zettel geschrieben, die er mit großem Zeremoniell an die Kinder verteilte, dann wurden die Requisiten aufgestellt. Einer der Bastelkartons wurde ausgeleert und diente als Krippe. Ein Stuhl deutete den Standort der Herberge an. Die Sitzpolster waren die judäischen Hügel.

Aus dem Spielzeugschrank holte Geraldine eine vom vielen Spiel unansehnliche Puppe und wickelte sie in eine ziemlich schmutzige Babydecke.

«Das ist das Jesuskind», erklärte sie, während sie die Puppe in den Karton legte. «Und das ist die Krippe. Bei der Aufführung müssen wir es natürlich ein bißchen schöner machen. Vielleicht kriegen wir irgendwo richtiges Stroh her.»

Shemona riß die Puppe aus dem Karton.

«Shemona!» sagte Geraldine nicht allzu freundlich. «Das ist das Jesuskind. Leg es wieder rein.»

Shemona packte die Puppe aus und warf sie in den Schrank.

«Shemona! Das ist das Jesuskind, hab ich gesagt.» Geraldine holte die Puppe wieder heraus.

Shemona packte die Puppe bei den Beinen. In stummer Konfrontation standen sich die beiden gegenüber.

«Nein, das darfst du nicht», sagte Geraldine schließlich. «Wir machen es so.»

Shemona hielt hartnäckig die Beine der Puppe fest.

«Nein! Shamie und ich haben uns das Spiel ausgedacht. Und ich will die Puppe als Jesuskind.»

Shemona ließ nicht los.

«Fräulein, sagen Sie Shemona, sie soll aufhören. Sie läßt mich die Puppe nicht reinlegen.»

Ich stand auf. Doch ehe ich eingreifen konnte, versetzte Geraldine ihrer Schwester einen Faustschlag an den Kopf. Shemona schrie.

«Schluß, ihr beiden!» Ich packte Geraldine bei der Schulter. «Rüber in die stille Ecke, bitte.»

Damit endete die erste Probe.

Am Abend, als ich mit Carolyn im Schwimmbad war, sprach ich mit ihr über unser Krippenspiel. Jetzt, wo ich auf die Idee der Kinder eingegangen war, wollte ich für die Aufführung alles gründlich vorbereiten.

«Ihr könntet im Vortragsaal spielen», meinte Carolyn. «Er ist nicht sehr groß, aber er hat eine Bühne mit Vorhang und Beleuchtung.»

«Da müßten wir aber erst mal gründlich saubermachen», sagte ich, da ich wußte, daß der Saal seit langem nicht mehr benützt worden war.

«Ach, ich glaub, das wird nicht so schlimm, und es wär doch schön für deine Kinder. Sie könnten eine richtige Aufführung machen.»

«Hm», sagte ich. «Ich könnte ja Ladbrooke und Shamie mal runterschicken, daß sie sich's ansehen.»

«Wie macht sich denn dein Schützling?» fragte Carolyn.

«Okay. Sie ist mir wirklich eine große Hilfe.»

«Aber am Wochenende war sie im *Blue Willow.* Und hat getrunken.»

«Wer hat dir das erzählt?»

«Ich hab sie selbst gesehen.»

Ich zuckte die Achseln. «Sie muß tun, was sie nicht lassen kann.»

«Sie war mit einem Mann dort.» Carolyn plätscherte mit den Füßen im Wasser. «Ich find das ziemlich geschmacklos. Ich meine, sie ist eine verheiratete Frau mit Kind.»

«Ja.»

Carolyn sah mich an. «Stört dich das nicht? Es zeigt doch, daß sie sich überhaupt nicht verändert.»

«Ich finde, es geht mich ganz einfach nichts an.»

Carolyn ließ sich ins Becken gleiten. «Hoffentlich mußt du deine Toleranz nicht eines Tages bereuen.»

Der nächste Morgen war winterlich kalt. Die Kinder kamen dick vermummt zum Unterricht. Ich sortierte gerade die

Arbeitsblätter, als mir auffiel, daß Shemona sich nicht auszog. «Soll ich dir helfen?» fragte ich.

Sofort ging Geraldine zu ihr und machte sich betulich an ihrem Schal zu schaffen. Shemona fuhr zurück.

«Sie will sich nicht helfen lassen, Fräulein. Shemona ist heute schlecht gelaunt. Tante Bet sagt, sie ist mit dem linken Bein zuerst aufgestanden.»

«Komm, Shemona, zieh deine Jacke aus. Wir fangen gleich mit der Diskussion an.» Ich ging mit meinen Papieren um die Ecke zu einem Regal, wo ich einen Platz für vorbereitete Aufgaben freigemacht hatte. Shemona kam mir nach.

«Soll ich dir doch helfen?»

Sie zog ihre Handschuhe aus. Dann kamen Schal und Mütze. Ganz vorsichtig begann sie, den Reißverschluß ihrer Jacke aufzuziehen. Darunter trug sie einen kleinen Stoffaffen an die Brust gedrückt. Behutsam zog sie ihn heraus und hielt ihn mir hin. «Das ist George», flüsterte sie.

«Oh, der ist aber schön. Du hast ihn am ersten Schultag schon einmal mitgebracht, nicht?»

Sie nickte. «Er ist ein Junge. Eine Mädchenpuppe kann nicht das Jesuskind sein. Hier Fräulein, George soll das Jesuskind sein.»

Ich kniete nieder und nahm den Affen. An Füßen und Händen war er kahlgeliebt. «Das ist lieb, Shemona, daß du uns George als Jesuskind leihen willst.»

Das gleiche zaghafte Lächeln, das ich so oft bei Ladbrooke gesehen hatte, huschte über Shemonas Gesicht. «Er schläft bei mir im Bett. Meine Mami hat ihn mir geschenkt, als ich noch ganz klein war. Da, an den Händen hat er kein Fell mehr, aber wenn wir ihn einwickeln, sieht man das nicht.»

Da erschien Geraldine. «Ach, da seid ihr.» Vergnügt kam sie auf uns zu. Dann erstarrte sie, den Blick auf den Stoffaffen gerichtet. «Was machst du da, Shemona?» fragte sie heftig.

«Shemona hat uns George mitgebracht. Damit er in unserem Stück das Jesuskind sein kann.»

Geraldine wurde rot vor Zorn. Sie kniff die Augen zusammen. «Gib ihn her», sagte sie.

Shemona drängte sich dichter an mich.

«Gib ihn her, Shemona.» Ehe ich reagieren konnte, entriß sie mir den Affen. «Du gemeine Verräterin!» schrie sie Shemona an, die sich hinter mich geflüchtet hatte. «Du gemeine Verräterin.» Sie wollte an mir vorbei zu ihrer Schwester.

Ich kniete noch, als Geraldine angriff, und hatte Mühe, ihren Schlägen und Tritten auszuweichen, während ich versuchte, sie festzuhalten. Ladbrooke kam um die Ecke und packte Geraldine von hinten, aber es war nicht einfach, sie in dem schmalen Gang zwischen den Regalen zu bändigen. Der Affe fiel mir aus der Hand. Shemona hob ihn auf, rannte zum hintersten Ende des Gangs, rettete sich, indem sie zwischen den Borden hindurchkroch.

Geraldine gebärdete sich wie eine Wildkatze. Sie schlug Ladbrooke auf den Mund, daß es blutete. Mit Ach und Krach gelang es uns, sie aus dem schmalen Gang ins Zimmer zu schleppen. Ich setzte sie auf den Stuhl in der stillen Ecke. Ladbrooke drückte ihr einen Arm nach hinten wie bei einem Ringkampf, und ich ließ los. Geraldine weinte und trat, aber sie versuchte nicht, vom Stuhl aufzustehen. Ich bedeutete Ladbrooke, daß sie sie loslassen könne.

«Du bleibst jetzt hier sitzen, bis du dich beruhigt hast, Geraldine», sagte ich. «Wenn du zu weinen aufgehört hast und wieder mitarbeiten willst, kannst du nach vorn kommen.»

Sie kreischte mich nur an.

Fast den ganzen Vormittag blieb Geraldine in der stillen Ecke, ging auch in der Pause nicht mit in den Hof. Selbst als sie schließlich kam, war sie noch voller Zorn. Sie nahm ihren Arbeitshefter und warf ihrer Schwester einen wütenden Blick zu. «Warte nur, bis wir zu Hause sind, Shemona», zischte sie. «Dann nehm ich die Schere und schneid deinen blöden George in tausend kleine Fetzen.»

13

Endlich kam der große Tag, der 22. Dezember, an dem wir unser Stück aufführen wollten. Wir hatten beschlossen, doch den Vortragsaal zu benutzen, einen schäbigen kleinen Raum in kaltem Blaugrau mit einer gleichermaßen schäbigen kleinen Bühne und mottenzerfressenen Vorhängen. Selbst in seiner Hochzeit konnte er kein Prunkstück gewesen sein. Aber Vorhang und Beleuchtung funktionierten, das war die Hauptsache.

Die Säuberungsarbeiten waren so mühsam, wie ich gefürchtet hatte. Ladbrooke und Shamie opferten mehrere Pausen, um ausrangierte Möbelstücke herauszuräumen, aber bald war klar, daß wir niemals zur Zeit fertig werden würden, wenn wir nur in den Pausen arbeiteten. Ich erlaubte den Kindern mehrmals, nach der Schule zu bleiben, und am letzten Samstag legten wir alle gemeinsam noch einmal letzte Hand an. Shamie und Ladbrooke schrubbten die Bühne, während Mariana, Geraldine und ich uns damit begnügten, dem Inventar mit Möbelpolitur zu Leibe zu rücken.

Als die letzte Woche kam, gewann das Spiel seine eigene Dynamik. Es schien uns allen plötzlich um viel mehr zu gehen als die schlichte Inszenierung eines Krippenspiels. Das Ringen um Perfektion wurde fast zur Besessenheit, und das strapazierte die Nerven aller Beteiligten. George, der, wenn er nicht im Dienst war, in Schutzhaft im abgesperrten Aktenschrank lag, mußte bei den Proben durch einen Ersatz vertreten werden, weil Shamie und Geraldine ihn bei ihren Streitereien so schändlich behandelten. Ich mußte immer wieder Pausen einlegen, um alle zur Ruhe zu bringen. Unaufhörlich gab es Zank, wer was zu tun hatte, wer welches Kostüm tragen sollte, wer wann welchen Text sprechen sollte. Ich zählte die Stunden bis zur Aufführung.

Als dann der Zweiundzwanzigste endlich da war, waren die Kinder natürlich viel zu aufgedreht, um am Vormittag noch irgend etwas Konstruktives zu leisten. Geraldine, Mariana und Shamie stritten unentwegt, und jeder brach irgendwann einmal in Tränen aus. Dirkie heulte, klatschte und bedrängte Ladbrooke mit zweideutigen Verhaltensweisen. Shemona zog sich in die hinterste Zimmerecke zurück und rollte sich in Fötushaltung zusammen. Leslie klimperte und schnalzte ohne Unterlaß mit den Fingern. Ich gab schließlich den Stundenplan auf und ging mit den Kindern in den Saal hinunter, wo wir unser Stück noch mindestens ein dutzendmal probten.

In der Mittagspause fuhr ich nach Hause und zog mich um. Auf der Rückfahrt zur Schule kaufte ich sechs Tafeln Mandelschokolade. Erst als ich bezahlte, fiel mir ein, daß Leslie so etwas nicht essen durfte. Ich kehrte um und kaufte ihr in der Diätabteilung einen Beutel Diabetikerbonbons.

Als ich im Rock in der Schule erschien, gab es großes Hallo. «Fräulein, Sie haben ja Beine!» rief Mariana begeistert.

Dirkie, schon als Wirt verkleidet, bückte sich und berührte mit einem Finger vorsichtig den Nylonstrumpf über meiner Wade.

«Dirk, man sollte immer fragen, ehe man fremde Beine anfaßt.»

«Ich wollt ja nur schauen.» Er richtete sich wieder auf und musterte forschend mein Gesicht. «Du siehst aus, als ob du Raupen an den Augen hast.»

«Das ist Wimperntusche, Dirkie.»

«Für was ist die?»

«Damit ich hübsch aussehe.»

«Ach so. Und wann wirkt's?»

Ich lachte. Dann kam Ladbrooke. Sie war über die Mittagspause bei den Kindern geblieben und sah recht mitgenommen aus. Während sie sich mit der Hand den Schweiß von der Stirn wischte, betrachtete sie mich.

«Wenn Sie auch nur einen Ton über mein Aussehen sagen, können Sie das hier alleine machen.»

«Nein, ich überlege nur, ob ich mich hätte umziehen sollen.»

Sie sah an sich herunter. Von dem früheren Schick war nichts geblieben. Ihre Jeans hatten schmutzige Knie, das karierte Hemd mit den aufgekrempelten Ärmeln hing ihr hinten aus der Hose. «Aber ich bleibe sowieso hinter der Bühne. Die Honneurs können Sie machen.»

Bald darauf trudelten die ersten Eltern ein. Mrs. Lonrho trug Pelz und hochhackige Pumps wie zu einer Broadwaypremiere. Marianas Mutter kam im Leoparden-Look und hatte Flitter im Haar. Tom Considyne, in zerschlissenen Jeans und einer Lammfellweste über dem Flanellhemd, sah aus, als müßte er jeden Moment losgaloppieren und das Vieh zusammentreiben. Er war der einzige Mann im Saal und dank seiner Größe nicht zu übersehen.

«Wissen Sie eigentlich», sagte er, als ich zu ihm trat, während er an unserem Buffet die Weihnachtsplätzchen probierte, «daß ich ungefähr drei Wochen brauchte, ehe ich entdeckte, wohin meine Frau jeden Tag verschwand?»

«Sie ist uns hier eine ungeheure Hilfe.»

«Sie hat noch nie in ihrem Leben so was gemacht.»

«Es ist eine Wonne, wie sie mit den Kindern umgeht. Sie hat sehr viel Einfühlungsvermögen.»

«Das kann ich mir kaum vorstellen. Mit Leslie kommt sie seit sieben Jahren nicht zu Rande.»

«Vielleicht ist es etwas anderes, wenn es nicht die eigenen Kinder sind. Ich weiß es nicht. Aber für mich war sie die Rettung.»

Er schenkte sich ein Glas Punsch ein. «Ich war baff, als sie es mir erzählte. Ich hätte nie gedacht, daß sie eine soziale Ader hat.» Er zuckte die Achseln. Dann lächelte er. «Und ich muß sagen, ich bin unheimlich gespannt auf dieses Stück.»

Ich stieg zur Bühne hinauf. Kostümierte kleine Gestalten huschten aufgeregt hinter dem Vorhang herum. Ladbrooke kam mir mit rotem Gesicht entgegen. Sie hatte einen kleinen Tannenzweig im Haar.

«Sie haben hier nichts zu suchen», sagte sie lächelnd.

«Genau, Sie gehören nicht hierher», stimmte Shamie ein, das Kinn mit Bartstoppeln bemalt. Er faßte mich am Arm und versuchte mich auf die andere Seite des Vorhangs hinauszuschieben. Geraldine und Mariana halfen ihm lachend.

«Das hier ist unsere Sache», erkärte Ladbrooke vergnügt. «Sie setzen sich jetzt brav in den Zuschauerraum und lassen sich unterhalten.» Alle zusammen schoben sie mich unter Gelächter an die Rampe hinaus und zogen mir den Vorhang vor der Nase zu.

Musik setzte ein, nicht ganz rein, weil die Platte schon recht zerkratzt war, der Vorhang ging auf, und Shamie und Geraldine marschierten auf die Bühne. Ein kostümierter Besen zwischen Geraldines Beinen war der Esel. Ihr Schleier hing schief. Der Reif aus Goldpapier, ihr Heiligenschein, war an einem Stirnreif mit zwei Fühlern befestigt, die bei jedem ihrer Schritte auf und nieder wippten.

Dirkie hing aus dem Fenster seiner Pappherberge und fing an zu schreien, lange ehe sie Bethlehem erreicht hatten. «Fort mit euch», rief er. «Ich hab in meiner Herberge keinen Platz.»

«Aber wir haben eine weite Reise hinter uns», antwortete Shamie, «und mein Weib ist schwanger. Bitte, laß uns bleiben. Wir können nicht weiter.»

«Ich hab keinen Platz.» Dirkie beugte sich noch weiter aus dem Fenster, und krachend kippte die ganze Kulisse um.

Shamie blickte auf Dirkie hinunter und sagte mit der Geistesgegenwart eines alten Bühnenhasen: «Siehst du, Gott hat dich bestraft.»

«Okay, okay, ihr könnt die Krippe nehmen. Draußen im Stall», erwiderte Dirkie.

Nun erschien George in der frisch gewaschenen Babydecke und wurde in den von Stroh überquellenden Karton gelegt. Die zerkratzte Schallplatte begann wieder zu spielen, Shamie und Geraldine sangen lauthals «Vom Himmel hoch», und Mariana polterte über die Bühne zu Leslie und Shemona.

«Okay, Leute, jetzt geht rüber zu Jesus», sagte sie.

«Nein, nein, das heißt doch ganz anders», flüsterte Shamie laut.

«Du mußt sagen: Seht, ich bringe euch frohe Botschaft», ließ sich eine Stimme hinter der Bühne vernehmen.

Mariana drehte sich um. «Was?»

«Seht, ich bringe euch frohe Botschaft.»

«Ach, ja.» Mariana wandte sich wieder Shemona und Leslie zu. «Seht, ich bringe euch frohe Botschaft. So, und jetzt geht rüber zu Jesus.» Ihr Heiligenschein hatte sich von den Fühlern gelöst und fiel ihr über die Augen. Sie schob ihn wieder hoch und hängte ihn an einem der wippenden Fühler auf wie einen Ring beim Ringelspiel.

Shemona stand auf und zog Leslie hoch. Sie ging zu Maria und George, dem Affen, hinüber, während Leslie laut lachend von der Bühne rannte. Wieder setzte die zerkratzte Schallplatte ein, und Shamie und Geraldine schmetterten das Lied von den drei Weisen aus dem Morgenland. Geraldine puffte Mariana, und sie stimmte in den Gesang ein. Ladbrookes Hand schob, sichtbar für alle, Leslie wieder auf die Bühne.

Dirkie stolzierte herein, auf dem Kopf eine Krone aus Alufolie, in den Händen ein Körbchen mit Badesalz, Räucherstäbchen und goldenen Talern. Wenigstens lag das Goldpapier noch im Korb. Um Dirkies Mund waren deutlich Schokoladespuren zu erkennen.

Unschuld hat einen Zauber, dem man sich nicht entziehen kann. Als ich diese Kinder dort oben sah und mich erinnerte, wieviel Mühe und Begeisterung, Hoffnungen und Träume in dem Stück steckten, schmolz ich wie Butter an der Sonne. Als Mariana auf die Bühne gepoltert kam, wurden mir die Augen feucht.

Nach der Aufführung, während Carolyns Kinder auf der Bühne sangen, ging ich hinter die Bühne, wo die Kinder dabei waren, sich umzuziehen.

«Na, wie war's?» rief Shamie aufgeregt. «Hat es Ihnen gefallen? Hat es Tante Bet gefallen?»

«Es war wunderbar. Wirklich, einfach umwerfend. Ihr habt alle großartig gespielt.»

«Dirkie hätte beinahe alles verdorben», sagte Geraldine verächtlich.

«Aber es ist ja gutgegangen, nicht wahr?» warf Ladbrooke ein.

Geraldine rümpfte die Nase und wandte sich ab. Dirkie umarmte mich, und ich umarmte ihn. «Nein, du hast's nicht verdorben. Es war perfekt. Eine perfekte Aufführung.» Dann hob ich die Tüte mit der Schokolade hoch. «Hier ist für jeden ein Geschenk.» Ich gab Leslie ihre Diätbonbons und dann jedem der Kinder eine Tafel Schokolade. «Fröhliche Weihnachten.»

«Fröhliche Weihnachten, Fräulein», sagte Mariana.

«Ja, fröhliche Weihnachten. – Fröhliche Weihnachten.»

Ich griff noch einmal in die Tüte und holte die übriggebliebene Tafel Schokolade heraus. «Fröhliche Weihnachten, Lad», sagte ich und reichte sie ihr.

Sie lächelte, ihr Gesicht war offen und entspannt. «Danke», sagte sie. «Danke, Fräulein.»

14

Die Weihnachtsferien verbrachte ich bei meinen Eltern und kehrte erst am Tag vor Schulbeginn zurück. Das Zimmer roch muffig, als ich am Montag morgen aufsperrte, die Weihnachtsdekorationen wirkten wie aus einer anderen Zeit. Ich öffnete die Fenster und goß die Pflanzen, während ich auf Ladbrooke wartete. Aber sie kam nicht. Auch als um Viertel vor neun die ersten Kinder erschienen, war sie noch nicht da. Dann kam Leslie. Aber seit ihre Mutter bei uns arbeitete, kam sie immer mit dem Taxi. Ihr Kommen sagte mir also nur, daß die

Considynes nicht verreist waren. In der Pause war ich nahe daran, Ladbrooke anzurufen, überlegte es mir dann aber anders. Ich konnte nur annehmen, daß sie krank war, und da wollte ich sie nicht stören.

Mehr noch als Ladbrookes Fernbleiben überraschte mich die Erkenntnis, wie sehr sie mir fehlte. Ich hatte mich darauf gefreut, sie nach den Ferien wiederzusehen, und war nun enttäuscht, daß sie nicht da war. Das Zimmer erschien mir sehr leer.

Der erste Tag nach den Ferien war schwierig wie immer. Es wollte keine rechte Ruhe einkehren. Leslie war abwesend. Dirkie heulte. Mariana unterhielt uns mit Horrorgeschichten darüber, wie sie bei Eiseskälte auf dem Rücksitz im Auto des Freundes ihrer Mutter hatte schlafen müssen, während die Erwachsenen einen Kneipenbummel gemacht hatten. Shamie und Geraldine stritten sich mit Inbrunst darüber, ob Weihnachten in Amerika schöner sei oder in Irland. Nur Shemona machte mir keine Schwierigkeiten. Sie war mit Windpocken zu Hause.

Als Ladbrooke auch am folgenden Tag nicht kam, rief ich abends bei den Considynes an, aber es meldete sich niemand.

Am Mittwoch begann ich, mir Sorgen zu machen, und fuhr nach Unterrichtsschluß kurz entschlossen zu den Considynes. Consuela, eine kleine Mexikanerin mit resolutem Vogelgesicht, öffnete mir auf mein Läuten.

«Ich bin Torey Hayden, Leslies Lehrerin. Ich wollte Dr. Taylor sprechen. Ist sie da?»

«Nein, tut mir leid.» Sie wollte die Tür schließen.

«Augenblick.» Ich drückte die Hand gegen die Tür. «Ist Mr. Considyne da?»

«Er arbeitet im Atelier», sagte Consuela abwehrend.

«Ich würde ihn gern sprechen», sagte ich. «Nur ganz kurz.»

Sie nickte bedächtig. «Warten Sie hier.» Damit schlug sie mir die Tür vor der Nase zu.

Nach ein paar Minuten war sie wieder da. «Ja», sagte sie. «Das Atelier ist hinter dem Haus. Klopfen Sie einfach.»

Eisiger Wind pfiff mir ins Gesicht, als ich um die Hausecke bog. Hinten konnte ich die Garage und einen Tennisplatz erkennen. Es begann schon dunkel zu werden; im Atelier brannte Licht. Ich klopfte.

Nichts rührte sich. Ich dachte an die Schauergeschichte, die Carolyn mir von Rita Ashworths fruchtlosen Bemühungen erzählt hatte, und klopfte noch einmal. Lauter diesmal.

«Augenblick», rief er.

Wenig später wurde die Tür geöffnet, Licht und Wärme strömten zu mir heraus. «Hallo. Ich wollte mich nach Ladbrooke erkundigen.»

Er wischte sich die Hände an einem farbverschmierten Lappen. «Sie ist nicht hier.»

«Ja, ich weiß. Das hat Consuela mir schon gesagt. Wo ist sie denn? Sie ist die letzten drei Tage nicht zur Arbeit gekommen, und ich mache mir Sorgen.»

«Keine Ahnung», antwortete er ungerührt.

«Wissen Sie, wann sie zurückkommt?»

«Ich sagte doch schon, ich weiß nicht, wo sie ist. Am besten fragen sie bei einem ihrer Liebhaber.»

Ich war sprachlos.

«Also, sie ist nicht hier. Schon seit Tagen nicht. Ich habe keine Ahnung, wo sie ist, und es ist mir auch gleich. Wenn Sie sie finden wollen, müssen Sie woanders suchen.»

Meine Verwirrung schien zu Considyne durchzudringen. Er lächelte plötzlich entwaffnend und zog die Tür weiter auf. «Kommen Sie rein. Ich bin ein schrecklicher Trampel. Sie müssen ja erfrieren da draußen.»

«Möchten Sie eine Tasse Kaffee?» fragte er, nachdem er die Tür hinter mir geschlossen hatte. «Oder einen Drink?» Er klappte einen alten Sekretär voller Flaschen und Gläser auf.

«Nein, danke. Ein Kaffee wäre mir lieber.»

«Schade, dann muß ich eben allein trinken.»

Am Ende des Raumes stand die riesige Leinwand, an der er arbeitete.

«Gefällt es Ihnen?» fragte er.

Ich betrachtete das Gemälde. Es war gigantisch. Selbst er bei seiner Größe würde eine Trittleiter brauchen, um das obere Ende zu erreichen. Es war ganz in gedämpften Grau-Grün-Tönen gehalten, ferne Bäume vor einem Wasser. Eine bleiche, verhangene Sonne, oder vielleicht war es auch der Mond, schimmerte schwach am graugrünen Himmel.

Ich nickte. «Ja.»

«Das ist eine knifflige Frage, nicht? Man kann nicht gut nein sagen.»

Ich lachte. «Wahrscheinlich nicht. Aber es gefällt mir wirklich. Ich habe schon andere Arbeiten von Ihnen gesehen.»

«Dann haben Sie den Banausen hier etwas voraus.» Er trat zu dem Bild und berührte es mit einem Finger. «Sie kennen ja das Sprichwort vom Propheten im eigenen Lande. Ich bin hierher zurückgekehrt, weil ich dieses Fleckchen Erde liebe; weil ich glaubte, ich sei ihm etwas schuldig; weil es hier niemanden gibt, der je etwas Bemerkenswertes geschaffen hat. Aber ich hätt's mir sparen können. In New York war ich besser aufgehoben.» Er sah mich an und lächelte. «Aber ich hab eine Schwäche für hoffnungslose Fälle. Und Versager. Wie Sie wahrscheinlich wissen.»

Wir schwiegen. Ich trank von meinem Kaffee. Er ging zum Sekretär und füllte sein Glas auf.

«Sie sind also Ladbrookes wegen gekommen», sagte er.

«Ich war besorgt, weil sie nicht kam. Ich fürchtete, sie sei krank, weil das so gar nicht ihre Art ist.»

«Nicht ihre Art?» wiederholte Considyne mit einem verächtlichen Lachen.

«Sie war immer sehr zuverlässig. Sie hat nicht einen Tag versäumt und ist nie zu spät gekommen.»

«*Das* ist nicht ihre Art.»

Ich sagte nichts.

«Sie glauben mir nicht? Wissen Sie, wie lang sie schon weg ist? Zehn oder elf Tage, ich weiß es nicht mehr genau.»

«Machen Sie sich keine Sorgen?» Ich war betroffen.

«Nein. Sie kommt wieder. Sie kommt immer wieder.» Er musterte mich einen Moment schweigend. «Sie scheint Sie gründlich eingewickelt zu haben. Sie war wohl bei Ihnen immer das brave Mädchen, wie?»

Ich schwieg.

«Sehen Sie es doch mal von meinem Standpunkt aus, Miss Hayden», fuhr er fort. «Haben Sie je mit einem Alkoholiker zusammengelebt? Haben Sie eine Ahnung, wie es ist, mit einer Frau zu leben, die mitten beim Weihnachtsessen ins Bad rennt und sich übergeben muß? Die sich nicht erinnern kann, ob sie die Weihnachtskarten verschickt hat? Meine Kinder waren dieses Jahr zu Weihnachten hier, und sie hat uns allen das Fest gründlich verdorben. Meine Kinder wollen schon gar nicht mehr kommen wegen Ladbrooke.»

Ich blieb stumm.

«Wissen Sie noch, als ich Anfang des Schuljahres bei Ihnen war und Ihnen von Leslie erzählte und sagte, wie schwierig es für mich ist, mit keinem Menschen über sie sprechen zu können? Aber das Problem ist nicht Leslie. Ladbrooke ist es. Es ist ein Problem ohne Ende, und es gibt niemanden, mit dem ich darüber sprechen kann.

Immer wieder meine ich, es müßte mir gelingen, *mit* Ladbrooke zu sprechen. Aber sie spricht nicht. Ist Ihnen das aufgefallen? Sie spricht einfach nicht. Man muß telepathische Kräfte haben, um mit Ladbrooke ein halbwegs vernünftiges Gespräch führen zu können. Und die habe ich leider nicht.»

«Haben Sie es einmal mit einer Eheberatung versucht?» fragte ich.

Er verdrehte die Augen. «Sie wissen immer eine Lösung, wie? Das letztemal waren es die Anonymen Alkoholiker. Glauben Sie denn im Ernst, Ladbrooke würde mit einem Fremden sprechen, wenn sie schon mit mir nicht spricht? Außerdem brauchen wir keine Eheberatung. Wir führen ja keine Ehe.»

Ich starrte in meine leere Tasse.

«Es ist hoffnungslos», sagte er müde. «Und ich hab es nicht kommen sehen. Obwohl ich es hätte sehen müssen. Sie war immer nur im Bett zur Kommunikation fähig. Die Beine breit machen, das ist die einzige Art, wie sie reagieren kann.»

Ich hatte ein solches Gespräch nicht gewollt und überlegte verzweifelt, wie ich mich auf höfliche Art davonmachen konnte.

«Als Mutter ist sie unmöglich. Sie konnte von Anfang an nicht mit Leslie umgehen. Ihr fehlt jeder mütterliche Instinkt. Kaum war Leslie drei Wochen alt, da arbeitete sie schon wieder in Princeton an ihrem Projekt. Wir hatten endlose Kräche deswegen. Ich sagte ihr, sie gehöre nach Hause zu ihrem Kind, sie richte durch ihr Verhalten nicht wiedergutzumachenden Schaden an, aber sie hörte nicht auf mich. Herrgott noch mal, wenn ich nicht mit Ratgebern in der Hand versucht hätte, mein Bestes zu tun, hätte Leslie nicht gemerkt, daß sie überhaupt Eltern hat. Aber Ladbrooke wollte nicht knuddeln und kuscheln, wie Säuglinge das nun mal brauchen. War ihr zu nah. Die kühle Abstraktion ihrer Zahlen war ihr lieber. Ich sag ihr immer wieder, wenn sie auf mich gehört und wenigstens einmal versucht hätte, Leslie eine Mutter zu sein, hätte Leslie all diese Schäden nicht bekommen.»

Ich schüttelte den Kopf. «Da kann ich Ihnen nicht zustimmen. Meiner Meinung nach hätten sich Leslies Störungen auch entwickelt, wenn sie anders versorgt worden wäre.»

«Ja, aber sie wäre nicht so geworden, wie sie ist. Sie hätte vielleicht eine kleine Behinderung, aber doch nicht von diesem Ausmaß. Habe ich recht?»

«Ich denke, sie hätte trotzdem einige schwere Störungen.»

«Aber doch nicht in diesem Umfang?»

«Das weiß ich nicht. Das ist alles Spekulation.»

«Aber Sie sind doch vom Fach. Sie müssen zugeben, daß Leslies Störungen größtenteils psychischer Natur sind.»

«Ich finde, es ist sinnlos, Ladbrooke ständig die Schuld an

etwas zu geben, was vor Jahren geschah und inzwischen vorbei ist. Jetzt kann sie Leslie nicht mehr stillen.»

«Aber ein großer Teil von Leslies Störungen *ist* doch psychischer Natur.»

«Aber Schuldzuweisungen an Ladbrooke heilen sie nicht.»

«Aber ein großer Teil von Leslies Störungen ist psychischer Natur. Habe ich recht?»

«Ich bin der Meinung, daß Schuldzuweisungen –»

«Habe ich recht?»

«Gut, ja, ein großer Teil von Leslies Störungen ist rein psychischer Natur. Aber meiner Meinung nach ist es sinnlos, wertvolle Zeit mit Schuldzuweisungen über Vergangenes zu verschwenden, wenn es jetzt allein darauf ankommt, die Probleme zu *lösen*.»

«Aber ich habe recht», entgegnete er hartnäckig. «Sie sagen es selbst. Sie sind vom Fach, und Sie haben mir bestätigt, daß Leslies Störungen psychischer Natur sind. Ladbrooke hat Leslie auf dem Gewissen.»

Ich hielt den Mund. Ich begriff langsam, was Ladbrooke aushalten mußte, wenn sie versuchte, sich mit ihrem Mann auseinanderzusetzen. Schweigend wartete ich auf ein Anzeichen, daß er bereit war einzulenken. Schließlich holte er tief Atem und lehnte sich ins Sofa zurück.

«Es ist nichts als Zeitverschwendung, in der Vergangenheit zu wühlen wie in einem Haufen alter Knochen», sagte ich. «Ganz gleich, woher Leslies Störungen kommen, sie hat sie nun einmal. Wir können das Rad nicht zurückdrehen. Und Ladbrooke hat auch ihre Probleme. Das einzige, worauf es jetzt ankommt, ist, daß es beiden gelingt, diese Probleme ganz oder wenigstens teilweise zu bewältigen. Im Moment scheinen sie beide ein tief unglückliches Leben zu führen.»

«Leslie hat ihre Probleme nur Ladbrooke zu verdanken», versetzte Considyne. «Ladbrooke muß einsehen, daß wir alle nur deshalb so ein Höllenleben führen, weil sie so ist, wie sie ist. Sie ist die egozentrischste Person, die mir je begegnet ist.

Sie bildet sich ein, keiner außer ihr hat Schwierigkeiten. Und wenn man versucht, mit ihr zu reden, ihr zu helfen, dann schreit sie einen an, knallt die Türen und besäuft sich. Versuchen *Sie* doch mal, mit ihr zu reden. Sie werden's erleben.»

«Ich finde das alles ein bißchen hart Ladbrooke gegenüber.»

«Aber es ist wahr. Wenn es uns anderen bessergehen soll, muß Ladbrooke sich ändern. Ich kann unsere Beziehung nicht verbessern, wenn sie mit jeder Hose in der Stadt schläft.»

Ich seufzte.

«Es ist wahr. Wie können wir uns verändern, wenn sie es nicht tut. Sagen Sie mir das mal!»

«Gut, aber –»

«Aber da müssen Sie mir doch zustimmen. Wir können uns nicht verändern, wenn Ladbrooke sich nicht ändert.»

Ich war nicht bereit, das Spiel noch einmal mitzumachen, und schwieg. Er wartete lang, den Blick unverwandt auf mich gerichtet. Ich sah ihm an, daß mein Schweigen ihn irritierte.

«Was haben Sie eigentlich für Qualifikationen?» fragte er plötzlich. «Sind Sie Medizinerin? Oder Psychologin? Sie sitzen hier und fällen Urteile über andere Menschen, als wäre das Ihr angeborenes Recht. Aber das geht doch weit über die Lehrtätigkeit hinaus, und Sie sind doch Lehrerin, nicht wahr?»

«Ja, ich bin Lehrerin.»

«Gehen Sie also nicht ein bißchen zu weit?»

Ich zuckte die Achseln. «Wenn es Ihnen so wichtig ist, ja, ich bin Psychologin. Aber das ist nicht der Grund, warum ich hier sitze. Ich bin hier, weil ich diejenige bin, die in all dies hineingezogen worden ist. Ihre Frau hat sich mich ausgesucht, nicht umgekehrt. Sie war es, die beschloß, jeden Tag acht Stunden lang mein Leben zu teilen.» Ich schwieg einen Moment, dann fragte ich: «Haben Sie schon einmal an Scheidung gedacht?»

Er antwortete nicht gleich, sondern starrte in sein Glas, in dem die Eiswürfel geschmolzen waren. Dann schüttelte er den Kopf. «Nein. Eine Scheidung ist keine Lösung. Schon wegen

Leslie würde ich es niemals tun. Ich habe meine beiden anderen Kinder verloren. Wenn man nicht mit ihnen zusammenlebt, entgleiten sie einem. Niemals möchte ich, daß es mir mit Leslie auch so geht.»

«In letzter Zeit hat sich viel geändert», sagte ich. «Auch Väter bekommen heute das Sorgerecht.»

Er schüttelte den Kopf. «Ladbrooke würde kämpfen bis aufs Messer. Sie würde mir Leslie niemals lassen. Sie liebt Leslie. Man mag über sie sagen, was man will, sie liebt Leslie wirklich. Das weiß ich.»

«Trotzdem bekommen Väter das Sorgerecht.»

Wieder schüttelte er den Kopf. «Nein. Da spielt noch etwas anderes mit. Leslie ist nicht mein Kind.»

«Oh.»

Er sah mich an. «Ich habe mich in meiner ersten Ehe sterilisieren lassen. Leslie ist nicht mein Kind. Wir wissen, wer der Vater ist. Ladbrooke würde das vor Gericht ausspielen. Sie würde mir das letzte bißchen Selbstachtung nehmen.»

Considyne stand auf und schaltete die kleine Tischlampe neben mir ein. Draußen war es ganz dunkel geworden. Ich war hungrig und müde und wollte nur noch nach Hause.

Auch Tom Considyne sah müde aus. Wahrscheinlich mußte jetzt, wo Ladbrooke weg war, er nachts mit Leslie aufstehen. Aber die Müdigkeit schien tieferen Ursprungs. Widerwillige Bewunderung kam in mir auf. Er hatte viel am Hals. Ich wußte genau, daß ich niemals mit Ladbrooke hätte zusammenleben können. Mir zeigte sie sich von ihrer besten Seite, aber tagein, tagaus mit ihr zusammensein, angespannt und problembeladen wie sie war, das mußte zermürbend sein. Daß Tom Considyne durchhielt und die Ehe aufrechterhalten wollte, beeindruckte mich.

«Was tut Ladbrooke eigentlich, wenn Sie bei Ihnen ist?» fragte er nach längerem Schweigen. «Ist es eine Therapie?»

«Nein. Sie hilft mir. Ich brauchte eine Hilfe, und sie bot sich an.»

«Wenn ich mir Ladbrooke in einem Zimmer voll quengelnder Rotznasen vorstelle – unglaublich!» Er stand auf und machte sich seinen vierten Drink. Klirrend fielen die Eiswürfel ins Glas.

«Wie haben Sie und Ladbrooke sich kennengelernt?» fragte ich.

«Ach, es war das Übliche.» Er kam zum Sofa zurück und setzte sich. «Ich war mit Freunden aus. Ich lebte damals in New York. Wir waren in einer Bar in Greenwich Village. Und da war sie.» Er lächelte in Gedanken. «Ich saß in dieser Kneipe, und als ich aufsah, war sie plötzlich da. Sie war jung – dreiundzwanzig – und unglaublich schön. Sie hatte etwas Wildes. Ungezähmtes. Wie eine junge Löwin. Das volle Haar, die Farbe. Wie sie sich bewegte. Haben Sie mal beobachtet, wie Ladbrooke sich bewegt? Das Spiel der Muskeln unter der Haut, besonders hier oben.» Er berührte seine Schulterpartie. «Katzenhaft.»

Er zuckte die Achseln. «Ich weiß noch, ich sah sie und sagte zu meinem Freund, siehst du das Mädchen da drüben? Sie sollte irgendwo in der Wildnis sein. Sie gehört nicht in eine Bar in New York. Es war Liebe auf den ersten Blick, wenn es das gibt.»

Er sah mich an und lachte. «Sie denken jetzt, wahrscheinlich, was für ein alter Narr ich bin. Aber glauben Sie mir, die alten Narren trifft's am schlimmsten.» Er lachte wieder. «Kurz und gut, ich ging zu ihr hinüber und sprach sie an. Schon damals hätte ich es sehen müssen. Sie war nämlich betrunken. Aber nett, lustig. Ich unterhielt mich mit ihr, oder genauer gesagt, nicht mit ihr, sondern die meiste Zeit mit ihrer Freundin. Wie ich sagte, ich hätte es damals schon merken müssen. Aber die Freundin erzählte mir, was für ein Genie Ladbrooke wäre, daß sie gerade ihren Doktor in Physik machte. Ich war hingerissen. Intelligenz *und* Schönheit. Und Ladbrooke war so verlegen. Ich starrte sie unentwegt an und dachte, ich muß sie haben. Und ich bekam sie.»

Er warf mir einen Blick zu und lächelte flüchtig. Dann starrte er lange auf das riesige Gemälde. «Ich schätze körperliche Schönheit. Mehr als die meisten Menschen, glaube ich. Ich brauche sie um mich. Ich könnte niemals eine reizlose Frau lieben, und wenn sie in anderer Hinsicht noch so wunderbar wäre. Ich brauche die Perfektion.»

Den Blick immer noch auf die Leinwand gerichtet, fuhr er fort: «Ladbrooke ist schön. Sie ist die schönste Frau, die ich je gesehen habe. Also heiratete ich sie. Ganz einfach. Ich wollte sie berühren, riechen, ansehen können. Ich wollte jeden Morgen aufwachen und wissen, daß sie mir gehört und ich sie jederzeit ansehen kann.»

Er schwieg und senkte den Kopf. «Eine armselige Beziehung, werden Sie denken. Ich weiß, wir haben Riesenprobleme. Aber ich liebe Ladbrooke. Trotz allem. Ich meine, wenn Sie einen Rembrandt hätten, würden Sie ihn doch nicht verkaufen, nur weil er nicht zur Tapete paßt.»

15

Freitag morgen, Punkt acht, war Lad wieder da. Sie sah schauderhaft aus, durchsichtig blaß, mit dunklen Ringen unter den Augen, sichtlich abgemagert.

«Hallo», sagte sie unsicher.

Ich sah auf. «Hallo.»

«Wollen Sie mich überhaupt noch?»

«Aber natürlich. Kommen Sie.» Ich schob den Stuhl mir gegenüber mit dem Fuß heraus. «Ich zeige Ihnen, was wir gemacht haben.»

Ich stellte keine Fragen. Es schien mir im Augenblick das beste, einfach weiterzumachen wie sonst. Aber so einfach war das nicht. Ladbrooke ging es schlecht. Immer wieder mußte sie hinaus und sich übergeben. Sie war bei allen Aktivitäten unsicher, weil sie schlecht vorbereitet war und sich zu unwohl fühlte, um zu improvisieren. Den Kindern, die ganz offen ihre Freude über ihre Rückkehr zeigten, war es zu verdanken, daß sie bis zum Schluß durchhielt.

Als ich nach der Abfahrt der Kinder wieder ins Zimmer kam, saß Ladbrooke mit einem Glas Wasser und einem Beutel Pfefferminzbonbons am Tisch und blätterte in meinem Tagesheft, um zu sehen, was wir seit Schulbeginn nach den Ferien gemacht hatten.

«Möchten Sie früher nach Hause?» fragte ich.

«Nein.»

«Möchten Sie reden?»

«Nein.»

«Okay.» Ich holte mir die Hefte der Kinder zum Korrigieren und setzte mich an die Arbeit. Einmal, als ich kurz aufblickte, sah ich, daß sie mit den Tränen kämpfte, und senkte rasch wieder den Kopf.

Als alle Arbeiten korrigiert waren, nahm ich mein Tagesheft, um den folgenden Tag zu planen. In der ganzen Zeit tat Ladbrooke nichts, saß mir nur stumm gegenüber und lutschte ihre Bonbons.

Es wurde Viertel nach vier. Ich klappte das Tagesheft zu und fing an, ein Muster der für den folgenden Tag geplanten Bastelarbeit anzufertigen.

«Sie hassen mich bestimmt», sagte sie endlich, und ihre Stimme erschreckte mich ein wenig, weil ich so in meine Arbeit vertieft gewesen war.

Ich sah sie an. «Nein, Lad.»

«Sie brauchen nicht so zu tun. Sie brauchen nicht so zu tun, als mögen Sie mich.»

Stirnrunzelnd sah ich sie an. «Na hören Sie mal! Das ist fast eine Beleidigung. Ich mag Sie, und basta.»

Sie drehte ein Bonbonpapier in den Händen.

«Es geht Ihnen sehr schlecht, nicht?» fragte ich.

Sie nickte mit gesenktem Kopf.

«Warum? Wegen dieser – dieses Rückfalls oder was es war?»

Sie zuckte die Achseln. «Ich weiß nicht. Es kommt alles zusammen. Ich bin total fertig.»

Ich starrte auf die alberne Spinne, an der ich bastelte. Auf ihren sieben kleinen, gefalteten Beinen stehend, sah sie mich dümmlich an. Ich begann, ihr achtes Bein zu falten.

«Ich war so glücklich», sagte sie. «An dem letzten Tag. Alles war so gut gelaufen. Ich dachte, das Gefühl würde mich die ganzen zwei Wochen tragen.»

«Ja, das war ein schöner Tag.»

Sie nickte, dann schüttelte sie den Kopf. «Ich hasse Weihnachten.»

«Warum?» fragte ich, ohne aufzublicken.

«Ich weiß auch nicht.»

Ich klebte das achte Bein an den Spinnenleib. Das Schweigen zog sich in die Länge. Auf acht Beinen wollte meine Spinne nicht stehen. Sie klappte immer wieder zusammen. Ich merkte, daß Ladbrooke mich beobachtete, sah auf und grinste. Sie reagierte nicht. Ich ließ meine Spinne auf dem Rücken liegen und ging daran, ein zweites Exemplar zu basteln.

«Kann ich Ihnen etwas erzählen?» fragte Ladbrooke leise.

«Ja, sicher.»

Aber es kam nichts. Sie holte tief Atem, stieß die Luft so heftig aus, daß das Haar um ihr Gesicht flatterte.

«Ich weiß nicht, wo ich anfangen soll. Ich weiß nicht, was ich sagen soll. Jetzt erwarten Sie etwas, und ich weiß nicht, was ich sagen soll.»

«Machen Sie sich keine Gedanken.»

Sie starrte auf den Tisch. Ich schnitt das Papier in lange Streifen.

«Meine Mutter –» Sie brach ab. «Meine Mutter – sie – sie hatte Probleme. Sie trank. Meine Mutter trank. Meine Mutter war Alkoholikerin.»

Wieder eine Pause. Ladbrooke hielt die Hände an ihre Schläfen gedrückt, so fest, daß ihre Fingerkuppen weiß waren. Immer noch saß sie mit gesenktem Blick.

«Einmal zu Weihnachten – ich war sieben – ich erinnere mich noch genau – bekam ich am Heiligen Abend mit meinem Bruder Streit. Ich habe zwei Brüder. Das heißt, ich hatte zwei. Der eine ist tot. Jedenfalls ...» Sie verstummte wieder.

Ich wartete schweigend.

«Jedenfalls, mein Bruder Bobby und ich fingen an, uns zu streiten, wer die Lichter am Weihnachtsbaum anmachen dürfte. Es war Heiliger Abend. Hab ich das schon gesagt?»

Wieder hielt sie inne, sah zu mir herüber, ohne den Kopf zu heben. «Ich langweile Sie, nicht? Ich erzähl Ihnen lauter Quatsch, der Sie gar nicht interessiert. Und ich kann überhaupt nicht richtig erzählen.»

«Es geht doch gut», sagte ich. «Quälen Sie sich nicht.»

«Ich langweile Sie.»

«Nein, Ladbrooke.»

Schweigen. Sie griff in den Beutel und nahm ein Bonbon heraus. Einen Moment betrachtete sie es, dann bot sie es mir an. Ich nahm es. Sie holte eines für sich heraus. Mehrere Minuten schweigenden Bonbonlutschens folgten.

«Na ja, jedenfalls, an dem Abend war ein Haufen Leute da. Alle hatten getrunken, und es ging ziemlich hoch her. Meine Mutter war immer auf der Kippe, wenn sie getrunken hatte. Man mußte aufpassen, was man sagte, weil sie es immer falsch auffaßte. Also, mein Bruder und ich stritten. Da sagte meine Mutter, jetzt ist Schluß. Wenn ihr dauernd streitet, fällt Weihnachten aus. Wir mußten ins Bett. Und als wir am nächsten Morgen aufstanden, war nichts da, nicht ein einziges Geschenk. Sogar der Baum war weg. Nicht mal Tannennadeln lagen mehr auf dem Boden. Auch die Geschenke von meinem kleinen Bruder, der erst zwei war, waren verschwunden. ‹Wo ist der Weihnachtsmann?› fragte Bobby. Er war erst fünf und glaubte noch an ihn und hatte extra einen Wunschzettel geschrieben. Er konnte nicht begreifen, was geschehen war. Meine Mutter sagte, der Weihnachtsmann mag euch nicht mehr. Er mag böse Kinder nicht, und ihr wart gestern abend ungezogen. Da ist er gekommen und hat alles wieder geholt. Mein Bruder fing an zu weinen. Aber ich wußte, daß sie das getan hatte. Ich sagte, wo sind Kitsons Sachen? Kitson war mein kleinerer Bruder. Es ist ungerecht vom Weihnachtsmann, Kitsons Sachen auch mitzunehmen. Er war ja nicht mal auf, als Bobby und ich angefangen haben zu streiten. Und wo ist das Geschenk, das ich Bobby gekauft habe? fragte ich. Ich hatte extra gespart und ihm ein Spielzeugauto gekauft. Ich hatte es selbst in goldnes Papier gepackt und unter den Baum gelegt. Ich sagte, der Weihnachtsmann hätte kein Recht, mein Geschenk für Bobby einfach mitzunehmen, und es wäre ja sowieso nicht der Weihnachtsmann gewesen, sondern sie wäre es gewesen, sagte ich. Sie schlug mich mit dem Handrücken auf den Mund. Meine Mutter hat uns Kinder selten geschlagen, aber wenn sie es tat, dann saß es. Und dann schickte sie mich raus, und ich mußte mich draußen auf die Treppe setzen. Sie schickte mich vor die Tür wie einen Hund.»

Ladbrooke hielt inne und starrte vor sich hin.

«Das Komische ist, daß mich die Tatsache, daß wir keine Geschenke bekamen, gar nicht so übermäßig beeindruckte. Für mich war es viel schlimmer, da draußen auf der Hintertreppe zu sitzen. Ich konnte in die Häuser gegenüber hineinsehen. Es war Mittag, und alle hatten die Vorhänge offen. Aber es war so düster, daß die meisten Leute Licht hatten. Ich konnte sehen, wie die Mütter in der Küche hin und her gingen und das Weihnachtsessen kochten, ich konnte die geschmückten Christbäume sehen, ich konnte den kleinen Jungen von gegenüber sehen, der im Garten spielte. Er war vielleicht zwei oder drei und hatte ein kleines Tretauto bekommen. Stundenlang kurvte er damit im Garten herum, und ich sah ihm zu. Ich saß draußen, bis es dunkel wurde und meine Mutter mich wieder ins Haus ließ.»

Schweigen.

«Ich kann verstehen, daß Ihnen Weihnachten verleidet ist.»

Ladbrooke zuckte leicht die Achseln. «So ist es gar nicht. Weihnachten ist dadurch für mich eher zu einem Wunschtraum geworden. Jahr für Jahr sitze ich draußen und warte darauf, hereingelassen zu werden. Jedes Weihnachten denke ich, diesmal wird es richtig. Diesmal wird es so schön wie bei allen anderen. Aber immer lande ich wieder draußen auf der Treppe.» Ladbrooke versank in ihre Gedanken. Ich saß still da und betrachtete meine Papierspinne, und als ich nach einer Weile zum Fenster blickte, sah ich, daß es zu schneien angefangen hatte.

«Meine Mutter hatte wirklich Riesenprobleme mit dem Trinken», sagte Ladbrooke leise. «Sie bildete sich die verrücktesten Dinge ein. Ich weiß noch, einmal, als ich vielleicht fünf war, war sie ganz furchtbar. Ich war im Bad vor dem Waschbecken; was ich da tat, weiß ich nicht mehr. Sie kam rein und war unheimlich wütend. Sie bildete sich ein, ich wolle meinen Stiefvater verführen. Das war eine fixe Idee von ihr. Ich wußte nicht mal, worum es ging. Ich meine, ich wußte es natürlich schon, sie war ja deutlich genug. Aber ich begriff nicht, wieso sie glaubte, ich täte so etwas.»

Ich konnte mir vorstellen, wie bezaubernd Ladbrooke als kleines Mädchen ausgesehen haben mußte. Ihre Mutter hatte sich, so unangemessen das war, offenbar von ihr bedroht gefühlt.

«Na ja, ich stand also im Bad, und sie kam rein und fing an fürchterlich zu schimpfen. Ich hatte damals langes Haar. Meistens trug ich Zöpfe, aber an dem Tag nicht. Sie packte mich an den Haaren, so fest, daß sie mich vom Boden hochzog, und sagte, ich solle in den Spiegel schauen und mir mein Gesicht ansehen. Sie sagte, Mädchen mit solchen Gesichtern würde der Teufel holen. Dann nahm sie die Schere und schnitt mir die Haare ab. Ich hatte nur noch Stoppeln auf dem Kopf.»

«Und sie tat das alles, weil sie glaubte, Sie wollten Ihren Stiefvater verführen?»

«Ja. Und weil sie betrunken war.»

«War denn da etwas mit Ihrem Stiefvater? Hat er sich Ihnen einmal zu nähern versucht?»

«Aber nein. Lieber Gott, ich war fünf Jahre alt.»

«Trotzdem kommt so etwas vor. Das Kind hat keine Schuld, auch wenn die Erwachsenen es immer wieder so drehen wollen. Die kindliche Sexualität ist eine ganz andere als die der Erwachsenen.»

«Aber mit meinem Stiefvater war nichts. Er war einfach gut zu mir. Ich wünschte, er wäre länger bei uns geblieben. Er war besser als alle anderen. Manchmal, wenn meine Mutter mich wieder einmal so richtig fertiggemacht hatte, kam er herein und nahm mich auf den Schoß und hielt mich einfach in den Armen. Dann sagte er, ich solle mir nichts draus machen, meine Mutter wäre eben so und ich müßte es ihr verzeihen. Aber alles, was er tat, war völlig unschuldig.»

Schweigen. Ladbrooke fuhr sich seufzend mit den Fingern durch das Haar.

«Mein Gott, meine Mutter war wirklich schrecklich. Sie behandelte mich wie den letzten Dreck. Meine ganze Kindheit bin ich ihr nachgelaufen, wollte ihr immer alles recht machen, hab mich um meine Brüder gekümmert, weil sie das nie tat. Ich wollte unbedingt ihre Liebe, und am Ende habe ich sie gehaßt. Ich schwor mir, niemals so zu werden wie sie, niemals jemanden so zu quälen, wie sie mich gequält hat. Und schauen Sie mich jetzt an. Was aus mir geworden ist.»

Ich sagte nichts. Zum erstenmal hob Ladbrooke den Kopf und sah mir direkt in die Augen.

«Ich hasse mich», sagte sie verzweifelt.

«Ich weiß.»

«Was soll ich nur tun, Torey?»

«Aufhören zu trinken.»

«Wie denn?»

«Indem Sie den nächsten Drink stehenlassen.»

Schweigen.

«Ich habe das alles noch nie einem Menschen erzählt», sagte sie. «Nicht einmal Bobby und ich haben je darüber gesprochen. Deshalb kann ich auch nicht zu den Anonymen Alkoholikern oder einer anderen Gruppe gehen. Ich will nicht über meine Mutter sprechen müssen. Ich meine, einerseits geb ich ihr die Schuld an dem, was aus mir geworden ist. Aber andererseits sage ich mir, daß ich kein Recht habe, mich über sie zu beschweren, wenn ich es nicht besser gemacht habe. Und manchmal sag ich mir, ach, zum Teufel, was soll das alles? Ich geb einfach auf.»

«Haben Sie es noch nie mit einer Einzeltherapie versucht?»

«Doch. Vor ungefähr vier Jahren. Tom und ich mußten gehen. Wegen Leslie.»

«Und?»

«Ich möchte am liebsten nicht daran denken.»

«Warum nicht?»

«Weil es grauenvoll war. Ich hatte Angst vor dem Therapeuten. Ich kannte ihn nicht, und jedes Wort war eine Anstrengung für mich. Er sagte dauernd, ich könnte sehr wohl sprechen, ich wolle ihn nur draußen halten, indem ich nichts sagte. Dabei redete ich nur deshalb nicht, weil ich es einfach nicht schaffte. Aber das glaubte er mir nicht.»

«Wie lange waren Sie bei ihm?»

«Sechs Monate etwa. Dann mußte ich aufhören. Die Termine waren mittwochs, und von Montag an bekam ich jedesmal Magenkrämpfe und mußte mich übergeben. Tom ging weiter hin. Aber nach einem Jahr hatte er auch genug.»

Sie schob ein Bonbon in den Mund.

«Ein einziges Mal wurde ich richtig ärgerlich. Ich sagte, ich wolle mich ja verändern, aber allein könnte ich es nicht schaffen. Ich sagte: ‹Sie wollen, daß ich mich verändere, aber Sie kommen mir nie entgegen, um mir dabei zu helfen. An manchen Tagen fällt es mir schwerer, und dann müssen Sie mir eben ein großes Stück entgegenkommen, weil ich es allein nicht schaffe. Und manchmal müssen Sie mich vielleicht auffangen und tragen, weil ich sonst überhaupt nicht vorwärtskomme. Es muß jemand da sein, der mich trägt und nicht nur herumsteht und darauf wartet, daß ich es ganz aus eigener Kraft schaffe. Dann schaffe ich es nämlich nie.› Und darauf sagte er, das wäre genau mein Problem: Ich erwartete, daß mir andere alles abnähmen. Aber das hatte ich damit überhaupt nicht gemeint.» Sie hob die Lider und sah mich an. «Sie verstehen doch, was ich meinte, nicht?»

«Ich glaube schon.»

«Und ist das falsch?»

«Nicht unbedingt. Aber gerade die Veränderungen, die am meisten Kraft kosten, kann einem wirklich niemand abnehmen.»

«Das weiß ich. Ich wollte ja nur – ich meine, ich brauche – wie soll ich sagen?»

«Unterstützung?»

«Ja, vielleicht – nein, nicht Unterstützung. Hilfe. Hilfe, um die Kontrolle zu behalten. Verstehen Sie. In den Momenten, wo ich nichts richtig machen kann, wo ich mich überhaupt nicht mehr aushalten kann, brauche ich jemanden, der für mich einspringt.»

Ich betrachtete sie schweigend.

«Ich drücke es immer noch nicht richtig aus. Es klingt immer noch so, als wollte ich, daß jemand mir die Arbeit abnimmt, aber das meine ich nicht. Nein, es ist ganz anders. Es ist ...» Sie überlegte. «Es ist so, wie bei Ihnen und den Kindern. Wie neulich, als Geraldine so außer sich war. Sie ging völlig aus den Fugen. Aber Sie waren da und sagten, es wäre alles halb so schlimm, und hoben die Stühle wieder auf. Das ist es, was ich meine. Ich muß wissen, daß nur ich es bin, die aus den Fugen gerät, und nicht die ganze Welt. Ich bin so schwach. Ich muß wissen, daß jemand da ist, der stärker ist, der nicht außer Kontrolle gerät. Das ist es, was ich meine. So, wie Sie es für die Kinder tun. Wie es eine Mutter für ihr Kind tut.»

16

Januar, Februar, März waren mir die liebsten Monate: eine lange Strecke ohne Ferien, fern genug dem Beginn des Schuljahres, um sich eingewöhnt und Vertrauen gefaßt zu haben, fern genug dem Schuljahresende, um Begonnenes vollenden zu können.

Nach der ersten chaotischen Woche fanden die Kinder wieder gut in den Alltag. In dieser Hinsicht war die Gruppe etwas Besonderes. Veränderungen und Unterbrechung beeinträchtigten sie nicht in dem Maß, wie das bei meinen früheren Klassen der Fall gewesen war. Ich vermute, es kam vor allem daher, daß alle Kinder außer Mariana aus einem geborgenen Zuhause kamen.

Am schwersten fiel es Ladbrooke, den Faden wiederaufzunehmen; sie kam nicht nur in seelischem Aufruhr zurück, sondern hatte auch mit ernsten körperlichen Beschwerden zu kämpfen. Sie konnte kaum etwas essen, ohne zu erbrechen, magerte ab, sah durchsichtig blaß aus, konnte sich manchmal kaum auf den Beinen halten.

Sie tränke nicht, sagte sie, und ich glaubte ihr. Mir schienen das alles Nachwirkungen des Rückfalls in den Weihnachtsferien zu sein, und ich sah meine Vermutung bestätigt, als sie im Lauf des Januar langsam wieder Farbe bekam, das Erbrechen aufhörte, die dunklen Ringe unter ihren Augen verblaßten. Meine Sorge um sie schwand.

Was die Kinder anging, so wollte ich nun endlich ganz konzentriert mit Leslie arbeiten. Seit meinen ersten gezielten Bemühungen hatte sie langsam, aber stetig Fortschritte gemacht. Sie war jetzt bereit, sich mit mir hinzusetzen und einfache Aufgaben zu bearbeiten, aber es ging noch immer schwer voran. Sie mußte immer wieder neu auf eine Aufgabe hingewendet werden und brauchte ungeteilte Aufmerksamkeit. Leslie war kein Kind, das mit fünf anderen zusammen unterrichtet werden konnte.

Noch immer flüchtete sie häufig in die Isolation. Besonders wenn sie zornig war, kapselte sie sich einfach ab und tat überhaupt nichts. Ich zeigte ihr klar, daß es nicht ein selbstverständliches Recht, sondern ein Privileg war, neben mir oder auf meinem Schoß zu sitzen und gehalten zu werden, daß sie, wenn sie sich weigerte, allein bleiben mußte, hingegen alle erwünschten Vorteile genießen konnte, wenn sie ihre Aufgabe annahm. Wie ich vermutet hatte, begriff Leslie das ohne Mühe.

Nachdem sie einmal gemerkt hatte, daß sie uns mit ihrer üblichen Entzugstaktik nicht mehr beherrschen konnte, begann sie, mit anderen Verhaltensweisen zu experimentieren. Viele davon waren entschieden aufreibender als der frühere Rückzug in die Isolation. Plötzliche Wutanfälle gehörten bald zum täglichen Programm. Gegenstände sausten durch die Luft. Arbeitsblätter und Bastelarbeiten endeten in Fetzen. Papierkörbe wurden ausgeleert. Stapel von Papiertüchern wurden zerrissen und herumgestreut, so daß es täglich aussah, als wäre ein Schneesturm durchs Zimmer gefegt. Und Leslie wurde ungleich lauter. Nur selten gebrauchte sie ein sinnvolles Wort, aber sie verlangte jetzt durch Schreien und Brüllen und andere lautlichen Äußerungen Aufmerksamkeit.

So anstrengend viele dieser Veränderungen waren, ich nahm sie alle als Zeichen des Fortschritts und Bestätigung meines langgehegten Verdachts, daß Rückzug bei Leslie eine erlernte Verhaltensweise war. Sobald sie nicht mehr belohnt wurde, gab sie sie überraschend schnell auf.

Als Leslie dieses Stadium lautstarker Rebellion erreicht hatte, fühlte ich mich ermutigt, tiefergreifende Veränderungen anzugehen, die sowohl in Leslies eigenem zukünftigen Interesse lagen als auch im Interesse ihrer Umwelt. Es ging mir dabei um die Erreichung einer Form von verbaler Kommunikation, den selbständigen Gang zur Toilette und den Abbau ihrer nächtlichen Aktivitäten. Ich war jetzt überzeugt, daß eine Besserung auf allen drei Gebieten innerhalb von Leslies Möglichkeiten lag.

Obwohl Leslie zu Hause diese neue Widerspenstigkeit nicht

im gleichen Maß zeigte wie in der Schule, änderte sich auch dort ihr Verhalten. Ladbrooke versuchte, meine Methoden anzuwenden, und bemühte sich insbesondere, Leslies Rückzugsverhalten nicht mehr zu belohnen und die Tricks, mit denen sie die Familie zu beherrschen pflegte, zu ignorieren. Auch wenn ihr das, genau wie mir in der Schulsituation, nicht immer gelang, hatten die veränderten Verhaltensweisen doch dramatische Auswirkungen auf die gesamte Familiendynamik.

Ende Januar war mir klar, daß eine weitere Besprechung notwendig war, und ich bat Tom Considyne, sich einen Nachmittag nach Unterrichtsschluß mit Ladbrooke und mir zusammenzusetzen.

Er war eindeutig entsetzt über Leslies «Fortschritte» und sagte mir das unverblümt. Meine Erklärung, daß Leslies Rückzugsverhalten allen Anzeichen zufolge eine Form der Manipulation sei, die ihr gestattete zu erreichen, was sie wolle, und daß diese neue zornige Widerborstigkeit lediglich Ausdruck ihrer Bemühung sei, eine angemessenere Beziehungsform zu finden, ließ ihn unbeeindruckt. Wenn sie täte, was sie tat, um von uns Zärtlichkeit und Wärme zu bekommen, sagte er, dann solle sie das auch bekommen. Daran wäre nichts Manipulatives. Wenn sie Zärtlichkeit und Wärme nicht bräuchte, würde sie nicht zu solchen Extremen greifen, um sie zu bekommen. Und er legte wieder die alte Platte von Ladbrookes mangelnder mütterlicher Zuwendung auf. Sie allein hätte Leslie in diese bizarren Verhaltensweisen hineingetrieben. Arme Leslie. Wir müßten ihr noch mehr Zärtlichkeit und Wärme geben, anstatt sie ihr zu entziehen. Natürlich brauche Leslie Zuwendung, entgegnete ich, und niemand wolle ihr die nehmen, aber es gebe angemessenere Methoden, sich die Zuwendung anderer zu sichern als Erpressung.

Das Gespräch wurde immer hitziger. Tom warf mir vor, Leslie als kleines Ungeheuer hinzustellen. Ich entgegnete ärgerlich, er sähe Leslie nur als Bild, ohne den Menschen wahrzunehmen. Ladbrooke saß abseits von uns am anderen

Tischende, den Kopf gesenkt, die Hände vor dem Gesicht, und sagte nicht ein einziges Wort.

Leslie müsse sich verändern, sagte ich. Sie sei schließlich ein reales Kind, das in einer realen Welt lebe. Mit Zärtlichkeit und Nachsicht verwöhnt zu werden, immer tun zu können, was sie wollte und wann sie es wollte, wäre Leslie wahrscheinlich nur recht, aber es wäre Betrug an ihrer Persönlichkeit. Wir gingen damit unserer Verantwortung aus dem Weg. Sie sei nicht Peter Pan. Sie würde nicht ewig sieben bleiben. Eines Tages wäre sie siebzehn oder siebenundzwanzig oder siebenundvierzig. Wer ihr dann den Popo abputzen würde?

Das machte Tom Considyne vollends wütend. Ich beschmutze Leslie mit meinen gemeinen Verdächtigungen. Sie sei rein und unschuldig und ursprünglich, und er sei der Ansicht, sie allein könne wahrhaft beurteilen, was gut für sie sei. Wenn man sie in ihrer ganzen Reinheit lasse, könne sie nur schön sein. Ich zerstöre sie, zerstöre ihre Unschuld, verwandle einen Traum in einen Alptraum.

Ladbrooke begann zu weinen. Ich blickte nur zufällig mitten in meinem Streitgespräch mit Tom zu ihr hinüber und sah es. Auch Tom sah hinüber.

«Hast du denn überhaupt nichts zu sagen?» fuhr er sie an. «Sie ist doch dein Kind.»

Sie schüttelte nur den Kopf, stand auf und lief aus dem Zimmer.

Ich sagte Tom, ich beabsichtigte, fortzuführen, was ich begonnen hatte. Zuerst das Sprechen, sagte ich. Dann das Toilettentraining. Und wenn dann noch Zeit blieb, wolle ich sehen, daß Leslie, wenn sie auch vielleicht nicht durchschlief, wenigstens in ihrem Zimmer blieb und andere schlafen ließ.

Tom war entsetzt. «Das kann Leslie nicht», sagte er. «Wenn sie es könnte, würde sie es tun.» Es wäre sträflich, ein Kind wie Leslie so zu vergewaltigen.

Ich versetzte, ich hätte nicht die Absicht, Leslie zu vergewaltigen. Ich wolle sie diese Dinge vielmehr lehren. Meiner

Meinung nach könne sie sie nicht, weil sie nie die Notwendigkeit erfahren hatte, sie zu tun. Aber sie könne sie lernen. Davon sei ich überzeugt. Sie sei ein intelligentes Kind trotz ihrer Behinderung.

Ich beobachtete sein Gesicht, die sanften, wäßrigen Augen und sah, daß ich nicht zu ihm durchdrang. Er war nicht im mindesten überzeugt davon, daß ich richtig handelte. Er liebte sein Bild von Leslie, und ich hatte den Verdacht, daß er es mehr liebte als das Kind selbst.

Am nächsten Tag fing ich mit meiner Arbeit mit Leslie an. Ich holte aus dem Keller eine alte Schulbank und zwei kleine Stühle und stellte sie vorn im Gang unter der Tafel auf. Dann machte ich einen Zeitplan, der mir gestattete, jeden Tag eine halbe Stunde ungestört mit Leslie zu verbringen.

An sich war ein streng erzieherischer Ansatz nicht meine Stärke, aber in Leslies Fall hielt ich ihn für notwendig. Unter der Voraussetzung, daß sie das Sprechen gelehrt und nicht, wie Kinder mit rein emotional bedingten Sprachstörungen, zum Sprechen ermutigt werden mußte, beschloß ich, Leslie für jede Bemühung, einen angemessenen Laut hervorzubringen, konkret zu belohnen. Etwas Leckeres zu essen war das Naheliegende, aber Leslies Diabetes machte die Wahl schwer. Ich brauchte eine Weile, ehe ich etwas fand, das schmackhaft war, ohne gegen ihre strenge Diät zu verstoßen. Schließlich entschied ich mich für rohe Erdartischocke, nicht gerade jedermanns Sache, aber im Rahmen ihrer Diät erlaubt und preislich erschwinglich. Für Leslie, die es nicht gewohnt war, außerhalb ihrer streng geregelten Mahlzeiten überhaupt etwas zu sich nehmen zu dürfen, sicherlich eine Verlockung.

Ich fertigte drei Karten mit Abbildungen von Dingen mit einfachen, einsilbigen Benennungen an – Ball, Mann, Hund –, von denen ich wußte, daß Leslie sie kannte und identifizieren konnte, und legte die Karten zwischen uns auf das Pult. «Also, Leslie, kannst du mir das Bild von dem Hund zeigen?»

Sie tat es.

«Sehr gut», sagte ich und gab ihr ein Stück Erdartischocke. Neugierig hielt sie es hoch, beguckte es, roch daran. «Iß es», sagte ich.

Sie schob es in den Mund und wollte mehr.

«Zeig mir das Bild von dem Mann.»

Als sie darauf zeigte, gab ich ihr noch ein Schnitzel. Diesmal schob sie es sofort in den Mund und griff noch kauend über die Bank nach dem Teller. Ich zog ihn außer Reichweite.

«Eh-eh», sagte sie.

«Nein, noch nicht. Erst wenn wir weitermachen. Wo ist der Ball? – Gut. Hier nimm. Wo ist der Mann? – Gut. Nimm noch ein Stück. Wo ist der Hund? – Gut.» Unzählige Male gingen wir die Bilder durch, und für jede richtige Antwort gab ich ihr ein Stück Erdartischocke.

«Gut, jetzt etwas anderes.» Ich mischte die Karten und legte sie wieder hin. «Was ist das, Leslie?»

Sie starrte das Bild an.

«Mann», sagte ich, die Laute sehr sorgfältig formend. «Schau, Leslie. Sieh meinen Mund an. M-a-n. Was ist es? M-a-n. Was ist es?»

Mit leicht gekrauster Stirn studierte sie das Bild.

«Schau noch mal her. Siehst du meine Lippen? Siehst du, wie ich die Laute mache? Gib mir deine Hand. Leg deine Finger hier auf meine Lippen. M-a-n. Jetzt die Finger auf deine Lippen. M-a-n-»

Sie verlor das Interesse. Ich hielt lockend ein Stück Erdartischocke hoch. Sie grapschte danach, aber ich hielt es außer Reichweite. «M-a-n, Leslie. Was ist das auf dem Bild? Was ist es? M-a-n.» Mit der freien Hand drückte ich ihr leicht die Lippen aufeinander, um den M-Laut zu formen. «M-a-n.»

Endlich grunzte sie. Es war kein Wort. Es war nicht einmal ein richtiger M-Laut. Nur ein Grunzen. Aber ich lachte. «Braves Mädchen. Hier.» Und ich gab ihr das Stück Erdartischocke.

Zunehmende Sorge machte mir Geraldine. Im Lauf der Monate erkannte ich, daß ihre Störungen weit komplexerer Natur waren, als ich zunächst wahrgenommen hatte. Während sie gewöhnlich bei weitem das fügsamste Kind in der Gruppe war, fast immer bemüht zu gefallen, legte sie gelegentlich eine unglaubliche Rachsucht an den Tag, die sich in Grausamkeiten äußerte, für die sie hinterher nicht das geringste Bedauern zeigte.

Beiden Verhaltensweisen stand ich ratlos gegenüber. Ihre quengelige, klettenhafte Anhänglichkeit war mir lästig und reizte mich manchmal so, daß ich am liebsten überhaupt nichts mit ihr zu tun gehabt hätte. Ihre dunklere Seite war mir unheimlich, weil sie so unergründlich war und ich überhaupt nicht an sie herankommen konnte, auch wenn sie im Lauf des Jahres immer offenkundiger wurde. Immer häufiger erwischten wir sie beim Stehlen, Lügen oder dabei, daß sie Shemona zu Feindseligkeiten anstiftete. Konfrontierte man sie mit diesen Verhaltensweisen, so bestritt sie kategorisch jede Beteiligung. Ich versuchte auf alle mögliche Weise, von nachsichtiger Milde bis zu strenger Bestrafung, diesem Verhalten beizukommen, aber nichts fruchtete.

Sobald die Arbeit mit Leslie sich eingespielt und Ladbrooke sich wieder gefangen hatte, beschloß ich, mich eingehender um Geraldine zu kümmern.

Ihr unsoziales Verhalten war die ernstere Störung, aber ich wußte nicht recht, wo ich da ansetzen sollte. Deshalb wandte ich meine Aufmerksamkeit der kleinkindhaften Anhänglichkeit zu, die mich so ungeduldig machte. Dabei war mir klar, daß auch ich meinen Anteil an der gestörten Beziehung zu diesem Kind hatte. Mir lagen die kämpferischen, wehrhaften, aggressiven Kinder, die sich durch nichts unterkriegen lassen. Und ich mochte die stillen, grüblerischen, komplizierten, die mich auch nach dem Unterricht noch beschäftigten und mir oft nach Tagen, Wochen, Jahren manchmal wieder in den Sinn kamen. Aber zu den grapschenden, quengelnden kleinen Klammeräffchen fand ich schwer Zugang. Gerade deshalb fühlte ich mich verpflichtet, mit Geraldine besonders intensiv zu arbeiten und einen Ausgleich für meine ungeduldige Gereiztheit zu schaffen.

Eines Tages im Januar trug ich also einen Schaukelstuhl ins Zimmer und stellte ihn nicht weit von Leslies Pult im schmalen Vorraum auf. Ich mußte nicht lange warten, um den Stuhl auszuprobieren. Am selben Nachmittag noch, während alle Kinder bei der Arbeit saßen und ich Shamie einen Rechtschreibtest gab, fing Geraldine wieder mit ihren aufdringlichen Liebkosungen an. Mehrmals kam sie zu mir, legte mir die Arme um den Hals und streichelte mein Haar.

«Geraldine, jetzt nicht bitte», sagte ich. «Du hast doch zu arbeiten, und ich muß Shamie helfen.»

«Mariana hat den Leim. Ich brauche mehr Leim.»

Ich schob den Stuhl zurück, um mich nach Ladbrooke umzusehen. Prompt kroch Geraldine auf meinen Schoß, schlang mir die Arme um den Hals und drückte sich an mich.

«Frag Ladbrooke, ob sie dir Leim geben kann. Ich muß hier mit Shamie weitermachen.» Behutsam schob ich sie von meinem Schoß.

«Nein», quengelte sie, ohne meinen Hals freizugeben, und kletterte wieder auf meinen Schoß.

«Geraldine, bitte steh auf. Ich muß mit Shamie arbeiten. Er wartet. Frag Ladbrooke nach dem Leim.»

«Nein. Ich will hier sitzen, bei Ihnen.»

Ich schob sie von meinem Schoß, zog ihre Arme von meinem Hals und rutschte rasch so dicht an den Tisch, daß sie nicht wieder auf meine Knie klettern konnte.

«Fräulein?» rief Shamie von der anderen Seite des Tisches. «Das nächste Wo-ort!»

«Nein, Geraldine. Hör jetzt bitte auf. Ich will jetzt nicht schmusen. Ich muß mit Shamie arbeiten.»

Es war ein Kampf wie mit einer Boa constrictor. Endlich tauchte Ladbrooke auf und zog Geraldine von mir weg. Fauchend boxte Geraldine Ladbrooke in den Magen.

«He!» rief ich und drehte mich auf dem Stuhl um.

Shamie trommelte mit dem Bleistift ungeduldig auf den Tisch.

Geraldine erwartete offensichtlich, in die stille Ecke geschickt zu werden; sie war schon halbwegs dort, bevor ich Ladbrooke Shamies Wörterliste geben und aufstehen konnte.

«Geraldine, komm doch mal her», rief ich.

Als sie zurückkam, ging ich mit ihr in den Vorraum. Dort kniete ich nieder und sah ihr in die Augen. «Wie oft haben wir schon darüber gesprochen, daß du nicht dauernd an mir herumklettern sollst?»

Sie wich meinem Blick aus.

«Wie oft?»

Achselzucken.

Ich wartete.

«Oft», murmelte sie.

«Ja, sehr oft. Es stört mich. Es ist mein Körper, und ich mag es nicht, wenn andere ihn einfach mit Beschlag belegen.»

Geraldine studierte den Fußboden.

«Aber es scheint dich nicht zu beeindrucken, wenn ich dir sage, wie sehr es mich stört. Du machst es trotzdem. Und manchmal bin ich es so leid, daß ich dich in die stille Ecke schicke. Aber das ändert auch nichts.»

«Ich merke gar nicht, daß ich's tu, Fräulein», murmelte sie.

«Natürlich merkst du das, Geraldine. Du steckst doch in deinem Körper. Du weißt, was er tut.»

Wieder Achselzucken.

«Paß auf, wir versuchen jetzt mal was anderes. Du willst andere anfassen und von ihnen angefaßt werden. Es scheint dir so wichtig zu sein, daß es dir gar nichts ausmacht, wenn der andere böse wird. Deshalb habe ich mir gedacht, wir sollten vielleicht jeden Tag eine extra halbe Stunde nur für dich einlegen – wo du auf meinem Schoß sitzen kannst und ich dich richtig drücken kann. Was meinst du dazu?»

Sie sagte nichts.

«Schau, ich hab extra den Schaukelstuhl geholt. Da setzen wir uns jeden Tag ein bißchen rein und schmusen.» Ich stand auf. «Komm, wir probieren ihn gleich mal aus.» Ich ging zum Schaukelstuhl und setzte mich hinein. Geraldine blieb mit verwirrtem Gesicht an der Ecke stehen. «Komm, Geraldine.»

«Dafür bin ich zu groß.»

«Wofür bist du zu groß?»

«Zu groß, um auf Ihrem Schoß zu sitzen, Fräulein.»

«Du hast doch gerade erst auf meinem Schoß gesessen, Geraldine.»

Sie starrte mich an.

«Komm doch.»

Sie schüttelte den Kopf.

«Soll ich lieber einen von den Stühlen an Leslies Pult holen? Dann könnte ich mich auf den Stuhl setzen und du könntest im Schaukelstuhl sitzen. Dann säßen wir einfach gemütlich nebeneinander.»

Sie schüttelte den Kopf. «Nein, Fräulein, ich mag nicht.»

«Warum denn nicht?»

«Ich bin zu groß, Fräulein.» Sie drehte sich um. «Ich setz mich lieber in die stille Ecke.»

17

In der letzten Januarwoche kamen Shamies Schulunterlagen aus Belfast. Sie bestätigten den von mir gewonnenen Eindruck, daß Shamie das Lernen nicht leichtfiel. Bei mir im Unterricht hatte sich gezeigt, daß er in fast allen Fächern zurück war und in einer normalen High-School Förderunterricht in Mathematik und Lesen brauchen würde. Dennoch hoffte ich, Shamie innerhalb des kommenden Monats Schritt für Schritt in den normalen Unterricht an einer nahe gelegenen Schule eingliedern zu können. Er gehörte nicht auf Dauer in eine Sonderschule.

So schwach Shamies Leistungen in vielen Fächern waren, in Geschichte glänzte er. Die Vergangenheit faszinierte ihn; für Geschichte war er jederzeit bereit, extra Arbeit zu leisten. Ich nahm mit ihm das europäische Mittelalter durch und versuchte, andere Fächer wie Mathematik und Rechtschreiben direkt mit einzubeziehen. Einmal bereiteten wir sogar ein Mittagessen nach mittelalterlichem Brauch, das Shamie den anderen Kindern servierte.

Eines Morgens kam er mit einem Buch über Schlösser und Burgen ins Zimmer, das er in der öffentlichen Bibliothek entdeckt hatte. Es hatte sehr schöne Illustrationen und viele detaillierte Zeichnungen unterschiedlicher Bauten und Gebäudeteile.

«Weißt du, was wir tun könnten?» meinte Ladbrooke, während sie sich mit Shamie zusammen das Buch ansah.

«Was denn?» fragte Shamie.

«Wir könnten diese Burg im Modell nachbauen.»

«Wie soll das gehen, Fräulein?»

Ladbrooke betrachtete eine der Zeichnungen. «Wir brauchen nur Pappe, Winkelmesser und Zirkel, dann können wir sie bauen. So, schau! Wir messen das Stück hier ab und übertragen es. Denn da steht ja, daß das maßstabsgerechte Zeichnungen sind.»

«Geht das wirklich?» rief Shamie schon begeistert. Dann drehte er sich nach mir um. «Dürfen wir, Fräulein?»

Das Klassenzimmer wurde zu einem Lagerraum für Altpapier, während Shamie emsig wie ein Eichhörnchen Material für seine Burg sammelte. Die Grundmauern entstanden auf dem freien Ende des Tischs, aber bald erwies sich dieser Bauplatz als zu klein. Mit größter Behutsamkeit demontierte Shamie seine Burg Stück um Stück und baute sie auf dem Boden, hinten beim Waschbecken wieder auf.

Ladbrooke jedoch war nicht recht zufrieden mit der Entwicklung des Baus. Sie erschien eines Morgens mit einer ganzen Architektenausrüstung und machte sich sogleich mit Shamie an die Arbeit. Sie legte ein Stück Pappe auf den Boden, suchte aus dem Buch eine Abbildung heraus, die nur eine Brustwehr und einen Turm zeigte, und sagte zu Shamie: «Schau, das macht man so.» Ganz genau zeigte sie ihm, wie er Maß nehmen und die Maße auf die Pappe übertragen mußte.

Der Burgbau wurde zu einer Übung nicht nur in mittelalterlicher Geschichte, sondern auch in Mathematik. Stundenlang konnte Ladbrooke mit ihrem Blick fürs Detail und ihrem Sinn für Präzision mit Shamie zusammen auf dem Boden liegen und messen, schneiden, nachmessen. Ladbrooke legte nicht einfach mit Schere und Lineal los, wie ich das zu tun pflegte; sie brauchte Präzisionsinstrumente wie Winkelmesser und Kurvenlineal. Und weil Shamie Ladbrooke liebte, lernte er auch diese Dinge lieben. Sie sah ihm scharf auf die Finger, und wenn er ungenau arbeitete, mußte er alles noch einmal messen, neu schneiden, neu kleben, und er tat es stets ohne Protest.

Langsam nahm die Burg eindrucksvolle Formen an, und alle Kinder halfen mit. Mariana und Geraldine klebten, durften Pappmauern bemalen, Shemona durfte sie mit grauer Farbe vorgrundieren.

Die Burg bekam Innen- und Außenmauern, Brustwehren und Türmchen. Innen waren Stallungen, Frauengemächer, Vorratshäuser. Über zwei Wochen drehten sich die Schultage hauptsächlich um den Burgbau. Jeder freie Augenblick wurde ausgenützt, und sogar nach dem Unterricht ging der Bau weiter.

Als ich einmal abends von einer Sitzung zurückkam, fand ich Ladbrooke bäuchlings auf dem Boden, wie sie durch das Festungstor linste und versuchte, ein kleines Fallgatter aus Blumendraht einzupassen, das mit einem Zugseil aus Zahnseide versehen war. Sie war so vertieft, daß sie mich gar nicht beachtete. Ich ging zu ihr und klopfte ihr auf die Sohlen der Jogging-Schuhe, die in der Luft hin und her wackelten.

«Wollen Sie nicht nach Hause?» fragte ich. «Es ist Viertel nach fünf.»

«Nur noch einen Moment. Ich möchte das fertigmachen.»

Ich wartete. Ich mußte abschließen, weil Bill bereits gegangen war. Ladbrooke schob eine Hand durch das Tor. Ich kniete nieder, um zu sehen, was sie tat. Auf und ab glitt das Fallgatter, und Ladbrooke beobachtete es mit gerunzelter Stirn.

«Das hat doch sicher bis morgen Zeit», sagte ich.

«Ich möchte es heute noch fertigbringen. Ich hab's Shamie versprochen.»

«Ach, der nimmt das bestimmt nicht übel.» Ich stand auf und sah auf die Uhr.

«Es dauert nicht mehr lange», sagte sie.

Ich wartete. Schließlich zog Ladbrooke die Hand aus dem Tor und hielt sie hoch, ohne den Blick von dem winzigen Fallgatter zu wenden.

«Was brauchen Sie?» fragte ich, da ich dachte, sie wolle die Schere oder ein anderes Werkzeug haben.

«Die Schlüssel. Lassen Sie Ihre Schlüssel da. Ich sperre ab.»

Erst Wochen später erfuhr ich, daß Ladbrooke bis nach Mitternacht geblieben war, um Shamie ein kleines Fallgatter einzubauen, das mit einem Zugseil hochgezogen und heruntergelassen werden konnte.

«Ich habe gestern einen Brief von meiner Mama bekommen», erzählte Shamie kurz vor der Pause, als wir alle gemeinsam um den Tisch saßen. «Sie hat geschrieben, daß am letzten Samstag in unserer Straße ein Polizist erschossen worden ist. Direkt vor Curran Maris' Haus. Er lag auf dem Bürgersteig gleich beim Blumenbeet, wo Mrs. Maris immer ihre Gladiolen pflanzt.»

Ich sah auf.

«Ich finde das nicht richtig», fuhr er fort. «Ich finde, es ist unrecht, daß sie sich alle gegenseitig umbringen. Es ist mir ganz gleich, zu wem sie halten. Ich finde, es gibt nichts, wofür man einen anderen töten muß.»

«Es war Rache», sagte Geraldine leise. «Für Irlands Leid.»

«Ja, Rache, aber ich find's trotzdem unrecht. Der Mann hat nichts getan. Er ist nur die Straße entlanggegangen.»

«Doch hat er was getan. Er war Protestant. Und ein Polizist.»

Shamie hob seine linke Hand und biß nachdenklich einen eingerissenen Nagel ab.

«Es gibt nichts, wofür man töten muß, Geraldine. Ich glaube, daß Onkel Paddy vielleicht recht hatte. Ich finde, er hätte der Polizei alles sagen sollen. Das muß doch mal aufhören, sonst ist ja bald gar keiner mehr übrig. Sie bringen sich nur alle um.»

Geraldine kniff die Augen zusammen und starrte Shamie scharf an. «Willst du behaupten, unser Vater war ein Spitzel, Shamie?»

«Ich meine, daß es vielleicht gar nicht so unrecht gewesen wäre, wenn Onkel Paddy was gesagt hätte. Ich finde, alles, was da passiert, ist ganz furchtbar und sollte endlich mal aufhören.»

«Unser Vater war kein Spitzel!» schrie Geraldine plötzlich so heftig, daß Dirkie, der neben ihr saß, zusammenfuhr und seinen Bleistift fallen ließ.

«Geraldine, ich habe doch nur gesagt –»

«Nimm das sofort zurück. Unser Vater war kein Spitzel. Unser Vater hätte niemals was verraten.»

Ich stand hastig auf und trat zu Geraldine.

«Ist ja gut. Schluß jetzt. Gleich ist Pause. Packt eure Sachen weg und holt eure Mäntel.» Ich hatte die Hände auf Geraldines Schultern.

«Er war kein Spitzel!» Geraldine begann zu weinen. Ich kniete neben ihr nieder und legte meinen Arm um sie, aber sie wollte meinen Trost nicht. Sie stieß mich weg, glitt auf der anderen Seite von ihrem Stuhl und flüchtete sich in die Geborgenheit der Bibliothek.

«Ich hab doch gar nicht gesagt, daß Onkel Paddy ein Spitzel

war», rief Shamie ihr nach. «Ich weiß, daß er keiner war. Ich hab das nie behauptet.»

«Du gemeiner, verdammter Lügner. Ich wünsch dir, daß du stirbst. Ich wünsch, daß du die Treppe runterfällst und tot bist und in die Hölle kommst», schrie Geraldine zurück.

Ich legte einen Arm um Shamie. «Laß es jetzt. Sie ist zu aufgeregt. Es hat jetzt keinen Sinn, mit ihr zu reden.»

«Aber ich hab doch gar nichts gesagt –» protestierte er.

«Ich weiß. Aber laß es jetzt erst einmal ruhen. Hol deine Sachen und geh in den Hof.»

«Es tut mir leid, Geraldine», rief er laut.

«Hoffentlich stirbst du.»

Ich blieb im Zimmer, und als alle weg waren, trat ich in den langen, schmalen Gang, wo Geraldine sich versteckt hatte. Tränenüberströmt kauerte sie hinten an der Wand. Ich kniete bei ihr nieder.

«Ich glaube nicht, daß Shamie behaupten wollte, euer Vater sei ein Informant gewesen, Geraldine. Ich glaube, er hat nur ganz allgemein gesprochen.»

«Nicht wahr. Er hat gesagt, unser Vater hätte alles der Polizei verraten. Aber das hat er nicht!»

«Nein, das hat Shamie nicht gesagt. Außerdem kann er es ja gar nicht wissen. Er war doch nicht dabei.»

Sie wischte sich mit der Hand die Tränen ab. «Gehen Sie weg!»

«Ich weiß, daß es ein schwieriges Problem ist, Geraldine.»

«Was wollen Sie denn schon darüber wissen? Sie waren nie dabei.»

«Aber ich weiß, daß es schwierig ist.»

«Sie gehören auch zu den Protestanten. Gehen Sie weg. Ich will nicht mit Ihnen reden.» Zornig wischte sich Geraldine übers Gesicht.

«Komm, Geraldine. Gehen wir zu den anderen hinaus.»

«Ich hab gesagt, Sie sollen weggehen», fauchte sie.

Nach dem Mittagessen schien Geraldine ihren Zorn und ihren Kummer vergessen zu haben. Die Zeit bis zur Nachmittagspause verging rasch. Da Ladbrooke und ich keine Aufsicht hatten, setzten wir uns ins Lehrerzimmer. Ladbrooke ging allerdings schon nach zehn Minuten, weil sie noch telefonieren wollte. Kurz darauf schaute Frank zur Tür herein.

«Torey? Ladbrooke ruft nach Ihnen.»

Verwundert ging ich hinaus. Da hörte ich schon den Tumult. «Ich komme, Lad», rief ich und rannte die Treppe hinauf.

Ladbrooke hatte Shemona am Schlafittchen. Sobald sie mich auf der Treppe sah, schob sie sie vor sich her ins Klassenzimmer.

«So was haben Sie noch nicht gesehen», sagte sie zu mir, als ich mich näherte.

Im Zimmer sah es aus wie nach einem Wirbelsturm. Alles, was nicht niet- und nagelfest war, war von Tisch, Regalen und Fensterbrett gefegt. Und Shamies Burg war in Trümmern, systematisch zertrampelt. All die liebevoll ausgearbeiteten Details waren in Fetzen, und um das Maß vollzumachen, waren die Überreste der Pappmauern und der Heizkörper mit Hundekot beschmiert.

«Ich kam rauf, um mir Geld fürs Telefon zu holen», berichtete Ladbrooke, «und fand Shemona hier.»

«Allein?»

Ladbrooke nickte. Shemona hielt die Hände aufs Gesicht gedrückt und weinte. Mir war rätselhaft, wie sie unbemerkt ins Haus gekommen war und ganz allein solchen Schaden hatte anrichten können. Shemona hatte häufig Trotzanfälle, und wenn sie dabei gelegentlich etwas kaputtmachte, so geschah es im Affekt. Dies hier sah nach Vorsatz aus.

«Hast du das alles allein getan?» fragte ich sie.

Sie weinte nur. Ich kniete nieder und zog ihr behutsam die Hände vom Gesicht. «Shemona, hast du das alles ganz allein getan?»

Sie drückte die Augen zu, das Kinn auf die Brust gepreßt.

«Das war sehr, sehr häßlich. Alle haben so fleißig an der Burg mitgebaut, auch du. Sie gehörte uns allen. Die anderen werden sehr traurig sein, wenn sie das sehen.»

In diesem Augenblick stürmten die anderen Kinder herein.

«Puuh!» schrie Mariana an der Tür. «Leslie hat groß in die Hose gemacht. Hier stinkt's.» Als sie um die Ecke bog, schrie sie auf. «Oh, Shamie, komm bloß nicht rein!»

Shamie brach in Tränen aus, als er sah, was geschehen war. Wenn, wie ich vermutete, die Absicht der Zerstörung darin gelegen hatte, ihm weh zu tun, so war das gelungen. Mit einem Aufschrei stürzte er sich mitten in den Trümmerhaufen und drückte schluchzend, ohne auf den Hundekot zu achten, die Bruchteile seiner Burg an sich.

Geraldine tauchte neben Ladbrooke auf. «Shemona!» rief sie in empörtem Ton. «Du ungezogenes Mädchen. Schau, was du angestellt hast. Du böses, böses Kind. Das Fräulein mag dich jetzt bestimmt nicht mehr. Und schau, wie traurig du Shamie gemacht hast.» Geraldine wandte sich mir zu. «Shemona tut so was oft, Fräulein. Unsere Tante Bet sagt dann immer, daß der Teufel in sie gefahren ist.»

Ich sah sie nur stumm an.

«Du bist ein ganz böses Kind, Shemona.» Damit sprang Geraldine zu ihrem Platz.

Ich zog die zitternde Shemona in den Vorraum. Tränen, Rotz und Speichel vermischten sich auf ihrem Kinn. Ladbrooke, die eigentlich im Klassenzimmer für Ruhe sorgen sollte, kam besorgt mit einer Schachtel Kleenex, kniete vor Shemona nieder und putzte ihr liebevoll Nase und Mund ab.

«Wollen Sie sich ein bißchen mit ihr in den Schaukelstuhl setzen?»

«Nein, nein, tun Sie das nur.» Ladbrooke richtete sich auf. «Ich kümmere mich um die anderen.»

Ich setzte mich mit dem völlig verkrampften, immer noch schluchzenden Kind in den Stuhl und begann zu schaukeln. Langsam entspannte sich Shemona, und die Tränen versiegten.

«Ich kann mir nicht vorstellen, daß du das getan hast», sagte ich, während ich ihr das Gesicht abtupfte. «Das ist doch gar nicht deine Art.»

Sie senkte den Kopf.

«Hast du das wirklich getan?»

Sie nickte.

«Ich verstehe.» Ich schaukelte eine Weile schweigend. «Wenn du es wirklich getan hast, wirst du es wohl auch saubermachen müssen», sagte ich. «Ist das gerecht?»

Sie nickte.

Ich rief Ladbrooke und bat sie, mit Shemona einen Eimer und Putzlappen von unten zu holen. Shemona nahm bereitwillig Ladbrookes dargebotene Hand und glitt von meinem Schoß. Während die beiden abzogen, kehrte ich zu den anderen zurück. Sofort kam Geraldine zu mir gelaufen.

«Ich weiß, was ich mache», sagte sie fröhlich und hielt mir einen kleinen Beutel mit Garn entgegen. Wir hatten einen kleinen Webstuhl zum Weben von Topflappen und ähnlichen Dingen bekommen, und Geraldine konnte es nicht erwarten, sich daran zu versuchen. «Sie wollten es mir doch heute nachmittag zeigen.»

Ich sah sie schweigend an. Ich war beinahe sicher, daß Geraldine die Urheberin des häßlichen Zwischenfalls war, auch wenn sie vielleicht nicht selbst Hand angelegt hatte. Aber ich wußte, daß sie leugnen würde, und Beweise hatte ich keine.

Ich glaube, Geraldine wußte, daß ich es wußte. Unsere ganze fünfmonatige Beziehung war in diesem kurzen Blickwechsel eingefangen.

«Das geht heute leider nicht, Geraldine. Ladbrooke holt gerade mit Shemona Eimer und Lappen, um hier wieder sauberzumachen. Und ohne Ladbrooke bleibt mir leider nicht die Zeit, dir bei deinem Projekt zu helfen.»

Geraldine sah mich finster an.

«Schade, nicht? Nun hat dieser häßliche Vorfall, der Shamie so weh getan hat, auch uns beiden den Nachmittag verdorben.»

Ohne ein Wort schleuderte Geraldine den Garnbeutel auf den Tisch und verschwand um die Ecke im Vorraum. Als ich nachsah, saß sie im Schaukelstuhl und wiegte sich sachte hin und her. Ich hielt es für das beste, sie in Ruhe zu lassen.

Erst beim Aufräumen sah ich die Worte, die in den Holzsitz des Schaukelstuhls eingeritzt waren. Ich beugte mich hinunter, um sie lesen zu können.

«Ich wollte, du wärst tot, Protestantensau», stand da.

18

Die Sache mit der Burg beunruhigte mich tief. Ich mußte, wie bei Leslie, der Tatsache ins Auge sehen, daß ich Shemona und Geraldine völlig falsch eingeschätzt hatte. Hier lag keine symbiotische Beziehung vor, wo ein willensstarkes kleines Persönchen die schwächere Schwester lenkte. Nicht Shemona, die so eigenwillig wirkte, war die Dominierende, sondern Geraldine. Mit einer beinahe pathologischen Distanziertheit benutzte sie Shemona, um ihren eigenen Haßgefühlen Ausdruck zu geben, während sie selbst sich draußen hielt. Vorfälle dieser Art hatten wir schon öfter erlebt, wenn auch nicht in dieser Größenordnung, und das Ergebnis war immer das gleiche gewesen. Diese Episode jedoch brachte mir beängstigend zu Bewußtsein, wie ernst das Problem war. Am erschrekkendsten war, daß es Geraldine überhaupt nicht zu kümmern schien, daß ihre Schwester zum Sündenbock gestempelt war und für etwas bestraft wurde, woran sie keine Schuld trug.

Shemona spielte ihr noch in die Hände. Ihre Stummheit und ihre beharrliche Abneigung gegen jede Art von Körperkontakt isolierten sie. Mir ging langsam auf, daß sie wahrscheinlich die meiste Zeit überhaupt keine Ahnung hatte, was vorging. Sie war eine Marionette, weiter nichts. Eigentlich hätte mich das nicht überraschen dürfen, sie war schließlich nur ein fünfjähriges kleines Ding, aber ihr Schweigen und ihre scheinbare Eigenständigkeit hatten dazu verführt, ein Wissen und ein Verständnis in sie hineinzuprojizieren, die sie gar nicht besaß.

Nach diesen Überlegungen erschien Shemonas Mutismus in einem ganz anderen Licht. Mutismus innerhalb symbiotischer Beziehungen war mir bei meiner Forschungsarbeit auf diesem Gebiet häufig untergekommen. Mutistische Kinder benutzten ihre Stummheit nicht selten, um eine schwächere Person zu manipulieren, im allgemeinen einen Elternteil, hin und wieder aber auch ein Geschwister. Deshalb hatte ich vorschnell zu wissen geglaubt, was hier vorlag.

Nun wurde mir klar, daß eine symbiotische Beziehung gar nicht bestand. Ich wurde immer überzeugter, daß es Geraldine war, die Shemona am Sprechen hinderte, und fragte mich, mit welcher Art von Psychoterror sie das Kind unter Kontrolle hielt, was sie ihr erzählte, wenn sie mit ihr allein war.

Mit diesen Einsichten kam zwangsläufig die Erkenntnis, daß ich meinen Ansatz ändern mußte. Das Ideale wäre gewesen, die beiden Schwestern zu trennen. Aber wie? Beide brauchten offensichtlich besondere Betreuung. Shemona, mutistisch, unangepaßt und ohne schulische Vorbildung, wäre im normalen Schulbetrieb einfach untergegangen. Schon der Versuch, sie in einen Vorschulkindergarten zu geben, war gescheitert. Geraldine, bei der ich allmählich den Verdacht hatte, daß sie wie eine Ratte überall überleben würde, brauchte die engen Grenzen einer Gruppe wie der meinen. Sie zeigte deutlich pathologische Verhaltenszüge, die man meiner Meinung nach nicht ignorieren durfte. Leider gab es in diesem kleinen, ländlichen Bezirk keine zwei Sonderschulgruppen; ich mußte mir also eine andere Lösung einfallen lassen.

«Ich glaube, ich weiß jetzt, was wir mit Shemona machen», sagte ich eines Abends zu Ladbrooke, als wir über den Vorbereitungen für den nächsten Tag saßen. «Ich möchte, daß Sie mit ihr arbeiten.»

«Wie meinen Sie das?» Ladbrooke, die gerade dabei war, ein Rechenspiel zu entwerfen, sah nicht auf.

«Sie sollen versuchen, sie zum Sprechen zu bringen.»

Jetzt sah Ladbrooke doch auf. «Wie meinen Sie das?» fragte sie wieder, offensichtlich verwirrt.

«Ich weiß, daß ich die beiden Mädchen trennen muß. Und da eine räumliche Trennung nicht möglich ist, müssen wir es eben mit einer psychologischen versuchen. Deshalb sollen Sie Shemona zeitweise allein betreuen, so wie ich das mit Leslie tue.»

«Aber wie denn?» Sie wirkte beunruhigt.

«Sie muß eine solide Beziehung zu einer erwachsenen Person aufbauen können. Nur so können wir sie von Geraldine lösen.»

«Und das soll ich tun? Davon verstehe ich doch gar nichts. Torey! Warum ich? Warum nicht Sie?»

«Ich glaube, daß Sie einen besseren Draht zu ihr haben.»

«Ich?» Ladbrooke starrte mich an. «*Sie* sind doch die Lehrerin.»

«Aber zu Ihnen fühlt sie sich hingezogen. Wenn sie eine Möglichkeit hat, dann wählt sie Sie. Ich denke, damit sollten wir arbeiten.»

Ladbrooke war immer noch verwirrt. «Aber was soll ich denn mit ihr tun?»

«Sie sollen einfach jeden Tag eine bestimmte Zeit mit ihr allein verbringen. Was in dieser Zeit geschieht, ist gar nicht so wichtig. Die Hauptsache ist die Beziehung. Sie sollen einfach eine gute Beziehung zu ihr herstellen.»

«Ich bezweifle, daß ich das kann», entgegnete Ladbrooke skeptisch.

«Machen Sie sich kein Kopfzerbrechen. Ich helfe Ihnen schon.»

Ladbrooke blieb nervös. Obwohl ich für die ersten Sitzungen ein klar strukturiertes, leicht durchführbares Programm entwickelt hatte, konnte sie sich nicht entspannen. Am ersten Tag brachte sie nicht einmal ihr Mittagessen hinunter. Dennoch blieb ich überzeugt, daß dies der richtige Weg war. Sie hatte wirklich einen besseren Draht zu Shemona, und sie besaß etwas, das ich nicht bieten konnte: Sie stand mit der Einsamkeit auf vertrautem Fuß.

Geraldine wollte, wie zu erwarten war, unbedingt wissen, was im Vorraum vorging, als Ladbrooke das erstemal mit Shemona verschwand.

«Fräulein, was tut Shemona da vorn?»

«Sie arbeitet mit Ladbrooke. Sie arbeiten von jetzt an jeden Tag zusammen.»

«Aber was tut sie? Warum dauert es so lange?»

«Sie machen Schularbeiten.»

«Wieso kann sie die nicht hier mit uns machen?»

«Weil ich es besser finde, wenn sie mit Ladbrooke allein arbeitet.»

«War sie bös?»

«Nein.»

«Ist es, weil sie gestern Fehler gemacht hat? Braucht sie Nachhilfe?»

«Nein, Geraldine. Sie sollen einfach zusammensein.»

«Aber warum denn? Wann kommt Shemona wieder?»

«In ungefähr zwanzig Minuten. Fang jetzt mit deinen Aufgaben an, bitte.»

«Aber warum ist Shemona da vorn? Braucht sie Hilfe? Ich könnte ihr doch helfen.»

«Ladbrooke hilft ihr, Geraldine. Bitte setz dich jetzt an deine Aufgaben.»

«Aber warum? Das mag Shemona bestimmt nicht, Fräulein. Sie mag bestimmt nicht ganz allein da vorn sein.»

«Sie ist nicht allein. Ladbrooke ist bei ihr.»

«Aber wenn sie nun was braucht, Fräulein? Shemona mag

das bestimmt nicht. Sie wird bestimmt wütend und kriegt einen Anfall.»

«Es wird Shemona schon gefallen. Sie ist um Viertel vor zwei wieder da. Mach du jetzt deine Aufgaben.»

Finster blickte Geraldine auf den Bleistift in ihrer Hand. «Shemona gefällt das bestimmt nicht.»

Wie ich vorausgesehen hatte, kamen Ladbrooke und Shemona ohne Schwierigkeiten miteinander zurecht, und zum Ende der Woche sah man ihnen an, daß sie sich auf die gemeinsamen Sitzungen freuten. Ladbrooke brauchte immer noch Hilfe bei den Vorbereitungen und viel Ermutigung durch nachfolgende Gespräche. Sie wollte mir abends über jede Sitzung genauestens berichten. Ob dies oder jenes in Ordnung wäre. Ob da oder dort ihre Reaktion richtig gewesen wäre. Ob es mir etwas ausmache, wenn sie dies oder jenes tue. Die Gespräche dauerten meist länger als die Sitzungen selbst, aber sie war voller Eifer. Sie wollte ihre eigenen Pläne machen und entwarf sie bis ins kleinste Detail auf einem großen gelben Block.

Ladbrookes Engagement zahlte sich aus. Sie war eine gute Beobachterin, und schon in den ersten Tagen schilderte sie mir Nuancen in Shemonas Verhalten, die uns im täglichen Durcheinander nicht aufgefallen waren.

«Sie ist nie entspannt», berichtete Ladbrooke eines Nachmittags nach dem Unterricht. «Wenn wir arbeiten, hält sie sich dauernd am Pultrand fest. Ich hab sie nach der Pause am Tisch beobachtet. Da tut sie das auch. Als müßte sie sich festhalten, um ja die Kontrolle zu behalten.» Ladbrooke sah mich nachdenklich an. «Wenn ich bewirken will, daß sie spricht, daß sie sich in meiner Gegenwart wirklich wohl fühlt, dann muß ich sie irgendwie – auflockern.»

«Woran dachten Sie?» fragte ich.

«Ich weiß nicht genau. Angenommen, sie hält sich am Tisch fest, um die Kontrolle zu behalten, um ja nicht lockerzulassen und plötzlich vielleicht zu sprechen anzufangen oder Dinge zu tun, die Geraldine ihr verboten hat?»

Ich sah sie fragend an.

«Dann müßte ich sie dazu bewegen, den Tisch loszulassen, nicht?»

«Ja.»

Sie überlegte einen Moment. «Vielleicht könnten wir die bunten Kreiden nehmen und damit an der Tafel malen. Dann könnte sie aufstehen und sich bewegen.»

«Das ist eine gute Idee.»

Ladbrooke sah mich an. «Aber habe ich recht?»

«Ich weiß es nicht. Aber es ist einen Versuch wert.»

Am Freitag der zweiten Woche, nachdem Ladbrooke und Shemona etwa zehn Tage lang miteinander gearbeitet hatten, bescherten sie uns die erste Überraschung. Wir hörten plötzlich Gelächter.

Ich sah von meiner Arbeit mit Dirkie und Leslie auf und drehte mich zum Vorraum um, konnte aber nichts sehen, da die offenen Regale mit Zeitschriftenstapeln vollgestopft waren.

Shamie, der mit einem kleinen elektronischen Lernspiel beschäftigt war, schaute zu mir herüber, während Geraldine und Mariana, die Kassetten hörten, nichts zu bemerken schienen. «Was machen die da vorn, Fräulein?» fragte er mit einem Lächeln.

«Ich weiß nicht.»

Fröhliches Gekicher.

Shamie und ich tauschten verwunderte Blicke.

«Die scheinen Spaß zu haben», sagte er.

Ich nickte. Neugierig stand ich auf. Ich wollte die beiden nicht stören, sondern versuchen, irgendwo durch das Regal zu spähen. Shamie folgte mir.

«Ich weiß, wo man durchschauen kann», sagte er. «Da drüben. Das ist unser Guckloch.» Er grinste. «Das haben Sie nicht gewußt, nicht?»

«Aber jetzt weiß ich es.»

Shemona und Ladbrooke saßen mit dem Rücken zu uns,

Shemona auf Ladbrookes Schoß. Ladbrookes Handtasche stand offen auf dem kleinen Pult, daran angelehnt ein kleiner Taschenspiegel. Ihre Haarspangen hatte sie herausgenommen und Shemona ins Haar gesteckt. Mit einem großen Kamm kämmte sie Shemona das Haar hoch und steckte es mit einer ihrer großen Libellen zusammen. Dann hielt sie Shemona den Spiegel hin, und Shemona begann hell und klar zu lachen. Sie rutschte von Ladbrookes Schoß, aber nur um sich umgekehrt wieder darauf zu setzen, so daß sie Ladbrooke ins Gesicht sehen konnte. Mit beiden Händen fuhr sie Ladbrooke ins Haar und zog die Strähnen, die sie fassen konnte, in die Höhe. Sie sagte kein Wort, aber sie fing wieder an zu lachen, und Ladbrooke lachte mit.

Wie gebannt beobachtete ich die beiden. Es war das erstemal in all den Monaten, daß ich Shemona lachen hörte. Dann zog ich mich leise zurück.

«Komm, Shamie. Zurück an die Arbeit.»

«Dürfen die das?» fragte er.

Ich nickte.

«Aber die spielen doch nur?»

«Das sollen sie ja.»

«Haben die's gut.»

19

Eines Abends Anfang Februar war meine Aufenthaltsgenehmigung für Großbritannien da. Ich rief sofort Ken, meinen Verlobten, an, obwohl ich wußte, daß es in Wales lang nach Mitternacht war. Ich war euphorisch. Endlich, endlich war die lange Wartezeit vorbei und ich konnte nach Wales zurück. Ich konnte nach Hause.

Beim Abendessen überlegte ich, was vor meiner Abreise

noch alles zu erledigen war. Es wurde eine lange Liste, und erst ganz zum Schluß fiel mir meine Klasse ein. Mit Schrecken.

Frank hatte von Anfang an gewußt, daß ich nicht auf Dauer bleiben würde, und sich bemüht, eine qualifizierte Kraft zu finden, die die Klasse übernehmen konnte, wenn ich abreisen mußte. Doch als die Wartezeit sich in die Länge zog, Wochen zu Monaten wurden, wurde es meine Klasse. Ich sah mich nicht mehr als Aushilfe; ich dachte nicht mehr an die Zeit, wo ich nicht mehr hier sein würde. Seit einer Ewigkeit hatte ich mich nicht mehr erkundigt, ob Frank mit seinen Bemühungen Erfolg hatte. Ich war mir nicht einmal sicher, ob er überhaupt noch suchte.

Ich wollte unbedingt nach Hause. Ich hatte Sehnsucht nach Ken und meinen Freunden. Ken und ich wollten im Juni heiraten, bis dahin gab es noch so viel zu tun. Das Heimweh nach Ken, meinen Freunden und dem kleinen Haus mit der efeuüberwucherten Gartenmauer überwältigte mich plötzlich.

Aber konnte ich jetzt einfach gehen? Fünf Monate war ich nun schon mit den Kindern zusammen, und ich war mir meiner Verantwortung diesem kleinen Häuflein gegenüber voll bewußt. Ich hatte Projekte initiiert, die vollendet werden wollten, vor allem aber hatte ich die Kinder durch die tägliche Zusammenarbeit an mich gebunden. Konnte da einfach jemand anders einspringen, um weiterzumachen?

Andererseits war mir klar, daß ich nicht unersetzlich war. Neues Blut würde vielleicht neuen Schwung in die Gruppe bringen, würde vielleicht den Kindern helfen, bei denen ich versagte. Geraldine vor allem und Shemona.

Mit sehr gemischten Gefühlen fuhr ich am nächsten Morgen zur Arbeit und machte mich gleich auf die Suche nach Frank. Wenn er noch keinen Ersatz gefunden hatte, würde es einen Aufschub geben, und ich brauchte mich vorläufig nicht zu entscheiden. Wenn er aber eine Lehrkraft zur Hand hatte, dann mußte ich sofort meine Entscheidung treffen.

Frank war noch nicht im Haus. Ich trank rasch eine Tasse

Kaffee und ging wieder nach oben, wo Ladbrooke gerade gekommen war. Das Gesicht von der Kälte gerötet, lachte sie mich fröhlich an, als sie mich kommen sah.

«Hallo.»

«Gestern abend ist mein Visum gekommen.»

Sie sah mich verständnislos an.

«Meine Aufenthaltsgenehmigung für Wales. Ich kann jetzt rüber. Ich hab Ken gleich gestern abend noch angerufen.»

Ladbrooke zog ihre Stiefel aus und holte die Jogging-Schuhe aus dem Schrank. «Ich verstehe nicht», sagte sie.

«Aber Sie wissen doch. Ich hab Ihnen von dem ganzen Theater erzählt, das ich mit dem Visum hatte.»

Plötzlich wurde mir klar, daß ich mit ihr wahrscheinlich gar nicht ausführlicher darüber gesprochen hatte. Sie war ja erst im November zu uns gekommen, als ich mich schon mit einer endlosen Wartezeit abgefunden hatte. So wichtig mir die Sache war, sie hatte wie viele andere Ereignisse meines Privatlebens in meinen Gesprächen mit Ladbrooke keinen Platz gehabt.

Ich gab ihr einen kurzen Abriß der verworrenen Geschichte. Sie blieb über ihre Stiefel gebeugt, während ich sprach, doch als ich geendet hatte, richtete sie sich langsam auf und sah mich stirnrunzelnd an.

«Sie wollen weg von hier? Wann denn?»

«Das kommt darauf an. Vor allem darauf, ob Frank einen Ersatz zur Hand hat.»

«Also Sie wollen jetzt gleich weg?»

Ich nickte.

«Aber Torey», rief sie ungläubig. «Das kann doch nicht Ihr Ernst sein! Doch nicht jetzt gleich.»

«Ich weiß nicht. Wahrscheinlich nicht. Es hängt im Grund ganz von Frank ab. Es war von Anfang an ausgemacht, daß ich nur bleiben würde, bis ich mein Visum bekomme.»

«Und was passiert, wenn Frank jemanden hat? Gehen Sie dann?»

«Ich sagte ja, ich weiß es nicht. Ich muß jetzt einfach erst mal abwarten.»

«Sie *können* nicht gehen! Wir sind doch mittendrin. Sie können die Kinder nicht einfach im Stich lassen», sagte sie verzweifelt.

Ich versuchte, sie mit einem Lächeln zu beruhigen.

«Warten wir doch erst einmal ab. Solange ich nicht mit Frank gesprochen habe, wissen wir ja gar nichts. Machen Sie sich kein Kopfzerbrechen, Ladbrooke.»

«Sie haben leicht reden. Für Sie ist es einfach.»

Es wurde ein schwieriger Tag. Es war ein Fehler gewesen, mit Ladbrooke zu sprechen. Ich hatte mir nicht überlegt, wie sie es aufnehmen könnte, sondern war in meiner freudigen Erregung einfach mit der Tür ins Haus gefallen. Die Vorstellung, ich könnte einfach gehen, brachte sie aus der Fassung, und sie blieb den ganzen Tag in Abwehrhaltung.

Auch die Kinder waren schwierig. Ich weiß nicht, ob sich der Konflikt zwischen Ladbrooke und mir auf sie übertrug oder ob es sowieso ein unguter Tag geworden wäre. Auf jeden Fall war jede Minute verflixt harte Arbeit.

Ich traf Frank erst nach dem Unterricht und erfuhr, daß er einen Ersatz gefunden hatte, eine Sonderschullehrerin, die in einer benachbarten Gemeinde als Aushilfe arbeitete. Ihre Qualifikationen waren beeindruckend. Sie war bereit, in zwei Wochen anzufangen.

Ich schrumpfte ein bißchen in meinem großen Sessel. Das hatte ich nicht hören wollen. Noch während er sprach, wurde mir bewußt, daß ich gehofft hatte, er würde mir sagen, daß er niemanden gefunden hatte. Das hätte mir die Entscheidung abgenommen.

«Wollen Sie sich mit ihr in Verbindung setzen?» fragte Frank.

Ich starrte zu Boden. «Um ehrlich zu sein, ich weiß nicht, wie ich mich entscheiden soll.»

«Vielleicht wäre es dann um so besser, mit ihr zu reden.

Zwei Wochen ist keine lange Zeit, aber wenn Sie wegwollen ... Wir könnten sie wenigstens vorwarnen, dann ist sie bereit, wenn Sie wirklich gehen sollten.»

Ich überlegte. Wie sollte ich es schaffen, jetzt zu gehen? Ausgerechnet jetzt! Wäre das Visum nur früher gekommen. Oder später, zum Ende des Schuljahrs. Dann hätte ich fahren können. Aber jetzt?

Lange saß ich schweigend da. Schließlich schüttelte ich den Kopf.

«Nein, Frank, sagen Sie ihr noch nichts. Geben Sie mir noch ein paar Tage Bedenkzeit.»

Frank grinste. Er wußte wahrscheinlich schon, daß ich nicht fahren würde. Und ich glaube, ich wußte es auch.

Eine bleierne Müdigkeit befiel mich. Mir graute bei dem Gedanken, Ken anrufen und ihm von dieser Änderung meiner Pläne berichten zu müssen.

Als ich wieder ins Klassenzimmer kam, saß Ladbrooke noch oben und arbeitete. Sie sah nicht auf, als ich eintrat. Ich holte meine eigenen Sachen und setzte mich zu ihr.

«Was hat Frank gesagt?» fragte sie im Konversationston, ohne den Blick zu heben.

«Er hat jemanden. Eine Fachkraft. Sie heißt Muriel Samuelson.»

«Oh.» Jetzt erst sah Ladbrooke mich an, obwohl sie dabei kaum den Kopf hob. Sie musterte mich kurz, aber eingehend, dann wandte sie sich wieder ihrer Arbeit zu.

«Ich weiß nicht, was ich tun soll», sagte ich müde. «Ich bin so richtig in der Zwickmühle.»

Ladbrooke hielt im Schreiben inne und starrte auf das Blatt, das sie vor sich liegen hatte. Ich beobachtete sie. Ich spürte die Spannung, die immer noch zwischen uns war, aber ich wußte nicht, wie ich sie lösen sollte. Bei Ladbrooke war es manchmal besser, so zu tun, als wäre alles in Ordnung, und sie nicht durch eine Konfrontation in die Ecke zu drängen. Außerdem fühlte ich mich in diesem Augenblick einer Auseinandersetzung nicht gewachsen. In der Annahme, sie läse ihre Arbeit durch, sagte ich nichts mehr und machte mich über meine Vorbereitungen.

Ladbrooke legte ihren Stift weg und schob ihren Stuhl zurück. «Entschuldigen Sie», sagte sie und ging hinaus.

Zunächst dachte ich mir nichts dabei, aber als zehn Minuten verstrichen waren und Ladbrooke nicht kam, wurde ich unruhig. Schließlich stand ich auf und ging ihr nach.

Eine Dose Cola in der Hand, lehnte sie an der Wand in der Toilette. Stirnrunzelnd sah sie mich an, als ich hereinkam.

«Gehen Sie wieder, Torey.»

«Das ist doch kindisch, Ladbrooke. Wenn wir Schwierigkeiten haben, dann reden wir doch darüber wie zwei erwachsene Menschen.»

«Ich möchte gern allein sein. Bitte, gehen Sie.»

Ich schob die Hände in die Hosentaschen und lehnte mich an eines der Waschbecken.

«Ist das alles wegen meines Visums?»

Keine Antwort.

«Haben Sie denn gar kein Verständnis für meine Situation, Ladbrooke? Können Sie sich nicht ein kleines bißchen einfühlen?»

Ihr Kinn bebte. Sie biß sich auf die Unterlippe, um es zu verhindern. Plötzlich erschien sie mir sehr jung, kaum älter als die Kinder.

«Dieser Beruf ist nicht einfach. Man kommt anderen nah, und man gewinnt sie lieb. Das geschieht ganz von selbst, und das macht es so schwer.»

«Ist das alles, was wir für Sie sind? Ein Beruf? Dreihundert Dollar die Woche oder was Sie sonst kriegen? Und dafür können Sie dann einfach gehen und uns sitzenlassen, wenn's Ihnen paßt?»

«Nein. Das wollte ich damit nicht sagen.»

«Was dann?»

Plötzlich war ich den Tränen nahe. Es war ein so harter Tag gewesen und die Situation so kompliziert. Ich wußte nicht, wie ich mich gegen solche Vorwürfe verteidigen sollte. Da ich meiner Stimme nicht traute, antwortete ich nicht gleich.

Dann zuckte ich die Achseln. «Ich weiß nicht. Ich habe eben auch noch ein anderes Leben. Und ich habe Sehnsucht danach.»

Ladbrooke stellte die Coladose knallend auf das gekachelte Fensterbrett. «Und was erwarten Sie von mir?» rief sie zornig. «Daß ich Ihnen sage, wie leid Sie mir tun?»

Ich antwortete nicht.

«Oder wollen Sie von mir hören, wie dringend ich Sie brauche? Ja, wollen Sie das hören?» Sie fing an zu weinen, sagte: «Ach, Scheiße», und wandte sich ab. Drückendes Schweigen lag zwischen uns.

Dann sagte sie leise: «Sie sind der einzige Mensch auf der Welt, der mir je das Gefühl gegeben hat, daß ich vielleicht doch nicht ganz wertlos bin. Zum erstenmal seit Ewigkeiten steh ich morgens gern auf. Ich habe einen Ort, wo ich hingehöre, wo ich als Mensch wichtig bin.» Sie sagte es in einem Ton, als wäre es die Verdammnis.

Ich seufzte. Ladbrooke drehte sich um. Ihre Augen blitzten.

«Ich weiß jetzt, wie diesen armen Kindern zumute ist, die dauernd rumgeschubst werden, die immerzu manipuliert werden, ohne daß sie was dagegen tun können. Sie mischen sich in fremde Leben ein, Torey. Sie rauschen hier rein wie Gott persönlich und lassen die Puppen tanzen. Sie lieben uns vielleicht nicht, aber Sie haben uns dazu gebracht, *Sie* zu lieben. Sie haben uns glauben gemacht, daß wir Ihnen am Herzen liegen.»

«Aber so ist es doch auch. Herrgott noch mal, Ladbrooke, quälen Sie mich doch nicht so.» Jetzt heulte ich auch. «Das ist es ja gerade. Die Kinder und Sie sind mir wichtig. Sind Sie denn so verbohrt, daß Sie das nicht merken?»

Ladbrooke war wie gebannt von meinen Tränen. Sie stand stocksteif da und starrte mich an, und ich wäre am liebsten im Boden versunken. Es war, als hätte ich vor den Kindern geweint. Ich riß mir ein Papiertuch heraus und wischte mir das Gesicht ab.

«Ich fahre wahrscheinlich gar nicht», sagte ich leise. «Ich warte wahrscheinlich bis zum Ende des Schuljahrs. Das habe ich Frank praktisch schon gesagt. Ich wollte es auch Ihnen sagen, wenn Sie mir nur eine Chance gegeben hätten.»

Allgemeines Schniefen.

Ich nahm mir noch ein Tuch, machte es naß und drückte es mir aufs Gesicht. Dann warf ich es in den Mülleimer und wandte mich Ladbrooke zu. Sie starrte mich immer noch an.

Ich mußte lachen. «Mein Gott, wenn man uns so sehen könnte! Zwei richtige Heulsusen.»

Der Schatten eines Lächelns flog über Ladbrookes Gesicht.

Ich sah in den Spiegel und fuhr mir durch das Haar, zog meine Jeans hoch, zupfte meine Bluse zurecht, schnitt meinem Spiegelbild eine Grimasse. Ladbrooke sah mir zu.

«Ladbrooke, es tut mir leid, daß ich Ihnen weh getan habe», sagte ich. «Das war wirklich nicht meine Absicht. Ich war einfach so in meinen eigenen Problemen gefangen, daß ich überhaupt nicht nachgedacht habe.»

«Ich wollte Sie auch nicht verletzen.»

«Das weiß ich.»

«Es tut mir leid. Wenn Sie wirklich wegwollen – ich wollte nicht egoistisch sein. Ich versteh ja, daß Sie Sehnsucht haben. Irgendwie jedenfalls.»

«In Ordnung.» Ich wandte mich zum Gehen.

«Wohin gehen Sie?» fragte sie.

«Wieder ins Zimmer. Ich hab für morgen noch nichts vorbereitet.»

«Sind Sie böse?»

Ich lächelte. «Nein. Nur müde. Kommen Sie, zurück an die Arbeit.»

20

Die Entscheidung zu bleiben fiel mir dennoch schwer. Aber ich wußte, daß ich bleiben mußte. Ladbrookes Vorwürfe waren nicht ganz unberechtigt gewesen. Ich mischte mich ja tatsächlich in das Leben anderer ein. Ich verließ mich bei meiner Arbeit stark auf meine persönliche Ausstrahlung; das war häufig von Vorteil, aber in einer solchen Situation zeigten sich eben auch die Nachteile. Ich hatte kein Recht, meine Persönlichkeit auszuspielen, wenn ich nicht bereit war, auch dahinterzustehen.

Nach meiner Entscheidung zu bleiben war ich einige Tage lang ziemlich niedergedrückt. Wie bei einer schlimmen Erkältung gab es kein anderes Mittel gegen die Niedergeschlagenheit, als sie durchzustehen. Ich stürzte mich in die Arbeit, um mich abzulenken, und das war gut so, denn wir gerieten plötzlich ins Schleudern.

Nach den Weihnachtsferien hatte ich mich ernsthaft bemüht, für Shamie, der meiner Ansicht nach eine Fördergruppe wie meine auf Dauer nicht brauchte, einen Platz an einer normalen Schule zu finden. Wir hatten schließlich ein Arrangement getroffen, das Shamie erlaubte, weiterhin bei uns zu bleiben und nach der Mittagspause in die nahe gelegene High-School zu gehen, wo er täglich drei Stunden im Rahmen des normalen Schulbetriebs unterrichtet werden sollte.

Innerhalb von Tagen entpuppte sich das Unternehmen als katastrophaler Fehlschlag. Shamie war mit dem dauernden Wechsel von Unterrichtsgruppen und Lehrkräften, der in der High-School gang und gäbe ist, völlig überfordert. Die lärmende Ausgelassenheit und die Neckereien der anderen Kinder machten ihm angst. Der Unterricht war weit förmlicher und unpersönlicher als in meiner Gruppe, ein Stil, den er nicht gewöhnt war. Hinzu kam, daß man andere Bücher benützte, mit anderen Lehrplänen und Prüfungsmethoden arbeitete. Das Schlimmste war, daß er einfach nicht in die Gruppe paßte.

Obwohl er Lernschwierigkeiten hatte, war er ein fleißiger und gewissenhafter Junge, und die lockere, recht nachlässige Einstellung einiger der anderen Schüler in seinen Kursen beeinträchtigte ihn ungeheuer. Er kam einfach nicht zurecht, und nach zwei Wochen gab ich auf. Shamie kehrte wieder ganz zu uns zurück.

Dirkies Störungen machten sich stärker denn je bemerkbar. Die starken Medikamente, die er regelmäßig nehmen mußte, schienen zur Kontrolle seiner Erregungs- und Unruhezustände nicht mehr auszureichen. Die die Pubertät begleitenden Stoffwechselveränderungen störten das empfindliche Gleichgewicht, und die medikamentöse Behandlung mußte neu abgestimmt werden. Was im Gespräch mit seinem Psychiater und seinen Pflegeeltern eine relativ einfache Sache zu sein schien, erwies sich im Klassenzimmer als wahrer Alptraum. Dirkie geriet stark außer Kontrolle, und wir verbrachten einen sehr schwierigen Monat mit ihm.

Bei Geraldine und Shemona zeigte sich keinerlei Veränderung. Ganz gleich, was ich versuchte, Geraldine hielt an ihren unsozialen Verhaltensweisen und ihrer kleinkindhaften Anhänglichkeit fest, während Shemona sich weiterhin weigerte zu sprechen. Jeder Tag zeigte mir von neuem, daß es mir bisher nicht gelungen war, das Verhalten der Mädchen irgendwie zu beeinflussen.

Die Arbeit mit Leslie war mühsam. Immerhin begann sie zu sprechen, wenn auch auf ganz eigene Art. Sie entwickelte eine heftige Liebe zu den Buchstaben des Alphabets und pflegte den lieben langen Tag im Zimmer herumzuwandern und dabei aus voller Lunge «M!» – «C!» – «Y!» zu schreien, bis ich ihr am liebsten den Kragen umgedreht hätte. Etwas Sinnvolles aber sprach sie nie, und bei unseren Einzelsitzungen gab sie zwar Laute von sich, aber es waren immer nur Grunzlaute.

Nur bei Mariana schien es aufwärtszugehen. Mit rührender Beharrlichkeit ackerte sie sich durch ihre Aufgaben und lernte mit quälender Langsamkeit die Fibel lesen. Eigentlich hatte ich auch sie Schritt für Schritt in eine reguläre Schule eingliedern wollen; doch nur wenn sie Mathematik, Lesen und Rechtschreiben hätte meiden können, hätte sie eine Chance auf Erfolg gehabt. Wie unrealistisch mein Plan war, erkannte ich, als ich eines Tages in die Mädchentoilette im Erdgeschoß hinunterging und dort Mariana mit einem von Carolyns Jungen in einer Kabine fand. Was sie dort trieben, brachte selbst mich in Verlegenheit.

Um allem die Krone aufzusetzen, überraschte uns in der zweiten Februarhälfte auch noch ein Magen- und Darmvirus. Es folgten einige schlimme Tage. Shemona erkrankte als erste und übergab sich im Laufe des Nachmittags mehrmals. Innerhalb der nächsten drei Tage erwischte es drei weitere Kinder, und wir kamen aus dem Aufwischen gar nicht mehr heraus.

Am Donnerstag derselben Woche kam Ladbrooke kurz vor der Vormittagspause zu mir. «Ich muß nach Hause, Torey.»

Ihr Gesicht hatte die Farbe kalten Haferschleims.

«Ich bin morgen wieder da. Es scheint ja nur so ein Vierundzwanzig-Stunden-Virus zu sein.»

«Bleiben Sie lieber so lange zu Hause, bis Sie sich wieder richtig wohl fühlen, Lad. Okay? Also, pflegen Sie sich.» Ich gab ihr einen Klaps auf die Schulter und kehrte zu den Kindern zurück.

Als Ladbrooke am Freitag nicht kam, war ich nicht verwundert. Aber als sie auch am Montag nicht erschien, war ich sofort unruhig. Der Virus war gefährlich. Ich konnte nur hoffen, daß sie sich mit ihrem sowieso hochempfindlichen Magen in ärztliche Behandlung begeben hatte. Ich glaubte es allerdings nicht. Ladbrooke wollte nicht zum Arzt, weil ihr Magen durch ihren Alkoholmißbrauch geschädigt war, und jeder Arzt...

Kaum fiel mir ihre Alkoholsucht ein, waren alle anderen Überlegungen wie weggeblasen. Ladbrooke war nicht mehr krank. Sie war wieder unterwegs. Wie das letztemal. Sie hatte wieder angefangen zu trinken.

Meine erste Reaktion war Zorn. Diese Wahnsinnige! Das war das letzte, was ihr kranker Magen brauchte. Es war das letzte, was *sie* brauchte. Wie elend war sie im Januar gewesen, und da brachte sie es fertig, sich das gleiche innerhalb so kurzer Zeit schon wieder anzutun! Was, zum Teufel, war los mit der Frau?

Der Zorn hielt an, ganz untypisch für mich. Er legte sich nicht, als die Kinder kamen und der Tag seinen Lauf nahm, und er war immer noch da, als ich in der Pause im Zimmer saß und die Arbeitsblätter zusammenheftete, was normalerweise Ladbrookes Aufgabe war. Die ganze Zeit war ich damit beschäftigt, mir zu überlegen, was ich Ladbrooke alles sagen würde, wenn sie wiederkam. So verständnisvoll wie im Januar würde ich bestimmt nicht reagieren. Glaubte sie denn, sie könne mich für dumm verkaufen?

Dienstag nacht weckte mich das Telefon. Schlaftrunken griff ich zuerst nach dem Wecker, knipste das Licht an, sah auf die Uhr. Zehn nach zwei. Dann erst stand ich auf und ging zum Telefon. Ladbrooke war am Apparat.

«Wissen Sie eigentlich, wie spät es ist?» fragte ich.

Einen Moment Schweigen. Dann: «Haben Sie schon geschlafen?»

«Lieber Gott, Lad, natürlich hab ich geschlafen.»

Sie sagte nichts.

«Was ist denn?» fragte ich.

«Könnten Sie mich holen?»

«Wo denn? Was ist überhaupt los?»

«Ich bin in einer Telefonzelle Ecke Poplar und Seventh Avenue.»

Ich war völlig verwirrt. «Was tun Sie denn da? Ist Ihnen was passiert?»

«Nein, nein. Aber ich friere. Und ich brauche jemanden, der mich holt. Ich habe nicht genug Geld für ein Taxi.»

«Okay, Augenblick. Ich hol mir nur einen Stift. Sagen Sie

mir genau, wo Sie sind. Sind Sie dort auch sicher? Können Sie warten, bis ich komme?»

Ich zog mich an und setzte mich in den Wagen, der in der bitteren Kälte der Februarnacht eine Weile brauchte, ehe er ansprang. Obwohl ich den Ortsteil nicht kannte, wo Ladbrooke mich erwartete, fand ich die Stelle dank ihrer klaren Beschreibung ohne Mühe.

Die Arme fest um den Oberkörper geschlungen, stand sie in einer trübe erleuchteten Telefonzelle. Ohne Mantel.

Erst jetzt begann ich, mir wirklich Gedanken zu machen. Was tat sie um zwei Uhr morgens hier draußen, ohne Mantel, ohne Geld und ganz allein? Was tat sie in diesem Teil des Orts, wo es keine Lokale gab, nur Industriebauten und Bürogebäude? Ein schrecklicher Gedanke schoß mir durch den Kopf. Prostitution?

Ich stieß die Wagentür auf. «Lad?»

Sie kam aus der Telefonzelle. «Ich bin halb erfroren», sagte sie, als sie einstieg und die Tür zuschlug.

«Das kann ich mir vorstellen. Es ist unter Null. Wo haben Sie denn Ihren Mantel?»

Keine Antwort. Ihre Zähne schlugen aufeinander. Ich wendete den Wagen und fuhr los.

«Fahren Sie mich nicht nach Hause», sagte sie.

«Wohin denn?»

Zitternd vor Kälte saß sie neben mir und sagte kein Wort.

«Lad! Wohin soll ich Sie bringen?»

«Ich weiß nicht.»

Ich nahm den Fuß vom Gaspedal und hielt an.

Ladbrooke sah mich erschrocken an. «Warum halten Sie?»

«Weil ich nicht weiß, wohin ich Sie bringen soll.»

Sie sah mir lange forschend ins Gesicht. «Kann ich mit zu Ihnen kommen?»

Ich wußte nicht recht, was ich sagen sollte, und zuckte die Achseln. «Sicher.» Ich fuhr wieder an. «Wie lange haben Sie da draußen herumgestanden? Das hätte gefährlich sein können.»

Sie sagte nichts.

«Was war denn eigentlich los?»

Noch immer keine Antwort. Aber betrunken schien sie nicht zu sein.

«Lad, Sie müssen mir sagen, was passiert ist.»

«Lassen Sie mir Zeit, okay?»

In meiner Wohnung fiel Lad völlig erschöpft in den nächstbesten Sessel.

«Ist Ihnen immer noch kalt?»

Ihre Haut hatte die gleiche Fahlheit wie im Januar. Wenn auch vielleicht nicht an diesem Abend, so mußte sie doch in den letzten Tagen stark getrunken haben.

Als sie auf meine Frage nicht antwortete, ging ich ins Schlafzimmer und holte ihr die Patchwork-Decke von meinem Bett. «Haben Sie was gegessen?»

Sie zuckte die Achseln.

«Ich mach Ihnen einen Toast und was Warmes zu trinken. Ich glaube, ich habe Ovomaltine da. In Ordnung?»

Sie nickte.

Ich sah, wie erschöpft sie war, als ich wieder ins Zimmer kam. Fest in die Decke gewickelt, nahm sie wortlos die Ovomaltine. Ich stellte den Teller mit dem Toast auf den Beistelltisch und setzte mich in den anderen Sessel.

«Also, was war los?» fragte ich.

«Ich will nicht darüber reden. Ich bin zu müde.»

«Ich verlange ja nicht Ihre Lebensgeschichte, Ladbrooke. Nur eine kurze Erklärung. Ich fühl mich unwohl in dieser Situation. Es ginge mir besser, wenn ich wüßte, was vorgeht.»

Sie nahm ein Stück Toast und aß langsam. Schließlich schüttelte sie den Kopf.

«Ich bin zu müde, Torey. Wirklich.» Ihre Stimme hatte einen weinerlichen Unterton.

Verstimmt stand ich auf und holte aus dem Schlafzimmer Bettzeug für die Couch. Ich schlüpfte wieder in das T-Shirt, in dem ich geschlafen hatte, und warf Ladbrooke ein frisches zu. «Was Luxuriöseres hab ich leider nicht da.»

Bis ich die Tassen hinausgebracht und die Lichter ausgemacht hatte, war Ladbrooke schon eingeschlafen. Sie hatte die Steppdecke mit ins Schlafzimmer genommen und über die Daunendecke gelegt. Fest zusammengerollt lag sie da. Sie atmete tief und geräuschvoll. Die Nachttischlampe brannte, die Tür stand offen.

Ich blieb einen Moment stehen und betrachtete sie. Meine Verstimmung verflog, ich spürte nur noch Verwirrung, und während ich so stand und sie ansah, wurde mir bewußt, daß ich sie liebte. Ich empfand für Ladbrooke die gleiche schmerzliche Liebe wie für die Kinder. Ich liebte sie in ihrem ganzen gequälten Menschsein.

Nach einer Weile wandte ich mich müde ab und ging ins Wohnzimmer, um es mir auf der Couch bequem zu machen. Aber ich war wie aufgedreht und fand keinen Schlaf. Unentwegt gingen mir die Ereignisse der vergangenen Stunde im Kopf herum, und der Strom der Gedanken führte mich schließlich zu der Frage, was ich in diesem ganzen Geschehen für eine Rolle spielte. Ich mußte mir eingestehen, daß ich darin verstrickt war, ob ich das gewollt hatte oder nicht. Ich hatte Ladbrooke liebgewonnen; ich hätte sie im Klassenzimmer nicht mehr missen mögen. Aber ich wußte, daß unsere Beziehung starke Züge einer Therapeut-Patient-Beziehung trug. Unsere Begegnungen fanden in einem warmen, tragenden Milieu statt, und es war leicht gewesen, ihr die gleiche behutsame Zuwendung zu geben wie den Kindern. Ich hatte von Tag zu Tag getan, was gefordert war, und nicht viel weiter gedacht.

Doch wie waren wir an diesen Punkt gekommen? Ich erinnerte mich lebhaft an das Gespräch mit Carolyn, als ich erklärt hatte, Ladbrookes Privatleben ginge mich nichts an. Wie hatte sich der Wechsel von dieser frühen Einstellung zu der heutigen vollzogen? Von Anfang an hatte ich gewünscht, sie würde bei jemandem Hilfe suchen, der von den Schwierigkeiten, mit denen sie zu kämpfen hatte, mehr verstand als ich. Aber ich hatte gewußt, daß sie sich wegen ihres Alkoholismus dennoch nicht in Behandlung begeben würde, und weil sie in der Schule nie betrunken gewesen war, hatte ich nicht mehr gedrängt. Jetzt plötzlich erfaßte mich eine tiefe Sorge, falsch gehandelt zu haben. War denn die Arbeit im Klassenzimmer überhaupt Therapie, oder richtete ich hier mehr Schaden an, als ich Hilfe gab? War mein Verhalten naiv? Unverantwortlich? Dumm?

Vorher hatte ich das nie geglaubt. Ich hatte großes Vertrauen in die heilenden Kräfte eines Milieus wie des unseren. Ich war überzeugt, jedes unterstützende Milieu wäre besser als unausgefüllte Tage, die von Streitereien mit ihrem Mann und der Flucht in den Alkohol gekennzeichnet waren. Unsere Umgebung war heilsam für Ladbrookes niedriges Selbstwertgefühl und ihre Labilität. Es ging ihr gut bei uns. Die Tatsache, daß mir in der Suchtbehandlung jegliche Erfahrung fehlte, hatte mich nicht abschrecken können. Mit all ihren anderen Schwierigkeiten konnte ich gut umgehen, und das war mir ausreichend erschienen. Ich hatte mein Fach gründlich gelernt und besaß langjährige Erfahrung in der Anwendung meiner eigenen Methoden und traditioneller therapeutischer Techniken. Nie hatte ich das Gefühl gehabt, meine Grenzen zu überschreiten. Jetzt war ich plötzlich nicht mehr so sicher.

Ich lag auf der Couch und starrte in die Dunkelheit. Dreieinhalb Monate, und Ladbrooke zeigte keinerlei Anzeichen, daß sie bereit war, den Alkohol aufzugeben. War das mein Versagen? War ich, wie Tom und alle anderen, mehr Teil des Problems als Teil seiner Lösung?

21

Hundemüde wälzte ich mich um halb sieben, als mein Wecker rasselte, vom Sofa. Ich mußte ins Schlafzimmer und meine Sachen herausholen, aber mein Kramen störte Ladbrooke nicht. Sie schlief ruhig weiter.

Als ich um halb fünf zurückkam, saß Ladbrooke in meinem T-Shirt mit einem Glas Orangensaft und einem Toastbrötchen am Küchentisch, die Füße auf dem Stuhl gegenüber, in der Hand die *Time*, die mit der Post gekommen war. Ihre Augen waren schlafverquollen, ihr Haar ungekämmt.

«Hallo», sagte sie offen, als ich hereinkam.

«Hallo. Wie geht es Ihnen?»

«Viel besser. Ich war unheimlich müde.»

Ich ging ins Schlafzimmer, um meine Sachen abzulegen, und während ich mich umzog, versuchte ich, mich für das zu wappnen, was bevorstand.

Wieder in der Küche, holte ich ein Päckchen Hackfleisch aus dem Eisschrank. Ich wollte Spaghetti machen. Ob Ladbrooke zum Essen bleiben oder so kurz nach ihrem Frühstück überhaupt Appetit auf ein Abendessen haben würde, wußte ich nicht; ich wollte einfach etwas zu tun haben, während ich versuchte, endlich von Ladbrooke zu erfahren, was los war.

Ich holte mir ein Brettchen und begann, die Zwiebel zu hacken. «Wir müssen einmal ernsthaft miteinander reden, Lad», begann ich, ihr den Rücken zugewandt.

«Es tut mir leid, daß ich Sie heute nacht überfallen habe. Ich wußte einfach nicht, wohin.»

«Das ist es gar nicht. Ich bin froh, daß Sie mich angerufen haben. Aber – es ist – ich bin ...» Mir fehlten die Worte. Während ich verbissen auf die Zwiebel einhackte, sagte ich: «Was war gestern los? Was hatten Sie getan, ehe ich sie holte?»

Schweigen. Ich drehte mich nach ihr um. Sie lümmelte auf ihrem Stuhl wie eine Halbwüchsige. Ich griff nach dem Knoblauch und beugte mich wieder über das Holzbrett.

«Ich frage nicht aus Neugier. Ich glaube, wir müssen beide der Tatsache ins Auge sehen, daß ich schon lange nicht mehr die unbeteiligte Zuschauerin bin. Wenn ich anfange, Sie aus unerfreulichen Situationen herauszupauken, wenn ich diejenige sein soll, die im Notfall einspringt, dann bin ich ganz direkt beteiligt. Und wenn ich beteiligt bin, muß ich wissen, was vorgeht.»

Immer noch Schweigen.

Ich warf einen Blick über die Schulter. «Es macht mir nichts aus. Beteiligt zu sein, meine ich. Ich helfe Ihnen gern, aber eines muß von Anfang an klar sein: Es muß zu einer Veränderung führen. Ich hab keine Lust, nur Ihre Spielchen mitzumachen.»

Sie sagte immer noch nichts. Ich schnipselte eine Knoblauchzehe und zerdrückte sie.

«Lad?»

«Ich war einfach aus.»

«Haben Sie getrunken?»

«Ja.»

«Gestern abend?»

«Nein. Früher. Am Morgen, glaub ich. Ich kann mich nicht mehr erinnern.»

Stille. Lad blätterte in der Zeitschrift. Ich hörte das Rascheln der Seiten. Ich hatte gehofft, Ladbrooke würde selbst etwas zu diesem Gespräch beisteuern, aber sie tat es nicht. Sie schien sich durchaus wohl zu fühlen, wie sie da in meinen Kleidern an meinem Tisch saß, meine Brötchen aß und meine Zeitschrift las.

«Haben Sie die ganzen letzten Tage getrunken?» fragte ich, während ich Zwiebel und Knoblauch zum Herd trug und in die Pfanne gab.

Sie nickte.

«Und warum?»

Sie schnippte die Ecke einer Seite der Zeitschrift mit der Fingerspitze auf und nieder. «Ich weiß nicht. Ich brauchte einfach was.»

Ich holte die Kräuter aus dem Schrank und ging zum Herd.

Ladbrooke neigte sich über die Zeitschrift und vertiefte sich, wie es schien, in einen Artikel über die Finanzen der Welt. Ich gab die letzten Zutaten in die Pfanne, rührte die Soße um und wartete, bis sie aufkochte. Dann stellte ich das Gas klein, deckte den Topf zu und trat an den Tisch. Ladbrooke zog die Füße vom Stuhl, um mir Platz zu machen.

«Ich versteh das alles nicht», sagte ich.

«Da gibt's nicht viel zu verstehen. Es war ein schauderhafter Tag, und ich hab mich betrunken. Und jetzt ist es vorbei.»

«Welcher Tag war schauderhaft?»

«Der Donnerstag. Und der Freitag auch. Das Virus hat mich so richtig erwischt. Ich glaube, eine Zeitlang hab ich so ungefähr alle zehn Minuten gebrochen.» Sie spielte mit einer Haarsträhne. «Tom hat bei so was keine Geduld. Er ist nicht gerade Florence Nightingale. Er sagte dauernd: ‹Mensch, Ladbrooke, das hört man ja im ganzen Haus.› Als übergäbe ich mich nur, um ihn zu ärgern.

Er weigerte sich, Leslie zu nehmen. Er kam gar nicht aus dem Atelier herüber, sondern schlief sogar drüben, weil er vor der Ansteckung Angst hatte. Ich bin die ganze Nacht lang nur zwischen Leslie und dem Klo hin- und hergependelt. Am Freitag kamen seine Kinder. Da hab ich's nicht mehr ausgehalten. Ich mußte weg.»

«Warum haben Sie mich nicht angerufen? Wir hätten irgend etwas tun können. Und wenn Sie nur zu mir gekommen wären. Warum haben Sie sich nicht gemeldet?»

«Ich wollte Sie nicht stören.»

«Schade. Es hätte mir nichts ausgemacht. Und es wäre besser gewesen, als loszuziehen und sich zu betrinken.»

Sie stützte ihr Kinn in die offene Hand. «Ich konnte überhaupt nicht klar denken.»

«Und wohin sind Sie gegangen?»

«Einfach weg.»

«Allein?»

«Ja, so ziemlich.»

Ich stand auf, um die Soße umzurühren. «Wer sind die Männer, mit denen Sie ausgehen?» fragte ich.

Ladbrooke tat erstaunt. «Was für Männer?»

Ich drehte mich um und sah ihr direkt in die Augen, ohne etwas zu sagen. Sie senkte den Kopf. «Wer hat Ihnen diesen Mist erzählt?»

«Niemand im besonderen.»

«Wer war's? Tom? Hat er Ihnen das erzählt?»

Ich beobachtete sie schweigend.

«Es ist alles gelogen.»

«Hören Sie, mich stört das nicht übermäßig, wenn es das ist, was Sie bedrückt. Aber ich finde, Sie sollten mir reinen Wein einschenken.»

«Es ist Mist.»

«Das kann ja sein, aber es ist sinnlos, so zu tun, als wäre er nicht vorhanden.»

Dumpfes, zorniges Schweigen folgte. Nur das leise Blubbern der Soße war zu hören. Ich wischte mir die Hände am Küchentuch ab und lehnte mich an die Spüle.

«Ladbrooke, Sie müssen sich entscheiden, und ich muß es auch. Ich stecke plötzlich bis zum Hals in Ihren Angelegenheiten. Ich weiß nicht, ob das eine von uns so beabsichtigt hat, aber es ist nun mal so, und darum müssen wir uns entscheiden: entweder ich kümmere mich, Sie sind ehrlich mit mir und wir machen eine gemeinsame Anstrengung, etwas zu verändern, oder es geht mich alles nichts an, und Sie klingeln mich nicht nachts um zwei aus dem Bett. Sie müssen sich entscheiden.»

Den Kopf immer noch gesenkt, begann sie zu weinen.

«Also?»

«Ich möchte, daß Sie sich kümmern. Das wissen Sie doch.»

«Und?»

«Und was? Herrgott noch mal, was soll ich denn sagen?»

«Wer sind die Männer, Ladbrooke? Was für eine Rolle spielen sie? Sind es Saufkumpane? Kurze Abenteuer für eine Nacht? Oder etwas anderes?»

Keine Antwort.

«Hat es mit Prostitution zu tun?»

Entsetzt hob Ladbrooke den Kopf. «Nein! Mein Gott, Torey. Wie können Sie mich so etwas fragen?»

«Weil ich nichts weiß.»

Wie gehetzt sah sie sich um. Wenn wir an einem anderen Ort gewesen wären und sie nicht nur in Unterhose und T-Shirt gewesen wäre, wäre sie auf und davon gelaufen.

«Ich bin keine Hure!»

«Nein.»

«Daß ausgerechnet Sie mich das fragen!»

«Es tut mir leid, Ladbrooke. Aber ich mußte es wissen. Sie stehen mitten in der Nacht irgendwo in einer Telefonzelle ohne Geld und ohne Mantel in der eisigen Kälte und weigern sich, mir zu sagen, was los ist. Da mußte ich mir doch meine Gedanken machen.»

«Und so denken Sie also von mir?»

«Es war eine Frage, kein Werturteil, Ladbrooke.»

«Ich dachte, Sie wären meine Freundin.»

«Das bin ich auch.»

«Quatsch! Bei solchen Freunden braucht man keine Feinde.»

«Ladbrooke!»

«Es sind Freunde von mir. Ganz gleich, was Tom Ihnen erzählt hat.»

Ich schwieg.

«Einfach *Freunde*, Torey», wiederholte sie etwas lauter.

«Okay», sagte ich.

«Manchmal brauche ich eben jemand. Tom ist alt. Ich bin jung, Torey. Ich brauche manchmal einen Mann. Ist das so verwerflich?»

«Nein.»

Ladbrooke bedeckte ihre Augen mit einer Hand und beugte sich über den Tisch. Ihr Zorn schien sich in Resignation aufzulösen.

«Ich war Freitag nacht mit jemandem zusammen», sagte sie

nach einer Weile. «Normalerweise fahr ich einfach mit dem Auto herum, wenn ich von zu Hause abhaue. Im letzten Sommer bin ich einmal bis nach Denver gefahren, das sind siebenhundertvierzig Kilometer, nur um eine Weile allein zu sein. Und nachzudenken. Mich zu entspannen. Aber am Freitag fühlte ich mich noch zu schlecht von dem Virus. Ich bin nur hier in der Gegend herumgefahren und hab mir dann ein Motelzimmer genommen.»

Sie schwieg. Ich kehrte an den Tisch zurück und setzte mich wieder.

«Ich hasse Motelzimmer. Da fühl ich mich immer so einsam. Nachdem ich eine Weile dort war, setzte ich mich in die Bar und fing an zu trinken. Ich hielt die Einsamkeit einfach nicht aus.» Sie seufzte. «Schließlich hab ich Bill angerufen. Ich weiß nicht, wie spät es war. Ich war ziemlich blau, glaube ich, weil ich mich kaum erinnere. Ich wollte nur mit einem menschlichen Wesen zusammensein. Mit jemandem schlafen. Ich schlafe nicht gern allein . . .» Sie wurde zunehmend ruhiger und nachdenklicher, während sie sprach.

«Ich weiß nicht. Vielleicht ist es wirklich Prostitution. Denn wenn ich ehrlich bin, muß ich zugeben, daß ich mit jedem schlafe, wenn er nur dafür hinterher bei mir im Bett bleibt, damit ich die Nacht nicht allein durchstehen muß.»

Ich sah sie aufmerksam an.

«Das klingt wohl nicht sehr gut, hm?»

«Es klingt ehrlich.»

Sie nickte. «Ja, ehrlich ist es.»

Die starke Gemütsbewegung von vorher war vergangen. Ladbrooke blieb in der gleichen Haltung, den Kopf in die Hand gestützt, aber sie saß ruhig, den Blick gesenkt. Sie sah blaß und abgespannt aus.

«Jedenfalls», sagte sie, «traf ich Bill an.»

«Das war Freitag abend?»

«Ja. Nicht so aufregend, wie Sie sich wahrscheinlich vorstellen. Samstag, Sonntag und Montag rauschten einfach vorüber.

Ich weiß nicht, was ich getan habe. Gestern hatte ich dann genug. Wir waren immer noch im Motel, und es fing an langweilig zu werden. Und mir war dauernd übel. Sie und die Kinder fielen mir wieder ein, und ich wollte zurück in die Klasse.»

Sie zuckte leicht die Achseln. «Gestern nacht war nichts Besonderes. Wir bekamen nur Krach wegen Bills Fahrerei. Er fuhr wie ein Verrückter, und ich sagte, die Polizei würde uns aufhalten, wenn er so weitermache. Ich wurde wütend auf ihn, weil er überhaupt nicht hinhörte. Und ich hatte eine Heidenangst, daß etwas passieren würde. Schließlich sagte ich, er solle anhalten und mich sofort aussteigen lassen. Und das tat er. Mein Mantel und meine Handtasche lagen auf dem Rücksitz, und ich konnte nicht an sie ran. Er knallte die Tür zu und brauste ab, ehe ich die Sachen rausnehmen konnte. Alles ziemlich prosaisch.»

Schweigen. Ich sah Ladbrooke an, betrachtete sehr genau jeden ihrer Gesichtszüge, und mir fiel auf, daß ich irgendwann aufgehört hatte, ihre äußere Schönheit wahrzunehmen. Das überraschte mich, und ich verstand es nicht. Ich mußte jetzt in ihrem Gesicht suchen, um das zu finden, was mich früher beinahe überwältigt hatte.

«Woran denken Sie?» fragte sie mich.

«An Sie. Sie wissen, daß Sie sich entscheiden müssen, ob Sie aufhören wollen zu trinken oder nicht.»

Sie nickte kaum merklich.

«Das ist die Crux. Sie müssen aufhören.»

«Ich hab's einfach nicht ausgehalten, Torey. Ich war krank, und Tom war mir überhaupt keine Hilfe. Und dann noch Leslie und Toms schreckliche Kinder. Ich wollte nicht trinken. Ich versuche ja aufzuhören.»

«Warum haben Sie dann nicht mich angerufen statt Bill? Warum haben Sie nicht versucht, etwas Konstruktives zu tun?»

Sie senkte den Kopf.

«Tom zwingt Sie nicht zu trinken, Ladbrooke. Ich weiß, daß Ihre häusliche Situation sehr schwierig ist, aber der wahre Grund ist nicht Tom. Und auch nicht Leslie oder Toms Kinder. Sie selbst sind es, die zum Glas greift. Niemand flößt Ihnen ein. Sie selbst sind es.»

Ladbrookes Kinn zitterte. Ich wollte sie nicht wieder aus der Fassung bringen, darum hörte ich auf, ihr weiter zuzusetzen und versuchte einen anderen Weg.

«Es muß doch eine Möglichkeit geben, in Zukunft so etwas zu verhindern.»

Ladbrooke nickte.

«Warum passierte es diesmal Ihrer Meinung nach?»

Die Hand auf die Lippen gedrückt, starrte Ladbrooke nachdenklich vor sich hin. «Der zusätzliche Tag», sagte sie schließlich. «Der Freitag. Daß ich Freitag zu Hause bleiben mußte.»

«Warum?»

«Toms Kinder kamen zu uns.»

«Aber Toms Kinder kommen fast jedes Wochenende. Und da trinken Sie nicht. Wieso war es diesmal anders als all die anderen Wochenenden, wo Sie so gut zurechtkommen?»

Ladbrooke starrte in ihren Schoß. «Ich will ganz ehrlich sein», sagte sie leise. «Die meisten Wochenenden komme ich gar nicht gut zurecht.»

«Ach.»

«Manchmal geht's gut. Aber wenn ich schwach werde, dann immer am Wochenende.»

«Das wußte ich nicht. Ich meine, ich wußte nicht, daß Sie seit dem letzten Mal im Januar weiter getrunken haben.»

«Nur an den Wochenenden, Torey. Und höchstens – dreimal. Das ist nicht viel. Nicht im Vergleich zu den Tagen dazwischen. Und richtig betrunken hab ich mich nur dies eine Mal. Ich hab es immer ganz gut unter Kontrolle gehabt.»

«Aber Aufhören ist das nicht.» Ich strich mir müde mit der Hand über die Augen. «Sie müssen aufhören, Ladbrooke. Sie müssen wirklich wollen.»

«Ich will ja. Aber ich kann nicht.» Ihr Gesicht war verzweifelt.

«Ich versuche es ja», sagte sie leise. «Ich hab einen richtigen Fahrplan, um mich von Freitag abend bis Montag morgen über Wasser zu halten. Zum Beispiel dusche ich sonst immer nach dem Aufstehen, aber sonntags nehme ich ein Bad. Ich steh auf, und dann laß ich mir das Bad einlaufen und tu alles mögliche für mich selbst – ich rasiere mir zum Beispiel die Beine –, und während ich das alles tu, denk ich an den Montag. Ich mach mich schön, damit ich – das klingt blöd, jetzt, wo ich's sage – damit ich hübsch aussehe – mich gut fühle.» Sie lachte verlegen. «Ich weiß natürlich, daß es Ihnen piepegal ist, ob meine Beine rasiert sind oder nicht. Aber für mich ist diese Prozedur fast lebenswichtig. Und oft bringt sie mich über den Samstag, weil ich am nächsten Morgen einen klaren Kopf haben will, um mich zu pflegen. Ich fühle mich besser, wenn ich es tu. Die Wochentage erscheinen dann irgendwie greifbarer.»

Sie seufzte. «Dieses Virus hat mich völlig aus der Bahn geworfen. Zwei Tage kann ich allein durchhalten. Aber mehr schaff ich einfach nicht. Weihnachten war es das gleiche. Diese lange Reihe von Tagen, nichts zu tun, keine Pläne – das hab ich nicht ausgehalten.»

«Ladbrooke, warum haben Sie mir das nicht schon viel früher gesagt? Wir hätten uns etwas überlegen können. Irgend etwas wäre uns schon eingefallen. Warum haben Sie nichts gesagt?»

«Ich hab mich geniert. Es ist schließlich nicht Ihr Problem. Warum sollten Sie die ganze Zeit für mich Verantwortung übernehmen?»

«Sie schaffen es allein nicht, Lad. Auch wenn Sie das noch so sehr wollen.»

Sie schüttelte bedrückt den Kopf. «Ich will gar nicht, das ist es ja. Ich bin es leid, allein zu kämpfen. Es hat überhaupt nichts gebracht. Aber ich weiß nicht, was ich sonst tun soll.»

«Wäre es eine Hilfe, wenn wir uns an Wochenenden regelmäßig treffen? Nur auf eine Tasse Kaffee oder so. Am Samstag nachmittag oder Sonntag morgen. Wie wäre das?»

«Ich komm mir vor wie ein kleines Kind, das einen Babysitter braucht.»

«Aber wäre es eine Hilfe? Könnten Sie das Trinken dann eher lassen?»

Sie nickte. «Ich glaube schon.»

«Und für Sonderfälle, Ferien oder Krankheit oder so was, treffen wir besondere Vereinbarungen. Hauptsache ist, wir halten Sie vom Trinken ab. Einverstanden?»

Sie nickte. «Ja, aber ich hab ein ganz schlechtes Gewissen, daß ich Sie dazu zwinge.»

«Sie zwingen mich zu nichts. Ich tu's aus freien Stücken. Und es wird ja nicht ewig so gehen. Nur bis Sie das Ärgste überwunden haben.»

«Trotzdem ...»

«Ladbrooke, Sie haben mir geholfen, als ich dringend jemand brauchte. Und jetzt helf ich Ihnen.»

«Gut.»

Das Wasser kochte. Ich stand auf, um die Spaghetti hineinzugeben. Auch Ladbrooke stand auf, streckte sich und ging ins Bad. Ich tat eine Weile gar nichts, sondern genoß nur das Alleinsein und die Ruhe.

Als Ladbrooke zurückkam, war ich beim Salatputzen.

«Kann ich das nicht machen?» fragte sie.

«Wenn Sie wollen. Hier. Sie können die Pilze schnipseln.»

Sie holte sich das Brettchen und ein Messer.

«Sie wissen natürlich», sagte ich, «daß ich in der Behandlung von Alkoholismus keinerlei Erfahrung habe.»

«Ja.» Ihr Ton war unbekümmert.

«Das ist ein ganz eigenes Gebiet, und ich frage mich, ob es nicht besser wäre, Sie würden sich an Fachleute wenden.»

«Aber Sie sagten doch, Sie wollten mir helfen.»

«Ja, aber ich weiß nicht, ob mein guter Wille genug ist. Sie brauchen vielleicht jemand mit mehr Erfahrung.»

Sie warf die geschnipselten Pilze in die Salatschüssel. «Ich will aber niemand anderen.»

«Ja, das weiß ich.»

«Tun Sie einfach so, als wär ich eins von den Kindern.»

«Aber das sind Sie nicht, Ladbrooke. Sie sind eine erwachsene Frau, und Sie haben die Schwierigkeiten einer Erwachsenen.»

«Torey, wenn ich eins von den Kindern wäre, würden Sie nicht so herumargumentieren. Sie würden zupacken und Ihr Bestes tun. Was heißt hier, meine Probleme sind die einer Erwachsenen? Probleme sind Probleme und fertig. Haben Sie denn Spezialerfahrung im Umgang mit Kindern wie Dirkie mit seinen Zwangsvorstellungen? Oder mit Kindern, deren Eltern in Nordirland ermordet wurden? Nein, aber Sie lassen trotzdem nicht locker. Und ich glaube, das ist das einzige, worauf es ankommt. Mehr will ich gar nicht, Torey. Das ist mir genug.»

«Ich habe Angst, Ihnen zu schaden, Ladbrooke, wo ich helfen möchte. Ich brauche einen greifbaren Beweis dafür, daß ich das Richtige tue.»

«Okay, ich trinke nicht mehr. Ich verspreche es. Ist Ihnen dann wohler?»

«*Ihnen*, Ladbrooke. Auf Sie kommt es an, nicht auf mich. Sie müssen es für sich tun, sonst klappt es nie.»

Sie machte eine hilflose Handbewegung. «Okay, okay. Ich trinke nicht mehr. In Ordnung?»

«Und wenn Sie es doch wieder tun?»

«Ich tu's nicht mehr.»

Der Küchenwecker rasselte. Ich goß die Spaghetti ab und schüttete sie in eine Schüssel.

«Also gut, versuchen wir's so», sagte ich. «Schließen wir einen Kompromiß. Wir versuchen es gemeinsam. Wir setzen unsere ganze Kraft ein. Aber es ist der letzte Versuch, Ladbrooke. Wenn es wieder schiefgeht, dann müssen Sie zu den AA oder in eine andere Spezialtherapie. Dann kann ich mich für diesen Alleingang nicht mehr verantworten. Sind Sie damit einverstanden?» Keine Antwort.

«Das heißt ja nicht, daß ich Sie nicht weiter stützen werde. Ich habe nicht die Absicht, Sie einfach im Stich zu lassen. Aber wenn es diesmal wieder schiefgeht, müssen wir beide einsehen, daß diese Aufgabe für mich allein zu schwer ist. Dann müssen Sie zusätzlich fachliche Hilfe suchen. Abgemacht?»

Ladbrooke rührte sich nicht.

«Lad», sagte ich. «Abgemacht?»

«Okay», murmelte sie. «Abgemacht.»

22

Das Ausmaß von Leslies Störung wurde im Verlauf meiner Arbeit mit ihr ziemlich klar. Sie fiel in jene Kategorie von Kindern, die gemeinhin als «autistisch» bezeichnet werden; im Sinn strenger Definition stimmte das jedoch nur teilweise. Sie zeigte einige klassische autistische Verhaltensmuster, am auffälligsten darunter ihre sonderbare Art, sich mit Menschen in Beziehung zu setzen. Zwar nahm sie auf ihre eigene unnachahmliche Art Kontakt auf, und zwar weit erfolgreicher, als ich das bei vielen anderen autistischen Kindern erlebt hatte, doch sie schien unfähig, uns von der nicht lebendigen Welt zu unterscheiden. Wir waren Objekte ihrer Umwelt, wie Stühle oder Dosenöffner, und wie diese Gegenstände bestimmte Handlungen verlangten, damit sie ihre Dienste taten, so auch wir. Sie verfügte über erstaunlich subtile Methoden, andere zu dem Verhalten zu veranlassen, das sie gerade wünschte, doch sie wurden ohne Gefühle angewendet. Menschen schienen für Leslie einfach eine raffinierte Sorte von Gegenständen zu sein, die ein wenig mehr Geschicklichkeit brauchten, um erfolgreich gehandhabt zu werden.

Eine weitere typisch autistische Verhaltensweise war Leslies Echolalie. Sie trat mit zunehmender Sprachentwicklung immer deutlicher zutage. Leslie sprach jetzt meist bereitwillig, wenn man sie dazu ermutigte, aber zu fünfundachtzig Prozent war es sinnloses Nachplappern. Fragte ich: «Wie heißt du?», so antwortete sie prompt: «Wie heißt du?»

Auch der Hang zur Eigenstimulation war eine der autistischen Verhaltensweisen Leslies. Am liebsten frönte sie diesem Vergnügen mit Bällen. Sie konnte sich stundenlang damit beschäftigen, einen Ball eine schiefe Ebene hinaufzurollen und dann zuzusehen, wie er wieder herunterrollte. Oder sie konnte den ganzen Morgen damit zubringen, einen Ball unter ihrer flachen Hand zu drehen.

Aber in manch anderer Hinsicht unterschied sich Leslies Verhalten scharf von dem traditionell als autistisch eingestufter Kinder. Sie scheute weder körperliche Berührung noch Blickkontakt. Störungen in ihrer direkten Umwelt machten ihr nicht allzu viel aus. Und wenn auch ihre mitmenschliche Beziehungsfähigkeit gestört war, so war sie doch eindeutig auf andere bezogen. Es war zwar unmöglich festzustellen, ob sie uns als Individuen wahrnahm, die ihr selbst ähnlich waren, oder nur als nützliche Gegenstände, aber sie zeigte klar, daß sie um unser Dasein wußte und uns in ihrer Nähe haben wollte. Sie zeigte deutliche Vorlieben für bestimmte Menschen und stellte auf ihre eigene Weise feste Beziehungen her.

Für mich bestand kaum ein Zweifel, daß Leslies Störungen größtenteils organischen und nicht seelischen Ursprungs waren. Gewiß zeigte sie einige reichlich merkwürdige Verhaltensweisen, aber als emotionale Störungen hätte ich diese nicht bezeichnet, im Gegenteil, in Anbetracht der häuslichen Situation der Familie Considyne zeugten sie von einer erstaunlichen Anpassungsfähigkeit und waren durchaus vernünftig. Die Familie war ohne Zweifel schwer gestört, doch Leslie zeigte innerhalb der Grenzen ihrer Behinderung einen überraschenden Grad von emotionaler Gesundheit.

Es war jedoch klar, daß man viel kostbare Zeit vergeudet hatte. Hätte man Leslies Behinderung erkannt, als sie noch im Kleinkindalter gewesen war, und hätte sofort mit einer intensiven Behandlung begonnen, so hätte sie meiner Meinung nach mit ihren acht Jahren in ihrer Entwicklung viel weiter sein können. Sie war ein unverkennbar intelligentes Kind, und ihr Lernvermögen schien nur teilweise beeinträchtigt zu sein. Sie lernte rasch das Alphabet und die Zahlen, ebenso Addition und Subtraktion. Und ich wußte, daß sie mit tatkräftiger Hilfe auch das Lesen lernen würde.

Vom sinnvollen Sprechen jedoch war sie noch weit entfernt. Indem ich Leslie Dinge wie das Alphabet beibrachte, konnte ich eine Form sinnvoller Sprache fördern. Aus irgendeinem Grund schien sie besser befähigt, abstrakte Symbole zu benennen als Bilder von konkreten Gegenständen oder auch die Gegenstände selbst. Sie konnte mir mit Leichtigkeit sagen, daß die Summe aus zwei und drei fünf war, aber wenn ich sie nach dem Namen eines der Kinder oder auch nach ihrem eigenen fragte, konnte sie im allgemeinen nicht antworten. Um sie zu ermutigen, versuchte ich soviel wie möglich mit ihr zu sprechen, aber wenn sie auch begann, Wörter und Sätze zu verwenden, kam doch eine echte Kommunikation nur selten zustande.

Als sich Leslie ihrer Umwelt im Klassenzimmer allmählich mehr zu öffnen begann, beschloß ich, mit dem Toilettentraining anzufangen. Die anderen Kinder verloren zwar kaum je ein Wort darüber, daß Leslie immer Windeln trug, aber für mich war das ein Hauptgrund dafür, daß sie Leslie immer noch wie ein hilfloses Kleinkind behandelten. Und in der Familie war Leslies Inkontinenz ständiger Anlaß zu Spannungen. Schon aus diesen Gründen hielt ich es für wichtig, daß Leslie selbständig zur Toilette gehen konnte, ganz abgesehen davon, daß es einen weiteren bedeutsamen Schritt auf dem Weg ihrer sozialen Weiterentwicklung darstellte.

Unerwarteterweise war Ladbrooke von meinem Plan nicht sehr angetan. Seit Leslie dem Kleinkindalter entwachsen war, hatte Tom nicht mehr zugelassen, daß ihr Windeln angezogen wurden. Er meinte, das wäre «demütigend» für sie. Für Ladbrooke hatte das fünf Jahre ständigen Aufwischens und Putzens gebracht. Als ich ihr meine Pläne mitteilte, Leslie an die Toilette zu gewöhnen, bekannte sie zum erstenmal, wie ungeheuer erleichternd sie es fand, daß ich im Klassenzimmer auf Windeln bestand. Der Gedanke, daß ihr nun dieses kleine Stück Entlastung genommen werden sollte, bedrückte sie. Deshalb hatte ich die Zeit von Lads Abwesenheit während und nach ihrer Krankheit gewählt, um den Anfang zu wagen. Ein günstiger Moment war das nicht. Wir litten alle noch unter den Nachwirkungen der Darmgrippe, so daß ich mit einigen der anderen Kinder häufiger als sonst zwischen Klassenzimmer und Toilette unterwegs war; und zu Beginn der nächsten Woche steckte ich überdies bis über beide Ohren in Ladbrookes Problemen. Manchmal hatte ich das Gefühl, es gäbe auf der Welt nichts anderes als den Considyne-Taylor-Clan. Ein Handicap bei meinen Bemühungen war Leslies Diabetes. Sie erlaubte mir nicht, meine übliche Methode anzuwenden, die darin bestand, die Kinder mit salzreicher Kost zu übermäßigem Trinken zu veranlassen, was in häufigen Gängen zur Toilette resultierte.

Aber wir schafften es auch so. Ich ließ Geraldine und Mariana für Leslie demonstrieren, worum es ging. Wir verbrachten ein paar lustige Stunden in den Toilettenkabinen, wo wir Toilettenpapier abrissen, den Klodeckel inspizierten und auf- und niederklappten und mit Eifer die Spülung rauschen ließen. Jede erfolgreiche Sitzung belohnte ich mit großzügigen Portionen von Erdartischocke.

Ich glaube, es war gut, daß Ladbrooke in diesen ersten Tagen nicht da war; einerseits, weil es dabei, wie Lad gefürchtet hatte, recht feuchtfröhlich zuging, und andererseits, weil Lads Anwesenheit Leslie möglicherweise zu sehr an ihre häuslichen Gewohnheiten erinnert hätte. So jedenfalls zeigten sich schon nach den ersten toilettenbesessenen Tagen zuverlässige Erfolge. Zwar mußte Leslie immer noch zur Toilette geführt werden, weil sie sich unweigerlich zu spät meldete, wenn man sie sich selbst überließ, aber das, sagte ich mir, würde mit der Zeit gewiß besser werden, und wir waren alle hoch erfreut über ihre raschen Fortschritte.

Leider änderte dieser Erfolg nichts an Leslies Verhalten zu Hause. Ladbrooke, die ihren eigenen Problemen nachhing und den ganzen Februar innerlich nicht zur Ruhe kam, war nicht imstande, meine Methode zu Hause zu übernehmen. Zu allem Unglück nahm sie meinen raschen Erfolg während ihrer Abwesenheit auch noch als persönlichen Affront: als hätten Leslie und ich uns verschworen, ihre Unzulänglichkeit als Mutter zu beweisen. Dann mischte sich Tom ein. Was da vorgehe? Wieso ich Ladbrooke so heftig zusetze? Was mit Leslie geschehe? Es kam wieder einmal zu einer dieser unbefriedigenden Besprechungen, wo Ladbrooke weinend in die Toilette rannte, während Tom und ich stritten.

Ich wäre dafür gewesen, Leslie auch zu Hause in Windeln zu packen, weil sie das entwaffnet hätte. Nicht mehr fähig, ihre Eltern zu ärgern und zu entzweien, hätte sie, denke ich, ziemlich schnell die Waffen gestreckt. Aber angesichts der Lage der Dinge machte ich diesen Vorschlag gar nicht erst. Leslies Ausscheidungsverhalten war so fester Bestandteil der Considyneschen Familiendynamik, daß mein Eingreifen kaum etwas bewirkt hätte. Ich gab mich also damit zufrieden, daß Leslie im Klassenzimmer trocken war, und machte keine weiteren Anstrengungen, auch zu Hause für Veränderung zu sorgen.

Endlich kam der März, und es fing an zu tauen. Und mit dem nahenden Frühling kam auch frischer Wind in unsere kleine Gruppe. Die Beziehung zwischen Shemona und Geraldine begann abzubröckeln. Mehrere Wochen lang zeigte sich Geraldine unverändert, wechselte wie gewohnt zwischen kleinkindhaftem Klammerverhalten und arroganter Herrschsüchtigkeit, indem sie alle herumkommandierte, stets den besten Platz, das beste Stück, die beste Behandlung verlangte. Die Lügen und kleinen Diebstähle blieben ebenso wie die Anfälle gehässiger Rachsucht. Aber immer häufiger geriet sie mit Shemona in Streit.

Anfangs dachte ich mir nicht viel dabei. Streit unter Geschwistern ist etwas Alltägliches. Zudem ging Geraldine gerade durch eine Phase besonderer Angriffslust, wo sie sich fast täglich mit Dirkie und Mariana prügelte; da sah ich an einem gelegentlichen Zusammenstoß mit Shemona nichts Besonderes. Doch mit der Zeit fiel mir auf, daß es immer häufiger Shemona war, die ihre Schwester provozierte. Sie wählte meist sichere Orte und sichere Zeitpunkte, aber sie trotzte Geraldine ganz offen. Sie hielt ihrer Schwester keinen Platz frei. Sie zeigte ihr eine Aufgabe nicht. Sie teilte nicht mit ihr. Kurz, Shemona begann Geraldine die gleiche steinerne Ablehnung zu zeigen, die sie sonst uns anderen gezeigt hatte. Bei den meisten Kindern hätte ich darin einen Rückschritt gesehen, aber bei Shemona betrachtete ich dieses Bemühen, Geraldine langsam auszuschließen, als Fortschritt. Geraldine machte es wütend. Sie benutzte jede Gelegenheit, um Shemona heimlich zu piesacken.

Vor allem sah ich in Shemonas Rückzug deshalb nichts Aggressives, weil es eindeutige Anzeichen dafür gab, daß sie dabei war, zu Ladbrooke eine starke und feste Beziehung aufzubauen. Uns gegenüber blieb sie stumm und abweisend, doch mit Ladbrooke lachte und spielte sie völlig unbefangen.

Nachdem Ladbrooke in ihrer Arbeit mit Shemona Vertrauen gewonnen hatte, ließ ich sie schalten und walten, wie sie wollte. Nur so schien mir eine natürliche, frei fließende Beziehung zwischen den beiden möglich. Wir besprachen zwar die einzelnen Sitzungen, insbesondere die Ergebnisse, die Ladbrooke erzielte, aber ich bemühte mich, Ladbrooke nicht zu beeinflussen. Sie war zuverlässig genug, und ich war ja immer in der Nähe, falls es einmal eine Krise geben sollte. Da ich mich ganz aus der Planung heraushielt, bekamen die Sitzungen einen Charakter, wie er sich unter meiner Mitwirkung sicherlich nicht entwickelt hätte. Alles drehte sich ums Verkleiden. Von Ladbrooke geschminkt und kunstvoll frisiert, pflegte Shemona in einem viel zu großen schwarzen Kleid, eine Federboa um den Hals, ein Hütchen mit Schleier auf dem Kopf und schwarze Lackpumps an den Füßen, in der Düsternis des langen, schmalen Vorraums unter der Tafel auf und ab zu stolzieren. Unbefangen dank der Abgeschlossenheit des Raumes, und wie ich vermute, meiner Abwesenheit, ging Ladbrooke völlig ungehemmt auf Shemonas Spiel ein und hielt im Gegensatz zu ihrer sonstigen Einsilbigkeit lange Monologe, wenn sie dem Kind beim Anziehen half oder ihm das Gesicht schminkte.

«Oh, wie du aussiehst! Einfach toll. Du bist jetzt eine richtige feine Dame. Siehst du? So könntest du dich auch auf der Fifth Avenue sehen lassen. Hier, setz den mal auf. Ist der nicht super? Schau dich mal im Spiegel an. Oder warte mal. Diese Haarsträhne stecken wir noch auf. So, jetzt ist es gut. Na? Wie findest du dich?»

Man konnte ihnen gut zuhören. Sie waren nur durch das Regal von uns getrennt, und Ladbrooke sprach in ihrer Begeisterung oft ziemlich laut. Ihre Reden und das Klappern von Shemonas hohen Absätzen, wenn sie über das Linoleum trippelte, lenkten uns häufig von der Arbeit ab. Ich muß zugeben, mir kamen manchmal Zweifel an dem, was die beiden trieben. Das Verkleiden, Schminken und Frisieren waren Lichtjahre von dem Ansatz entfernt, den ich zur Arbeit mit Shemona gewählt hätte. Ich wäre wahrscheinlich auf eine solche Idee überhaupt nicht gekommen. Die anderen Kinder sprachen manchmal aus, was ich dachte: Wir sind doch hier in der Schule! Wieso darf Shemona jeden Tag eine halbe Stunde spielen? Aber ich hütete mich einzugreifen.

Das für mich vielleicht Faszinierendste an diesen Sitzungen war, daß Ladbrooke und Shemona ein Medium gewählt hatten, das ständigen Körperkontakt verlangte. Beide konnten sie normale Körperberührung, wie unter uns anderen üblich, nicht ertragen, aber in Form eines Rituals, das zum täglichen Spiel gehörte, genossen sie sie. Shemona kreischte oft vor Entzücken, wenn Ladbrooke ihr Make-up ins Gesicht rieb, ihr das Haar kämmte, sie in Tücher einwickelte.

Einmal brachte Ladbrooke einen alten Versandhauskatalog mit und schaute ihn mit Shemona zusammen an. Sie saßen in ihrem kleinen Privatraum, und ich hörte das Rascheln der dünnen Seiten, die schnell hintereinander umgeblättert wurden, während Ladbrooke zu jedem Bild ihre Kommentare gab. Von den Puppen kamen sie zu den Kostümen.

«Oh, schau mal», sagte Lad. «Schau dir das hier an. Das wär super, nicht? Eine richtige Krankenschwesterntracht. Stell dir vor, was wir da für Spaß haben könnten. Ich wäre die Kranke und würde mich hier hinlegen. Und du wärst die Schwester und würdest mich verbinden.»

Es folgte eine Pause. Ich vermute, daß Shemona auf irgend etwas zeigte.

«Ach, und schau dir das hier an. Und das da. Ist das nicht eine Pracht. Schau, es geht bis zum Boden. Und das Mädchen hat Schuhe mit hohen Absätzen an. Was meinst du, was das sein soll? Ein Ballkleid, vermute ich.»

Wieder folgte eine längere Pause.

«Ich hab schon mal so ein Kleid getragen», erzählte Ladbrooke. «Es war lang. Und weißt du, was für eine Farbe es hatte?»

«Gold», sagte Shemona.

Schweigen. Dirkie, der neben mir am Tisch saß, drehte den Kopf. Ich lauschte angestrengt.

Ladbrooke geriet nicht außer Fassung, obwohl das nach dieser langen Zeit des Wartens verständlich gewesen wäre. Aber es kam nur eine lange Pause, dann sagte Ladbrooke: «Nein, es war blau. Aber es war trotzdem sehr schön.» Ihr zaghafter Ton verriet ihre Überraschung, aber sie fuhr in der

Betrachtung des Katalogs fort. «Ach, schau, Shemona. Das ist ja wunderschön. Ein rosarotes Tanzkleid.»

«Ein Feenkleid», sagte Shemona mit ihrem hellen Stimmchen.

Wir, auf der anderen Seite des Regals, lauschten jetzt alle. Mariana sah mich an und grinste breit. «Torey», flüsterte sie. «Haben Sie gehört? Shemona kann sprechen.»

Ich nickte und legte den Finger auf die Lippen. Gleichzeitig fiel mir auf, daß Geraldine als einzige überhaupt nicht reagierte, sondern weiterarbeitete, als wäre nichts gewesen.

«He, Geraldine», flüsterte Mariana. «Hast du das gehört? Ladbrooke hat Shemona zum Reden gebracht. He, hörst du?»

Geraldine zuckte die Achseln. «Na und?»

Der Bann war wirklich gebrochen. Zwar sprach Shemona in den ersten Tagen nach dieser denkwürdigen Sitzung ausschließlich mit Ladbrooke und auch das nur in der Abgeschlossenheit des Vorraums, aber mit der Zeit wurde sie immer unbefangener. Sie sprach nicht nur mit Ladbrooke, sondern sie scherzte und neckte und gab alle möglichen komischen Geräusche von sich. Mit dem stummen, abweisenden kleinen Ding, das uns täglich im Klassenzimmer begegnete, schien sie überhaupt nichts gemein zu haben.

Allmählich fing sie dann an, auch mit uns anderen zu sprechen. Zuerst mit Mariana, die sie seit jenem Tag, als sie sie zum erstenmal sprechen gehört hatte, täglich bat und drängte, mit ihr zu reden; dann auch mit den anderen Kindern, vor allem draußen im Hof. Ganz zuletzt begann sie mit mir zu sprechen.

Doch es blieb eine starke Zurückhaltung. Selten sprach sie, wenn sie nicht vorher angesprochen worden war. Niemals sah ich sie lachen oder herumalbern, wie sie das mit Ladbrooke tat. Aber darum sorgte ich mich nicht. Hauptsache, Shemona sprach endlich.

Auf Ladbrooke hatte Shemonas Entschluß, endlich auch

verbal Kontakt aufzunehmen, eine wunderbar belebende Wirkung. Ich glaube, nichts hätte ihr zu dieser Zeit, wo sie in ihrem Leben so tief unten angelangt war, den gleichen Aufschwung geben können wie die ersten gesprochenen Worte dieses kleinen Mädchens. Auch wenn Ladbrooke sich mit erneutem Eifer in die Arbeit bei uns gestürzt hatte, hatte sie sich doch nie in ihrem Element gefühlt. Sie liebte uns, da gab es für mich keinen Zweifel, und sie liebte die Arbeit. Aber es blieb die Tatsache, daß sie nicht dafür ausgebildet war, und nichts hatte ihr bisher das Gefühl der Unzulänglichkeit nehmen können. Doch Shemona hatte es geschafft: Sie hatte Ladbrooke das Gefühl gegeben, wertvolle Arbeit geleistet zu haben. Nach der ersten Sitzung, in der Shemona gesprochen hatte, war Ladbrooke mit ihrem Katalog an dem kleinen Pult sitzen geblieben. Als ich zu ihr ging, sah sie auf, einen Ausdruck staunender Verwunderung auf dem Gesicht.

«Ist das zu glauben», sagte sie wie benommen. «Ich kann's tatsächlich.»

23

Obwohl Ladbrooke in unserer kleinen Gruppe Geborgenheit fand und trotz ihrer ehrlichen Anstrengungen, ihr Leben in den Griff zu bekommen, machte sie einen harten Winter durch und torkelte praktisch nonstop von einer Krise in die andere. Ich kam langsam zu der traurigen Schlußfolgerung, daß dies nichts Ungewöhnliches war. Je besser ich Ladbrooke kennenlernte, desto mehr erhärtete sich meine Vermutung, daß dies einfach Ladbrookes Lebensstil war. Für mich war es ein Wunder, daß sie das dreiunddreißig Jahre lang überlebt hatte.

Der Großteil ihrer Schwierigkeiten lag in der häuslichen Situation. Die Beziehung zwischen Tom und Ladbrooke machte mich schaudern, und mit der Zeit verlor ich alle Bewunderung für Toms beharrlichen Wunsch, die Ehe aufrechtzuerhalten. Diese Ehe machte beide kaputt. Anstatt mit allen Mitteln zu versuchen, sie zu retten, hätten sie ihr einen silbernen Nagel ins Herz treiben sollen.

Toms Interesse daran, die Beziehung aufrechtzuerhalten, war komplexer Natur, und mein Einblick reichte nicht, um es wirklich zu verstehen. Aber die nachsichtige Verachtung, mit der er Ladbrooke stets behandelte, war nicht zu übersehen. Er hatte keine Achtung vor ihr als Mensch und hatte für ihre Labilität nur Geringschätzung. Gleichzeitig jedoch ertrug er mit Märtyrergeduld all ihre Eskapaden. Mein Gefühl war, daß er, wie bei Leslie, mehr als Ladbrooke selbst, ein Bild liebte, das Bild einer ungezähmten, löwinnenhaften Ladbrooke. Die Realität schien in Toms Leben wenig Platz zu haben. Ladbrooke ihrerseits hatte direktere Gründe, an der Ehe festzuhalten. Sie kam einer liebenden Beziehung, die sie nie erlebt hatte, am nächsten. Sie wagte nicht, sie aufzugeben.

Seit dem Zwischenfall im Februar trafen sich Ladbrooke und ich jeden Sonntag am späten Vormittag. Der bequemste Treffpunkt war meine Wohnung. In der ruhigen Atmosphäre hatten wir Gelegenheit miteinander zu sprechen, und für mich war die Unterbrechung meines Wochenendes nicht ganz so störend, wie wenn ich mich erst hätte aufraffen müssen, um sie irgendwo außerhalb zu treffen. Die ersten zwei Male bemühte ich mich, die gute Gastgeberin zu sein, aber das lag uns beiden nicht. Wir waren es gewöhnt, miteinander zu arbeiten, und so machte ich schließlich einfach weiter, was ich gerade tat, und Ladbrooke leistete mir ein, zwei Stunden Gesellschaft. Sie kam auf diese Weise in den Genuß so erfrischender Aktivitäten wie Ofenputzen und Teppichschamponieren. Wir bezeichneten es scherzhaft als Beschäftigungstherapie, und wahrscheinlich war es das auch.

Ganz gleich, was es war, es wirkte. Ladbrooke schaffte es, nicht zu trinken. Von Tag zu Tag, von Woche zu Woche kämpfte sie sich durch das Dickicht ihrer vielfältigen Schwierigkeiten, ohne zum Alkohol zu flüchten. Während wir uns näherkamen, erkannte ich, daß Ladbrooke die Situation ziemlich klar gesehen hatte, als sie mir gesagt hatte, daß sie vor allem jemanden brauche, der ihre Welt zusammenhielt, wenn sie selbst es nicht mehr konnte.

Im Laufe der drei oder vier Monate unserer Zusammenarbeit gewann ich zunehmend tieferen Einblick in jenes Problem, das ich für Ladbrookes ernstestes hielt: ihre Unfähigkeit, sich verbal auszudrücken. Ihre Alkoholsucht und ihre mißglückte Beziehung zu Tom waren auffälliger, aber sie schienen mir nur Weiterungen ihrer Kommunikationshemmung zu sein. Ja, beinahe all ihre anderen Schwierigkeiten konnten direkt oder indirekt auf diese eine zurückgeführt werden.

Anfänglich hatte ich geglaubt, sie hätte einfach Hemmungen. Warum sonst sollte eine intelligente und gebildete Person solche Schwierigkeiten haben, sich auszudrücken? Und die Symptome paßten. Sie mied den Umgang mit Menschen, um nicht mit ihnen sprechen zu müssen; sie verkrampfte sich sogar in den harmlosesten Situationen sozialen Umgangs. Aber langsam sah ich, daß Ladbrookes Wesen nicht zu der Diagnose paßte. Die Zaghaftigkeit und ständige Befangenheit, die man gemeinhin mit Schüchternheit oder Gehemmtheit in Verbindung bringt, fehlten ihr. Es gab Gelegenheiten, wo sie beträchtlich ungehemmter war als ich, und ich litt wahrhaftig nicht unter Schüchternheit. Hinzu kam, daß Ladbrooke selbst sich nicht als schüchtern betrachtete, und Schüchternheit ist meiner Meinung nach dem, der daran leidet, immer bewußt.

Ich rätselte an diesem Problem herum, bis langsam gewisse Verhaltensmuster deutlich wurden. Mir war von Anfang an aufgefallen, daß Spannung jeder Art für Ladbrooke schwer auszuhalten war. Je mehr sie sich unter Druck oder Anspannung fühlte, desto schwerer fiel es ihr, sich gewandt auszudrücken. Wenn sie es überhaupt schaffte, mehr als ihr übliches Ja und Nein und Ich-weiß-nicht hervorzubringen, gerieten ihr häufig die Wörter durcheinander, sie sagte Dinge, die sie gar nicht meinte, oder redete völlig sinnloses Zeug. Da jedes Zusammensein mit anderen, sogar harmlose Zusammentreffen im Lehrerzimmer bei ihr Ängste auslöste, war es für mich einfach gewesen, diese Reaktionen zu beobachten. Aber allmählich fielen mir auch andere Situationen auf, wo Ladbrooke mit Sprechhemmungen zu kämpfen hatte. Manchmal konnten ihr Hintergrundgeräusche, leise Musik oder das Stimmengemurmel anderer Schwierigkeiten bereiten. Wenn sie sich gehetzt fühlte, wenn sie müde war, zeigte sich das in einem Mangel an Sprachgewandtheit. An Ladbrookes wirren Reden erkannte ich nach einer Weile, in welchen Nächten sie nachts mit Leslie aufgewesen war.

Diese Muster wären mir wohl schneller bewußt geworden, wären nicht die wenigen umgekehrten Situationen gewesen, wo Ladbrooke überraschend redegewandt sein konnte, wie damals, als sie mir von dem schrecklichen Weihnachtsfest ihrer Kindheit erzählt hatte. Da solche Situationen nicht oft vorkamen, dauerte es lang, ehe ich erkannte, daß sie von bestimmten Bedingungen abhingen: Wir mußten allein sein, die unmittelbare Umgebung völlig ruhig, der emotionale Raum geschützt und warm. Und nur in Monologen zeigte Ladbrooke diese ungewohnte Beredsamkeit, niemals im Wechselgespräch.

Eine genaue Betrachtung dieser Muster veranlaßte mich schließlich zu der Folgerung, daß Ladbrookes Sprachhemmung weniger die Folge einer emotionalen Störung war als eine Art Sprachstörung, eine Dysfunktion im Sprachzentrum des Gehirns. Unter diesem Gesichtspunkt wurde vieles an ihrem Verhalten plötzlich erklärbar, und es war einfacher, zu begreifen, was mit ihr vorging. Die Angstzustände, unter denen sie im Zusammensein mit anderen Menschen litt, erzeugten Spannung. Die Spannung lähmte ihr Sprechvermögen. Gepeinigt von der Wahrnehmung, daß sie nicht ausdrücken konnte, was sie wollte, geriet sie in Panik. Die Panik raubte ihr auch noch die letzte Möglichkeit verbaler Äußerung. Ladbrooke hatte nur zwei Mittel gefunden, diesem Teufelskreis zu entkommen: Entweder sie mied allen Umgang mit Menschen und wies soziale Kontakte durch feindseliges, unzugängliches Verhalten ab, oder sie trank. Wenn sie trank, entspannte sie sich. Und wenn Ladbrooke genug getrunken hatte, konnte sie sprechen, oder es machte ihr zumindest nichts aus, wenn sie es nicht konnte.

Diese Theorie warf auch ein erhellendes Licht auf die Beziehung zu ihrem Mann. Tom, hochintelligent und scharfzüngig, war in einem Streitgespräch kaum zu schlagen. Ich wußte das aus eigener Erfahrung. Er manövrierte mich regelmäßig aus, indem er mit meinen Worten spielte, sie hin und her drehte, bis sie einen anderen Sinn bekamen, sprunghaft von einem Thema zum anderen wechselte und häufig mit Worten so lange auf mich eindrosch, bis ich ihm zustimmte, ob ich wollte oder nicht. Solch kunstvoller Wortakrobatik war Ladbrooke nicht gewachsen. Sie war schon geschlagen, ehe sie sich darauf einließ, und flüchtete sich entweder in zorniges Schweigen oder lautstarke Temperamentsausbrüche, die nichts klärten.

Die Beziehung zwischen ihnen war völlig ungleichgewichtig, und das sprang den Außenstehenden sofort ins Auge. Der erste Eindruck zeigte Tom als den dominanten Vater und Lad als das trotzige Kind. Ich kam jedoch mit der Zeit zu der Überzeugung, daß die Ungleichheit viel tiefer ging. Ladbrooke war nicht störrisch oder kleinlich. Es war nicht so, daß sie mit Tom nicht auf gleicher Ebene sprechen *wollte;* sie *konnte* es nicht. Es ging hier nicht um Reife und Unreife oder Dominanz und Unterwerfung. Die beiden waren von völlig verschiedener Art. Tom kam mir vor wie ein verhinderter Dompteur, nachsichtiger Herr über ein Wesen, das er liebte, aber nicht beherrschen konnte, während Ladbrooke, stumm und gefangen, im eisernen Käfig ihrer Ehe hin und her lief.

Es hatte den ganzen Tag in Strömen geregnet. Nicht einmal in der Mittagspause konnten die Kinder hinaus und waren außer Rand und Band, als der Unterricht wieder begann. Besonders Mariana hatte einen schlimmen Tag. Sie hatte schon am Morgen ihre Aufgaben nicht zu Ende gebracht, hatte sich in der Mittagspause mit Geraldine angelegt und später auch noch mit Shemona, hatte Dirkie durch provokatives Verhalten zu heftigem Onanieren unter den Tisch getrieben und war mir den ganzen Vormittag mit ihren Possen so auf die Nerven gefallen, daß ich sie mehrmals in die stille Ecke geschickt hatte. Auch nach dem Mittagessen dauerte es nicht lange, bis sie wieder dort landete.

Als das Rasseln des Weckers sie erlöste, sprang sie auf.

«Okay, Mariana», sagte ich, kurz von meiner Arbeit mit Shemona aufblickend. «Deine Aufgaben liegen auf dem Tisch. Fang bitte sofort an. Es ist nicht mehr viel Zeit bis zur Pause.» Ich wandte mich wieder Shemona zu.

Mariana schlug noch im Stehen ihr Heft auf und beugte sich über den Stuhl, um die Aufgaben anzusehen. Sie nahm ihren Bleistift und ging weg, um ihn zu spitzen. Dann kam sie zurück, setzte sich und sah wieder ihre Aufgaben durch. Sie warf einen Blick auf Geraldine, die zwei Plätze entfernt mit Kopfhörern eine Kassette hörte. Sie schnitt ihr eine Grimasse. Als Geraldine es nicht bemerkte, beugte sich Mariana zu ihr hinüber, stupste sie an und zog noch einmal ein Gesicht.

«Mariana», sagte ich. «Mach deine Aufgaben.»

Mariana starrte auf das Arbeitsblatt, das sie aus dem Hefter genommen hatte. Sie nahm ihren Bleistift, begann zu schreiben, legte den Stift wieder weg. Sie stand auf, ging zu ihrem Schrank, holte ihr Federmäppchen und kehrte an ihren Platz zurück. Nachdem sie eine Weile geräuschvoll gekramt hatte, zog sie einen großen grünen Radiergummi heraus, fing an zu radieren, hielt inne und begann mit dem Fingernagel am Rand des Gummis zu kratzen. Sie hielt sich den Gummi an die Nase und schnüffelte strahlend.

«Mariana», sagte ich. «Mach deine Aufgaben.»

Mariana starrte auf ihr Blatt. Sie spielte mit dem Bleistift. Sie kritzelte Schlangenlinien auf den Rand ihres Blatts. Sie hob den Bleistift hoch und betrachtete eingehend seine Spitze. Dann fing sie an, sich damit die Fingernägel zu reinigen.

Ich hatte genug. Ich stand auf und setzte mich zu Mariana.

«Was ist denn heute mit dir los?» fragte ich.

«Ich versteh das nicht.»

«Das ist das gleiche, was du die ganze Woche schon gemacht hast. Komm, lies mir mal die Anweisungen vor, dann wollen wir sehen, was du nicht verstehst.»

Mariana begann stockend zu lesen.

«Also, was heißt das?» fragte ich, als sie fertig war.

«Daß ich die Wörter auf der Seite hier lesen soll und dann die auf der anderen und dann die, die zusammengehören, mit einer Linie verbinden soll.»

«Richtig. Und was verstehst du daran nicht?»

Sie zuckte die Achseln.

«Also, dann mach jetzt.» Ich stand auf und ging um den Tisch, um zu sehen, wie die anderen vorankamen. Als ich das nächstemal zu Mariana hinübersah, ließ sie ihren Bleistift auf dem Tisch kreiseln.

Verärgert packte ich einen Meterstab, der in der Nähe lag, und schlug ohne Warnung krachend auf den Tisch vor dem kreiselnden Stift. Mariana schrie erschrocken auf.

«Arbeite!» fuhr ich sie an, und sie tat es.

Nur Augenblicke später läutete es zur Pause. Lad und ich brachten die Kinder hinunter und kehrten, da es unsere freie Pause war, ins Klassenzimmer zurück.

«Bitte, tu das nie wieder», sagte Ladbrooke auf der Treppe.

«Was denn?»

«So auf den Tisch schlagen wie vorhin.»

Ich lächelte. «Ich wollte Mariana nur auf Trab bringen. Sie war den ganzen Tag unerträglich.»

«Trotzdem.»

«Ich wollte sie nicht schlagen, Lad. Aber sie hat seit heute morgen nichts als Unsinn gemacht. Ich wollte ihr nur einen richtigen Schrecken einjagen.»

«Das ist nicht recht», sagte Lad, und damit hatte das Gespräch fürs erste ein Ende, da wir uns zu den anderen im Lehrerzimmer setzten.

Erst nach dem Unterricht, als Lad und ich zusammen am Tisch arbeiteten, kam das Thema noch einmal zur Sprache. Ladbrooke hielt in ihrer Arbeit inne und sah mich an.

«Ich weiß noch», sagte sie leise, «als ich in der ersten Klasse war, da machten wir einmal Leseübungen. Es war ein Lückentext, und man mußte die richtigen Wörter einfügen. Und ich konnte es nicht.

Die Lehrerin ging im Gang hin und her und beaufsichtigte uns. Sie hatte einen langen Zeigestab, und mit dem schlug sie immer auf den gußeisernen Rahmen an der Schulbank, wenn sie meinte, daß jemand sich nicht konzentrierte. Ich hatte ständig Todesangst, daß sie bei mir draufschlagen würde. Ich hab in der Schule eigentlich immer aufgepaßt, aber ich hatte ständig Angst, sie könnte glauben, ich wäre unaufmerksam.»

Ladbrooke schwieg einen Moment. «Ich hatte Angst vor ihr. Sie war nie mit mir zufrieden. Du weißt, wie das ist, wenn jemand so gereizt seufzt. Das tat sie dauernd. Sie war persönlich beleidigt, daß ich Linkshänderin war, und drohte mir, meine linke Hand an die Bank zu binden, wenn ich mir nicht angewöhnen könne, rechts zu schreiben. Außerdem schrieb ich immer meinen Namen falsch. Lieber Gott, Torey, gib deinem Kind bloß nie einen Namen, wo ‹d› und ‹b› aufeinander folgen. Glaubst du, ich hätte mich erinnern können, was zuerst kam? Ich war wie vernagelt. Und die Lehrerin tobte. Ich mußte nach der Schule bleiben und was weiß ich wie oft meinen Namen schreiben und schwitzte Blut, weil ich nie wußte, ob ich es richtig schrieb oder nicht. Ich konnte nur beten, daß es stimmte.»

Lad wurde nachdenklich. «Aber das wollte ich dir eigentlich

nicht erzählen», sagte sie. «Ich bin abgeschweift. Ich wollte dir erklären, warum ich solche Angst hatte. Ich wollte immer eine brave Schülerin sein. Du weißt ja, wie man in dem Alter ist. Man möchte gemocht werden.

Jedenfalls, wir sollten diesen Lückentext ausfüllen. Eines der Worte, das eingetragen werden sollte, war ‹tragen›. Ich hatte es in den falschen Satz eingesetzt. Die Lehrerin kam zu mir, beugte sich über mein Blatt und sagte: ‹Was ist das für ein Wort?› – ‹Tragen›, sagte ich. Darauf sagte sie: ‹Tragen gehört nicht in diesen Satz. Es ergibt keinen Sinn. Was bedeutet das Wort ‹tragen›? Sie wartete auf meine Antwort, aber ich konnte nichts sagen. Ich wußte, was tragen bedeutet, aber ich konnte es nicht sagen. Sie fragte ein zweites Mal. Und dann noch mal. Und noch mal. Ich wurde immer aufgeregter. Ich wollte es ihr sagen, weil ich ihr beweisen wollte, daß ich nicht dumm war. Aber ich konnte es nicht sagen. Und sie fragte und fragte immer wieder. Ich wußte, daß ich gleich anfangen würde zu weinen, und schämte mich entsetzlich. Aber sie hörte nicht auf, mir zuzusetzen. ‹Na komm schon, Ladbrooke›, sagte sie, ‹du bist doch ein großes Mädchen. Da wirst du doch wissen, was dieses kleine Wort bedeutet.› Ich wußte es auch, und das war das Furchtbare. Ich wußte es und konnte es nicht sagen. Ich saß da wie versteinert. Und da knallte sie plötzlich mit ihrem Zeigestab auf meine Bank. Direkt vor mir, direkt auf mein Blatt. Ich erschrak so, daß ich in die Hose machte.»

Ladbrooke lehnte sich zurück und schlang die Arme um ihren Oberkörper. «Ich kann heute noch die Demütigung fühlen, die ich in diesem Moment empfand.»

«Bei Mariana war das etwas anderes, Lad. Mariana hat keine Angst vor mir. Manchmal wünschte ich, sie hätte welche. Aber sie *kann* die Aufgaben auf ihren Blättern. Sie hat nur keine Lust.»

Ladbrooke runzelte die Stirn. «Darum geht es nicht.»

«Worum dann?»

«Ich weiß nicht genau. Wie ich es ausdrücken soll, mein ich.

Aber es geht nicht darum, ob sie es kann oder nicht oder ob sie nur keine Lust hat. Es geht um die Art, einen Menschen zu behandeln.»

Ich sah sie aufmerksam an.

Sie zuckte die Achseln. «Der Gedanke, daß du so etwas tust, bedrückt mich, Torey. Das hast du doch nicht nötig.»

Ladbrooke nahm ihren Filzstift und beugte sich wieder über ihre Arbeit. Ich sah sie noch eine Weile an, dann wandte ich mich wieder meiner Arbeit zu. Lange, vielleicht fünfundvierzig Minuten, arbeiteten wir schweigend.

«Torey?»

«Ja?»

«Kann ich dich was fragen?»

«Natürlich.»

«Aber du mußt mir die Wahrheit sagen.»

«Wenn ich kann.»

«Glaubst du, daß bei mir was nicht stimmt?»

Ich hob den Kopf und sah sie an. «Wie meinst du das?»

«Na ja, so wie ich bin. Ich muß dauernd daran denken, was ich dir vorhin erzählt habe. Ich seh mich noch da in der Bank sitzen. Ich wußte genau, was das Wort bedeutet, aber ich konnte es um die Welt nicht sagen. Es ließ sich nicht sagen, verstehst du. Es war einfach nicht da. Geht das allen Leuten so?» Sie schwieg einen Moment und beugte sich vor, stützte die Ellbogen auf den Tisch. «Oder ist da bei mir was nicht in Ordnung? Du mußt es mir ehrlich sagen. Ich muß es einfach wissen.»

Sie sah mir forschend ins Gesicht, doch ehe ich antworten konnte, sprach sie weiter. «Es scheint die Art und Weise zu sein, wie ich denke. Nicht, *was* ich denke, sondern *wie* ich denke. Und wie ich rede. Manchmal – manchmal bricht es einfach ab – oder erstarrt. Oder vielleicht war es auch von Anfang an nicht da. Ich weiß nicht. Ich beobachte die anderen, und keiner scheint diese Schwierigkeit zu haben. Du nicht. Tom nicht. Tom kann überhaupt nichts am Sprechen hindern.

Was meinst du, ist es einfach eine Sache der Persönlichkeit? Bin ich vielleicht gehemmt oder so was? Tom sagt immer, ich wäre geistig frigide. Und manchmal kommt's mir wirklich so vor, obwohl ich das furchtbar finde. Hat er recht? Oder ist es ein tiefes seelisches Problem, von dem ich nichts weiß, etwas, das im Unbewußten vergraben ist oder so? Wie bei Shemona vielleicht. Was meinst du? Ist es so was?»

Ich sagte ihr, daß meiner Meinung nach eine organische Störung ihre sprachliche Ausdrucksfähigkeit hemme und daran schuld sei, daß Wörter nicht immer zuverlässig abrufbar seien; daß dieses Sich-nicht-verlassen-Können starke Spannung und Angst auslöse, die wiederum die Sprachhemmungen verstärkten, und daß diese Faktoren gemeinsam in andere Gebiete ihres Lebens hineinwirkten. Den Blick unverwandt auf mein Gesicht gerichtet, hörte sie mir nachdenklich zu.

«Hat dir das schon einmal jemand gesagt?» fragte ich.

Nach kurzer Überlegung schüttelte sie den Kopf. «Nein. Man sagte mir, seelische Störungen wären der Grund. Der Psychiater, von dem ich dir schon erzählt habe, bei dem wir wegen Leslie waren – sagte, es wäre eine rein hysterische Reaktion. Als ich ihm erklärte, ich hätte das Gefühl, nicht so flüssig sprechen zu können wie andere, meinte er, ich könne sehr wohl sprechen, wenn ich wolle; ich bildete mir nur ein, es nicht zu können. Er sagte, ich gebrauche das Schweigen als Abwehr, um meine Schwierigkeiten nicht ansehen zu müssen.»

«Und was meinst du?» fragte ich.

«Ich gebrauche es nicht, um meine Probleme nicht ansehen zu müssen. Es ist das Problem überhaupt.»

Sie brach ab, hob die Hand und kaute einen Moment lang nachdenklich an ihrem Daumennagel. «Weißt du», sagte sie, «es drängt mich seit Jahren, mit jemandem zu sprechen, der etwas von solchen Dingen versteht. Ehrlich gesagt, das war mit ein Grund, warum ich mich für diese Arbeit meldete. Ich dachte, hier würde ich es endlich erfahren. Denn ich muß es wissen. Ich muß besser begreifen, was eigentlich vorgeht. Aber gleichzeitig hatte ich Angst vor der Möglichkeit, ich könnte genau das erfahren, was ich immer schon vermutet hatte.»

«Und was ist das?»

Den Kopf zur Seite geneigt, den Blick abgewandt, zuckte sie die Achseln. «Daß ich dumm bin. Daß ich so denke und rede – oder besser gesagt, nicht rede –, weil ich dumm bin. Ich hatte immer den Verdacht, ich hätte es nur einer Laune des Schicksals zu verdanken, daß ich in Mathematik und den naturwissenschaftlichen Fächern so gut bin; daß ich aber sonst strohdumm bin, minderbemittelt. Und seit Leslies Geburt bedrückt es mich noch mehr, wenn ich täglich sehe, wie sie einerseits so begabt sein kann und andererseits so total unterbelichtet. Ich nahm an, das könne sie nur von mir haben.»

Sie sprach sehr leise und ohne Emotion. Was für ein Bild trug sie da von sich herum!

«Du bist nicht dumm, Lad. Minderbemittelte reflektieren nicht über ihren seelischen Zustand. Mit deiner Intelligenz ist alles in Ordnung.»

Sie seufzte.

«Ich sage das nicht nur so. Du hast mich um meine fachliche Meinung gefragt, und das ist sie. Um deinen Intelligenzquotienten brauchst du dich nicht zu sorgen. Und du brauchst auch nicht zu fürchten, daß Leslie ihre Behinderung von dir hat. Das war, fürchte ich, wirklich eine böse Laune des Schicksals.»

Ladbrooke starrte auf den Tisch.

«Ich will nicht behaupten, daß ich alle Antworten parat habe, Lad. Das hat niemand in solchen Fällen. Aber so wie ich dich in den vergangenen Monaten erlebt habe, würde es mich wundern, wenn es nicht eine organische Störung wäre. Womit ich nicht sagen will, daß sie sich nicht auch auf die Psyche auswirkt. Du hast Angstzustände, und es gibt vieles andere, woran du seelisch leidest. Aber ich denke, es ist vor allem die Unfähigkeit, dich flüssig auszudrücken, die dich für emotionale Störungen anfällig macht, und nicht umgekehrt.»

Ladbrooke biß wieder auf ihren Nägeln. Sie nahm die Hand vom Mund und betrachtete nachdenklich ihre Finger. Dann nickte sie vorsichtig.

«Gut, wenn deine Diagnose stimmt, was dann? Was kann man tun?»

«Tja . . .»

Sie sah mich an.

«Darauf weiß ich keine Antwort, Lad. Das einzige ist wohl, es akzeptieren lernen. Dich damit auseinanderzusetzen, daß diese Störung ein Teil deiner Körperlichkeit ist; daß dein Körper nicht ganz so gut arbeitet, wie er vielleicht sollte; und damit zu leben – wie Epileptiker oder Diabetiker.»

Sie sagte nichts.

«Du solltest dich wahrscheinlich darauf konzentrieren, den Streß zu vermindern und der Panik beizukommen, die dich befällt, wenn du merkst, daß du nicht so flüssig sprechen kannst, wie du gern möchtest.»

«Ja.» Sie nickte. «Ja, mit der Panik hast du recht. Ich wußte nicht, daß es so offenkundig ist. Ich habe versucht, sie zu verbergen, weil ich weiß, daß sich alles nur in meinem Kopf abspielt. Ich weiß, daß nur ich es bin – daß ich dumm bin. Aber lieber Gott, Torey, manchmal hab ich das Gefühl, daß ich auf der Stelle einen Herzinfarkt bekomme und tot umfalle.»

«Das ist oft so, nicht?»

Sie nickte.

«Geht das schon lange?»

Wieder nickte sie. «Seit Jahren. Fremde Menschen genügen.»

Wie schwer mußte es für sie unter diesen Umständen gewesen sein, ihr Universitätsstudium durchzuziehen.

«Wie hast du nur deine Promotion geschafft?» fragte ich.

«Da hatte ich keine Probleme», antwortete sie. «Es war ja ein Gebiet, wo ich wirklich gut bin.»

«Ich hatte weniger an die wissenschaftliche Arbeit gedacht als an die mündlichen Prüfungen.»

«Ich kannte die Prüfer ziemlich gut. Und ich war gut vorbereitet.»

«Das glaube ich, aber es muß doch trotzdem eine ungeheure nervliche Belastung gewesen sein, die Fragen der Prüfer zu beantworten und deine Thesen im Gespräch zu verteidigen.»

Ein etwas verlegenes Lächeln huschte über ihr Gesicht.

«Ich hab Valium genommen. Ungefähr fünfzehn Milligramm. Ich konnte kaum die Augen offenhalten.»

«Ach so.»

Das Lächeln erlosch, und sie sagte: «Außerdem hab ich mit meinem Doktorvater geschlafen.»

Darauf hatte ich keine Antwort.

«Aber ich war wirklich gut vorbereitet. Ich habe nicht geschummelt. Ich hatte mir die Promotion verdient. Ich mußte nur dafür sorgen, daß ich sie auch bekam.»

24

In den folgenden Tagen sprachen Ladbrooke und ich sehr viel über ihre Ausdrucksschwierigkeiten. Ladbrookes Bedürfnis, dem Problem auf den Grund zu gehen, schien unersättlich. Immer wieder schilderte sie mir ihr Gefühl, geistig in einem Gehirn gefangen zu sein, das die Mitarbeit verweigerte. Episode um Episode fiel ihr ein, und jede beschrieb sie bis ins kleinste Detail. Aus diesem Schwall von Erinnerungen stieg das Bild einer Gefangenen, die vergeblich an den Stäben ihres unsichtbaren Käfigs rüttelte. Isoliert, unfähig, sich mitzuteilen, gequält von der Demütigung, dauernd für dumm gehalten zu werden, war sie immer zorniger geworden, gegen sich selbst und gegen alle anderen. Überall suchte sie die Befreiung. Lange bevor sie den Alkohol entdeckte, hatte sie eine andere starke Waffe gefunden: ihr Aussehen.

Es war das erste Mal, daß Ladbrooke von ihrer Schönheit sprach, das erste Mal, daß sie sie als bedeutsamen Faktor in ihrem Leben erwähnte. Sie fühle sich nicht schön, sagte sie. Ein leerer Karton in einer hübschen Verpackung. Aber die Schönheit war da. Man konnte sich ihrer bedienen, um das schreckliche Gefühl der Hilflosigkeit zu lindern. Aber am Ende war sie nur zu einem Ausdrucksmittel ihrer ohnmächtigen Wut geworden, zu einem Mittel, mit dem sie die Männer lockte, ihr Liebe zu geben, um sie dann dafür zu verachten, daß sie die Wertlosigkeit nicht sahen, die sie fühlte. Hier, dachte ich, während ich zuhörte, lag vielleicht die Erklärung für Toms Macht über sie. Ihre Schönheit hatte ihn nicht geblendet. Er war als einziger bereit, ihre Meinung über sich selbst zu bestätigen.

Ich konnte Ladbrookes Bedürfnis, dies alles loszuwerden, verstehen und fand es interessant, daß sie bei diesem Thema keinerlei Ausdrucksschwierigkeiten zeigte. Mit mir allein in der Abgeschlossenheit des Klassenzimmers konnte sie all diese schrecklichen Momente mit aufwühlender Ausdruckskraft darstellen. Aber ich fand, es sollte auch etwas Konstruktives bei diesen Gesprächen herauskommen. All diese Erkenntnisse waren nicht viel wert, wenn sie nicht zu positiver Veränderung führten.

Mir ging es um zweierlei: Ich wollte versuchen, ihr zu helfen, besser mit ihren Ängsten umzugehen und sie mit der Zeit zu zähmen, denn sie setzten ihr viel stärker zu als die Momente der Sprachlosigkeit. Und ich wollte Ladbrooke zu der Einsicht bewegen, daß die Methoden, die sie bisher angewandt hatte, um Panik zu vertuschen und Interaktionen zu vermeiden, für ihre Umwelt beinahe ebenso unangenehm waren wie ihre Ängste für sie selbst.

Wir sprachen über Entspannungsübungen und andere Methoden, die bei akuten Angstzuständen allgemein angewandt werden. Ich erinnerte sie an manches, was ich mit Dirkie tat, der auch zu solchen Zuständen neigte. Darüber hinaus jedoch, sagte ich, gehe es hauptsächlich darum, sich der Gesellschaft anderer Menschen auszusetzen und die Situation auszuhalten. Eine unelegante Lösung, sagte ich, genau wie man Jahre früher zu mir gesagt hatte, als ich selbst mit einer Phobie konfrontiert gewesen war. Auch davon erzählte ich ihr. Aber so unelegant die Methode war, sie wirkte. Wenn man sich immer wieder aussetzte, konnte man die lähmende Angst überwinden.

Auch die andere Sache besprach ich mit ihr: den Eindruck, den sie auf andere machte, wenn sie sich aus Angstsituationen zu retten versuchte. Interessanterweise hatte Ladbrooke, so scharf ihre Wahrnehmung ihrer eigenen Situation war, nur eine schwache Ahnung davon, wie ihr Verhalten auf andere wirkte. Mir war das schon bei anderer Gelegenheit aufgefallen, insbesondere in bezug auf ihre Beziehung zu Tom, aber hier war es noch ausgeprägter. Vom Kopf her schien sie zu erkennen, daß sie ein Bild kalter Feindseligkeit projizierte. Aber vom Gefühl her schien sie ehrlich erstaunt, daß die Menschen tatsächlich glaubten, sie wäre so. So bin ich doch in Wirklichkeit gar nicht, erklärte sie mir pikiert. Warum alle Welt immer alles so wörtlich nehme? Wir alle, sagte ich, neigten nun einmal dazu, das für bare Münze zu nehmen, was wir sehen. Aber Ladbrooke, die so verzweifelt Verständnis suchte, fand bei sich kein Verständnis für andere. Darum legte ich das Thema fürs erste *ad acta*.

Mitte März fuhr Tom mit Leslie und seinen beiden anderen Kindern für fünf Tage zu seiner Mutter. Leslie würde von Mittwoch bis Freitag dem Unterricht fernbleiben. Ladbrooke fuhr nicht mit, froh darüber, ihre Arbeit bei uns als legitime Entschuldigung benützen zu können. Da ich wußte, daß Ladbrooke in dieser Zeit keinerlei Verpflichtungen haben würde, beschloß ich, sie aufzufordern, einen Abend mit mir und Carolyn zum Schwimmen zu gehen. Ich wußte, daß Ladbrooke Carolyn und mich ein wenig um unsere gemeinsamen Abende beneidete, und hier schien eine gute Gelegenheit, sie einzubeziehen und in einer lockeren und unbedrohlichen Atmosphäre mit Menschen zusammenzubringen.

Ladbrooke nahm, wie ich erwartet hatte, die Aufforderung ein wenig überrascht und sichtlich erfreut an.

An Schwierigkeiten hatte ich überhaupt nicht gedacht, als mir der Gedanke gekommen war, Ladbrooke aufzufordern. Ich betrachtete sie als Freundin und rechnete damit, daß sie sich mit Carolyn und mir wohl fühlen und nicht nötig haben würde, das Visier herunterzulassen. Doch als der Freitag kam, wälzten sich die Bedenken wie dicke Wolken heran. Ich vergaß leicht, wie unsympathisch alle anderen Lad fanden, weil wir kaum mit den anderen in der Schule zusammenkamen und ich selbst sie schon lange nicht mehr so sah. Aber jetzt wurden die Erinnerungen plötzlich quicklebendig. Was, wenn Ladbrooke wieder die alte abweisende Feindseligkeit und Arroganz hervorkehrte und Carolyn und mir gründlich den Feierabend verdarb? Die Sorge um mein eigenes Befinden beschäftigte mich weit mehr als die Möglichkeit, daß Ladbrooke sich unbehaglich fühlen und in Panik geraten könnte. Bis wir endlich in die Schwimmhalle kamen, war ich so unter Druck, daß ich mich nur noch fragen konnte, wieso, zum Teufel, ich mich in diese Situation hineinmanövriert hatte, wo es doch viel einfacher gewesen wäre, mich zu Hause vor den Fernseher zu setzen.

Ich kann nur vermuten, daß die Spannung an diversen absurden Reaktionen schuld war, die ich an diesem Abend bei mir bemerkte. Beim Umziehen genierte ich mich plötzlich neben Lad, obwohl ich mich seit Jahren mit meinem Körper sehr wohl fühlte. Während ich sie heimlich beobachtete, stellte ich unentwegt Vergleiche an.

Zu allem Überfluß war Ladbrooke auch noch weit besser in Form als Carolyn und ich. Mit kühnem Sprung tauchte sie vom Sprungbrett ins Wasser und schwamm davon wie ein Fisch, während Carolyn und ich dastanden und die Bäuche einzogen. Ich war sauer. Da führte ich nun ein erzgesundes

Leben, während sie ihren Körper erbarmungslos mißbrauchte – und das sollte die Belohnung für meine Tugend sein?

Schnell raubte sie mir auch noch den letzten Triumph. Ich hatte erst spät und mit viel Mühe schwimmen gelernt. Ich war nun mal nicht die geborene Nixe, aber ich hatte beharrlich trainiert, und die Tatsache, daß ich unter den Stammgästen der Schwimmhalle zu den besseren Schwimmern gehörte, war mir immer eine große Genugtuung gewesen. Aber Ladbrooke war mir weit überlegen. Sie gesellte sich zu mir, während ich meine Bahnen schwamm, zog bald mühelos an mir vorbei und saß längst bei Carolyn am Beckenrand, als ich mich schließlich heraushievte. Mißmutig stürzte ich mich noch einmal ins Wasser und schwamm weiter, bis ich so müde war, daß mir alles egal war.

Danach sanken wir alle in den Whirlpool, ich lehnte mich an die Düsen und ließ mir die strapazierten Muskeln massieren. Ladbrooke, im tieferen Wasser, das lange Haar auf der Oberfläche ausgebreitet, sah aus wie eines der Mädchen auf den Bildern von Maxfield Parish. Und Carolyn, sprudelnd wie immer, unterhielt uns mit einem witzigen Bericht über ihre qualvollen Bemühungen, eines der Kinder ihrer Gruppe an die Toilette zu gewöhnen.

Nach einer Weile setzte sich Ladbrooke zu mir auf die Bank, lehnte den Kopf zurück und schloß die Augen. Ein paar Minuten trieben wir alle auf freundschaftlichem Schweigen dahin. Dann schaute Carolyn zu uns herüber.

«Und», sagte sie, «was halten Sie von uns, Lad? Gefällt Ihnen die Arbeit?»

Ladbrooke öffnete die Augen. Sie warf mir einen kurzen Blick zu, ehe sie sich Carolyn zuwandte. Sie nickte.

Carolyn sagte nichts mehr.

«Ja, sie gefällt mir», sagte Lad. «Ich habe sehr viel gelernt.»

«Wäre das ein Beruf für Sie?» fragte Carolyn.

«Ich weiß nicht.»

Carolyn lachte. «Na, das ist wenigstens ehrlich.»

«Ich bin gern mittendrin in dem ganzen Durcheinander», erklärte Ladbrooke. «Es klingt alles etwas seltsam, wenn man außerhalb steht, aber wenn man selbst dabei ist, mitten im Getümmel, dann ist es viel aufregender, als ich es mir vorgestellt habe. Es ist – es ist viel – viel –» Sie brach ab.

«Aufrichtiger», meinte Carolyn. «Echter. Lebendiger.»

Ladbrooke nickte. «Ja, das meinte ich. Lebendig.»

Als wir später in den Umkleideräumen waren, entschuldigte sich Carolyn. Sie müsse sich beeilen, sie wäre noch verabredet. Ich wartete auf Ladbrooke, die sich noch das Haar fönte.

«Hast du jetzt was vor», fragte sie, als sie fertig war, «oder hast du Lust, in die Casa Taylor zu kommen und mit mir was zu essen?»

«Ja, gut», sagte ich.

«Eine tolle Köchin bin ich nicht, das sag ich dir gleich. Aber irgend etwas bringe ich schon zusammen, wenn deine Ansprüche nicht zu hoch sind.»

Ich saß allein im riesigen Wohnzimmer, zum erstenmal in diesem Haus. Aus der Küche, wo Ladbrooke hantierte, kam das Klappern von Töpfen und Pfannen. Den Kopf zurückgelehnt, starrte ich zur gewölbten Decke hinauf.

Das reinste Schloß, dachte ich. Noch nie hatte ich ein solches Haus von innen gesehen. Es erinnerte mich an eine Kirche, mit den massiven Holzbalken und dem spitzen Dach, dessen Giebel bestimmt sechs Meter über mir war. Hoch oben an den Balken saßen kleine Strahler, die ein weiches Licht verströmten. Es war schön, aber ich war mir nicht sicher, ob ich in so einem Haus hätte leben mögen.

Ein offener Kamin von gigantischen Ausmaßen trennte den Wohnraum vom Eßzimmer. Während ich ihn musterte, fiel mir plötzlich mein kleines Haus in Wales ein. Es hatte auch so einen massigen Kamin, nicht etwa Zeugnis üppigen Wohlstands, sondern des irrigen Glaubens lang vergangener Tage, daß größer auch wärmer bedeutete. Was natürlich nicht stimmte. Die ganze Wärme entwich durch den Rauchfang. Heimweh packte mich, und um mich abzulenken, ging ich in die Küche, um zu sehen, was Ladbrooke trieb.

Sie hatte nicht gescherzt, als sie von ihren mangelnden Kochkünsten gesprochen hatte. Als ich kam, löffelte sie gerade ein Gemisch aus Hackfleisch und Spaghetti aus der Dose auf zwei Teller. Ich fand den Widerspruch zwischen diesem, gelinde gesagt, schlichten Mahl und der luxuriösen Umgebung so erheiternd, daß ich lächeln mußte.

Ladbrooke lächelte zurück. «Meinst du, du magst das?» fragte sie in hoffnungsvollem Ton.

Ich nickte.

Sie öffnete den Kühlschrank. «Was möchtest du trinken?»

«Irgendwas.»

«Vor sechs Monaten hätte ich einen guten Weißwein vorgeschlagen.» Ihre Stimme war wehmütig. «So ein schönes Glas Wein zum Essen, das fehlt mir wirklich.» Sie sah über die Kühlschranktür zu mir herüber. «Möchtest du Wein? Wir haben welchen da.» Sie hob eine Flasche hoch. «Es macht mir nichts aus, Torey. Tom trinkt immer. Es stört mich nicht, wenn du vor mir trinkst.»

Ich schüttelte den Kopf.

«Wirklich, es macht mir nichts aus.»

«Nein, nein. Hast du Milch da?»

«Milch? Zum Essen? Ich käme mir blöd vor, wenn ich dir Milch anbieten würde.»

«Doch Lad, gib mir ein Glas Milch. Das trinke ich zu Hause auch.»

Wir setzten uns an den Tisch. Die Stille in dem riesigen Haus bedrückte mich. Ich hätte mich hier allein nicht wohl gefühlt. Ich hätte mir ein bißchen mehr Licht oder Musik oder sonst etwas gewünscht, um die Stille abzuwehren. Ladbrooke jedoch schien sich durchaus wohl zu fühlen. Sie war entspannter, als ich sie gewöhnlich erlebte. Mit Appetit stippte sie ihre Gabel in den Spaghettieintopf.

Plötzlich fing sie an zu lachen. «Ich finde das ganz toll. Als hätte ich meine Lehrerin zum Essen eingeladen.»

«Ich bin nicht deine Lehrerin, Lad.»

«Doch», sagte sie im Brustton der Überzeugung, offensichtlich sehr vergnügt.

Ich nahm meine Gabel und begann zu essen. Ladbrooke war, wie ich sah, schon halb fertig. Wohin sie das alles steckte, war mir schleierhaft, aber sie aß im allgemeinen mit dem Appetit eines Holzfällers.

Als sie fertig war, stand sie auf und ging in die Küche.

«Magst du Eis, Torey?» rief sie und kam mit zwei Kartons zurück. «Das hier ist Himbeer und das ist Schokolade.» Sie lachte fröhlich. «Das ist Toms, und das ist meines. Ich liebe Schokolade.» Sie fuhr mit dem Finger am Deckelrand entlang und leckte den Finger ab. «Nimm davon. Es schmeckt viel besser.»

«Okay.»

Während sie in der Küche die Schälchen holte, starrte ich auf den Schokoladeneiskarton und wurde mir plötzlich bewußt, wie normal das alles war, das Eis, die Dosenspaghetti, Ladbrookes offenkundige Freude an diesem Abend. Und gleichzeitig wurde mir beinahe schmerzlich bewußt, daß ich, was die kleinen alltäglichen Dinge anging, die zu einer Freundschaft gehören, über Ladbrooke praktisch nichts wußte. Vier Monate Seelenforschung, und ich wußte nicht einmal, daß sie eine Vorliebe für Schokolade hatte.

Ladbrooke kam wieder und stellte ein Schälchen auf den Tisch.

«Tom kann Schokolade nicht ausstehen», sagte sie, während sie uns jeder eine Riesenportion auflud. «Er behauptet, sie wäre schlecht für die Haut. Ich glaub das nicht, aber er sagt mir dauernd, ich soll nicht so viel davon essen.» Sie schüttelte müde den Kopf. «Manchmal weiß ich wirklich nicht. Tom kann so eine Nervensäge sein. Und herrschsüchtig. Er behandelt mich wie eine Sechsjährige. Alles muß nach seinem Kopf gehen. Hoffentlich ist dein zukünftiger Mann anders. Hoffentlich hast du genauer hingeschaut als ich damals.»

«Warum hast du Tom eigentlich geheiratet?» fragte ich.

Achselzuckend nahm sie einen Riesenlöffel voll Eis, hielt ihn hoch und leckte daran wie an einem Eis am Stiel. «Ich weiß nicht. Er war nett.» Sie hielt inne, um Eis zu lecken. «Ich war beeindruckt – von seiner Malerei, weißt du.» Einen Moment lang sah sie mich nachdenklich an. «Tom hatte viel zu bieten, und ich war noch sehr jung, als ich ihn kennenlernte, knapp dreiundzwanzig. Ich hatte nicht viel Erfahrung. Da kommt plötzlich dieser Mann auf dich zu, reich, berühmt, mit einer unheimlichen Ausstrahlung. Ich war tief geschmeichelt, daß er sich für mich interessierte.»

«Hast du damals gearbeitet?»

Sie nickte. «In Princeton. Ich saß noch an meiner Doktorarbeit, als wir uns kennenlernten. Ich hatte noch zwei Jahre bis zur Promotion. Zuerst haben wir so zusammengelebt. Tom hatte eine Wohnung in Manhattan, und ich zog an den Wochenenden, wenn ich nicht in Princeton war, einfach zu ihm. Aber nach einer Weile begann er davon zu reden, daß er hierher zurückwolle. Ich war noch nie hier gewesen, aber alles, was er erzählte, klang wunderbar. Er wollte unbedingt zurück; er sagte, hier seien seine Wurzeln. Ich war gerade dabei, mich zu etablieren. Aber er ließ nicht locker. Er wollte heiraten, wollte alles mit Brief und Siegel. Dann kam Leslie, und ich glaube, tief drinnen wußte ich von Anfang an, daß mit ihr etwas nicht stimmte. Deshalb dachte ich, es wäre vielleicht besser – ihretwegen, verstehst du. Außerdem versicherte mir Tom dauernd, ich müßte ja die Arbeit am Projekt nicht aufgeben. Er hatte damals den Jet, und wir wollten einfach weitermachen wie bisher. Ich wollte die Woche über in Princeton leben und die Wochenenden mit ihm zu Hause verbringen. Wir waren fünf Jahre zusammen, ehe wir das erstemal eine ganze Woche unter einem Dach verbrachten. Ich erhob keine großen Einwände gegen den Umzug. Toms Schilderungen klangen sehr verlockend. Und für Flugzeuge hatte ich eine Schwäche. Ich wollte selbst den Flugschein machen. Ich fand das aufregend, quer über das ganze Land hin und her zu fliegen.»

«Woran hast du im Rahmen eures Projekts gearbeitet?»

«Das war experimentelle Arbeit über die Geometrie bestimmter Molekularsubstanzen.» Sie warf mir einen Blick zu. «Hast du schon einmal was von Raman-Spektroskopie gehört?»

Ich schüttelte den Kopf und sah die flüchtige Enttäuschung auf Ladbrookes Gesicht.

«Ich weiß. Es klingt ziemlich langweilig, nicht? Das geht den meisten Leuten so. Aber mich interessiert es. Ich hab für so was eine Begabung.»

«Warum hast du es aufgegeben?»

Achselzucken, während sie das Eisschälchen auskratzte. «Es war einfach zu hektisch. So aufregend war das gar nicht, jede Woche von hier nach New Jersey und wieder zurück zu pendeln. Tom wollte an den Wochenenden immer Leute einladen und seine Kinder dahaben. Dann mußte ich wieder zurück an die Arbeit. Ich hab oft bis in die Nacht hinein gearbeitet, und dauernd diese endlosen Sitzungen wegen der Finanzierung. Ich war nur noch erschöpft. Ich war achtundzwanzig und fühlte mich ungefähr wie achtundachtzig. Und geschafft hab ich überhaupt nichts. Meinen Flugschein hab ich nie gemacht. Ich war im Flugzeug immer viel zu müde, um auch nur ans Fliegen zu denken.» Sie hielt inne und stieß einen tiefen Atemzug aus. «Weißt du, wenn ich ehrlich bin, war's am Anfang ein reiner Egotrip. Ich fand es schick, im Flugzeug hin- und herzupendeln. Ich fand es toll, daß Geld keine Rolle spielte. Aber es lohnte sich nicht. Ich war zu müde, um noch an irgend etwas Spaß zu haben. Mit Leslie wurde es immer schlimmer. Tom lag mir dauernd damit in den Ohren, daß ich ihn und das Kind vernachlässige. Es brachte mich fast um. Und ich meine, ich war ja nicht gerade Einstein. Ich war die Jüngste, die an dem Projekt mitarbeitete, hatte am wenigsten Erfahrung. Sie brauchten mich nicht unbedingt. Darum gab ich es auf, als es zu schwierig wurde.»

«Schade», sagte ich. «Meinst du nicht, es hätte eine sehr befriedigende Karriere werden können?»

Einen Moment lang war Wehmut in ihrem Gesicht. «Ja, vielleicht.» Dann zuckte sie die Achseln. «Aber wer weiß.»

Wir standen auf und trugen das Geschirr in die Küche. Ladbrooke räumte die Spülmaschine aus und bekannte, daß sie keine Ahnung hätte, wo die Dinge hingehörten, da sie kaum je in die Küche käme. Wir steckten sie also einfach dorthin, wo wir ihren Platz vermuteten. Dann machte Ladbrooke Kaffee in einer Maschine, die aussah, als brauche man zu ihrer Handhabung ein abgeschlossenes Physikstudium.

«Das wird mir nachher bestimmt leid tun», sagte sie. «Kaffee macht meinen Magen rebellisch. Aber manchmal schmeckt er einfach so gut.»

Er roch wirklich köstlich, erfüllte den ganzen Raum mit seinem würzigen Duft.

«Komm», sagte Ladbrooke, «gehen wir runter ins Arbeitszimmer. Da ist es gemütlicher.»

Sie führte mich durch unbeleuchtete Flure zwei Treppen hinunter in einen kleineren, weit persönlicheren Raum. Im Gegensatz zum Rest des Hauses, wo alles wie geleckt war, sah man diesem Zimmer deutlich an, daß es bewohnt war. Schuhe, Socken und insbesondere Zeitungen lagen überall herum.

«Ich bin leider als Hausfrau ebenso untauglich wie als Köchin», bemerkte Ladbrooke, während sie einen Stapel Sachen von einem der Sessel fegte.

Ich setzte mich, und Ladbrooke streckte sich auf der Couch aus, den Kopf auf der Armlehne, so daß ihr langes helles Haar fast zum Boden herabhing. Eine Weile sprachen wir nichts. Ich trank mit Genuß meinen Kaffee. Ladbrooke lag ruhig da, und ich hatte, obwohl ich ihr Gesicht nicht sehen konnte, den

Eindruck, daß sie die Augen geschlossen hatte. Warm, beinahe einschläfernd hüllte uns die Stille ein.

«Ich hab vorhin nicht ganz die Wahrheit gesagt», sagte Ladbrooke plötzlich leise.

«Wann?»

«Oben im Eßzimmer, als du mich fragtest, warum ich meine Arbeit aufgegeben habe.»

«Ach so.»

«Es war nicht direkt gelogen. Das Hin und Her und alles war wirklich schwierig. Aber es war nicht der einzige Grund.»

Sie hielt die Hände auf dem Bauch, die Fingerspitzen giebelförmig aneinandergedrückt.

«In Wirklichkeit war es meine Schuld. Nicht Toms. Nicht Leslies. Es war einzig meine Schuld. Ich hörte auf, weil ich mich wie eine Idiotin benommen hatte.» Sie starrte auf ihre Hände. «Ich habe das noch nie einem Menschen erzählt. Ich meine, es wußten sowieso genug Leute davon. Aber ich hab's niemandem erzählt. Auch Tom nicht. Und ich glaube auch nicht, daß ich es ihm je erzählen werde.»

Stille.

«Zuerst muß ich vielleicht kurz erklären, wie es in der Forschung zugeht. Da herrscht Kampf bis aufs Messer. Ich glaube, den meisten Leuten ist das nicht klar. Sie sehen nur den Elfenbeinturm und ahnen nicht, daß da oben der Konkurrenzkampf genauso gnadenlos ist wie überall sonst. Geld ist schwer zu kriegen, und die Projekte kosten einen Haufen. Der Projektleiter muß nicht nur ein guter Wissenschaftler sein, sondern auch ein verdammt guter Politiker, um an die Gelder heranzukommen, die ernsthafte Forschungsarbeit braucht. Und die Finanzierung zu erhalten.»

Sie hielt einen Moment inne. «Es gibt eine Menge wissenschaftlicher Preise, und sie sind lebenswichtig. Man muß sie kriegen. Wenn man irgendwas zustande gebracht hat, das auch nur die geringste Bedeutung hat, muß man öffentliche Anerkennung dafür bekommen. Dann fließen auch die Gelder.

Viele Forschungsprojekte werden von den großen Konzernen unterstützt, deren Bosse meistens gar nicht verstehen, worum es geht. Sie verstehen es aber sehr wohl, wenn man die Konkurrenz im Kampf um die Preise schlägt. Dann wissen sie, daß man gut ist, und sind bereit, einen zu finanzieren. Hinzu kommt, daß in vielen Fällen auch die Preise selbst klingende Münze bringen. Sie werden also sehr ernst genommen.»

Wieder eine Pause. Ladbrooke holte hörbar Atem und hielt die Luft einen Moment an, ehe sie sie langsam wieder ausstieß.

«Wir waren bei einem Preisverleihungsbankett. Mein früherer Doktorvater, der auch unser Projektleiter war, hatte sich um den Preis beworben, und wir hatten eine gute Chance, ihn zu bekommen. Wir wußten das alle und waren entsprechend guter Stimmung. Weißt du, wir hatten Schwierigkeiten mit unserer Finanzierung. In Kalifornien lief ein ähnliches Projekt wie das unsere, und einer unserer Geldgeber war im Jahr davor bei uns abgesprungen und zu den Kaliforniern übergewechselt. Und in Washington hatte die Regierung gewechselt. Wir mußten unbedingt neue Geldquellen auftreiben. Deshalb brauchten wir in dem Jahr unbedingt einen Preis.

Schön, wir waren also bei dem Bankett und waren gespannt, ob John den Preis bekommen würde. Es war alles sehr vornehm – langes Abendkleid, Handschuhe und der ganze Firlefanz. Und ich hatte getrunken ...»

Ladbrooke starrte stumm auf ihre Hände. Ich wartete, ohne etwas zu sagen.

«Damals glaubte ich nicht daran, daß ich wirklich ein Alkoholproblem hatte», fuhr Ladbrooke schließlich fort. «Wenn ich jetzt zurückdenke, ist mir klar, daß es damals mindestens anfing, aber es beeinträchtigte mich nicht in meinem täglichen Leben. Ab und zu machte mal jemand eine Bemerkung, aber es war nie etwas Ernsthaftes. Zumindest nahm ich es nie ernst.

Bei dem Bankett hab ich – wie soll ich sagen –, na ja, ich

flirtete mit John, dem Mann, der mein Doktorvater gewesen war und der jetzt unser Projektleiter war. Ich hatte wirklich zu viel getrunken. Ich hatte wahnsinnige Ängste gehabt. Ich wollte bei dem Bankett unbedingt einen guten Eindruck machen, weil so viel davon abhing. Ich fing schon am Nachmittag zu trinken an, um ruhiger zu werden. Ich weiß nicht, wieviel ich intus hatte, als ich schließlich ankam. Aber es reichte. Und dort wurde natürlich auch getrunken. Erst Cocktails vor dem Essen, dann Wein.

Kurz und gut, ich fing an, mit John zu flirten. Seine Frau war auch dabei. Alle hatten sie ihre Frauen oder Freundinnen mit. Ich war die einzige Frau im Projekt. Fünf Tage in der Woche war ich die einzige. Jetzt hatten sie alle ihre Frauen, und ich war allein. Tom war nicht mitgekommen. Er saß hier. Er hatte zu tun. Und ich war allein.

Johns Frau saß mir ausgerechnet direkt gegenüber. Und da hat mich plötzlich der Hafer gestochen. Ich fing an, alle möglichen Albernheiten zu machen, um Johns Aufmerksamkeit zu gewinnen, aber er reagierte nicht. Ich glaube, weil seine Frau dabei war. Ich war im Grund überhaupt nicht eifersüchtig auf sie. Ich meine, schließlich war ich diejenige, mit der er schlief, worauf hätte ich da eifersüchtig sein sollen. Nein, es war etwas anderes; es war, daß er mich wie seine Ehefrau behandelte. Als wäre ich nur ein Dekorationsstück und nicht eine Kollegin. Ich glaube, wenn ich ganz ehrlich bin, wollte ich, daß er den anderen Frauen zeigte, daß ich nicht so bin wie sie. Daß ich nicht nur ein hübsches Ding bin. Ich war da, weil ich es mir verdient hatte. Ich war eine gleichwertige Kollegin. Und so wollte ich auch behandelt werden.»

Stille.

«Und dann?» fragte ich.

«Ich kann kaum darüber sprechen», sagte sie.

«Das brauchst du auch nicht, das weißt du.»

«Aber ich muß. Ich muß es endlich einmal laut sagen. Es ist so ähnlich wie damals, als ich das erstemal jemandem sagte, daß ich Alkoholikerin bin. Manche Dinge muß man einfach laut aussprechen.»

Sie holte tief Atem.

«Ich – Gott, das klingt so entsetzlich – ich hab eine Art Striptease hingelegt. Ich nahm mir vor, für jede fünf Minuten, die John mich unbeachtet ließ, etwas auszuziehen. Ich dachte, wenn das die einzige Art seiner Beziehung zu mir ist, dann soll er haben, was er will. Ich weiß, im nüchternen Zustand klingt das völlig blödsinnig, aber damals fand ich das unheimlich logisch. Ich war wirklich zornig. Und je länger wir da saßen, desto zorniger wurde ich. Er behandelte mich wie Dreck, obwohl ich eine vollwertige Mitarbeiterin am Projekt war. Ich hatte mir meinen Platz verdient. Ich hatte hart gearbeitet. Und er behandelte mich wie seine doofe kleine Freundin. Wenn er das will, dachte ich, das kann er gern haben . . .

Na ja, und dann ging's los. Erst zog ich meine Handschuhe aus. Dann nahm ich meine Kette ab. Dann zog ich die Nadeln aus meinen Haaren, die ich hochgesteckt hatte. Im Laufe des Essens sammelte sich neben meinem Teller ein kleines Häufchen von Sachen an. Und die Leute fingen natürlich an aufmerksam zu werden, als ich mein Haar aufmachte. Dann zog ich die Jacke aus, die zu meinem Abendkleid gehörte –»

Abrupt richtete sie sich auf. Mit einer Hand strich sie sich vorsichtig über die Wange. Dann legte sie beide Hände auf ihr Gesicht und rieb sich die Augen.

«Ich hätte den Kaffee nicht trinken sollen. Jetzt ist mir übel.» Sie senkte langsam die Hände und sah sie an. «Siehst du? Ich bin ganz zittrig.»

Langes Schweigen trat ein. Schließlich ließ sie sich seufzend wieder zurücksinken.

«Ich kann dir nur sagen, an dem Abend vergaßen die meisten Leute, daß sie wegen einer Preisverleihung gekommen waren. Ich bekam mehr Aufmerksamkeit, als ich mir gewünscht hatte.»

Sie sah zu mir herüber, und ich nickte.

«Ich kann mich nicht mehr an alles erinnern, was passierte. Und das, woran ich mich erinnere, ist so entsetzlich erniedrigend, daß ich gar nicht wissen will, was ich sonst noch getan habe. Ich weiß noch, daß John mich aus dem Saal führte. Und daß ich draußen auf der Straße erbrochen habe. Aber das ist auch alles. Am nächsten Morgen wachte ich in der Wohnung eines Projektkollegen auf, den ich kaum kannte. Ich hatte keine Ahnung, wie ich dahin gekommen war, und das macht es noch schlimmer, weil ich mir vorstellen kann, was passiert ist. Danach konnte ich nicht mehr zurück. Nachdem ich John und die anderen vor allen so in Verlegenheit gebracht hatte. Und Tom hab ich natürlich nie etwas davon erzählt. Ich fuhr nach Hause, schrieb meine Kündigung und bin nie wieder zurückgegangen. Das schien mir die einzige Möglichkeit.»

Schweigen.

«So, jetzt weißt du, was für eine dämliche Kröte du dir da aufgehalst hast.»

«Ich kann mir vorstellen, daß das ziemlich gräßlich gewesen sein muß.»

Lad seufzte. «Ich hab zwei Jahre gebraucht, um so weit zu kommen, daß ich überhaupt daran denken konnte. Gesprochen habe ich mit keinem Menschen darüber. Du bist die erste. Es ist das Schlimmste, was ich je getan habe.» Ein trauriges Lächeln berührte ihre Lippen. Sie sah zu mir herüber. «Das, was ich bei euch im Klassenzimmer abgezogen habe, war allerdings fast genau so peinlich.»

Ich lachte, und die Spannung riß.

«Aber wenigstens», fügte sie hinzu, «geschah es da nicht vor aller Öffentlichkeit. Obwohl ich mich genau so schlecht fühlte, weil es kein Entkommen gab. Ich wäre am liebsten gestorben.»

Sie hob eine Hand und kaute nachdenklich an ihrem Daumennagel. «Ich weiß nicht mehr viel von dem Tag. Ich hatte ungefähr seit sechs Uhr morgens getrunken. Ich hatte die Nacht vorher nicht eine Minute geschlafen, und ich weiß nur noch, daß ich mir Mut antrinken wollte, um dir gegenüberzutreten. Alles andere ist ziemlich vernebelt. Bis zu dem Moment, wo ich anfing zu spucken. Daran erinnere ich mich genau – daß ich alles vollgekotzt habe. Dein Gesicht, als es losging . . .» Mit einem leichten Lächeln sah sie mich an. Das Lächeln wurde liebevoll neckend.

Ich lachte wieder.

«Du warst ein Bild für Götter, Torey.»

Ich errötete.

«Wie du mit den Scheuertüchern losgelegt hast . . .» Sie lachte leise. «Es ist wahrscheinlich gar nicht komisch. Ich hätte nie geglaubt, daß ich je darüber lachen könnte. Ich hatte Todesangst vor dir. Du sagtest: ‹Müssen Sie sich noch einmal übergeben?›, und ich sagte ‹nein› und dachte die ganze Zeit, und was ist, wenn doch? Ich war wie gelähmt. Und du mit den Putztüchern! Du warst sanft, aber sehr entschieden. Es war ganz klar, wer bestimmte. Ich weiß, daß ich dachte, sie behandelt mich wie eins von den Kindern. Aber das war gut so. Genau da ging mir nämlich auf, daß es so nicht weitergehen kann. Ich dachte, das brauche ich. Ich brauche jemanden, der eine Zeitlang für mich die Kontrolle übernimmt. Weil mir allein die Kraft fehlt. Ich muß neu anfangen. Ich muß erwachsen werden, denn das erstemal habe ich es nicht geschafft.»

Ich hatte meine eigenen Erinnerungen an jenen Tag. «Weißt du noch, wie du mir mit einem Prozeß gedroht hast, am Tag zuvor, als ich Leslie aus deinem Wagen holte? Als du am nächsten Tag ins Zimmer kamst, dachte ich, du würdest mich umbringen. Du sahst aus wie die Rachegöttin persönlich. Erinnerst du dich?»

«Nur düster. Ich weiß, daß ich wütend auf dich war, aber das ist so ziemlich alles. Erst Tom hat mich wieder an die Geschichte mit dem Prozeß erinnert, weil wir die Rechnung für meinen Anruf beim Anwalt bekamen.»

«Da hast du mir wirklich einen Schrecken eingejagt», sagte ich.

«Ich dir? Wenn du wüßtest, was für Angst ich vor dir hatte!

Vom ersten Tag an, als wir Leslie nicht aus dem Auto kriegten. Und dann die erste Besprechung, zu der Tom und ich kommen sollten! Ich bekam Magenkrämpfe vor lauter Angst. Tom war wütend, aber ich konnte nicht mitgehen. Solche Angst hatte ich vor dir.»

Erstaunt sah ich sie an. «Aber warum denn –?»

«Ich weiß auch nicht. Die Art, wie du mich angesehen hast. Ich hatte das Gefühl, du durchschaust mich bis ins Innerste.»

«Aber so war es gar nicht.»

Sie richtete sich auf und streckte sich. «Doch, ich glaube, es war so», sagte sie. «Und das war das Beängstigende. Aber es war gut. Ich glaube, ich wollte durchschaut werden.»

25

«In Ulster wär's jetzt nicht so», sagte Geraldine, während sie zum Fenster hinaussah. Es hatte wieder Schnee gegeben, und er lag fast einen Meter hoch. «Papi hätte jetzt schon die Saubohnen angepflanzt.»

«In Ulster schneit's doch auch», entgegnete Shamie.

«Aber nicht so.»

Es war Frühjahrsschnee, feucht und schwer, aber wunderschön. Die tristen Grau- und Brauntöne des ausklingenden Winters waren von weißen Sahnebergen zugedeckt. Die Autofahrer allerdings hatten ihre liebe Not mit der Pracht. Außer den Lonrhos, die einen Wagen mit Vierradantrieb hatten, und mir hatte es an diesem Morgen keiner aus unserer Gruppe zur Schule geschafft.

«Kommt, Leute», sagte ich, da es fast zehn Uhr war, «zurück an die Arbeit.» Ich legte Shamie die Hand auf die Schulter und führte ihn zu seinem Platz.

«Wir hätten jetzt schon den ganzen Garten fertig angelegt»,

sagte Geraldine, als sie sich setzte. «Hier ist alles ganz blöd. Man weiß nie, was kommt.»

«Mir gefällt's aber hier», erklärte Shamie. «Hier kann man viel mehr machen als zu Hause.» Er wandte sich mir zu. «Aber Geraldine bildet sich ein, in Ulster wäre alles schön gewesen und hier wäre alles scheußlich.»

«Es war auch schön», behauptete Geraldine.

«Ist ja gar nicht wahr. Es war überhaupt nicht schön. Oder hast du das Gedächtnis verloren, Geraldine?»

«Doch war es schön. Wir hätten jetzt unseren Garten gepflanzt. Papi hätte unseren Garten angelegt.»

«Garten?» rief Shamie. «So ein Quatsch. Ehrlich, was du immer redest! Weißt du vielleicht nicht mehr, wie's war? Wie's da ausgesehen hat? Was da los war? Wir konnten ja nicht mal mehr runter auf den Spielplatz. Weißt du noch, wie's nach den Unruhen ausgeschaut hat? War das vielleicht schön? Und weißt du noch, die Keller? Wie Colin im Keller Benzinbomben gemacht hat, und wie Shemona runtergegangen ist und über und über voll Benzin war und sich die Hand aufgeschnitten hat? War das vielleicht schön, Geraldine?»

Geraldines Miene verfinsterte sich.

«Sie hätte tot sein können, Geraldine. Und sie war nur ein winziges kleines Kind. Und deine Schwester. Sie hätte sterben können wie Matthew.»

Ich sah die Tränen in Geraldines Augen. Ihr Gesichtsausdruck war etwas weicher geworden. Sie war im Moment offensichtlich vor allem darauf konzentriert, nicht zu weinen. Sie schluckte, schnüffelte leise, schluckte noch einmal. Shamie beobachtete sie aufmerksam. Er wollte ihr nicht weh tun, das sah ich, aber er war auch nicht bereit, seinen Standpunkt aufzugeben. Geraldine nahm die Brille ab und wischte sich die Augen.

«Ich will heim», sagte sie mit kleiner Stimme.

Shamie sah sie mitfühlend an. «Aber es ist doch viel schöner hier, Geraldine», sagte er tröstend.

«Papi hat gesagt, daß ich einen ganz kleinen Garten für mich kriege.»

«Vielleicht kannst du hier auch einen haben. Vielleicht erlaubt es Tante Bet.»

«Die haben ja überhaupt keinen Garten.»

«Aber vielleicht könnten sie dir einen machen.»

Geraldine war nicht zu beschwichtigen. Sie schüttelte niedergeschlagen den Kopf.

Stille trat ein. Shamie blickte auf sein Heft. Geraldine kniff die Augen zusammen, um die Tränen zurückzuhalten. Shemona saß neben mir und beobachtete die beiden anderen. Ich hatte den Eindruck, daß sie das Gespräch der beiden aufmerksam verfolgte.

Shamie schüttelte plötzlich den Kopf, als befände er sich immer noch im Gespräch. Dann sah er mich an. «Ich bin froh, daß ich hier bin. Es war nicht schön da drüben. Immer nur Kampf.»

«Man muß kämpfen», sagte Geraldine.

«Wozu denn? Was hilft es denn? Es gibt nur Tote.»

«Man muß kämpfen, Shamie. Man muß Rache nehmen. Wenn einem andere unrecht tun, wenn sie einem alles wegnehmen, was einem gehört, dann muß man sich rächen», erklärte Geraldine so ruhig, als spreche sie nur eine allgemein bekannte Tatsache aus.

«Gott ist für die Rache da. Nicht wir.»

Geraldine schüttelte den Kopf. «Gott braucht zu lange.»

Shamie antwortete nicht. Nachdenklich faltete er die Hände und legte sie an seine Lippen, während er versunken vor sich hin starrte. Er war ein schöner Junge mit seinen langen Wimpern und den vollen Lippen. Er hatte das Gesicht eines Künstlers. Es paßte zu seiner Seele.

«Wissen Sie, was da drüben am schlimmsten war?» fragte er mich.

«Was denn?»

«Man ist nicht frei. Man kann zwar frei rumlaufen, aber

man ist trotzdem nicht frei. Ich weiß noch, einmal im letzten Sommer, da sind wir aufs Land gefahren, nach County Down, an den See. Meine Mutter hatte was zu essen gemacht und alles in einen Picknickkorb getan, mit einem blauen Tuch darüber. Wir stellten ihn auf den Boden und haben Brote und Chips gegessen und Limonade dazu getrunken. Ich hab den Schwänen auf dem See zugesehen. Das Autoradio war an, und in den Nachrichten um eins hörten wir, daß in der Nähe von Ballynahinch ein Landrover mit Soldaten in die Luft gesprengt worden war. Wir waren durch Ballynahinch gekommen. Brid wird im Auto immer schlecht, darum mußten wir da in der Nähe mal halten, damit sie sich übergeben konnte. Und nachdem wir die Nachrichten gehört hatten, schaute ich aufs Wasser raus zu den Schwänen. Ich sah ihnen zu, aber ich sah immer nur die Soldaten, die toten Soldaten in dem Landrover, voller Blut. Genau wie der Hund, den ich mal gesehen habe. Nach den Unruhen, bei denen Bobby Sands umkam. Da war ein toter Hund. Ich weiß nicht, ob er überfahren worden war oder was, aber er lag tot auf der Straße, in seinem eigenen Blut. Es war ganz dunkel, fast schwarz, nicht so hell wie das Blut, das rauskommt, wenn man sich in den Finger schneidet. Es war schwarzrot und war auf der Straße eingetrocknet. Und überall waren Fußabdrücke von seinem Blut, wo die Leute über ihn weggelaufen waren. Schwärzlich rote Fußabdrücke die ganze Straße runter.» Shamie schüttelte den Kopf. «Ich guckte auf die Schwäne im Wasser und sah das Blut von diesem toten Hund.»

Hier wurden wir durch die geräuschvolle Ankunft Ladbrookes und Leslies gestört. Mit roten Gesichtern stapften sie in ihren schweren Stiefeln herein und hinterließen eine Spur schmelzenden Schnees. Lad erzählte uns, daß sie auf der Fahrt zur Schule in einen kleineren Verkehrsunfall verwickelt worden war. Es war zum Glück niemand verletzt worden, aber es hatte gedauert, ehe Polizei und Abschleppdienst gekommen waren. Ladbrooke und Leslie waren von der Mercedeswerkstatt zu Fuß gegangen und fanden ihr kleines Abenteuer sehr aufregend.

Ich bedauerte die Unterbrechung. Die drei Kinder sprachen fast nie offen von ihrem früheren Leben in Belfast. Manchmal flogen Bemerkungen hin und her, die sich auf Vergangenes bezogen, aber außer ihnen verstand sie niemand. Ich selbst hatte Hemmungen, das Thema zur Sprache zu bringen. Als Ausländerin und Außenstehende fühlte ich mich dazu nicht berufen; ich fürchtete aber auch, bei den Kindern Wunden aufzureißen, die vielleicht gerade am Verheilen waren.

Nach der geräuschvollen Ankunft Ladbrookes und Leslies begannen die Kinder, sich Geschichten von Schneestürmen zu erzählen, die Erinnerungsreise nach Ulster war vergessen. Nur ich hing dem Gespräch den ganzen Tag noch nach.

Am Nachmittag im Hof tobten die Kinder nach Herzenslust im tiefen Schnee. Carolyn organisierte ein Spiel, an dem sich auch Shemona und Leslie munter beteiligten. Geraldine und Shamie, die sich über Spiele mit Vorschulkindern erhaben fühlten, hielten sich abseits. Shamie baute erst einen Iglu, dann fing er mit Ladbrooke eine Schneeballschlacht an. Geraldine machte zunächst etwas lustlos mit, aber als sie zuviel abbekam, trat sie den Rückzug an und kam zu mir.

«Shamie mag sie», sagte sie verdrießlich. Sie nannte Ladbrooke selten beim Namen.

«Ja, ich weiß.»

«Er hat das Bild, das sie ihm gemalt hat, als er beim Rechtschreibtest alles richtig hatte, in seinem Nachttisch. Und wenn er im Bett liegt, holt er es raus und schaut es an. Und manchmal küßt er es sogar.» Geraldine machte ein angewidertes Gesicht. «Er ist in sie verknallt.»

Ich sah sie lächelnd an.

«Ich find das blöd. Sie ist doch erwachsen.»

«Aber es ist doch schön, wenn er sie mag.»

«Er findet sie schön. Schöner als Sie, Fräulein. Aber ich finde *Sie* schöner. Sie sind netter.»

«Danke, Geraldine. Das ist nett, daß du das sagst.»

Wir standen in freundlichem Schweigen nebeneinander und sahen den anderen beim Spiel zu. Geraldine zog eine Hand aus ihrer Tasche und hakte sich bei mir ein. Sie lehnte ihren Kopf an mich.

«Weißt du noch, was wir heute morgen miteinander gesprochen haben», sagte ich, «als wir über Ulster sprachen?»

Geraldine nickte.

«Und Shamie meinte, der Kampf wäre nicht gut, er führe zu nichts. Was meinst du, findest du die Kämpfe dort drüben gut?»

Sie antwortete nicht gleich. Dann schüttelte sie langsam den Kopf. «Nein, gut ist das nicht.»

«Findest du es recht?»

Wieder eine nachdenkliche Pause. «Ich weiß nicht. Manchmal denke ich, daß es vielleicht recht ist. Nur weil was nicht gut ist, heißt ja nicht, daß es nicht recht ist. Man muß sich wehren. Wenn einen jemand angreift, muß man sich wehren. Man muß sich rächen.»

«Man muß sich rächen?»

Sie nickte.

«Findest du Rache gut, Geraldine?»

Sie nickte wieder, ohne zu zögern.

«Warum?»

«Weil es gerecht ist.»

Ich sah zu ihr hinunter. Sie trug trotz der Kälte keine Mütze. Den Blick auf die anderen Kinder gerichtet, stand sie neben mir, den Kopf an meinen Arm gelehnt. Ich blickte auf ihr dunkles, glänzendes Haar.

«Was ist denn Gerechtigkeit deiner Meinung nach?» fragte ich.

Keine Antwort.

«Geraldine, weißt du, was Gerechtigkeit ist?»

«Ja.»

«Was?»

«Wenn man Rache nimmt.»

Ich legte meinen Arm um sie und zog sie näher an mich. Sie legte ihren Arm um meine Taille. Eine Weile beobachtete ich schweigend Shamie und Ladbrooke, die sich lachend und ausgelassen mit Schneebällen bombardierten.

«Ich bin mir nicht so sicher, daß Rache etwas Gutes ist», sagte ich zu Geraldine. «Vielleicht ist es nur ein Vorwand, einem anderen weh zu tun, ohne ein schlechtes Gewissen dafür haben zu müssen.»

«Nein», sagte Geraldine.

«Jemand tut uns weh, und das macht uns zornig. Wir wollen ihm auch weh tun. Aber hinterher, wenn wir es getan haben, was haben wir dann erreicht? Nichts. Es ist nur ein anderes Wort für Gewalt. Und es ist eine besonders böse Form der Gewalt, finde ich, weil es vorher ausgedacht wurde und nicht im Eifer des Gefechts geschehen ist. Wenn man Rache nimmt, will man nur zerstören, und das finde ich schlimm.»

«Aber die Soldaten töten Kinder», entgegnete Geraldine. «Mein Vater hat mir Bilder von erschossenen Kindern gezeigt. Er sagte, den Soldaten ist es gleich, ob sie Frauen oder Babys oder kleine Mädchen töten. Deshalb ist es recht, sie aus Rache auch zu töten, sagte er.»

Ich überlegte, was ich darauf sagen sollte.

«Er sagte es, weil er mein Vater war. Er wollte nicht, daß sie mich töten.»

«Aber denkst *du* denn, daß es recht ist, aus Rache zu töten?»

«Mein Vater hat gesagt, daß es recht ist.»

«Aber *du*, was denkst du, Geraldine?»

Sie seufzte. Sie drückte sich fester an mich und seufzte noch einmal. In unser Schweigen drang der Lärm der anderen.

«Ich weiß nicht. Früher hab ich es nicht recht gefunden. Ich hab so gedacht wie Shamie – ich meine –, daß sie endlich aufhören sollten mit allem, mit dem Kämpfen und Töten.» Sie schwieg lange. «Dann sind Mami und Matthew gestorben.»

«Hat sich da deine Meinung geändert?»

Sie antwortete nicht gleich. «Ich weiß nicht. Ich glaub nicht. Da kam es mir nur noch unrechter vor.»

Ich sah Shamie zu, wie er lachte und rannte.

«Dann ist mein Vater gestorben.»

«Und da hast du deine Meinung geändert?»

Sie nickte. «Mein Vater wollte es. Das ist so, wenn man erwachsen ist. Da versteht man alles. Dann muß man es tun. Und ich bin jetzt die Älteste. Drum muß ich es tun.»

Shemona hatte Ende März Geburtstag. In meinen früheren Gruppen hatte ich jeden Geburtstag einschließlich meines eigenen immer groß gefeiert. Jeder Geburtstag war willkommener Anlaß für ein Fest, schon weil die Sonderklassen an den Festivitäten der Normalschulen wie Theatervorführungen, Schulkonzerte, Tanzabenden häufig nicht teilnehmen durften. Diesmal allerdings war der Kalender gegen uns. Shamie und Geraldine hatten im Frühherbst Geburtstag gehabt, zu einer Zeit, als sie noch nicht bei uns gewesen waren. Mariana hatte am Heiligen Abend Geburtstag und Leslie am Ostersonntag; Ladbrookes war erst Ende Juli. Blieben nur Shemona und ich. Und da ich erst im Mai feiern konnte, fand unsere erste Geburtstagsfeier Shemona zu Ehren statt.

Ich war mir nicht sicher, wie wir feiern sollten. Ein großes Fest nur für Shemona schien mir den anderen Kindern gegenüber ein bißchen ungerecht, und ich hatte meine Zweifel, ob Shemona überhaupt so viel Aufhebens um ihre Person wollte. Es hätte mir leid getan, wenn ihr die Feier statt Freude Verlegenheit bereitet hätte. Andererseits meinte ich, es würde ihr vielleicht guttun, auch einmal im Mittelpunkt zu stehen, da sie als kleinste und stillste der Gruppe häufig übersehen oder von den Aktivitäten der anderen Kinder ausgeschlossen wurde. Und ein Fest, das den grauen Alltag unterbrach, dachte ich, würde uns sicher allen frischen Schwung geben.

Die Kinder waren Feuer und Flamme, als ich am Montag in der Diskussion meinen Vorschlag unterbreitete. Niemand störte es, daß Shemona die Hauptperson sein würde. Nur Shemona schien sich, wie ich befürchtet hatte, von so viel plötzlicher Aufmerksamkeit bedroht zu fühlen. Den Kopf eingezogen, den Arm vor dem Gesicht, saß sie da wie ein verschüchtertes Vögelchen.

Angesichts ihrer Reaktion beschloß ich, aus der Geburtstagsfeier mehr ein Fest für uns alle zu machen. Shemona blieb während der ganzen Diskussion sehr still, und ich wollte sie nicht noch tiefer in Verlegenheit stürzen. Statt von ihr und ihrem Geburtstag zu sprechen, unterhielten wir uns über die allgemeinen Vorbereitungen für das Fest, die Spiele, die Dekoration, das Essen und die Getränke.

Am Nachmittag, als Lad und ich kurz vor Ende der Pause aus dem Lehrerzimmer kamen, fanden wir Shemona dort vor der Tür. Ohne Aufsicht durften die Kinder eigentlich in der Pause das Haus nicht betreten.

«He», sagte ich, «was machst du denn hier?»

Sie sah mich verwirrt an. Mit mir sprach sie immer noch nicht unbefangen. Da sie vor dem Lehrerzimmer stand, konnte ich nur annehmen, daß sie auf uns gewartet hatte, jetzt aber unsicher war, wie sie sich verhalten sollte. Ich gab Lad einen Stupser.

Ladbrooke kniete neben Shemona nieder. «Wolltest du etwas von uns, Shemona?»

Shemona schüttelte den Kopf.

«Du darfst eigentlich gar nicht hier sein, weißt du. Es ist noch Pause», sagte Lad und gab Shemona die Hand. «Komm, gehen wir nach oben.»

Was Shemona gewollt hatte, erfuhren wir nicht. Sie kehrte mit uns ins Klassenzimmer zurück, ohne ein Wort zu sagen.

Aber am folgenden Nachmittag lauerte sie uns wieder auf. Diesmal nach dem Unterricht. Ladbrooke war noch mit den Kindern unten, ich räumte oben auf. Ich stand zwischen den Bibliotheksregalen, als ich aus dem Augenwinkel eine Bewegung wahrnahm. Ich drehte den Kopf, aber ich sah nichts und wandte mich wieder meiner Arbeit zu. Wieder Bewegung. Wieder hielt ich inne und schaute. Diesmal tat ich so, als wäre ich völlig in die Arbeit vertieft.

Shemona erschien am Ende des Ganges: Pausentäschchen in der Hand, Jacke falsch zugeknöpft, Knie aufgeschlagen, Söckchen heruntergerutscht, Haar zerzaust. So stand sie da und sah mich an.

«Was ist denn, Shemona?» fragte ich.

Sie kam durch den Gang zu mir. Dicht vor mir blieb sie stehen und sah auf, den Kopf leicht zur Seite geneigt wie ein kleiner Vogel.

«Krieg ich eine Geburtstagstorte, Fräulein?» fragte sie.

«Wenn du eine möchtest.»

«Ich wünsche mir eine Geburtstagsfeier, Fräulein.»

Ich lächelte und faßte sie leicht am Arm. «Dachtest du denn, unsere Feier wäre nicht für dich? Aber ja, natürlich ist sie für dich. Es ist doch dein Geburtstag.»

«Mit einer Geburtstagstorte?»

«Ja, mit einer Geburtstagstorte.»

«Mit Kerzen darauf?»

«Ja.»

«Sechs Kerzen.»

«Ja, mit sechs Kerzen.»

«Und singt ihr auch ‹Happy Birthday, liebe Shemona›?»

«Ja.»

Sie nickte mit einem zaghaften Lächeln. «Okay, Fräulein», sagte sie, drehte sich um und ging davon.

Da mußte es natürlich eine richtige Geburtstagsfeier werden. In der Mittagspause am Freitag hängte ich Luftschlangen und Ballons auf, während Ladbrooke nach Hause gefahren war, um die Torte zu holen.

Sie kam ungefähr eine Viertelstunde vor Unterrichtsbeginn zurück und hob die Torte aus dem Karton: ein höchst ungewöhnliches Modell. Im großen und ganzen rund, mit holpriger gelber Glasur, hatte sie eindeutig Schlagseite – eine Art

Tortenversion des Schiefen Turms von Pisa. «Happy Birthday Shemona» stand mit Smarties gelegt darauf.

Ladbrooke betrachtete die Torte, nachdem sie sie auf den Tisch gestellt hatte. «Ich hab sie selbst gebacken», bemerkte sie unsicher. Sie drehte die Platte ein wenig, so daß die Schrägneigung nicht mehr ganz so auffallend war. «Ich hätte eine kaufen sollen.» Sie drehte die Platte wieder. «Die sieht ja gräßlich aus.»

«Nein, sie ist doch wunderbar.»

«Ist ja nicht wahr. Sie sieht aus wie ein großer gelber Kuhfladen.»

Da hatte sie nicht ganz unrecht.

«Aber sie schmeckt bestimmt prima, und das ist die Hauptsache.»

«Meinst du, sie wird traurig sein?» fragte Ladbrooke. «Ich könnte in der Nachmittagspause schnell eine schönere besorgen.»

«Nein, Shemona wird bestimmt nicht traurig sein. Sie wird nur sehen, daß du ihr eine Torte gebacken hast und daß sechs Kerzen drauf sind. Alles andere ist unwichtig.»

Und so war es auch. Torte auf dem Tisch, Saft in den Bechern, Snoopy-Teller und -Servietten – alles, was dazugehörte, war da. Wir zündeten die Kerzen an und sangen Shemona mit lauter Inbrunst «Happy Birthday». Sie drückte die Hände auf ihr Gesicht und lugte zwischen gespreizten Fingern hervor.

Dann machten wir Spiele, sangen, verkleideten uns, prosteten uns gegenseitig mit dem Orangensaft zu. Keinem schien es etwas auszumachen, daß das Fest zu Shemonas Ehren stattfand.

Es war eines der gelungensten Feste, die ich in den Jahren meiner Arbeit mit Kindern erlebt hatte. Es gab keinen Streit, keine Tränen, keine beleidigten Leberwürste, nichts, was die Freude getrübt hätte. Es war wie Weihnachten beim Krippenspiel eitel Sonnenschein.

Irgendwann am Nachmittag, während die anderen lachend und quietschend vor dem Spiegel Hüte und Jacken aus unserem Verkleidungskarton anprobierten, zog ich mich ein Weilchen zurück, um über dieses Phänomen nachzudenken. Wie kam es, daß gerade diese kleine Gruppe so begabt war, den glücklichen Moment einzufangen und zu genießen? Die Kinder kamen aus unterschiedlichen Milieus, waren im Alter verschieden, hatten völlig unterschiedliche Geschichten. Es war kein strahlender Stern unter ihnen, keines mit besonderer Verheißung. Doch von allen Grupen, mit denen ich im Laufe der Jahre gearbeitet hatte, schienen diese Kinder am ehesten fähig, individuelles Leid abzuwerfen und zu einem heilen Ganzen zu verschmelzen.

Nach dem Essen blieb Ladbrooke und mir das Aufräumen. Gegen Ende war es ziemlich ausgelassen zugegangen, und überall lagen geplatzte Ballons, Essensreste und Luftschlangenschnipsel herum. Während ich hinunterging, um Schaufel und Besen zu holen, stieg Ladbrooke auf den Tisch, um die Dekoration herunterzunehmen.

«Das war wirklich ein Spaß», sagte sie, als ich wiederkam.

«Ja. Und Shemona war selig. Hast du gesehen, wie sie am Schluß herumgetanzt ist?»

«Es war ihre erste Geburtstagsfeier überhaupt, hat sie mir erzählt.» Ladbrooke reckte sich nach einer Luftschlange. «Und die Torte scheint auch allen geschmeckt zu haben. War ich froh! Ich weiß überhaupt nicht, wie ich auf die Idee gekommen bin, selbst eine zu backen.»

«Aber sie hat auch wirklich gut geschmeckt.»

«Und es kommt ja auf die Geste an, nicht?» meinte sie. «Ich wollte Shemona eine besondere Freude machen, und es wäre nicht dasselbe gewesen, wenn ich einen Kuchen gekauft hätte.»

Ich nickte.

Ladbrooke sah lächelnd zu mir herunter. «Das Backen hat mir Spaß gemacht. Ich war bis in die Nacht hinein auf. Du hättest mich sehen sollen – alles war ein einziges Durcheinander. Und Consuela dachte, ich hätte nun völlig den Verstand verloren. Dauernd sagte sie: ‹Das kann ich doch machen, Missus.› Aber ich wollt's allein machen.»

Sie sprang vom Tisch und begann, eine Girlande aufzurollen. «Beim Backen hab ich immer nur an Shemona gedacht und mir ihre Aufregung vorgestellt.» Lad schwieg. Sie rollte immer noch die Girlande auf, aber ihre Bewegungen wurden langsamer. «Ich hab Shemona wirklich gern», sagte sie leise.

«Ja, ich weiß.»

Sie hielt in ihrer Arbeit inne. Sie stand sehr dicht neben mir. «Mein Gott, es ist furchtbar», sagte sie.

«Was ist furchtbar?»

«Daß ich Shemona so liebhabe.»

«Das ist doch nicht furchtbar.»

«Doch.» Sie begann wieder die Girlande zu rollen. «Ich glaube nämlich, ich liebe sie mehr als Leslie.»

Ich sah sie lächelnd an, aber sie bemerkte es nicht.

«Es ist schrecklich, mir das eingestehen zu müssen. Leslie ist doch mein eigenes Kind!» Sie schwieg einen Moment. «Aber – ich – Shemona ist so *normal*. Ich schaue sie an und sehe – ja, was? – Ich sehe mich selbst. Ich erinnere mich noch so lebhaft daran, wie ich fünf, sechs Jahre alt war. Ich erinnere mich an meine Gefühle damals. Es ist so leicht für mich, gut zu ihr zu sein, zu versuchen, sie glücklich zu machen. Es macht mich selbst glücklich, verstehst du?»

Ich nickte nur.

«Aber dann kommen die Schuldgefühle. Weil es mir mit Leslie nie so geht. Leslie ist so emotionslos. Bei ihr habe ich immer das Gefühl, es ist ihr völlig gleich, ob ich da bin oder nicht. Da kommt nichts zurück. Ach, ich weiß auch nicht.»

«Ich würde mir deshalb kein Kopfzerbrechen machen.»

«Weil du keine Kinder hast.»

«Nein, weil ich denke, daß solche Gefühle völlig normal sind.»

Ladbrooke, die immer noch dicht neben mir stand, verlagerte

ihr Gewicht auf das andere Bein, und dabei kamen unsere Oberarme miteinander in Berührung. Zum erstenmal fuhr sie nicht augenblicklich zurück. Sie blieb einen Moment an mich gelehnt stehen, drehte den Kopf, blickte an unseren Armen hinunter. Dann rückte sie ein klein wenig von mir ab, den Blick jedoch immer noch auf unsere Arme gerichtet. Unwillkürlich sah ich auch hinunter. Ladbrooke stand stocksteif, immer noch die Girlande in den Händen.

Sekundenlang war es ganz still, dann sah sie flüchtig zu mir auf. Der Ausdruck in ihren Augen war nicht zu deuten.

«Ich habe nie eine andere Frau berührt», sagte sie mit gesenktem Kopf, beinahe erschrocken. Sie sah wieder zu mir auf und bemerkte die Verwunderung in meinem Gesicht. Das schien sie aus der Fassung zu bringen, und sie rückte von mir weg.

«Ich hab es nie gemocht, wenn Frauen mich anfaßten», sagte sie leise.

Ich sah sie an.

«Ich habe Frauen überhaupt nie gemocht.»

Ich sagte immer noch nichts.

«Ich war auch nie gern eine Frau», fuhr sie fort. «Als ich schwanger war, betete ich darum, daß es ein Junge werden würde. Ich wollte nie ein Mädchen haben. Wenn Leslie ein Junge gewesen wäre, wäre vielleicht alles bessergegangen. Ich glaube, mit einem Jungen wäre ich besser zurechtgekommen.»

Immer noch sah ich sie stumm an. Sie wandte sich ab, legte die Girlande auf den Tisch und ging zum Fenster. Schweigend starrte sie hinaus. Eine dichte Stille wuchs um uns. Ich sah ihre Nervosität an der Art, wie sie von einem Fuß auf den anderen trat.

«Hab ich mal von meiner Mutter gesprochen?» fragte sie schließlich.

«Nicht viel.»

«Sie ist vor zwei Jahren gestorben. Als ich einunddreißig war. Wir waren eine kleine Familie – nur meine Mutter, meine zwei Brüder und ich. Sie hat mehrmals geheiratet und sich immer wieder scheiden lassen. Ab und zu war also ein Vater da, aber im allgemeinen nicht. Keiner blieb lange. Meistens waren es nur wir vier.» Sie schwieg einen Moment.

«Dann starb sie. An Magenkrebs. Mein jüngerer Bruder Kitson rief mich an und sagte es mir. Er war am Ende bei ihr. Ich weiß noch, wie ich hinterher das Telefon auflegte. Ich legte auf und dachte, das wär's also. Ich weinte nicht. Es ging mir nicht einmal schlecht. Wenn überhaupt, dann empfand ich Erleichterung, weil endlich die ganzen Kämpfe vorbei waren.»

Sie drehte sich um. Die Hände in den Hosentaschen lehnte sie sich an den Heizkörper und sah mich an.

«Nach dem ersten Schock ging es mir dann doch ziemlich schlecht. Aber es ging mir hauptsächlich um mich selbst. Ich fühlte mich plötzlich alt. Die Vergänglichkeit wurde mir plötzlich bewußt. Es war keine Generation mehr über mir, die zwischen mir und dem Tod stand. Aber der Verlust meiner Mutter – er bedeutete mir gar nichts.»

Ladbrooke schien tief in sich hineinzublicken. «Ich habe sie sicher einmal geliebt, aber ich weiß nicht mehr, wann. An dem Tag, als sie starb, war von der Liebe nichts mehr übrig. Ich hatte sie vorher Jahre nicht gesehen. Das einzige, was wir je gemeinsam hatten, war der Name meines Vaters.»

Ich fragte mich, was diese schmerzhaften Erinnerungen hervorgerufen hatte. Die körperliche Berührung mit mir? Oder Ladbrookes Gefühle für Leslie und Shemona? Oder beides?

Wieder musterte sie mich auf diese ihr eigene, gänzlich unverhohlene Art. Und wie immer konnte ich diesen langen Blickkontakt nicht aushalten und sah weg.

«Weißt du, daß du die einzige andere Frau bist, die ich je näher gekannt habe? Ich hatte nie Freundinnen, auch nicht als ich jünger war. Bobby, Kit und ich haben nie Kinder zu uns eingeladen. Wir wußten nie, wie meine Mutter sich verhalten würde, da ließen wir es lieber. Darum habe ich auch nie richtige

Freunde gehabt. Ich hatte meine Brüder, aber das war so ziemlich alles.

Und du bist so anders als meine Mutter. Es ist überhaupt nicht so, wie ich es erwartete. Es ist ganz anders. Ich war nie einer Frau nahe. Ich war auch meiner Mutter nie nahe. Meine Brüder waren ihr näher. Mich hat sie nie angefaßt. Sie hat mich nie in den Arm genommen. Sie sagte immer, Frauen täten so etwas nicht miteinander. Sie sagte, es drehe ihr den Magen um bei dem Gedanken, eine Frau auf den Mund zu küssen. Ich weiß noch, wie ich sie einmal so küssen wollte. Ich war damals vielleicht zehn. Sie war richtig angeekelt. Sie küßte mich überhaupt nicht gern. Sie faßte mich auch nicht gern an.»

Ladbrooke stemmte die Hände auf den Heizkörper und setzte sich. Vorgebeugt, die Ellbogen auf den Knien, das Kinn in die Hände gestützt, sah sie sich ein paar Sekunden im Zimmer um, während sie mit den Beinen baumelte.

«Als ich Anfang Zwanzig war, hab ich dauernd darüber nachgedacht. In meinem letzten Jahr im College hatte ich eine Professorin, die ich unheimlich gern hatte. Ich wußte nichts über sie, ich habe sie nie außerhalb des Colleges gesehen, aber ich mochte sie. Sie hat mir auf meinem Weg zur Promotion sehr geholfen. Und ich weiß noch, daß ich oft das Bedürfnis hatte, sie anzufassen. Es war furchtbar, weil ich mir einbildete, ich müßte wohl lesbisch sein. Und ich wünschte mir, sie würde *mich* anfassen. Nur anfassen, verstehst du, mir mal die Hand auf den Arm legen oder so. Es machte mir fürchterliche Angst.»

Ladbrooke senkte die Hände und betrachtete sie. «Ich hab oft versucht, mir vorzustellen, wie meine Mutter mich versorgte, als ich ein Baby war. Wie sie mich hochgehoben, herumgetragen, mit mir gespielt hat. Sie muß das doch getan haben. Ich war ein Säugling, und sonst war niemand da. Aber ich hab mich oft gefragt, ob sie mit mir genauso umgegangen war wie mit Kitson, ob sie mich auch so hielt. Oder ob es bei mir anders war, weil ich ein Mädchen war.»

Sie sah mich an. «Wahrscheinlich war es wie bei mir mit

Leslie. Tom hat recht, weißt du. Ich war überhaupt keine Mutter. Ich konnte sie nicht halten und tragen. Ich brachte es einfach nicht fertig. Und der Gedanke, sie zu stillen, sie an meine Brust zu nehmen, war mir unerträglich. Natürlich hab ich sie hochgehoben und so. Um sie zu füttern. Oder beim Wickeln. Ich mein, es geht ja gar nicht anders mit einem Säugling. Aber ich danke Gott, daß Tom da war, daß er sich um sie gekümmert hat. Denn ich konnte sie einfach nicht annehmen. Ich konnte sie nicht hochnehmen und halten. Ich mußte sie sofort wieder hinlegen, weg von mir, selbst wenn sie dann weinte.»

26

April. Das lange Osterwochenende kam gleich zu Beginn des Monats. Ich erwartete einen alten Freund aus Minnesota, der mich die vier Tage besuchen wollte. Wir hatten in Minneapolis fast drei Jahre gemeinsam an meinem Projekt über Mutismus gearbeitet, und ich freute mich darauf, alte Erinnerungen aufzufrischen.

Tim kam am Gründonnerstag. Er stand plötzlich im Flur vor mir, als ich nach der Verabschiedung der Kinder wieder nach oben kam.

«Du bist aber früh dran», sagte ich, nachdem wir uns ausgiebig begrüßt hatten.

«Ja. Der Verkehr war erträglich. Ich wollte gern deinen Arbeitsplatz sehen. Und die Kinder.»

«Die sind leider schon weg. Sie haben um halb vier Schluß.»

Mit hochgezogenen Brauen nickte er zur Tür hin. «Und wer ist die Dame da drinnen?» fragte er neugierig. «Die Walküre.»

«Meine Hilfskraft.» Ich lachte.

Tim verdrehte die Augen. «Wie ziehst du sie nur immer an

Land? Wo du gehst und stehst, folgt dir eine Horde großer blonder Frauen.»

Ich lachte. «Also das ist nun wirklich stark übertrieben, Tim. Du denkst an Cindy, nicht?» Sie war in Minneapolis in unserem Team gewesen. «Aber das ist nur eine. Und Lad ist die zweite. Von einer Horde kann keine Rede sein. Im übrigen ist sie verheiratet, Tim. Vergiß es.»

Drinnen machte ich Ladbrooke und Tim miteinander bekannt, dann setzte ich mich an den Tisch, um meine Arbeitsblätter zusammenzuheften. Tim wanderte derweil im Zimmer umher, sah sich die ausgestellten Arbeiten der Kinder an und stellte Fragen nach ihnen. Mir fiel auf, daß Lad nicht in ihrer Arbeit fortfuhr. Nachdem sie eine Weile ruhig dagesessen hatte, schob sie ihre Sachen zusammen und stand auf.

«Ich glaub, ich geh jetzt», sagte sie.

«Du störst doch nicht, Lad», sagte ich überrascht. «Tim ist ein alter Freund.»

«Ich muß trotzdem gehen. Ich hab zu Hause massenhaft zu tun.»

Ich sah zu ihr auf. So hatte ich den Tag nicht enden lassen wollen. Ich wollte noch mit ihr sprechen, um für das lange Wochenende etwas zu verabreden. Wir trafen uns immer noch regelmäßig jeden Samstag oder Sonntag, und dies war die erste längere Schulpause seit jener Geschichte im Februar. Sie hatte seitdem keinen Tropfen Alkohol mehr angerührt, und ich wollte sie in den kommenden drei Tagen auf keinen Fall im Stich lassen.

Sie packte ihre Sachen weg und holte ihre Jacke. Ich stand auf.

«Entschuldige mich einen Moment», sagte ich zu Tim und ging mit Ladbrooke hinaus. «Sag mal», begann ich, nachdem ich die Tür hinter uns geschlossen hatte, «wie wollen wir's dieses Wochenende machen?»

Ihr Gesicht war verschlossen. Zwischen uns war eine große Distanz.

«Ich schaff das schon dieses Wochenende», sagte sie.

«Treffen wir uns doch. Samstag? Sonntag?»

«Am Sonntag hat Leslie Geburtstag. Da kommt Toms Mutter.»

«Dann am Samstag.»

Sie schüttelte den Kopf. «Nein. Ich will's mal allein versuchen. Ich komm schon zurecht.»

«Aber du störst nicht, Lad. Wir können auch zusammen ausgehen, wenn du nicht rüberkommen willst, solang Tim da ist.»

«Es sind ja nur drei Tage, Torey. Ich schaff das schon. Gib mir nicht das Gefühl, völlig unfähig zu sein.»

Einen Moment sahen wir einander schweigend an, dann zog Ladbrooke den Reißverschluß ihrer Jacke zu und drehte sich zum Gehen. «Also, bis dann.»

Ich faßte sie am Arm. «Wenn irgendwas ist, Lad, dann ruf mich an.» Ihre Muskeln verkrampften sich unter meiner Berührung, aber ich ließ nicht los. «Bitte! Die Freundschaft zwischen mir und Tim ist rein platonisch. Du störst nicht, wenn du anrufst.»

Sie nickte nur.

Ich hielt sie noch einen Moment fest. Am liebsten hätte ich ihr gesagt, sie solle doch nicht dumm sein und die harte Arbeit dieser langen Wochen zunichte machen, aber ich hielt den Mund. Das hätte geklungen, als hätte ich überhaupt kein Vertrauen in sie. Schließlich ließ ich sie los und wünschte ihr ein schönes Wochenende.

Als ich wieder ins Zimmer kam, sah Tim mich fragend an.

Ich zuckte die Achseln. «Sie ist nicht Cindy, weißt du. Sie ist eins von den Kindern.»

Ladbrooke rief das ganze Wochenende nicht an. Doch als ich am Montag morgen mit schlimmen Befürchtungen ins Zimmer trat, war sie schon da. Die Ärmel aufgekrempelt, saß sie am Tisch vor einem Stapel Arbeitsblätter.

«Mensch, bist du fleißig!» sagte ich bewundernd und erleichtert, während ich meine Jacke auszog.

«Das sind die Sachen, zu denen ich Donnerstag nicht mehr gekommen bin.»

Zwischen uns stand die unausgesprochene Frage. Wir unterhielten uns über Belangloses. Wir holten die Materialien heraus. Wir bereiteten alles für die Ankunft der Kinder vor. Ich holte mir unten eine Tasse Kaffee, machte einen Abstecher ins Sekretariat, um guten Tag zu sagen, hielt ein Schwätzchen mit Frank. Ladbrooke vervielfältigte ihre Blätter. Aber keine von uns beiden sagte auch nur einen Ton über das Wochenende.

Nach dem Unterricht jubelte Carolyn uns zwei Tanzmäuse unter. Ihre kleinen Lieblinge erfreuten sich großer Fruchtbarkeit und bescherten ihr Sprößlinge am laufenden Band, die sie überall unterzubringen versuchte. Ich war nicht im Zimmer gewesen, als sie uns ihr zweifelhaftes Geschenk gebracht hatte, und als ich zurückkam, saß Ladbrooke schnalzend und gurrend vor einem kleinen Karton. Wütend, daß Carolyn mich nicht gefragt hatte, rauschte ich ab, um in einem der Lagerräume nach einem Käfig zu suchen, und fand auch einen, der allerdings völlig verdreckt war. Während ich versuchte, das Ding sauberzukriegen, spielte Ladbrooke mit den Mäusen, hob sie aus dem Karton, streichelte sie, drückte die kleinen weichen Körper an ihr Gesicht.

«Möchtest du die Biester nicht mit nach Hause nehmen?» fragte ich ziemlich sarkastisch.

Aber mein Sarkasmus kam bei Ladbrooke nicht an. Sie lächelte das Tierchen an, das sie mit beiden Händen dicht vor ihrem Gesicht hielt, und sagte: «Nein, Tom würde mir den Kragen umdrehen. Er mag so was Mausiges nicht.»

Ich knallte den Käfig auf den Tisch. «Also dann. Schmeiß was von dem zerfetzten Zeitungspapier rein, und dann hinein mit ihnen. Haben sie wenigstens beide das gleiche Geschlecht? Was hat Carolyn gesagt?»

Ladbrooke stand auf und nahm den Karton, in dem die

andere Maus saß, mit der freien Hand. Im selben Moment sprang ihr die Maus aus der Hand, schoß wie der Blitz über den Tisch, war mit einem Hops unten auf dem Boden und flitzte unter die Regale.

«Ach, Herrgott noch mal, Ladbrooke!» rief ich ärgerlich.

In einem Raum mit fünf langen Regalreihen eine wendige Tanzmaus einzufangen, ist kein Kinderspiel. Wir robbten auf dem Boden herum, grabschten und fuchtelten wie wild, aber das kleine Biest war flinker als wir. Die Situation war so absurd, daß mein anfänglicher Ärger sich in hilflosem Gelächter auflöste.

«Ich hab sie in der Falle, Torey», rief Lad schließlich, bäuchlings am hinteren Ende der letzten Regalreihe liegend. «Sie ist da drunter. Bring den Käfig.»

Den Käfig in der Hand, rannte ich zu ihr und kniete nieder. Ladbrooke griff unter das Regal.

«Ich hab sie!» Triumphierend zog sie die Maus unter dem Regal hervor und schob sie durch die offene Käfigtür. Dann wälzte sie sich prustend auf den Rücken. «Puh!»

Außer Atem von der wilden Jagd setzte ich mich zu ihr. Sie schüttelte den Kopf. «Wie die Kinder.»

«Wir hätten sie viel eher gefangen, wenn wir nicht gelacht hätten wie zwei Idiotinnen.»

«Du hast angefangen», sagte sie.

«Ich? Wer hat das verdammte Biest denn abhauen lassen?»

«Ja, aber du hast angefangen zu lachen, du Verrückte!»

Ich grinste. Dann stellte ich den Käfig auf den Boden, um aufzustehen.

«Was werd ich nur ohne dich anfangen?» sagte Lad plötzlich.

Ich stand auf und hob den Käfig hoch. «Wahrscheinlich keine Mäusejagden mehr veranstalten. Ich bin wirklich wütend auf Carolyn. Sie wußte schon, warum sie die Mäuse raufbrachte, während ich nicht im Zimmer war.»

Ich betrachtete die zwei kleinen Tiere, die geschäftig im Zeitungspapier wühlten.

«Im Ernst, Torey», sagte Lad in verändertem Ton. «Wie soll ich ohne dich weitermachen?»

Ich sah zu ihr hinunter.

«Wir haben nur noch neun Wochen. Neun Wochen bis zum Ende des Schuljahrs.» Der abrupte Stimmungsumschwung machte mich betroffen. «Wie soll's denn weitergehen? Was soll ich ohne dich anfangen? Es sind nur noch zwei Monate.»

Sie saß immer noch am Boden, die Arme um die angezogenen Beine, und mein Schatten fiel über ihr Gesicht.

«In zwei Monaten ändert sich vieles», erwiderte ich.

Sie sah mich nur an, sichtlich nicht überzeugt.

«Zwei Monate sind eine lange Zeit, Lad. Bis dahin wirst du vieles anders sehen. Außerdem habe ich nicht die Absicht, dich im Stich zu lassen, das weißt du.»

«Ich will nicht in mein altes Leben zurück», sagte sie leise. «Vorher konnte ich es akzeptieren, weil ich es nicht anders kannte. Aber jetzt möchte ich, daß mein Leben bleibt, wie es ist. Ich bin glücklich. In vieler Hinsicht war dies das härteste Jahr meines Lebens, aber es war auch das beste.»

«Das ist doch schön.»

Sie sah wieder zu mir auf. «Ich möchte nicht, daß es am Ende das einzig glückliche meines Lebens war.»

«Das geschieht bestimmt nicht.» Ich bot ihr die Hand, um ihr beim Aufstehen zu helfen. «Komm, Lad.»

Sie rührte sich nicht. «Ich glaube, du weißt nicht, wie es ist.»

Ich stellte den Käfig ab und setzte mich auch wieder.

«War das Wochenende schlimm?» fragte ich.

Ohne mich anzusehen, nickte sie.

«Hast du getrunken?»

«Nein.»

«Bravo.»

«Ich hab's geschafft. Das ganze Wochenende. Aber nur mit Ach und Krach.»

Ich lächelte. «Aber du hast's geschafft.»

«Ich hatte das ganze Wochenende nur Angst, Torey. Ständig

dachte ich, wenn drei Tage schon so schlimm sind, wie wird es dann erst ab Juli.»

«Du verlangst immer noch zuviel von dir, Lad.»

«Drei Tage sollen zuviel verlangt sein?»

«Die Zeit ist nicht das Entscheidende. Die Erwartungen sind es. Du erwartest, drei Tage zu Hause müßten genauso sein wie drei Tage hier in der Klasse. Aber so läuft das nicht. Die Entwicklung verläuft in Phasen, und die erste ist die schwerste. Man schafft es, wie du sagst, mit Ach und Krach und sieht darin kaum einen Fortschritt, aber es ist vielleicht der bedeutendste Schritt überhaupt. Du kommst voran, Lad. Versuch, diese Situationen nicht zu Prüfsteinen zu machen. Bis zum Juli wird sich alles klären. Glaub mir.»

«Was willst du denn tun? Hierbleiben? Mich mitnehmen? ‹Hallo, Ken, laß dich von mir nicht stören. Ich bin nur so ein kleines Anhängsel, das Torey in die Flitterwochen mitgebracht hat.›» Sie lächelte, und ihr Ton war eher gutmütig als feindselig, aber ich wußte, daß sie nicht scherzte.

«Vertrau mir einfach noch ein Weilchen. Zerbrich dir nicht den Kopf. Wir haben noch neun Wochen. Verpatzen wir sie uns nicht mit trüben Spekulationen über die zehnte.»

«Okay.» Sie stemmte sich hoch. «Aber ich denke, für dich ist das alles viel leichter als für mich.»

Natürlich beschäftigten auch mich die Gedanken an Ladbrookes Zukunft. Ich hatte während des langen Wochenendes verschiedentlich mit Tim über sie gesprochen, und er hatte das Naheliegende gesagt: Wenn sie noch Therapie brauche, müsse sie sich einen neuen Therapeuten suchen. Aber war es denn Therapie, Rechenspiele zu entwerfen, Geburtstagstorten zu backen, mit Dirkie endlose Gespräche über Katzen zu führen? Und wenn ja, sollte ich sie dann in die Nervenklinik schicken oder an die Universität zum Pädagogikstudium? War es Therapie, wenn ich ihr mitten in der Nacht aus einer Notsituation half oder ihre Dosenspaghetti aß? War das nicht vielmehr schlicht Freundschaft? Und war es nicht das, was Ladbrooke brauchte? Was denn Therapie anderes sei als professionelle Freundschaft, meinte Tim. Worauf wir prompt in eine tiefschürfende Diskussion über unsere heutige Welt gerieten, wo man sich liebende Beziehungen kaufen mußte.

Dennoch war ich nicht übermäßig beunruhigt. In den kommenden Wochen konnte ja wirklich noch vieles geschehen, und ich hielt Ladbrooke inzwischen für gereift genug, sich wenn nötig selbständig Hilfe in anderer Form zu suchen. Doch das Bild Ladbrookes, wie sie in meinem Schatten zu meinen Füßen gesessen hatte, verfolgte mich. Ich wünschte mir, ich besäße die Macht, ihr zu bleibendem Glück zu verhelfen.

Am Dienstag morgen waren unsere drei kleinen Iren finsterster Stimmung. Es hatte offensichtlich schon vor Schulbeginn Streit gegeben, denn die drei wechselten kaum ein Wort miteinander, und auf meine Fragen, was denn los sei, wollte mir keines Antwort geben.

Shemona schien am heftigsten zu leiden. Sie war den ganzen Morgen weinerlich und wollte um keinen Preis von ihrem Stuhl aufstehen, sprach weder mit Ladbrooke noch mit mir, und als ich am späten Vormittag neben ihr niederkniete, zuckte sie vor mir zurück.

«Geht es dir nicht gut, Herzchen?» fragte ich.

«Sag dem Fräulein, daß es dir gutgeht.»

«Geraldine – ich kann selbst mit Shemona sprechen.»

Shemonas Gesicht verzog sich weinerlich.

«Sag dem Fräulein, daß alles in Ordnung ist, Shemona, sonst läßt sie uns nicht in Ruhe.»

«Geraldine!»

«Also, wenn Sie's unbedingt wissen müssen, es ist ihre große Zehe. Sie hat was an der großen Zehe.»

«Ach», sagte ich erstaunt. «Kann ich sie mir mal ansehen?»

Geraldine gab mir durch einen abgrundtiefen Seufzer der Resignation zu verstehn, daß sie mich für hoffnungslos beschränkt hielt.

«Sie zeigt ihn nicht her. Sie hat ihn nicht mal Tante Bet sehen lassen. Nur mir hat sie's gezeigt, weil ich ihre Schwester bin.»

Ich drehte Shemonas Stuhl ein wenig herum und machte mich daran, ihr die Schuhe auszuziehen. «Komm, Shemona, schauen wir mal nach, was da los ist.»

Shemona brach in Tränen aus, rückte den Stuhl herum und schob ihre Füße wieder unter den Tisch.

Shamie, der uns gegenübersaß, stöhnte geräuschvoll. «Ich hab echt genug von der blöden Zehe», sagte er. «Tante Bet ist gestern abend mit ihr zum Doktor gegangen, und dem hat sie's auch nicht gezeigt. Sie hat nur gebrüllt wie am Spieß. Hinterher wollten wir zu McDonald's, aber dann durften wir doch nicht. Nur weil du dich beim Doktor so aufgeführt hast. Hast du vielleicht gedacht, er würde dir den Fuß abschneiden?» fragte Shamie bissig.

«He», rief ich ihm zu. «Das bringt doch nichts.»

«Na ja, ist doch wahr. Dauernd verpatzt sie einem alles. Und Geraldine genauso. Mir reicht's.»

«Sie redet eben nicht mit dem Doktor», sagte Geraldine. «Sie redet nicht mit jedem.»

«Sie redet nicht, weil du's ihr nicht erlaubst», rief Shamie.

«Das ist gelogen. Shemona redet nur deshalb nicht mit dem Doktor, weil er ein Mann ist. Shemona mag keine Männer.»

«Und soll ich dir auch sagen, warum, Geraldine?» fragte Shamie wütend. Abrupt wandte er sich mir zu. «Wissen Sie, warum Shemona keine Männer mag, Fräulein? Wegen Geraldine. Geraldine macht ihr angst. Sie erzählt Shemona immer, daß die bösen Männer kommen und unser Haus abbrennen.»

Krachend fiel Shemonas Stuhl um, als sie aufsprang und hinter die Regale rannte. Heftiges Schluchzen drang durch die Zeitschriftenstapel zu uns.

«Na also, jetzt hast du's erreicht», sagte Geraldine. «Bist du jetzt zufrieden?»

«Das war ich doch nicht. Du warst es.»

«Schluß jetzt!» fuhr ich so scharf dazwischen, daß es augenblicklich still wurde. Nur Shemonas Schluchzen war zu hören.

Geraldine, die von ihrem Stuhl aufgesprungen war, stützte sich mit beiden Händen auf den Tisch und sah stumm bald Shamie, bald mich an. Keine Regung in ihrem Gesicht verriet, was in ihr vorging. Schließlich schob sie mit bedächtiger Bewegung ihre Brille höher und setzte sich.

«Wir unterhalten uns später miteinander», sagte ich leise zu ihr.

«Ich habe Ihnen nichts zu sagen, Fräulein.»

Ich stand auf, um nach Shemona zu sehen. Ladbrooke war schon bei ihr. Die Arme schützend über dem Kopf, hockte Shemona haltlos schluchzend an der Wand.

«Kommst du hier eine Weile allein zurecht?» fragte ich Ladbrooke. «Ich möchte mit ihr ins Lehrerzimmer hinuntergehen. Ich versuche, vor der Mittagspause zurück zu sein.»

«Laß dir ruhig Zeit, wir kommen schon zurecht», sagte Ladbrooke und kehrte zu den anderen zurück.

Ich trug die strampelnde und schreiende Shemona zum Lehrerzimmer hinunter, das zum Glück leer war. Nachdem ich mit Müh und Not die Tür geöffnet hatte, ließ ich mich drinnen mit ihr zu Boden fallen und stieß die Tür mit dem Fuß zu. Dann ließ ich sie erst einmal toben. Sie trat und schlug, biß und kratzte, hämmerte mit Fäusten und Fersen auf den Boden. Und schrie. Mir war nie ein Kind mit einer so kräftigen Lunge begegnet.

Langsam, langsam begann sie zu ermüden. Sie verschluckte sich an ihren Schreien, würgte. Ich rollte sie auf den Bauch, falls sie sich übergeben sollte, und faßte sie etwas fester, um sie ruhig zu halten. Schließlich blieb sie laut keuchend, die Wange auf den Boden gepreßt, liegen.

Ich trug sie zum Sofa, setzte sie behutsam darauf nieder und brachte ihr eine Schachtel Papiertücher. Das kleine Gesicht war rot und fleckig, sie schniefte und schnüffelte stumm. Ich ließ ihr Zeit. Als sie ganz ruhig geworden war, gab ich ihr ein letztes Taschentuch.

«Hier. Schneuz dich mal.» Sie tat es gehorsam. «So, und jetzt leg dich hin. Ich will mir deinen Fuß ansehen.»

Sie schüttelte den Kopf.

«Leg dich lang, Shemona. Hier, schieb dir das Kissen unter den Kopf und leg deine Füße auf meinen Schoß.»

«Nein.»

«Das kannst du vielleicht mit anderen machen, aber nicht mit mir. Leg dich jetzt hin.»

Sie sah mich abwägend an. Ich konnte nicht glauben, daß sie auch nur noch einen Funken Kraft hatte. Schließlich gab sie klein bei. Sie legte sich nieder, schob sich das Kissen unter den Kopf und hob vorsichtig ihre Füße auf meinen Schoß. Ich schnürte den Senkel ihres Jogging-Schuhs auf. Behutsam zog ich ihr die Socke aus.

Sie hatte einen eingewachsenen Nagel. Die Haut über der Schwellung war gespannt und rot. Ihre Strampelei mußte ihr schreckliche Schmerzen bereitet haben. Als ich vorsichtig rund um den Nagel drückte, sah ich Eiter kommen.

«Bleib jetzt schön liegen, Shemona. Ich geh nur ins Büro und hol eine Salbe und Pflaster. Ich bin gleich wieder da.»

«Tut es weh?» fragte Shemona ängstlich, als ich aufstand.

Ich lächelte sie an. «Es tut doch sowieso schon weh, nicht? Ich werd versuchen, es gut zu machen.»

Als ich zurückkam, lag Shemona da, wie ich sie verlassen hatte, und lutschte am Daumen. Ich hob ihre Füße hoch und setzte mich wieder. Nachdem ich ein Kissen unter den entzündeten Fuß geschoben hatte, begann ich, die Zehe mit einem Stück Gaze zu säubern.

«Ich mach das jetzt ein bißchen sauber. Wenn es weh tut, sagst du's mir, dann versuch ich, vorsichtiger zu sein. Okay?»

Ganz langsam, um ihr möglichst wenig weh zu tun, tupfte ich mit Watte und Gaze den Eiter ab. Wir sprachen nichts. Das Nuckeln wurde leiser. Shemona entspannte sich und drehte den Kopf zur Seite. Aus dem Augenwinkel sah ich, daß ihr Blick jetzt durchs Zimmer wanderte. Sie musterte den Arbeitstisch, schaute zur Decke hinauf. Ich knipste ein kleines V in den Zehennagel, um den Druck auf beiden Seiten des Nagels zu vermindern. Sie zuckte zusammen, sagte aber nichts.

«Hat das weh getan? Das tut mir leid.» Ich lächelte beruhigend. «Gleich sind wir fertig.»

Wir schwiegen wieder. Meine Gedanken kehrten zu dem Streit im Klassenzimmer zurück.

«Shemona», fragte ich, «was weißt du noch von früher? Ehe du hierherkamst?»

Sie antwortete nicht.

Ich sah sie an. «Erinnerst du dich an den Brand in eurem Haus in Belfast?»

Ein beinahe unmerkliches Nicken.

Mit einem Wattebausch tupfte ich die Zehe mit Alkohol ab. «Kannst du mir erzählen, was in der Nacht passierte?»

«Es hat gebrannt», sagte sie leise. «Ich bin aufgewacht. Matthew hat geweint.»

«Hat dein Bruder mit dir in einem Zimmer geschlafen?»

Sie nickte. «Ja.»

«Und dann? Was passierte dann?»

«Matthew hat geweint, und ich konnte ihn nicht finden. Ich bin aufgestanden, weil ich zu ihm gehen wollte, aber ich konnte ihn nicht finden.»

Ich verband die Zehe. «Und dann?»

«Ich hab Angst gehabt. Ich hab das Licht nicht gefunden. Ich hab im Dunkeln immer Angst, und Mami wollte mir eigentlich das Licht anlassen, aber es war keins an. Ich konnte überhaupt nichts sehen. Alles war voll Rauch, und ich hab keine Luft gekriegt und konnte Matthew nicht finden.»

«Was hast du da getan?»

«Ich hab geweint. Ich bin gestolpert und hingefallen und hab angefangen zu weinen. Niemand war da. Ich hab immer Mami gerufen. Mami, Mami, komm. Aber ich hab sie nicht gefunden.»

Die nackte Angst stand in Shemonas Augen. Ihr Gesicht verzog sich zum Weinen. Ich streichelte ihr sacht die Wange.

«Ich kann mir vorstellen, daß du Angst hattest.»

Sie nickte und steckte den Daumen wieder in den Mund.

«Und was passierte dann?»

«Ich weiß nicht», nuschelte sie mit dem Daumen im Mund.

Ich warf ihr einen lächelnden Blick zu, ehe ich weiter die Zehe verband.

«Aber ich weiß, wie es nach dem Feuer war.»

«Ja?»

«Wir waren draußen», erzählte sie. «Es war dunkel, und ich hab mein Nachthemd angehabt. Ein Mann mit einem kalten schwarzen Mantel war da. Er hat mich in ein großes Auto getragen.»

«Ein Feuerwehrmann?»

«Ich weiß nicht.»

Schweigen. Ich hob ihren Fuß hoch und drückte einen leichten Kuß auf die bandagierte Zehe. «So. Besser jetzt?»

Sie rührte sich nicht, sah mich nur unverwandt an.

«Möchtest du mir noch mehr erzählen? Über das Feuer?»

«Mehr weiß ich nicht mehr.»

«Ach so.»

Sie behielt den Daumen im Mund. Langsam wanderte ihr Blick von meinem Gesicht zur Zimmerdecke. Einen Moment lang schien sie etwas Bestimmtes zu betrachten, dann ging ihr Blick nach innen. «Unser Matthew ist jetzt im Himmel beim Jesuskind», sagte sie leise. «Und Mami ist auch dort. Sie muß sich um Matthew kümmern, weil er noch so klein ist.»

«Und da wart nur ihr drei übrig, du, Geraldine und euer Papi.»

«Ja», sagte sie nickend.

«Und dann?»

«Erst haben wir bei Papi gewohnt. Es hat jeden Abend

Pommes frites und Spiegelei gegeben, weil unser Papi nichts anderes konnte. Manchmal haben wir auch Bohnen gegessen. Ich wär bald in die Schule gekommen. Ich hatte schon einen Schulranzen. Papi hat ihn mir gekauft. Aber dann sind wir zu Tante Meg gezogen, und ich bin nicht in die Schule gekommen. Und dann haben wir bei Tante Aileen gewohnt und dann bei Tante Cath. Und dann sind wir hierhergekommen. Und jetzt sind wir immer noch hier.»

«Und was ist mit deinem Papi? Wo ist er?»

«Er hatte Sehnsucht nach Mami.»

Ich nickte. Shemona starrte stumm ins Leere.

«Weißt du, wie das Feuer damals in eurem Haus ausbrach? Hat jemand mit dir darüber gesprochen?»

«Nein.»

«Spricht Geraldine darüber?»

Sie zuckte die Achseln.

«Und verstehst du die Dinge, über die Shamie und Geraldine manchmal sprechen – die Unruhen und die Kämpfe und die Männer, mit denen dein Vater befreundet war?»

«Ich weiß nur, daß sie alle immer kämpfen, aber ich weiß nicht warum. Ich kann nicht verstehen, warum sie nicht alle Freunde sein können.»

Ich legte meine Hand sachte auf ihre Beine, und zum erstenmal entzog sie sich meiner Berührung nicht.

«Was erzählt dir Geraldine denn für Dinge?»

Achselzucken.

«Spricht sie viel von eurem Haus und euren Eltern?»

«Manchmal.»

«Erzählt sie dir auch andere Dinge? Die dir angst machen?»

Wieder Achselzucken. «Ich weiß nicht.»

«Glaubst du die Geschichten, die Geraldine dir erzählt?»

«Nein, nicht immer. Geraldine erzählt einen Haufen Quatsch. Sagt Shamie. Manchmal wünsche ich mir, ich wäre Shamies Schwester und nicht Geraldines», sagte Shemona aus tiefstem Herzen.

«Warum denn?»

«Shamie ist viel netter zu mir. Er wird nicht immer gleich böse. Er läßt mich mit seinen Sachen spielen. Geraldine läßt mich nie. Aber *sie* spielt mit *meinen* Sachen und fragt nicht mal. Zum Beispiel gestern, da hat sie einfach meine neuen Kreiden genommen und eine abgebrochen. Und dann hat sie sich nicht mal entschuldigt.»

Wie alltäglich waren diese Sorgen! Beinahe absurd in ihrer Alltäglichkeit, wenn man bedachte, was dieses Kind durchgemacht hatte.

«Weißt du, was Geraldine sagt?» fragte Shemona.

«Was denn?»

«Daß ich alles tun muß, was sie mir sagt. Sie sagt, ich muß ihr immer gehorchen und alles tun, was sie will.»

«Warum sagt sie das?»

«Damit sie auf mich aufpassen kann. Aber ich glaube, das sagt sie nur so. In Wirklichkeit will sie über mich bestimmen. Und das mag ich nicht.»

«Und tust du alles, was sie sagt?»

Sie antwortete nicht. Ich sah sie an.

«Manchmal», sagte sie. «Und manchmal auch nicht.»

«Und was geschieht dann?»

«Dann wird Geraldine böse.»

«Hast du dann Angst vor ihr?»

«Ein bißchen. Sie kann mich hauen. Und manchmal nimmt sie mir meine Sachen weg.»

«Sagst du das Tante Bet oder Onkel Mike?»

Shemona schüttelte den Kopf.

«Warum nicht?»

Sie antwortete nicht, schob den Daumen wieder in den Mund. Eine Weile nuckelte sie leise vor sich hin.

«Was erzählt dir Geraldine von Männern, Shemona?»

Keine Antwort.

«Hast du Angst vor ihnen, wie sie vorhin sagte?»

«Ja.»

«Warum?»

«Sie sagt, daß nachts böse Männer kommen, wie damals. Sie sagt, zu Hause war es auch so. Sie sagt, die Männer haben Benzinbomben in den Briefkasten geschmissen, und dadurch hat das Feuer angefangen. Sie sagt, die Männer, die mit Papi gekämpft haben, waren böse. Sie sind an allem schuld. Sie haben das Feuer gemacht. Und sie haben gemacht, daß wir keine Mami und keinen Papi mehr haben. Sie haben gemacht, daß wir hierherkommen mußten. Und wenn ich nicht brav bin und tu, was sie sagt, damit sie auf mich aufpassen kann, dann kommen die Männer auch hierher.»

«Und was sagst du zu ihr, wenn sie dir das alles erzählt?»

«Ich sage, daß Tante Bet und Onkel Mike gar keinen Briefkasten haben. Sie haben schon einen, aber er ist ganz vorn an der Straße. Aber sie sagt, das macht nichts. Dann suchen sie sich eben ein offenes Fenster. Wenn ich ihr nicht folge, damit sie auf mich aufpassen kann, dann kommen sie.»

«Glaubst du ihr das, Shemona?»

Ich sah, wie sich in ihren Augen die Tränen sammelten. Sie nickte und sagte ganz leise: «Ja, Fräulein.»

«Shemona, mein Herzchen, komm mal her. Setz dich auf meinen Schoß. Ich sag dir jetzt ein Geheimnis, und da mußt du ganz nah bei mir sein, damit du es hören kannst.»

Sie stand auf und kroch auf meinen Schoß. Ich schlang meine Arme um sie und drückte sie an mich. Einen Moment lang blieb sie steif, dann lehnte sie sich aufseufzend an mich und grub ihr Gesicht in die weichen Falten meines Pullovers.

«Geraldine versucht, dir eine gute Schwester zu sein. Sie hat dich lieb und möchte, daß für euch beide alles wieder gut wird, aber sie ist selbst noch ein kleines Mädchen, und das, was passiert ist, hat ihr genauso angst gemacht wie dir. Darum sieht sie nicht alles richtig. Was sie dir erzählt, ist nicht die Wahrheit, Shemona. Sie glaubt, daß es wahr ist, aber es ist nicht wahr. Es werden keine Männer kommen und euch Benzinbomben ins Haus legen. Geraldine ist verwirrt. So was geschieht hier nicht. Das passiert im Haus von deinem Onkel Mike nicht.»

Shemona lutschte heftig am Daumen.

«Wenn du die Wahrheit über etwas wissen willst, mußt du eine erwachsene Person fragen. Du mußt mit mir oder Ladbrooke sprechen oder mit deiner Tante oder deinem Onkel. Aber nicht mit Geraldine. Geraldine weiß nicht immer, was wahr ist. Und jetzt kommt das Geheimnis. Du mußt immer daran denken und darfst nicht vergessen, daß ich es dir gesagt habe, denn es ist sehr wichtig. Möchtest du das Geheimnis wissen?»

«Ja, Fräulein.»

«Gut. Was dir in Belfast geschehen ist, ist vorbei. Es war schrecklich, aber jetzt ist es vorbei und wird nie wieder geschehen. Du bist hier bei Tante Bet und Onkel Mike, und hier wird dir nichts passieren. Wenn Geraldine dir schlimme Dinge über die Zeit in Belfast erzählt, wenn sie dir sagt, daß du tun mußt, was sie will, weil sonst diese Sachen wieder passieren, dann sagst du einfach *nein* zu ihr. Du weißt jetzt das Geheimnis. Du weißt, es kann nicht wieder passieren, weil es vorbei ist. Das ist die Wahrheit, Shemona. Es ist vorbei und kommt nie wieder.»

Mit einem Finger wischte sie sich behutsam die Tränen aus den Augen. Dann drückte sie sich an mich, umfaßte meinen Arm und zog ihn um ihren Körper.

27

Nach dem Gespräch mit Shemona stand eines für mich fest: die Schwestern mußten getrennt werden. So stark und wehrhaft Shemona war, auf die Dauer war sie damit überfordert, sich ständig gegen Geraldines Übergriffe wehren zu müssen.

Mein erster Gedanke war, Shemona in eine reguläre Vorschulklasse zu geben, aber dieser schöne Plan platzte, als ich erfuhr, daß Shemona außerhalb unserer Gruppe noch immer mit keinem Menschen sprach. Ich machte es mir zum Vorwurf, daß ich nach Shemonas Durchbruch Mitte März, nach einigen kurzen Gesprächen mit Mrs. Lonrho automatisch angenommen hatte, Shemona hätte nun auch in der häuslichen Umgebung ihr Schweigen aufgegeben.

Was sollte ich nun tun? Ich verwünschte die Isolation unserer Sonderklasse in diesem Verwaltungsgebäude. Wären wir in einer regulären Schule untergebracht gewesen, wäre es ein leichtes gewesen, Shemona jeden Tag ein paar Stunden in eine normale Grundschul- oder Förderklasse zu schicken.

Ladbrooke hörte sich meine Tiraden eine Weile an, dann sagte sie: «Und warum willst du sie nicht zu Carolyn geben?»

«Das sind doch lauter Kleine. Und alle geistig behindert.»

«Aber sie fühlt sich wohl unter ihnen. Und spricht auch mit ihnen.»

Ich zögerte.

«Eine Gruppe, wo sie schon alle kennt, wäre vielleicht gut für sie, Torey. Vielleicht nur zwei Stunden jeden Tag. Zum Basteln und Singen.»

Ich nickte nachdenklich. «Hm, vielleicht.»

Ich besprach es mit Carolyn und Frank, ich besprach es mit den Lonrhos, und am Freitag der folgenden Woche ging Shemona zum erstenmal mit Lad in Carolyns Klasse hinunter.

Zwar würde Shemona bei Carolyn, deren Kinder zum Teil noch nicht einmal alleine auf die Toilette gehen konnten und vollauf damit beschäftigt waren, so einfache Dinge zu lernen, wie sich selbst anzuziehen, keine Vorschulbildung im traditionellen Sinn erhalten, dafür würde sie unter nahezu Gleichaltrigen sein und nach Herzenslust spielen können, wie das ihrem Alter gemäß war. Das Schulische würde schon nicht zu kurz kommen; nachmittags war dafür bei uns noch Zeit genug.

Shemonas unverhohlene Erleichterung über den Wechsel

überraschte mich. Ich hatte zwar gewußt, daß ihr Verhältnis zu Geraldine und ihr Bemühen, mit Kindern mitzuhalten, die drei, vier Jahre älter waren als sie, sie anstrengten, aber mir war nicht bewußt gewesen, wie stark sie das alles belastet hatte. Sie hatte uns nie gezeigt, daß sie weg wollte, nun aber machte sie kein Hehl aus ihrer Freude über die Veränderung.

Ihr Glück war vollkommen, als Carolyn sie schon nach ein paar Tagen zu ihrer «Helferin» beförderte. Strahlend vor Stolz kam sie nach der Mittagspause zu uns ins Zimmer, auf der Bluse ein großes Schild mit der Aufschrift «Helferin». Sie sei jetzt ein großes Mädchen, erklärte sie Ladbrooke und mir, und müsse Miss Berry helfen, und das Schild müsse sie tragen, damit die Kinder wüßten, daß sie zu ihr kommen könnten, wenn sie Hilfe brauchten. Endlich einmal war Shemona die Größte und die Gescheiteste.

Die Lonrhos nahmen ähnliche Veränderungen vor. Shemona teilte nun ihr Zimmer mit der vierjährigen Tochter der Familie, während Geraldine bei ihrer zwölfjährigen Cousine einquartiert wurde. Die Lonrhos versprachen mir, soweit möglich täglich einige Zeit mit jedem Kind allein zu verbringen und die Schwestern zumindest vorläufig nicht unbeaufsichtigt zu lassen, wenn sie zusammen waren.

Interessanterweise begann Shemona schon wenige Tage nach diesen Veränderungen freiwillig mit ihrem Onkel und ihrer Tante zu sprechen. In den folgenden Wochen verlor sich ihre Stummheit fast ganz. Sie sprach praktisch mit jedem, der sie ansprach. Das bestätigte meinen Verdacht, daß ihr Mutismus zumindest teilweise von Geraldine beeinflußt gewesen war. Anfangs hatte sich Shemona vielleicht als Reaktion auf die traumatischen Ereignisse in ihrer Umgebung in die Sprachlosigkeit zurückgezogen, aber danach hatte sie sich wohl einem Gebot Geraldines unterworfen.

Ich hoffte, all diese Veränderungen würden endlich zu einer Interaktion zwischen Geraldine und mir führen. Natürlich wünschte ich mir eine positive Interaktion, ähnlich wie bei

Shemona, wo wir gemeinsam die bösen Geister, die Geraldine bedrohten, hätten entlarven und vertreiben können. Aber ich hätte mich auch mit einer negativen zufriedengegeben. Selbst eine harte Konfrontation wäre besser gewesen als das emotionale Niemandsland, in das wir hineingeraten waren. Ich war überzeugt, Geraldine wußte, daß Shemona ihr an jenem Morgen endgültig entglitten war, als ich mit ihr im Lehrerzimmer gewesen war. Shemonas Verhalten hatte sich danach rapide verändert, und Geraldine war klug genug, die Zusammenhänge zu erkennen. Darum wartete ich täglich auf eine Reaktion von ihr.

Natürlich blieb sie nicht unberührt. Spannung staute sich zwischen uns auf. Sie wurde mürrisch, schlampig in ihrer Arbeit, den Kindern gegenüber barsch. Sie quälte die anderen mit häßlichen kleinen Gemeinheiten, indem sie beispielsweise Marianas Buntstifte zerbrach oder Dirkies Katzenzeichnungen zerriß. Und sie begann, Ladbrooke, auf die sie offenbar ihre ganze Wut auf mich übertrug, bis zur Weißglut zu reizen. Aber sie ging weder Shemona noch mich offen an.

Schließlich versuchte ich, eine Aussprache herbeizuführen. Ich redete mit ihr, fragte sie direkt, ob sie mir nicht etwas sagen wolle. Ich versuchte alles mögliche, um an sie heranzukommen, aber sie blieb unerreichbar. «Nein, Fräulein», sagte sie jedesmal, «ich habe nichts zu sagen.» Sie hatte etwas von einem in die Enge getriebenen Fuchs – abgehetzt, wachsam, verzweifelt –, aber sie gab sich nicht geschlagen. Shemona hatte ich vielleicht gefangen, aber sie ließ keinen Zweifel daran, daß ich *sie* noch lange nicht gefangen hatte.

Es wurde Zeit, über die zukünftige Unterbringung der Kinder nachzudenken. Wir hatten nur noch etwa anderthalb Monate bis Schuljahresende. Für mich gab es jetzt keinen Zweifel mehr, daß Shemona im Herbst weit genug sein würde, eine reguläre erste Grundschulklasse zu besuchen. Mit Shamie machten wir einen neuerlichen Eingliederungsversuch. Er nahm jetzt dreimal wöchentlich in der nahe gelegenen High-School an zwei Kursen teil, in denen keine Hauptfächer behandelt wurden. Seine Leistungen waren gut, er kam mit den Lehrern und seinen Mitschülern gut zurecht, und ich schöpfte Hoffnung, daß auch er bis zum Herbst für eine normale Schullaufbahn bereit sein würde. Das einzige andere Kind, bei dem eine Rückführung ins Auge gefaßt werden konnte, war Mariana. Ihre Leistungen in den Kernfächern waren zwar immer noch weit unter dem Niveau, aber sie hatte im Lauf des Jahres stetige, wenn auch langsame Fortschritte gemacht. Als sie im September gekommen war, hatte sie kaum etwas gekonnt, jetzt las sie immerhin wie eine Siebenjährige und hatte die ersten Grundlagen des Rechnens begriffen. Vom Schulischen her konnte eine Sonderklasse wie die unsere ihr nicht mehr bieten als ein Förderprogramm in einer Normalschule, und ihre soziale Entwicklung wurde bei uns eher gebremst. Schon deshalb hielt ich ihre Versetzung in eine reguläre Schule für zweckmäßig. Sie brauchte allerdings, leicht ablenkbar und sprunghaft wie sie war, die feste Hand einer reifen und erfahrenen Lehrkraft.

Blieben Dirkie, Geraldine und Leslie. Alle drei brauchten weiterhin die besonderen Bedingungen der Sonderschule. Frank hatte sich bereits mit Mrs. Samuelson in Verbindung gesetzt, die mich im neuen Schuljahr ablösen sollte, und sie wollte Anfang Mai auf ein paar Tage zu uns kommen, um sich mit ihren zukünftigen Schützlingen vertraut zu machen.

Dirkie hatte zwar schulisch einige Fortschritte gemacht, aber sein Zustand war unverändert. Er war so quecksilbrig wie eh und je, fixiert auf Katzen und langes Haar, und verbrachte noch immer einen großen Teil des Tages selig vor sich hin heulend unter dem Tisch. Dennoch wäre es Dirkie und uns gegenüber unfair gewesen, zu sagen, daß wir nicht mehr als eine Bewahranstalt für ihn waren. Das Gruppenerlebnis hatte ihm viel Gewinn gebracht, und er war gern bei uns. Und er wiederum hatte uns eine Menge gegeben. Er hatte ein fröhliches, gewinnendes Wesen, und niemand von uns hätte ihn missen mögen. Aber es war unwahrscheinlich, daß er jemals eine normale Schule würde besuchen oder ein Leben außerhalb der Geborgenheit seiner Pflegefamilie würde führen können.

Geraldine war und blieb mir ein Rätsel, auch wenn für mich inzwischen völlig klar war, daß sie das am schwersten gestörte Kind der Gruppe war. Nichts deutete auf eine organische Störung. Geraldine litt für meine Begriffe an einer ins Psychopathische gehenden seelischen Störung.

Ich dachte oft darüber nach, was an dem Ausmaß von Geraldines Störung schuld sein konnte. Hätte sie ein Leben in einer zerrütteten Stadt wie Belfast unbeschadet überstehen können, wenn der Tod ihrer Eltern nicht gewesen wäre? Hätte sie den Tod ihrer Eltern verarbeiten können, wenn ihm nicht die Trennung von allem, was ihr vertraut und lieb war, gefolgt wäre? Oder hätte sie ihre Störung unter beliebigen Bedingungen entwickelt? Lauter Fragen, auf die es keine Antwort gab. Doch ich konnte mich des Gefühls nicht erwehren, daß sie stark gefährdet war, darum war für mich klar, daß sie weiterhin den geschützten und begrenzten Raum einer Gruppe wie der unseren brauchte.

Leslies Entwicklung hatte bis zum April einen überraschend hohen Stand erreicht, wenn man bedachte, wie sie im Herbst zu uns gekommen war. Natürlich würde sie immer mit ihrer Behinderung leben müssen, aber ihre Fortschritte waren ungeheuer ermutigend, besonders im rein Schulischen. Sie konnte so gut lesen wie Mariana, wenn auch ihr Vortrag ein monotoner Singsang ohne Sinn war. Und sie hatte die elementaren Grundlagen des Rechnens gemeistert. Im Sozialen waren ihre Fortschritte bescheidener, aber dennoch bemerkenswert. Sie sprach jetzt praktisch ohne Unterlaß. Das meiste war sinnlose Wiederholung entweder von gerade Gesprochenem oder früheren Gesprächen. Sie fing an, Gelesenes zu rezitieren. Oft hörte ich sie, wenn sie allein spielte, Listen von Zutaten herunterleiern, wie man sie auf Nahrungsmittelpackungen findet. Aus dem stummen kleinen Geist, der im Herbst zu uns gekommen war, war ein lebendiges, lärmendes Kind geworden. Bei uns machte Leslie kaum noch in die Hose, zu Hause jedoch blieb ihr Ausscheidungsverhalten fast unverändert, und wenn Leslie unter seelischer Belastung stand, kam es auch bei uns im Klassenzimmer zu «Unfällen».

Trotz allen Fortschritts blieb natürlich noch viel zu tun. Leslie neigte jetzt bei Frustration zu lautstarken Wutanfällen. Sie konnte trotzig und widerspenstig sein, und ihre Ansichten über das Teilen waren die einer Neandertalerin, etwa nach dem Motto: Nimm einen dicken Stock und schleich dich von hinten an. Sie besaß die emotionale Reife einer Zweijährigen und würde von ihrer neuen Lehrerin viel liebevolle Zuwendung, aber auch viel Festigkeit und Konsequenz brauchen. Insgesamt jedoch hatte sich Leslie in meinen Augen in diesen acht Monaten großartig entwickelt.

In der dritten Aprilwoche setzte ich mich nacheinander mit allen Eltern zusammen, um das weitere Fortkommen der Kinder zu besprechen. Das Gespräch mit Ladbrooke und Tom hatte ich für Freitag nachmittag halb fünf angesetzt.

Ladbrooke war die ganze Stunde nach Schulschluß ungeheuer nervös, konnte sich nicht auf ihre Arbeit konzentrieren, lief im Zimmer herum, räumte auf, goß die Pflanzen, fütterte die Mäuse.

«Ich hasse diese Besprechungen», sagte sie schließlich.

«Das merkt man.»

Sie kam an den Tisch, wo ich dabei war, Leslies Unterlagen und Arbeitsblätter zu sortieren.

«Ich dachte, mit der Zeit würden sie einfacher werden», fuhr sie fort.

«Ich habe keine Überraschungen parat, Lad. Im Grund ist das Ganze nur eine Formalität.»

«Das weiß ich.»

«Dann beruhige dich doch. Es passiert nichts.»

Sie nickte, blieb aber vor mir stehen. «Torey?»

«Ja?»

«Würdest du mir einen Gefallen tun?»

«Was denn?»

Sie antwortete nicht. Ich wartete eine Weile, dann sah ich sie fragend an.

«Ich versuche zu überlegen, was ich sagen will», murmelte sie.

«Ach so. Okay.» Ich wandte mich wieder der Arbeit zu.

«Du mußt für mich mit Tom reden», sagte sie endlich.

«Wie meinst du das?»

«Ich muß – du mußt – ich meine, nicht, daß du mit Tom reden sollst. *Ich* muß mit ihm reden. Aber ich muß dich dabeihaben.»

«Ich soll dabeisein, wenn du mit Tom sprichst?»

Sie nickte. «Wenn ich ihm etwas sagen will, bleibt es immer beim Vorsatz. Er läßt mich nicht reden. Aber ich muß mit ihm sprechen.» Pause. «Zu Hause ist es im Augenblick wirklich schlimm.»

«Aber ich kann doch nicht – ich bin keine Eheberaterin, Lad.»

«Darum geht es mir ja auch gar nicht. Ich möchte einfach mit ihm sprechen. Es muß sich etwas ändern zwischen uns, Torey, und das muß ich ihm sagen. Aber wenn ich zu Hause davon anfange, hört er mir gar nicht zu. Er nimmt mich nicht ernst. Hier, wenn du dabei bist, ist das sicher anders. Du brauchst überhaupt nichts zu sagen. Ich möchte dich nur dabeihaben.» Sie lächelte verlegen. «Zur moralischen Unterstützung.»

«Lad, das ist mir gar nicht angenehm.»

«Bitte!»

Tom kam ein paar Minuten nach der verabredeten Zeit und zeigte, wie stets, eingehendes Interesse an allem, was ich ihm über Leslie berichtete, obwohl er vieles natürlich schon von Ladbrooke erfahren hatte. Er sah sich die Diagramme an, die ich gemacht hatte, las jede Notiz von meiner Hand, ging ihren

Hefter und ihre Arbeitsblätter durch. Er war fasziniert, als er auf ein Blatt stieß, auf das Leslie in großen, kindlichen Buchstaben mit roter Kreide ihren Namen geschrieben hatte. Beinahe zärtlich zog er mit dem Finger das L nach.

«Wann hat sie schreiben gelernt?» fragte er.

«Buchstaben malt sie schon eine ganze Weile, aber sie hat erst vor drei oder vier Wochen gelernt, ihren Namen zu schreiben.»

Er lächelte auf eine weiche, unergründliche Art.

Da es nicht viel zu besprechen gab, war die Sitzung nach einer halben Stunde beendet. Als ich den Hefter schloß, griff Tom nach seiner Jacke.

«Tom?» sagte Ladbrooke.

Er war schon aufgestanden und wollte gerade den Stuhl an den Tisch schieben.

«Tom, ich muß mit dir reden.»

Er sah sie verwundert an, warf einen raschen Blick auf mich und wandte sich wieder ihr zu. «Was willst du denn?» fragte er erstaunt.

«Ich will mit dir reden.»

«Hier? Jetzt? Worüber denn?»

Ladbrooke nickte. «Setz dich noch einen Moment, ja?»

Wieder flog ein Blick zu mir. «Was will sie denn?» fragte er verwirrt.

«Daß Sie sich setzen, nehme ich an», antwortete ich.

Er setzte sich.

«Es muß sich was verändern», sagte Ladbrooke.

«Was soll das?» Gereiztheit schwang in seinem Ton.

«Es muß sich was ändern, Tom.»

«Was geht hier vor? Ich bin hergekommen, um über Leslie zu sprechen. Was hat das zu bedeuten? Was willst du?»

«Ich will mit dir sprechen.»

«Lieber Gott!»

«Es muß sich was verändern, Tom.»

«Es muß sich was verändern, Tom», äffte er sie nach. «Das

hast du jetzt bereits sechsmal gesagt, Schatz. Ich bin nicht taub. Ich hab's gehört. Jetzt komm. Hol deinen Mantel, dann gehen wir.»

Lad saß reglos, die Hände vor sich gefaltet, die Daumen an die Lippe gepreßt.

Tom sah mich an. «War das Ihr Einfall?»

«Nein», sagte Ladbrooke hastig. «*Ich* habe mir das einfallen lassen. Weil ich mit dir sprechen muß, Tom. Zu Hause kann ich es nie. Du läßt mich nie zu Wort kommen.»

Mit einem müden Kopfschütteln strich sich Tom über das Gesicht. «Willst du wieder mal vor Fremden unsere schmutzige Wäsche waschen, Ladbrooke? Du hast eine merkwürdige Vorliebe dafür, unser Privatleben an der Öffentlichkeit breitzutreten. Ich finde das pervers.»

«Ich möchte nur mit dir reden.»

Tom seufzte.

«Es hat sich vieles verändert, Tom. Du scheinst nicht imstande, das zu erkennen. Es hat sich vieles verändert, und du mußt dich auch verändern.»

«Nichts hat sich verändert, Ladbrooke.»

«Alles hat sich verändert.»

«Ach? Was denn zum Beispiel? Nenn mir nur eine einzige Veränderung.»

Totenstille.

«Los, Ladbrooke, was hat sich verändert?»

Stille. Ich sah sie an. Sie machte ein gequältes Gesicht.

«Also, was hat sich verändert?» fragte Tom wieder.

«Laß mich, Tom. Ich denke nach.»

«Gott helfe uns.»

Schweigen.

Wieder sah ich zu Ladbrooke hinüber, die mit gesenktem Kopf auf ihre abgeknabberten Fingernägel starrte. Sag ihm, daß du nicht mehr trinkst. Sag ihm, wie gut du mit Leslie zurechtkommst. Sag ihm, daß du allein ins Lehrerzimmer hinuntergehst. Aber sie sagte nichts.

Die starke Spannung, die einen Moment lang in der Luft gelegen hatte, ließ nach. Langeweile setzte ein. Ich konnte verstehen, daß dieses Verhalten für schwierige, dringend nötige Gespräche nicht förderlich war.

«Ich», sagte Ladbrooke schließlich. «Ich habe mich verändert.»

«Wie denn?» Tom hatte die Schärfe verloren, war nur noch müde.

«Ich weiß nicht. Aber es ist so.»

Wieder Schweigen. Keiner schien recht zu wissen, was er sagen sollte.

«Und was willst du von mir?» fragte er.

Ladbrooke kaute an einem Fingernagel. Dann hob sie den Kopf und sah Tom an. «Ich möchte noch ein Kind.»

Das war das letzte, was ich erwartet hatte. Toms Gesicht verriet, daß er genauso überrascht war.

«Ehe ich zu alt bin.»

«Herrgott noch mal, du bist dreiunddreißig, Ladbrooke.»

Sie antwortete nicht.

«Was, zum Teufel, würdest du überhaupt mit einem zweiten Kind anfangen?» fragte er.

Ladbrooke sah zu mir herüber. «Das ist der Grund, warum ich in deinem Beisein sprechen wollte. Damit du es mal erlebst. Er behandelt mich wie eine Sechsjährige. Er läßt mich nie sagen, was ich fühle. Und wenn ich es doch tue, macht er mich nieder.»

«Ich hab's dich ja sagen lassen. Ich frage lediglich, was zum Teufel das soll. Ein zweites Kind ist das letzte, was du brauchst, Ladbrooke. Schau dir doch dein erstes an!»

«Das war ein Unglück. Das nächste Kind wird nicht so wie Leslie. So etwas geschieht nicht zweimal.»

«Das war kein ‹Unglück›, Ladbrooke. Mach dir doch nichts vor. Du bist keine Mutter. Du hast nie richtig für Leslie gesorgt. Behaupte jetzt bloß nicht das Gegenteil. Du kannst einem Kind nicht die Liebe geben, die es braucht.»

«Diesmal könnte ich es besser machen.»

Tom verdrehte die Augen.

«Ja, könnte ich. Wenn du mir nicht dauernd sagen würdest, was für eine Rabenmutter ich bin, könnte ich vielleicht eine bessere Mutter sein. Das letztemal wußte ich nicht, *wie* es ist, eine Mutter zu sein. Aber ich kann schließlich lernen. Vielleicht könnte ich es.»

«Und vielleicht könntest du es nicht. Was dann? Ich bin zu alt, um noch mal die Mutterrolle zu übernehmen. Hör also bitte auf mit diesem Unsinn.»

«Ich habe mich verändert! Ob es dir paßt oder nicht.»

«Ladbrooke, du hast dich nicht geändert, und du wirst dich nie ändern.»

«Du redest mit mir wie mit einem Kind. Ich hab genug davon. Ich bin kein Kind. Ich bin erwachsen. Und so möchte ich auch behandelt werden.»

Tom seufzte.

«Ich laß mir das nicht mehr gefallen. Genau darüber müssen wir sprechen. Ich bin erwachsen und kein Kind mehr, und du mußt dir angewöhnen, mich auch so zu behandeln.»

«Ist das Ihr Werk?» fragte er, sich plötzlich mir zuwendend.

«Nein!» schrie Ladbrooke, weit über den Tisch gebeugt. «Verdammt noch mal, Tom, ich bin hier! Rede mit *mir*!»

Tom drehte sich auf seinem Stuhl sehr langsam nach Ladbrooke um und betrachtete sie schweigend. Ladbrooke wich zurück wie ein verschrecktes Kind und schlang beide Arme schützend um ihren Oberkörper.

«Ich liebe dich», sagte Tom mit unerwartet zärtlicher Stimme. «Ich liebe dich und Leslie. Was willst du denn noch von mir, Ladbrooke?»

Lad senkte den Kopf. Ich sah, daß sie gleich zu weinen anfangen würde. Ich wußte nicht, ob dies Toms übliche Taktik war; sie war jedenfalls ungeheuer wirksam. Ich verabscheute ihn dafür.

Ohne ein weiteres Wort zu sagen, stand Ladbrooke auf und

ging hinaus. Das Schnappen des Schlosses klang laut in der Stille. Tom saß immer noch mit dem Rücken zu mir.

Ich spielte mit meinem Bleistift. «Sie hat hart an sich gearbeitet», sagte ich leise. «Sie trinkt nicht mehr. Sie bemüht sich nach Kräften, mit ihren Schwierigkeiten fertig zu werden, Tom. Es ist ein harter Schlag für ihre Selbstachtung, wenn Sie nicht einmal bereit sind, ihr die Fähigkeit zur Veränderung zuzugestehen.»

Tom drehte sich um und beugte sich über den Tisch.

«Ich dachte mir schon, daß das Ihr Werk ist», sagte er ruhig und ohne jede Emotion. «Man riecht es förmlich.»

Ich erwiderte nichts.

«Sie redet nur noch von Ihnen. Es ist schon fast lachhaft. Sie sagen dies und Sie sagen das. Sie geben ihr nie Schuld an Leslies Fehlentwicklung, an ihrer Alkoholsucht, an all dem anderen Mist, den sie ständig baut.»

Eine kurze Pause.

«Aber sie *ist* schuldig, Torey, verdammt noch mal. Sie *hat* Leslie geschadet. Und sie hat mir das Leben zur Hölle gemacht.»

Er sah mich an. Ich nickte.

«Und doch sagen Sie ihr, daß es nicht ihre Schuld ist.»

«Ich sage ihr, daß das Vergangene vergangen ist.»

«Das ist doch das gleiche.»

«Sie ist ein guter Mensch, Tom. Das wissen Sie so gut wie ich. Sie verdient, wie ein guter Mensch behandelt zu werden. Wie jemand, der niemals absichtlich den Menschen schaden würde, die er liebt.»

«Aber sie *hat* uns geschadet, und Sie sagen ihr, daß es nicht ihre Schuld ist.»

Ich zuckte die Achseln. «Weil ich keinen Sinn darin sehen kann, es ihr vorzuhalten. Das, was schon geschehen ist, kann sie nicht mehr ändern. Sie kann nur die Zukunft ändern.»

Tom blickte auf seine Hände nieder. Dann hob er langsam den Kopf und sah mich an.

«Sie scheinen eines nicht zu erkennen, Torey: Ich wollte gar nicht unbedingt, daß sie sich ändert. Sie war immer schwierig, unsere Beziehung war nie einfach, aber ich mochte sie so, wie sie war. Ungezähmt. Anders als andere.»

Er seufzte tief. «Mein Zorn gilt vor allem Ihnen.» Seine Stimme klang weniger zornig als müde. «Sie haben eigenmächtig in mein Leben hineingepfuscht und es mir praktisch zerstört. Haben Sie darüber irgendwann einmal nachgedacht? Zuerst war es Leslie. Jetzt ist es Ladbrooke. Sie haben mir nichts gelassen. Sie haben mir alles genommen, was ich liebte.»

«Aber Sie waren doch beide nicht glücklich. Ich habe nur versucht, ihnen auf den Weg zu helfen.»

«Und? Hat sich dadurch irgend etwas gebessert?»

Ich zuckte leicht die Achseln.

«Kann ein anderer beurteilen, was für den Nächsten gut ist?»

28

Der Donnerstag der letzten Aprilwoche war ein klarer, warmer Tag. Wir waren alle draußen im Hof, auch Joyce, Carolyns Hilfskraft, die eigentlich diese Pause freigehabt hätte. Sie war mit den meisten ihrer Kinder drüben am Sandkasten. Auch Leslie war dort, eifrig damit beschäftigt, einen kleinen Lastwagen mit Sand zu beladen. Geraldine und Mariana hatten ein Sprungseil an einen Pfahl gebunden und sprangen abwechselnd. Die alten Reime, die ich noch aus meiner Kindheit kannte, klangen im Singsang zu mir herüber. Shamie war am Morgen mit einem Baseball und einem Schläger zur Schule gekommen und übte jetzt mit Feuereifer. Ladbrooke und ich saßen auf den Schaukeln und schwangen sachte hin und her, während wir miteinander schwatzten. Das einzige, was die Idylle störte, war das laute Klopfen der Schreiner, die im Keller etwas reparierten. Der hell dröhnende Schlag ihrer Hämmer hallte über den ganzen Hof.

Shemona kam zu uns gewandert. Einen Moment lang blieb sie stehen und musterte uns, dann trat sie zu Ladbrooke.

«Darf ich mit dir schaukeln?»

«Natürlich.»

Shemona kletterte auf die Schaukel und stellte sich, ein Bein rechts und eins links von Ladbrooke, vor Ladbrooke hin. «Okay», sagte sie. «Jetzt mußt du uns abstoßen.»

Ladbrooke setzte die Schaukel behutsam in Bewegung. Eine Weile schwangen sie ruhig hin und her. Als die Schaukel wieder zum Stillstand gekommen war, setzte sich Shemona rittlings auf Ladbrookes Schoß, das Gesicht ihr zugewandt, die kleinen Hände unterhalb von Ladbrookes um die Ketten gelegt. Ihre langen, nackten Beine hingen hinter Ladbrooke von der Schaukel.

«Jetzt noch mal», sagte sie lächelnd.

Lad setzte die Schaukel wieder in Bewegung. Shemona lehnte sich weit zurück, um ihr von sich aus Schwung zu geben. Immer höher flogen sie, die lächelnden Gesichter dicht voreinander, und ihr langes Haar flatterte bald hin und her. Dann ließ Ladbrooke die Schaukel langsam ausschwingen.

«Noch mal», sagte Shemona, und wieder begannen sie zu schaukeln, in der rhythmischen Bewegung ihrer Körper miteinander verschmolzen.

«Noch mal», sagte Shemona, als die Schaukel wieder stillstand.

«Nein, das reicht.»

«Bitte! Nur noch einmal, Fräulein.»

«Nein, ich bin müde. So schwere Arbeit ist nichts für eine alte Frau wie mich.»

«Du bist überhaupt nicht alt.» Shemona lachte.

«Doch, ich bin uralt und sehr müde.»

«Ach wo. Nur noch einmal. Bitte!»

«Nein, Shemona, das reicht.» Ladbrooke nahm ihre Hände von der Kette und schloß ihre Arme um Shemona. So blieben sie sitzen, lächelnd und voller Behagen miteinander.

«Weißt du was», sagte Ladbrooke. «Ich habe einen richtigen Namen. Ich heiße nicht Fräulein.»

Shemona hob eine Hand und berührte Lads Wange.

«Ich fände es schön, wenn du mich bei meinem Namen nennen würdest. Weißt du, wie ich heiße?»

«Ja», antwortete Shemona.

«Wie denn?»

Sie senkte den Kopf mit einem verschämten Lächeln.

«Wie denn?»

Shemona kuschelte sich so dicht an Ladbrooke, daß ihre Stirnen sich berührten. «Mami», sagte sie.

«Stimmt, ja, ich bin Leslies Mami!»

Shemona lehnte sich ein wenig zurück und schlang Ladbrooke die Arme um den Hals. «Du sollst meine Mami sein.»

Lad lächelte.

«Ich hab keine Mami und keinen Papi. Du könntest mich adoptieren.»

Lad sah sie liebevoll an. «Ja, das wäre schön, nicht? Ich wäre gern deine Mami. Aber ich glaube, das geht nicht. Ich habe schon ein kleines Mädchen. Und du hast deine Tante und deinen Onkel. Ich glaube nicht, daß sie sich freuen würden, wenn ich dich ihnen wegnähme.»

«Aber sie sind nicht meine Mami und mein Papi. Ich möchte dein Kind sein. Leslie würde es nichts ausmachen. Sie könnte meine neue Schwester sein.»

Geraldine und Mariana unterbrachen das Gespräch. Geraldine setzte sich auf eine der freien Schaukeln, doch Mariana ging zu Ladbrooke. «Darf ich auch so mit Ihnen schaukeln?»

Ich glaube, Ladbrooke war erleichtert, sich dem Gespräch mit Shemona entziehen zu können. Behutsam schob sie dem Kind die Arme unter die Achseln und hob es herunter.

«Lassen wir Mariana schaukeln.» Mariana kletterte auf ihren Schoß, und bald sausten die beiden durch die Luft.

«Komm, Shemona», sagte Geraldine. «Komm mit mir seilspringen.»

«Ich mag nicht. Ich will hierbleiben.»

Geraldine runzelte die Stirn. «Komm schon.»

«Nein!»

«Du mußt mir das Seil halten. Komm jetzt!»

«Nein, ich bleib hier. Ich möcht noch mal schaukeln.»

Geraldine packte Shemona am Arm. Shemona riß sich los.

«Geraldine», sagte ich, «laß Shemona in Ruhe. Sie will jetzt nicht seilspringen, das siehst du doch.»

Mit wütender Entschlossenheit stürzte sich Geraldine auf ihre Schwester und warf sie in den Sand unter den Schaukeln. Ich riß sie hastig weg, ehe Ladbrooke und Mariana wieder angesaust kamen. Wutschreiend riß sich Geraldine von mir los und griff Shemona von neuem an. Sie schleuderte sie zu Boden und stürzte sich, die Hände in ihren Haaren, über sie. Shemona wehrte sich nach Kräften. Wie zwei junge Wildkatzen wälzten sich die beiden im Sand.

Ladbrooke hielt ihre Schaukel an, und zu zweit gelang es uns, die beiden zornigen Mädchen zu trennen. Unverletzt, nicht einmal weinend, beschimpften sie sich wütend.

«Okay, okay ihr beiden», sagte ich. «Beruhigt euch. Die Pause ist sowieso gleich vorbei. Beruhigt euch.»

«Ja, geh nur wieder zu den Blöden. Zu den Babys und pinkel in deine Windeln», schrie Geraldine.

«Besser als wenn ich bei dir in der Klasse wäre», schrie Shemona zurück. «Ich hasse dich. Ich wollte, du wärst nicht meine Schwester.»

«Ich hasse dich auch.»

Ich zerrte Geraldine zur Tür.

«Warte nur, Shemona. Nächstes Jahr, wenn wir wieder in Belfast sind, wirst du was erleben.»

«Ich fahre nie mehr nach Belfast», schrie Shemona.

«Doch du fährst.»

«Nein. Nie, nie, nie! So, jetzt hast du's.»

Wir waren bei der Tür angelangt. Joyce lief zu Ladbrooke, um ihr Shemona abzunehmen.

«Und wie du zurückfährst!» kreischte Geraldine.

«Nie! Du kannst mich nicht zwingen. Niemand kann mich zwingen. Ich fahr nie zurück.»

Den ganzen Weg durch den Flur schrien und kreischten sie, bis Joyce Shemona endlich ins Klassenzimmer zog. Da erst begann Geraldine zu weinen.

«Wir fahren zurück», weinte sie. «Shemona und ich. Wenn die Schule aus ist, fahren wir in unser Haus zurück. Im Sommer. Ganz bestimmt fahren wir zurück.»

Ich wollte sie an mich ziehen, aber sie riß sich los und stürzte vor uns die Treppe hinauf ins Zimmer, wo sie in der Bibliothek Zuflucht suchte. Während Ladbrooke sich um die anderen Kinder kümmerte, ging ich zu Geraldine, die sich ganz hinten in einem der Gänge verkrochen hatte. Ich legte ihr die Hand auf die Schulter.

«Gehen Sie weg!»

«Komm, setz dich zu mir.»

«Gehen Sie weg, Sie gemeines Luder.»

«Komm, reden wir doch miteinander.»

«Gehen Sie weg!»

Ich setzte mich neben sie auf den Boden. Minutenlang sagte ich nichts. Geraldine hielt den Kopf gesenkt, die Hände vor dem Gesicht. Sie schien nicht zu weinen.

«Es wäre vielleicht eine Hilfe, wenn wir miteinander sprechen würden, Geraldine. Willst du dich nicht zu mir setzen? Oder sollen wir woanders hingehen, wo wir ungestört sind?»

«Hauen Sie ab! Kapieren Sie denn gar nichts! Ich will nicht mit Ihnen reden.» Sie hob den Kopf und sah mich an. «Ich hasse Sie. Wann merken Sie das endlich?»

Ich nickte leicht.

«Ich hasse Sie. Es ist alles Ihre Schuld. Sie haben alles

kaputtgemacht, Sie und die da drüben. Ich will nicht mit Ihnen reden.»

«Wieso haben wir alles kaputtgemacht?»

«Das sehen Sie doch! Jetzt will Shemona nicht mehr mit heimfahren.» Sie begann wieder zu weinen. «Was soll ich jetzt tun? Sie haben alles kaputtgemacht, Sie gemeines Luder.»

Die Nachmittagspause kam. Carolyn hatte Aufsicht, aber Lad wollte auch hinaus und den schönen Tag nutzen. Ich wollte bei Bill ein paar frische Tafelwischer holen. Ich bat Lad, ein Auge auf Geraldine und Shemona zu haben. Geraldine war nach dem morgendlichen Aufruhr bald wieder ruhig geworden. Nach dem Mittagessen, als Shemona in unsere Gruppe zurückgekehrt war, schien der Streit vergessen. Aber es war schon häufig vorgekommen, daß sich alter Zwist zwischen den beiden im Hof neu entzündet hatte.

Bill hatte im Erdgeschoß ein kleines Zimmer. Auf seinem Schreibtisch sitzend, die beiden frischen Tafelwischer auf den Knien, unterhielt ich mich mit ihm, als es draußen plötzlich laut wurde. Dann hörte ich Carolyns Stimme. Sie rief meinen Namen.

«Hier bin ich, Carolyn», rief ich zurück und öffnete die Tür von Bills Zimmer.

«Torey! Torey! Schnell! Komm hier runter!»

Carolyn schien in Panik. Erschrocken rannte ich den Flur entlang zur Treppe. «Was ist denn los?»

«O Gott», sagte sie. «O Gott, o Gott, Torey. Komm hier runter.»

Im Kellerflur war das Chaos. Überall drängten sich schreiende und weinende Kinder.

«Wo ist Joyce? Und Ladbrooke?» fragte ich in Angst.

Ohne auf die Kinder zu achten, drängte sich Carolyn zu dem Raum hinter ihrem Klassenzimmer durch, wo die Schreiner an der Arbeit waren. Ich wußte, daß die Männer oben im Lehrerzimmer saßen und Kaffee tranken. Ich hatte sie gesehen, als ich zu Bill gegangen war. Carolyn öffnete die Tür, winkte mich herein und schloß sie hastig, ehe die Kinder hereindrängen konnten.

Am hinteren Ende des Raumes waren Ladbrooke und Geraldine. Sie knieten auf dem Boden, aber ich konnte nicht sehen, was vorging. Sie hatten uns den Rücken zugewandt. Als Ladbrooke die Tür hörte, drehte sie den Kopf. Ihr Gesicht war aschfahl.

«O Gott», sagte auch ich, als ich neben sie trat und sah, was geschehen war. Geraldines Hand ruhte mit der Fläche aufwärts auf dem Boden, und aus ihrer Mitte ragte ein dicker, fünfzehn Zentimeter langer Nagel.

«Joyce ruft einen Krankenwagen», sagte Carolyn.

«Hol Frank», sagte ich. «Jemand soll sich um die Kinder kümmern. Sie müssen hier weg.»

Geraldines Gesicht war völlig ausdruckslos. Keine Tränen, keine Regung des Schmerzes, nichts. Sie schien im Schock zu sein. Ich kniete neben ihr und Ladbrooke nieder und griff nach ihrer Stirn. Dann sah ich Ladbrooke an. «Was ist passiert?»

«Ich habe sie so gefunden. Wir waren im Hof, und plötzlich merkte ich, daß sie weg war. Ich kam herein, um sie zu suchen. Und da war sie hier. Sie hatte den Hammer in der Hand und schlug wie eine Wilde auf den Nagel ein. Immer wieder.» Lads Stimme zitterte. Ich stand auf und legte ihr flüchtig die Hand auf die Schulter. Auch sie zitterte.

Ich wußte nicht, was ich tun sollte. Die Wunde blutete kaum, und aus irgendeinem Grund fand ich das noch grauenvoller. Aber ich wußte nicht, was ich tun sollte. Mein Erste-Hilfe-Kurs hatte mich auf so etwas nicht vorbereitet.

Während ich noch ratlos und entsetzt dastand, kam Frank. Wie ich, griff er zuerst nach Geraldines Stirn. Dann redete er ihr zu, sich hinzulegen, und half ihr, sich auszustrecken.

«Joyce und Katy kümmern sich um die Kinder», sagte er im Aufstehen zu mir. «Sie sind alle zusammen in Carolyns Zimmer.»

Wenige Minuten später kam der Rettungswagen. Drei große, kräftige Männer in schwarzen Hemden mit einem Sortiment verschiedener Instrumente scharten sich sofort um Geraldine. Ladbrooke, die bis jetzt Geraldines Arm umklammert hatte, wich zurück und stand auf. Ich kniete neben Geraldine nieder, um sie zu beruhigen.

Nach längerer Diskussion beschlossen die Sanitäter, keinen Versuch zu machen, den Nagel herauszuziehen, sondern lieber das Brett aus dem Boden zu lösen. Jemand holte die Schreiner. Mit einer kleinen Handsäge begann einer von ihnen, das Dielenbrett zu bearbeiten. Es ging quälend langsam, da die Bretter aus massivem Eichenholz waren. Geraldine blieb die ganze Zeit still und reglos, nur ihr Gesicht wurde immer bleicher.

Endlich ließ sich das kleine Holzquadrat herauslösen. Einer der Sanitäter hielt Geraldines Arm, ein anderer hob Geraldine vom Boden auf. Frank war gegangen, um die Lonrhos zu benachrichtigen, damit sie Geraldine im Krankenhaus erwarteten, wenn er mit ihr dort ankam.

Ich begleitete Geraldine zum Krankenwagen. Erst als wir vor dem Fahrzeug standen und die Männer die Bahre herausholten, reagierte Geraldine.

«Fräulein!» schrie sie angstvoll. «Die sollen mich nicht mitnehmen. Fräulein, Fräulein, erlauben Sie es nicht.»

Die Sanitäter legten sie behutsam auf die Bahre. Ich neigte mich über sie. Sie umklammerte mich mit ihrer gesunden Hand.

«Du brauchst keine Angst zu haben, Geraldine. Mr. Cotton fährt im Krankenwagen mit. Und im Krankenhaus wartet Tante Bet. Es wird alles wieder gut.»

«Nein! Lassen Sie mich nicht allein, Fräulein! Bitte, die sollen mich nicht mitnehmen.»

Ich umarmte sie, drückte sie an mich, küßte ihr Gesicht. Dann kam Frank und löste behutsam Geraldines Finger von meiner Bluse. Die Sanitäter hoben die Bahre in den Wagen, und Frank kletterte hinein. Geraldine gab keinen Laut mehr von sich.

Von tiefer Besorgnis um die anderen Kinder getrieben, rannte ich in Carolyns Zimmer. Weder Carolyn noch Ladbrooke waren da. Joyce und Katy aus dem Sekretariat mühten sich redlich, die Kinder zur Ruhe zu bringen, indem sie mit ihnen sangen. Aber die Hälfte von ihnen wanderte ziellos im Zimmer umher. Von meinen Kindern sang nur Shemona mit. Shamie und Mariana saßen mit düsteren Mienen an einem Tisch, Leslie hockte mit leerem Blick auf dem Boden, Dirkie kauerte unter einem Tisch.

«Kommt, Leute», sagte ich von der Tür her. Meine Kinder standen auf. «Danke, Joyce. Danke, Katy.»

Joyce nickte müde.

«Was ist mit Geraldine», fragte Shamie sofort, als wir im Flur waren.

«Sie hat sich verletzt. Sie hat mit den Werkzeugen der Schreiner gespielt und sich dabei weh getan. Mr. Cotton hat den Krankenwagen geholt, und jetzt bringen sie sie ins Krankenhaus. Ich glaube, es ist nichts Ernstes. Sie ist sicher bald wieder gesund.»

«Was hat sie sich getan?»

«Sie hat sich die Hand verletzt.»

Als ich im Klassenzimmer auf die Uhr sah, stellte ich ungläubig fest, daß es nur noch zwanzig Minuten bis zum Unterrichtsschluß waren. So lang hatte es gedauert, Geraldine zu befreien. Die Zeit war zu kurz, um noch eine sinnvolle Diskussion in Gang zu bringen. Um die Kinder zu beruhigen und um mir die Möglichkeit zu schaffen, mit jedem einzelnen zu sprechen, schlug ich vor, sie sollten sich die Malsachen holen.

«Was sollen wir malen, Fräulein?» fragte Shemona.

«Was ihr wollt. Was möchtest du denn malen?»

«Kann ich meinen Bruder malen? Bevor sie ihn ins Krankenhaus brachten?»

Ich nickte.

Zehn Minuten später hörte ich die Tür. Ich ging nachsehen, wer es war. Carolyn zog mich in den Flur hinaus.

«Du mußt dich um Ladbrooke kümmern», sagte sie besorgt.

«Wo ist sie?»

«In der Toilette. Sie ist völlig fertig.»

«Ich kann jetzt nicht. Ich muß bei den Kindern bleiben.»

«Sie übergibt sich pausenlos, Torey.»

«Es wird schon wieder gehen. Ich kann jetzt nicht zu ihr gehen, Carolyn.»

«Aber du mußt etwas tun.»

«Carolyn, ich kann nicht. Die Kinder kommen zuerst. Hilf du ihr, wenn du glaubst, daß sie jemanden braucht. Ich komme, sobald ich kann. Es ist ja nicht mehr lang.»

Ein Ausdruck von Hilflosigkeit flog über Carolyns Gesicht. Ihre Schultern sanken herab. «Das ist alles so furchtbar», sagte sie leise, dann drehte sie sich um und ging. Ich blieb noch einen Moment stehen, holte einmal tief Atem und ging wieder hinein.

Die Kinder saßen still auf ihren Plätzen und sahen mir erwartungsvoll entgegen.

«Wer war das?» fragte Shamie.

«Miss Berry.»

«Wo ist Ladbrooke?»

«Es geht ihr im Moment nicht gut.»

Er sah mich scharf an. «Was ist eigentlich los? Warum sind alle so komisch?»

«Wir sind alle ein bißchen aufgeregt wegen Geraldines Unfall. Er hat uns erschreckt.»

«Ist sie tot?»

«Aber nein.» Ich lächelte beruhigend. «Nein, mach dir keine Sorgen, Shamie. Es ist nichts Schlimmes. Wir sind nur alle erschrocken. Sie ist bestimmt bald wieder gesund.»

Shemona, die während des Gesprächs weitergemalt hatte, legte ihren Stift aus der Hand und sah auf.

«Ich hab schon mal einen Toten gesehen, Fräulein», sagte sie. «Nach der Messe direkt vor der Kirche. Er hat auf dem Bürgersteig gelegen. Und aus seinem Kopf kam Blut. Er war tot. Und ich hab ihn gesehen.»

Shamie nickte. «Ich auch.»

Sobald die Kinder abgefahren waren, lief ich in die Toilette. Ladbrooke war immer noch in einer der Kabinen. Die Tür war offen. Sie saß auf dem Boden, den Rücken an die beigefarbene Trennwand gelehnt, das Gesicht grau und verweint. Ihr Blick, als sie zu mir aufsah, war stumpf. Sie senkte den Kopf und legte die Stirn auf die angezogenen Knie.

Ich kniete neben ihr nieder und strich ihr sachte das Haar zurück, das ihr Gesicht verbarg.

«Das war ein schlimmer Tag», sagte ich leise.

Ladbrooke rührte sich nicht.

«Es muß grauenhaft für dich gewesen sein, Geraldine so zu finden.»

Immer noch keine Reaktion.

Ich hockte mich im Schneidersitz auf den Boden und stützte die Ellbogen auf die Knie. Ladbrooke drehte den Kopf. Ich lächelte hilflos.

«Wie der gekreuzigte Jesus», sagte sie heiser.

«Wie ist es eigentlich passiert?» fragte ich.

«Ich konnte sie nicht finden.»

«Sie war einfach aus dem Hof weggegangen?»

Ladbrooke nickte. «Ich wollte sie suchen. Ich dachte, sie wäre vielleicht zur Toilette gegangen, aber ich war nicht sicher. Darum wollte ich nachsehen. Aber ich konnte sie nicht finden. Da fing ich an zu suchen. Und dann . . .» Sie richtete sich auf und lehnte sich wieder an die Wand. «Ich machte nur kurz im Vorbeigehen die Tür zu dem Kellerraum auf. Ich erwartete nicht, sie dort zu finden. Aber da sah ich sie plötzlich. Ich sah, was sie tat. Ich stürzte rein und riß ihr den Hammer aus der Hand und hielt sie fest. Ich getraute mich nicht, sie loszulassen, Torey. Ich hatte Angst, sie würde sich etwas noch Schlimmeres antun. Ich wußte nicht, was ich tun sollte. Ich war mit ihr gefangen. Die Tür war hinter mir zugefallen. Und niemand konnte mich hören. Ich rief um Hilfe. Ich schrie und schrie. Aber keiner hörte mich.»

«Ach, du Arme», sagte ich.

Sie schluckte. «Ich wollte verhindern, daß sie sich noch mehr antat, Torey. Aber ich wußte nicht, was ich tun sollte.»

«Du hast getan, was du konntest, Lad.»

«Wenn ich nur ein paar Minuten früher gekommen wäre», flüsterte sie. «Ich meine, ich ging nicht gleich los, als ich sah, daß sie nicht mehr im Hof war. Ich dachte, sie wäre zur Toilette gegangen, darum tat ich zuerst gar nichts. Wenn ich gleich losgegangen wäre ...»

«So darfst du nicht denken. Da machst du dich nur kaputt. Du hast keine Schuld. Wie oft lassen wir die Kinder vom Hof hineingehen, weil sie aufs Klo müssen oder sich etwas zu trinken holen wollen! Man kann sie nicht jede Minute im Auge behalten. Du hast völlig richtig gehandelt, Lad. Es war einfach ein schreckliches Zusammentreffen.»

Ladbrooke kaute stumm auf ihrem Daumen. Dann sah sie mich an. Aber ihr Blick war in weite Ferne gerichtet.

«Mein Bruder Bobby –» sagte sie und brach ab.

Ich wartete einen Moment. «Ja?» sagte ich dann.

Sie antwortete nicht gleich.

«Bobby und ich waren einander sehr nahe. Wir waren nur achtzehn Monate auseinander.»

Ich nickte.

«Ich hab manchmal das Gefühl, du glaubst, ich wäre nie einem Menschen nahegewesen. Daß ich Nähe nicht aushalten kann.» Sie machte eine Pause. «Vielleicht stimmt das auch in vieler Hinsicht. Aber mit Bobby war es anders. Bobby habe ich geliebt. Vielleicht kam es durch die Art, wie wir aufwuchsen. Wir brauchten uns. Nach dem Motto: Geteiltes Leid ist halbes Leid. Er war der einzige Mensch auf der Welt, der wußte, wie es war, der mich verstehen konnte.»

Sie streckte die Beine aus.

«Bobby hatte eine Wohnung in der Nähe von Asbury Park. Das ist in New Jersey, am Meer. Und ich war in Princeton. Ich hab ihn oft besucht. Seine Wohnung war ganz nah am Meer, und wir haben immer lange Spaziergänge gemacht und Muscheln gesucht und so. Wir hatten beide Spaß daran.

Bobby hat nie viel geredet. Bei uns in der Familie wurde überhaupt nicht viel geredet. Aber ich fühlte mich wohl mit ihm. Ich konnte ich selbst sein. Ich bin ein-, zweimal in der Woche zu ihm gefahren, um Princeton zu entkommen. Manchmal auch, um Tom zu entkommen. Bobbys Wohnung war meine Zuflucht.

Sein Leben war ausgefüllt. Er war Elektronikingenieur und war gut in seinem Beruf. Er arbeitete wie ich in der Forschung. Und er hatte eine Freundin. Sarah. Ich hatte sie ein paarmal getroffen. Ich glaube, es war nichts Ernstes. Die beiden hatten einfach Spaß miteinander.»

Ladbrooke schwieg. Einen Moment schien es, als wolle sie gleich fortfahren, aber die Zeit verstrich, und das Schweigen umfing uns. Ich sah sie an und versuchte zu erkennen, warum sie verstummt war. Sie warf den Kopf zurück und schob ihr Haar aus dem Gesicht.

«Und weiter?» fragte ich.

«Einmal bin ich zu ihm gefahren», sagte sie leise. «Es war September. Es war einer jener klaren Tage, wie es sie nur im Herbst gibt. Ich hatte mich verspätet. Ich hatte gesagt, ich würde spätestens um vier da sein, aber dann hatten wir eine Besprechung, und ich blieb länger, als ich vorgehabt hatte. Durch den Verkehr wurde ich zusätzlich aufgehalten. Es war ein Freitag. Aber ich dachte mir nichts dabei. Ich hatte ihn nicht mal angerufen. Weißt du, ich bin im allgemeinen immer sehr pünktlich, aber Bobby war in der Hinsicht fürchterlich. Er kam immer zu spät; er hatte überhaupt kein Zeitgefühl. Darum machte ich mir wegen meiner Verspätung gar keine Gedanken. Meistens merkte er so was gar nicht.

Es war ungefähr halb sechs, als ich ankam. Ich ging rauf zu seiner Wohnung, aber die Tür war abgesperrt. Das wunderte mich, weil Bobby nie abschloß, wenn er wußte, daß ich kam. Ich hatte einen Schlüssel, aber er ließ mir immer offen. Sein Wagen stand in der Garage, deshalb nahm ich an, er wäre zu Hause. Mir war schleierhaft, warum er abgeschlossen hatte.

Dann dachte ich – ich dachte mir, Sarah wäre bei ihm, und er hätte abgeschlossen, weil sie nicht von mir überrascht werden wollten. Also läutete ich. Ich läutete und läutete, aber nichts rührte sich. Er muß weggegangen sein, sagte ich mir. An der Ecke war ein Supermarkt. Vielleicht hatte er noch was einkaufen wollen. Ich sperrte also auf. Alle Lichter brannten. Auf dem Plattenspieler lag eine Platte, aber sie war schon abgespielt...»

Sie verstummte. Ihr ganzer Körper war angespannt.

«Weißt du, es ist komisch, an was für unwichtige Kleinigkeiten man sich hinterher erinnert. Völlig belangloses Zeug. Ich weiß zum Beispiel noch, daß ich mir die Platte auf dem Plattenspieler ansah. Es war eine Bach-Kantate. ‹Ich will den Kreuzstab gerne tragen.› Dann ging ich in die Küche, um mir aus dem Kühlschrank was zu trinken zu holen. Ich war sehr durstig und wollte ein Cola oder so was, aber es war nur ein Haufen Dosen mit diesen billigen gefärbten Fruchtlimonaden drin. Erdbeer und Schwarzkirsche und –»

«Lad, was war geschehen?»

«Ich wollte nur sagen, an diese Dinge erinnere ich mich wie gestern. An die widerlichen Limonaden im Kühlschrank. Und daß ich mich ärgerte, daß Bobby nie was da hatte, das ich mochte...»

Sie sah flüchtig zu mir herüber, und unsere Blicke trafen sich einen Sekundenbruchteil, ehe sie sich wieder abwandte. In der Stille begann sie lautlos zu weinen.

«Was war geschehen?» fragte ich wieder.

«Er hatte sich umgebracht. Ich ging ins Bad, und da war er. Er hing in der Duschkabine. Und auf dem Badewannenrand lag ein kleiner Zettel, auf dem stand –» Ihre Stimme brach. «Auf dem stand: ‹Tut mir leid, Laddy.› Und das war alles.»

Sie legte die Stirn auf die hochgezogenen Knie.

«Er war nur ungefähr eine Stunde tot gewesen. Das ergab die Untersuchung. Wenn ich mich an dem Tag nicht verspätet hätte... Wenn ich ihn wenigstens angerufen hätte! Warum stand ich so lange draußen vor der Tür, statt gleich meinen Schlüssel rauszuholen? Warum mußte ich erst in den verdammten Kühlschrank schauen?»

«Ach, Lad, das tut mir so leid.»

Ladbrooke sah mich an. Ihr ganzes Gesicht war verkrampft von der Anstrengung, die Tränen zurückzuhalten. Sie senkte den Blick.

«Halt mich», sagte sie beinahe unhörbar. «Halt mich fest.»

Ich zog sie an mich und hielt sie, so fest ich konnte.

29

Erst nach langer Zeit standen wir auf und gingen ins Klassenzimmer zurück. Ladbrooke, die völlig erschöpft war, setzte sich an den Tisch und trank Wasser aus meiner Kaffeetasse. Es war fast halb sechs, aber ich hatte noch keinen Strich an den Vorbereitungen für den nächsten Tag getan. Ich nahm zwei Aspirin und setzte mich an meine Planungen. Ladbrooke legte die verschränkten Arme auf die Tischplatte, legte ihren Kopf darauf und schloß die Augen. So blieb sie, bis ich mit meinen Arbeiten fertig war.

Als ich schließlich aufstand und meine Sachen wegpackte, sagte ich: «Ich brauch jetzt dringend was zu essen.»

Ladbrooke richtete sich auf, rieb sich Gesicht und Augen. «Bitte, laß mich jetzt noch nicht allein.» Sie sah nicht auf. «Das war heute einfach zu viel für mich. Ich glaube, allein werd ich damit nicht so schnell fertig. Ich würde bestimmt trinken.»

«Willst du mit mir zum Essen gehen? Ich brauch unbedingt was. Ich hab wahnsinnige Kopfschmerzen.»

Sie nickte.

«Dann ruf aber erst Tom an.»

«Warum?»

«Damit er weiß, wo du bist.»

«Das ist ihm doch sowieso völlig gleich.»

«Tu's, Lad, bitte.»

Wir gingen in ein kleines Selbstbedienungsrestaurant. Ich sehnte mich nach einem Ort, wo wir uns entspannen konnten und nicht gehetzt wurden, aber nach Hause wollte ich nicht. Nach dem aufwühlenden Nachmittag fühlte ich mich einem Abend allein mit Ladbrooke nicht gewachsen. Ich brauchte andere Menschen um mich, das beruhigende Gefühl, daß der Alltag weiterging.

Das Restaurant war ideal: nicht zu hell, ruhig und ziemlich leer. Die Nischen waren groß und bequem, man konnte die anderen Gäste und die Theke sehen, ohne sich davon gestört zu fühlen. Ladbrooke nahm eine Suppe und ein Glas Milch, während ich erst Suppe, dann drei Sandwiches und schließlich noch einen Nachtisch hinunterschlang. Hinterher saßen wir in ermattetem, aber behaglichem Schweigen beisammen, während ich eine Tasse Kaffee trank.

«Weiß du», sagte Ladbrooke nach einer Weile, «am schlimmsten war für mich, daß ich Bobbys Selbstmord überhaupt nicht kommen sah. Ich hatte niemals auch nur eine Ahnung. Und es ist kein Gerede, wenn ich sage, daß wir uns sehr nahe waren. Es war wirklich so. Aber er hat mir nie ein Wort gesagt, nie eine Bemerkung gemacht, daß er deprimiert wäre oder daß es ihm schlechtging.»

«Ja, ich kann mir vorstellen, daß das ein Schock war.»

Sie nickte. «Ich hab mich immer wieder gefragt, warum. Ich frage mich das manchmal heute noch. Warum? Es schien alles so gut zu laufen bei ihm. Er hatte eine Arbeit, die ihn ausfüllte. Er verdiente gut. Er hatte Sarah. Warum hat er das getan?»

Ich schüttelte den Kopf.

«Das macht mich fast wahnsinnig – selbst heute noch, nach – sechs Jahren. Und es machte es mir noch schwerer, mit meinen Schuldgefühlen fertig zu werden. Ich machte mir ständig Vorwürfe, daß ich es nicht hatte kommen sehen, daß ich es nicht verhindert hatte. Aber weißt du, was fast noch grauenhafter ist? Die Vorstellung, daß er vielleicht gar nicht wirklich sterben, sondern nur ein Signal geben wollte; daß er vielleicht Hilfe brauchte und nicht wußte, wie er darum bitten sollte. Wenn ich an dem Tag zur Zeit gekommen wäre, dann – hätte es vielleicht gereicht, um – ich weiß nicht. Es ist wahrscheinlich sinnlos, darüber zu grübeln.»

«Es ist auf jeden Fall sinnlos, dich mit Schuldgefühlen zu quälen.»

Sie nickte müde. «Vielleicht. Aber sie gehen nicht weg. Ich träum sogar nachts manchmal davon, daß ich gerade noch rechtzeitig komme – aber selbst in den Träumen rette ich ihn nie.»

Eine Weile saßen wir schweigend.

«Ich habe dir gesagt, daß Bobby nie viel geredet hat. Jetzt frage ich mich, ob er nicht vielleicht die gleiche Störung hatte wie ich. Er war längst nicht so menschenscheu wie ich, aber es fiel ihm nie leicht, sich auszudrücken. In gewisser Hinsicht war das angenehm für mich; er war der einzige Mensch, bei dem ich nie das Gefühl hatte, reden zu *müssen*. Aber heute ist mir natürlich klar, daß viel mehr in ihm vorging, als ich je ahnte. Und das Traurige ist, daß es wahrscheinlich auch sonst niemand ahnte.»

Sie seufzte. «Ich verstehe bis heute nicht, warum er es gerade an dem Tag, zu der Zeit getan hat.» Sie blickte an mir vorbei. «Weißt du, unsere Familie – wir hatten eine schwere Kindheit, Bobby, Kit und ich. Ich meine nicht in dem Sinn, daß wir geschlagen wurden oder so. Aber seelisch –»

Ich nickte.

«Kit ist nie zurechtgekommen. Er hatte von Anfang an Schwierigkeiten, zu Hause und in der Schule. Einmal, als er ungefähr neun war, kam er in ein Heim, weil er mit der Polizei zu tun bekam. Er hat sich bis heute nicht gefangen. Er war sein Leben lang entweder in Gefängnissen oder in Entziehungsanstalten. Aber Bobby und ich, wir haben uns immer irgendwie durchgebissen. Wir halfen uns gegenseitig. Wir nannten uns die Zwei Musketiere, als wir klein waren. Nicht sehr originell, ich weiß, aber es paßte. Wir haben Blutsbrüderschaft geschlossen – du weißt schon, einer für alle, alle für einen. Es war uns ganz ernst damit. Wir schnitten uns beide in den Finger und haben dann die Wunden aufeinandergedrückt. Natürlich war es albern, wir waren ja sowieso leibliche Geschwister. Aber mir gab es Kraft. Es half uns beiden über die schlimmen Momente hinweg und hielt uns am Leben.»

Ladbrooke starrte nachdenklich in die Ferne.

«Und darum frage ich mich, warum hat er gerade damals Selbstmord begangen, als er es endlich geschafft hatte und frei war? Wenn er solche Tendenzen hatte, wieso hat er es nicht früher getan, als er Gründe genug dafür hatte?»

«Das kann niemand beantworten.»

«Bobbys Selbstmord warf mich völlig aus der Bahn. Bestimmt ein Jahr lang, wenn nicht länger, war ich wie betäubt, völlig gefühllos. Und dann klappte ich total zusammen. Ich verlor alles Vertrauen in mich selbst, daß ich diese Katastrophe nicht kommen gesehen hatte, daß ich einen Menschen, dem ich so nahestand, den ich liebte, so falsch eingeschätzt hatte – wie konnte ich da meinem Urteil überhaupt noch trauen?» Sie schwieg einen Moment. «Als ich entdeckte, daß ich Bobby nie gekannt hatte, glaubte ich plötzlich, auch mich selbst nicht mehr zu kennen.»

Sie seufzte und stieß langsam die Luft aus.

«Ich habe danach oft an Selbstmord gedacht. Vorher war mir ein solcher Gedanke eigentlich nie gekommen, aber plötzlich fand ich ihn gar nicht mehr so absurd. Das größte Hindernis war, daß ich nicht den Mut hatte, es wirklich zu tun. Ich plante es – Gott, ich plante es mindestens hundertmal, und jedesmal war ich fest entschlossen, meinen Plan auszuführen. Aber wenn es dann soweit war, war ich immer zu feige. Und hinterher kam ich mir jedesmal vor wie ein Haufen Dreck.»

Ein düsteres Schweigen hüllte uns ein, während Ladbrooke stumm ihren Gedanken nachhing. Ich sah mich um. Das Restaurant hatte sich noch mehr geleert. Es waren kaum noch zehn Gäste im Raum.

«Bobby zerstörte mit seinem Selbstmord das ganze Bild, das ich mir von uns aufgebaut hatte. Ich hatte uns immer als zwei richtige Kämpfernaturen gesehen, die sich niemals unterkriegen lassen würden, ganz gleich, was gegen sie stand. Wie oft hat mir das geholfen! Wenn irgend etwas schiefging, irgend etwas Schlimmes passierte, dann schaffte ich es, weiterzumachen, weil ich dieses Bild der Unverwüstlichkeit und Vitalität in mir trug. Aber es war ein Bild, das ich in der Kindheit aufgebaut hatte, zu dem Bobby und ich gehörten, unsere Entschlossenheit, durch dick und dünn zusammenzuhalten. Es war kein Bild von *mir*; es war ein Bild von uns beiden zusammen. Und als er plötzlich nicht mehr da war, ging meine Welt in die Brüche.

Ich konnte es nicht glauben. Verstehst du, er war immer in allem besser als ich. Er war klüger. Er war beliebt; alle Leute mochten ihn. Er trank nie. Ich war diejenige, die ständig in irgendwelche Krisen geriet, er nicht. Er war der Starke. Und dann – und dann, ich meine, was bleibt danach noch an Hoffnung? Wozu noch weiterkämpfen?»

«Aber du *bist* vital und stark, Lad», sagte ich.

«Ich weiß nicht. Wenn man am Ertrinken ist und jemand zieht einen raus, heißt das noch lange nicht, daß man das nächstemal, wenn man ins Wasser fällt, nicht ertrinkt.»

«Aber ich glaube nicht, daß das mit dir geschehen wird.»

Sie zuckte die Achseln.

«Du bist am Leben geblieben, Ladbrooke, und das war nach allem, was du mir erzählt hast, eine große Leistung. Du bist viel stärker, als du dir selbst zugestehen willst.»

«Ich wollte, ich spürte es manchmal.»

Später fuhr Ladbrooke mit zu mir, und ich richtete ihr ein Bett auf der Couch. Wir waren beide so ausgepumpt, daß wir uns nur noch vor den Fernseher setzen konnten. Ladbrooke, die sich auf der Couch niedergelegt hatte, schlief während der Zehn-Uhr-Nachrichten ein. Ich schaltete den Apparat aus und nahm ein langes, warmes Bad.

Trotz meiner Müdigkeit konnte ich zunächst nicht einschlafen. Die Ereignisse dieses Tages ließen mich nicht los. Und immer wieder kehrten meine Gedanken zu Bobby zurück, den ich nie gesehen hatte, nicht einmal auf einem Foto, und den ich doch so klar und lebendig vor mir sah. Ich sah nicht den Sechsundzwanzigjährigen, der sich das Leben genommen hatte, sondern einen kleinen Jungen wie so viele kleine Jungen, die mir im Lauf meiner Lehrtätigkeit begegnet waren. Er war der kleine Stille ganz hinten im Klassenzimmer. Er war der Junge, den wir auf dem Rummelplatz vergaßen, weil wir nicht einmal merkten, daß er fehlte. Er war der Junge, der immer wieder kam und die Nase an die Scheibe meiner Klassenzimmertür drückte, aber stets verschwand, bevor ich öffnete. Das war Bobby, der Junge, den keiner so richtig wahrnahm.

Am folgenden Nachmittag besuchte ich Geraldine im Krankenhaus. Obwohl ihre Verletzung nicht schwer war, bestand eine gewisse Sorge, daß sie seelischen Schaden genommen hatte, darum hatten die Ärzte beschlossen, sie noch eine Weile zur Beobachtung dazubehalten.

Sie lag mit drei anderen Kindern zusammen im Zimmer. Als ich eintrat, erkannte ich sie nicht gleich. Sie trug keine Brille, und das veränderte ihr Gesicht völlig. Sie sah unschuldig aus; das hatte ich vorher nie an ihr gesehen.

«Hallo, mein Schatz», sagte ich. «Wie geht es dir?»

Sie lächelte, als sie hörte, daß ich es war. Ich glaube, sie konnte ohne Brille nicht sehr weit sehen.

«Hier, ich hab dir was mitgebracht.» Ich reichte ihr ein kleines Päckchen.

«Was ist es?»

«Mach es auf, dann wirst du schon sehen.»

Sie mühte sich eine Weile, das Päckchen mit einer Hand zu öffnen, dann sah sie auf. «Können Sie mir bitte helfen?»

Ich hielt das Päckchen, während sie es auspackte. Es war ein kleiner Stofflöwe. Mit einem strahlenden Lächeln drückte sie ihn an ihre Wange.

«Danke, Fräulein.»

«Ich mußte an dich denken, als ich ihn sah», sagte ich. «Tapfer wie ein Löwe. Du warst nämlich gestern sehr tapfer, weißt du. Als die Männer da um dich herumstanden und später, als du mit Mr. Cotton im Krankenwagen wegfuhrst. Da warst du sehr tapfer.»

Blinzelnd blickte sie mir ins Gesicht. «Ich hatte Angst, Sie wären böse.»

«Nein, ich bin nicht böse.»

«Kommt Ladbrooke auch?»

«Ich glaube, heute nicht. Aber wenn du am Montag noch hier bist, kommt sie bestimmt.»

«Ist sie böse auf mich?»

«Nein. Du hast ihr angst gemacht. Ich glaube, sie hatte mehr Angst als du, aber böse ist sie nicht.»

Geraldine sah auf den kleinen Löwen hinunter und streichelte seine Mähne.

Ich saß neben ihr am Bett und beobachtete sie. Es drängte mich, mit ihr zu sprechen. Mit plötzlicher, erschreckender Klarheit mußte ich der Tatsache ins Auge sehen, daß sie mir irgendwann einfach entglitten war.

«Wenn ich gewußt hätte, daß du gestern nachmittag so unglücklich warst», sagte ich leise. «Wenn ich es geahnt hätte, hätte ich dir vielleicht irgendwie helfen können.»

Geraldine zuckte leicht die Achseln. Sie schien ganz auf den kleinen Löwen konzentriert, den sie unentwegt streichelte.

Ich musterte die anderen Kinder im Zimmer. Sie waren nicht laut, und sie störten nicht, aber sie waren eben da. Sollte ich lieber warten, bis es ihr besserging, bis wir allein miteinander sprechen konnten? Oder hatte ich schon zu viele Möglichkeiten vergeben, indem ich auf einen «günstigeren Zeitpunkt» gewartet hatte?

Geraldine sah mich nicht an.

«Kannst du mir sagen, warum du es getan hast?»

Sie zuckte die Achseln. «Ich weiß es nicht.»

«Weil Shemona sagte, sie würde nie mehr zurückgehen?»

«Ich weiß nicht.»

«Ich kann verstehen, daß es dir sehr weh getan hat, als sie das sagte. Manchmal stauen sich die Dinge auf, und etwas Schmerzliches wie dies kann uns dazu treiben, etwas zu tun, das wir normalerweise nicht getan hätten.»

Geraldine hielt den Blick immer noch auf ihren Löwen gerichtet. «Ich weiß wirklich nicht, Miss.»

Ich sah ihr ins Gesicht. «Vielleicht können wir es noch einmal versuchen. Das gestern war schlimm; aber da es einmal geschehen ist, ist es wahrscheinlich besser, wenn wir es hinter uns lassen und uns statt dessen darauf konzentrieren, wie wir verhindern können, daß du dich je wieder so unglücklich fühlst, daß du meinst, so etwas tun zu müssen.»

Sie zuckte wieder nur die Achseln.

Ich sagte nichts mehr. Geraldine hob den Löwen auf Augenhöhe und betrachtete ihn lange, ehe sie ihn schließlich auf ihren Nachttisch setzte. Dann legte sie die Hände in den Schoß. Als ich nichts sprach, warf sie mir einen kurzen Blick zu, ehe sie auf ihre verbundene linke Hand hinunterschaute.

«Ich soll jetzt zu einem Psychiater», sagte sie. «Hat Tante Bet Ihnen das erzählt?»

«Ja.»

«Er heißt Dr. Morris. Ich muß gehen. Ich wollte nicht.»

«Das wird dir sicher helfen.»

Geraldine zuckte die Achseln. «Ich weiß nicht. Es wäre besser, wenn Tante Bet das Geld dafür nehmen würde, mich heimfahren zu lassen. Das würde mir mehr helfen.»

Von den Kindern machte sich nur Shamie Gedanken über Geraldines Unfall. Da er mit ihr unter einem Dach lebte, hatte man ihm wohl nicht verheimlichen können, daß sie sich die Verletzung selbst beigebracht hatte. Die Erwachsenen der Familie hatten zweifellos ausführlich über den Vorfall gesprochen, vielleicht hatte sogar Geraldine selbst etwas gesagt. Es war jedenfalls deutlich zu sehen, daß der Zwischenfall ihn stark beschäftigte. In einem ruhigen Moment der folgenden Woche rief ich ihn schließlich zu mir.

«Wieso tut sie so was? Was ist los mit ihr?» fragte er.

«Ich glaube, Geraldine hat in letzter Zeit vieles erlebt, womit sie nicht fertig geworden ist.»

«Aber wieso nicht? Shemona ist doch auch damit fertig geworden. Und ich auch. Wieso kann Geraldine es nicht?»

«Die Menschen nehmen nicht immer alles gleich auf, Shamie. Geraldine hat großes Heimweh nach Belfast. Sie hatte Heimweh nach ihrem alten Haus, nach ihrer Familie, nach ihrem Leben, wie es früher war. Wir können nur versuchen mitzufühlen. Geraldine mußte sich auf vieles Neue einstellen, weißt du. Deine Verwandten und die Ärzte im Krankenhaus meinen, daß Geraldine vielleicht zusätzliche Hilfe braucht, um zurechtzukommen. Darum geht sie jetzt zu Dr. Morris.»

Wir saßen an dem kleinen Pult im Vorraum. Shamie wirkte beinahe trotzig, wie er da saß; als fühlte er sich getadelt.

«Aber sie macht alles kaputt», erklärte er verdrossen.

«Wieso das?»

«Ich möchte nur, daß alles schön und friedlich ist. Aber sie verpatzt alles. Sie schreit und brüllt immer nur rum. Sie sagt, hier wäre nichts so schön wie in Belfast. Über nichts kann sie sich freuen.»

Ich wußte nicht, was ich darauf sagen sollte. Mit gesenktem Kopf dachte ich über eine Antwort nach. Als ich aufsah, bemerkte ich Tränen in Shamies Augen.

«Sie ist genau wie mein Bruder Colin», sagte er leise.

«In welcher Weise?»

«Eben so. Wie sie eben ist.» Er wischte sich die Augen. «Immer will sie alles so, wie es *nicht* ist. Verstehen Sie? Sie will es nicht so, wie es wirklich ist. Sie meint, alles wäre wunderbar, *wenn. Wenn* wir wieder in Belfast wären. *Wenn* sie wieder in der Greener Terrace wohnen würde. Wenn, wenn, wenn. Es ist ganz egal, wie man es anstellt oder was man tut oder wer dabei was abkriegt. Hauptsache, man kriegt, was man will. So denkt sie. Daß alles wieder schön und gut wäre, wenn nur dies oder das geschehen würde. Das ist das einzige, was für sie zählt.»

«Und dein Bruder denkt auch so?»

Wieder sprangen ihm die Tränen in die Augen. Er nickte.

«Ist Colin bei der IRA?»

Wieder nickte er. «Aber jetzt ist er im Gefängnis. Und Brendan auch.» Shamie schnüffelte leise. «Mein Vater hat immer mit ihm geschimpft. Immer war Krach bei uns zu Hause. Aber Colin war das ganz egal. Für ihn gilt nur die Republik. Immer redet er von der Republik. Wenn Irland morgen vereinigt wäre, ich weiß nicht, was Colin dann tun würde. Alles, was er tut, ist nur von seinem Haß auf die Briten bestimmt.»

«Und jetzt meinst du, daß Geraldine genauso ist wie Colin?» fragte ich.

«Ja. Genauso. Immer Geschrei. Immer Krach und Streit. Ich könnte genausogut zu Hause sein. Wenigstens hätte ich da meine Mutter.»

«Willst du denn zurück?»

Er senkte den Kopf, sein Mund verzog sich nach unten, aber noch immer weinte er nicht offen. Ich stand auf und kniete neben ihm nieder. Ich legte ihm den Arm um die Schultern, und er nahm den Trost bereitwillig an. Ich hielt ihn an mich gedrückt, bis die Tränen langsam versiegten.

«Willst du zurück?»

«Ich kann nicht.»

«Warum nicht?»

Er antwortete nicht.

«Hast du immer noch Angst, wegen der Unruhen? Daß deiner Familie etwas passieren könnte?»

Er schüttelte den Kopf, den Blick auf seine Hände gerichtet, die in seinem Schoß lagen. Er sah mich kurz an und wieder zurück auf seine Hände. Ein zweites Mal schüttelte er den Kopf.

«Ich dachte immer, Colin redet nur Quatsch. Immer, immer dachte ich das. Es kann einfach nicht recht sein, wenn die Menschen sich gegenseitig umbringen Aber dann – dann verhafteten die Briten Onkel Paddy. Und – und dann, was dann passierte ...» Es folgte eine lange Pause, und schließlich sagte er: «Und wenn Colin nun doch recht hat?»

Ich sah ihn an.

«Wenn wir uns alle bewaffnen würden und uns gegen sie auflehnen und sie zwingen würden, uns wieder zu vereinigen, vielleicht würde das dann alles aufhören. Vielleicht hat Colin recht. Was dann? Was soll ich dann tun?»

30

Noch fünf Wochen. Mrs. Samuelson bekam ihren Anstellungsvertrag für das kommende Schuljahr und besuchte uns in der ersten Maiwoche für drei Tage, um die Kinder kennenzulernen und sich über unsere Arbeit zu informieren. Sie war eine sympathische Frau Mitte Vierzig, die zum Glück weder langes blondes Haar noch Katzen hatte.

Shamie besuchte nun schon eine ganze Weile dreimal in der Woche die Nebenfachkurse in der High-School, und schließlich brachte ich ihn dazu, jeden Vormittag in die High-School zu gehen. Mit viel Ermutigung und gutem Zureden schaffte er zu unserer Befriedigung den Sprung. Aber unser Zimmer kam mir leer vor ohne ihn und Shemona.

Mariana bekam einen Platz in der dritten Klasse einer Grundschule, die nicht allzu weit von ihrem Zuhause entfernt war. Ich kannte die Lehrerin zwar nicht persönlich, doch sie war mir von einer Förderlehrkraft derselben Schule, die ich kannte und schätzte, wärmstens empfohlen worden. Mariana ging zwei halbe Tage in ihre neue Klasse hinüber, um sich mit ihrer neuen Umgebung ein wenig vertraut zu machen, und ich setzte mich einen Nachmittag nach dem Unterricht mit ihrer neuen Lehrerin zusammen, um sie eingehend zu informieren.

Shemona sollte im Herbst in die erste Klasse der katholischen Schule eintreten, die auch ihre Cousinen besuchten. Sie konnte die Klasse zwar während des Unterrichts nicht besuchen, dafür fuhren Ladbrooke und ich an einem Nachmittag nach der Schule mit ihr hinüber und machten Shemona mit einigen der Schwestern und ihrer neuen Lehrerin bekannt. Shemona faßte rasch Vertrauen zu der Frau, als sie hörte, daß zwei ihrer drei Cousinen ebenfalls in ihrer Klasse gewesen waren. Wir durften hoffen, daß Shemona sich schnell einleben würde.

Insgesamt sah ich der Zukunft der Kinder mit Zuversicht entgegen. Meistens klappte es nicht so reibungslos; fast immer blieben mir ein oder zwei Sorgenkinder übrig, die nirgends richtig hineinpaßten, aber bei dieser Gruppe sah alles recht verheißungsvoll aus, und das erleichterte es mir, dem nahen Schuljahresende ruhig entgegenzusehen.

Ein Sorgenkind allerdings blieb – Ladbrooke.

Ich hatte viel über Ladbrooke nachgedacht und mir den Kopf darüber zerbrochen, wie es mit ihr weitergehen sollte. Tims Vorschlag, ihr eine neue Therapiemöglichkeit zu suchen, war die vernünftigste Alternative, aber die Vernunft gehörte noch immer nicht zu Ladbrookes starken Seiten. Ich glaubte, daß sie den Gedanken an eine Therapie jetzt eher akzeptieren würde als früher, aber ein heißes Eisen war die Frage immer noch, das war mir klar. Wie der Zufall es wollte, war es Carolyn, die das heiße Eisen schließlich anpackte. Sie kam eines Nachmittags nach dem Unterricht mit einem ganzen Stapel Broschüren zu uns, die sie vor Ladbrooke und mir auf den Tisch warf.

«Ich hab mir gedacht, die würden Sie vielleicht interessieren», sagte sie zu Ladbrooke.

Es waren Prospekte einer Universität in der Nähe.

«Ich muß diesen Sommer zwei Seminare machen, wenn ich im Januar meinen Magister kriegen will. Ich glaube, ich nehm eines über emotionale Störungen.» Carolyn warf mir einen Blick zu. «Nach dieser Geschichte mit Geraldine hab ich den Eindruck, daß es nur nützlich sein kann, mehr über solche Dinge zu wissen.»

Ich nickte.

«Na ja, und da dachte ich, ich bring die Sachen mal vorbei. Sie können sie behalten, Ladbrooke.»

Lad sah sie fragend an.

Carolyn lächelte freundschaftlich. «Ich nehme an, Sie wollen ein Diplom machen.» Sie wandte sich mir zu. «Ladbrooke bleibt doch? Oder wollt ihr uns beide verlassen?»

«Ich habe mich noch nicht entschlossen», sagte Lad.

«Sie könnten in den Sommerseminaren einiges schaffen, wenn Sie Lust dazu hätten. Joyce macht es auch so. Und ich geh auch mit. Wir wären eine ganze Gruppe», erklärte Carolyn vergnügt. «Wir können zusammen fahren. Hin und zurück sind es über hundert Kilometer. Aber wenn wir alle fahren, könnten wir uns abwechseln.»

Ladbrooke nickte.

«Okay, also, ich muß los. Bis dann, ihr beiden.»

Nachdem Carolyn gegangen war, fragte ich Ladbrooke: «Weiß sie was, das ich nicht weiß?»

«Sie scheint was zu wissen, das nicht mal ich weiß», antwortete Lad lachend.

Sie zog die Prospekte zu sich heran und schlug einen auf. Ich blieb untätig am Tisch sitzen. Wieder wurde mir mit schmerzlicher Schärfe klar, wie einseitig und blind ich in der Beziehung zu Ladbrooke war. Geschäftig und mit der gleichen distanzierten Fürsorge wie für die Kinder hatte ich ihre Zukunft geplant, ohne daß es mir eingefallen wäre, sie nach ihren eigenen Absichten zu fragen. Wie kam es nur, dachte ich, daß wir niemals über solche Dinge sprachen, obwohl wir so viel zusammen waren?

«Du weißt, daß diese Arbeit dir liegt», sagte ich. «Du bist wirklich gut.»

Ladbrooke sah nicht von der Broschüre auf.

«Es wäre logisch, wenn du jetzt ein Studium anfangen würdest.» Ich nahm mir eines der Seminarverzeichnisse.

«Ich hab nie etwas gesagt, das Carolyn auf die Idee hätte bringen können.»

«Carolyn nahm vermutlich einfach an, daß dir die Arbeit Freude macht. Und sie hat wohl selbst beobachtet, daß du eine Gabe dafür hast.»

«Nein», sagte sie ruhig, «ohne dich will ich nicht weitermachen. Ich bin deinetwegen geblieben, Torey. Wenn es nur die Arbeit gewesen wäre, wär ich wahrscheinlich schon rausmarschiert, als Dirkie das erstemal sagte, ich hätte große Titten. Ich wär schnurstracks gegangen und nie zurückgekommen. Ich war unmöglich.»

«Nein, das warst du nicht.»

«Doch. Versuch nicht, mir zu schmeicheln. Jetzt mach ich's vielleicht ganz gut, aber damals war ich unmöglich. Das wußte ich.»

Ich antwortete nichts.

«Ich bin nur geblieben, um bei dir und den Kindern sein zu können. Es war – der Zauber dieses Ortes. Man spürte ihn schon, wenn man zur Tür hereinkam. Ich wollte dazugehören.» Ein feines Lächeln der Verlegenheit flog über ihr Gesicht. «Und dann bin ich geblieben, weil ich beweisen wollte, daß ich es kann, daß ich all die Mühe wert bin. Aber wirklich hierhergehört habe ich nie.»

«Natürlich hast du dazugehört, Lad. Wie kannst du so etwas sagen?»

«Nein, du verstehst mich nicht. Ihr habt mir *erlaubt* dazuzugehören. Es war wunderbar; es hat mir gutgetan. Aber das ist nicht mein Leben. Du und die Kinder habt es lebendig gemacht. Ohne euch könnte es für mich nie wieder lebendig werden.»

«Was hast du dann für Pläne?»

«Ich will zu meiner eigenen Arbeit zurück.»

Ich sah sie an.

Sie lächelte beinahe entschuldigend. «Enttäusche ich dich?»

Ich schüttelte den Kopf. «Aber nein. Um ehrlich zu sein, ich hab's nicht mal geschafft, so weit vorauszudenken. Ich hab nicht viel Sinn für die Zukunft.»

«Was ich genau tun werde, weiß ich noch nicht, aber ich habe für mich beschlossen zurückzugehen. Ich will es. Das hier ist, wie du immer sagtest, lebendig. Das hier ist die reale Welt. Mit meiner Arbeit bewege ich mich im Abstrakten, das weiß ich, aber da liegt nun mal meine Stärke.» Sie lächelte leicht. «Und ich möchte so gern wieder etwas tun, wo ich mich wirklich kompetent fühle.»

Ladbrooke schob die Broschüren und Prospekte zu einem Stapel zusammen und legte ihn auf die Seite. Dann machte sie sich wieder an die Arbeit, über der sie gesessen hatte, als Carolyn gekommen war. Ich nahm meinen Kugelschreiber, fing aber nicht gleich wieder an zu arbeiten. Statt dessen saß ich da und starrte in mein Planungsheft.

«Lad?»

«Hm?»

«Erinnerst du dich an James McCann? Den Psychiater, der im Januar ein paar Tage als Beobachter bei uns im Unterricht war.»

«Ja.»

«Er ist ein hervorragender Therapeut. Ich weiß einiges über seine Arbeit. Ich habe Videos von Therapiesitzungen gesehen. Und er ist ein guter Freund von mir ...»

Sie wußte schon, worauf ich hinauswollte. Sie senkte den Kopf und strich sich über die Augen, als hätte sie Kopfschmerzen. Dann sah sie mich an und schüttelte den Kopf.

«Ich hab ja noch gar nichts gesagt», protestierte ich.

«Nein.»

«Er ist wirklich gut. Er würde dir gefallen. Er war dir doch auch sympathisch, als er hier war.»

Sie schüttelte den Kopf.

Ich runzelte verwirrt die Stirn.

«Torey, ich hab viel nachgedacht, und ich habe beschlossen, nicht in Therapie zu gehen.»

«Ach, Lad!»

«Ich denke, ich kann es allein schaffen. Ich weiß, wie schlimm es war. Ich weiß, daß ich unfähig war, auf eigenen Füßen zu stehen. Aber das ist alles viel besser geworden. Ich glaube, ich kann mit meinen Schwierigkeiten allein fertig werden.»

«Aber er ist wirklich gut. Er würde dir gefallen. Seine ganze Art ...»

«Aber es wäre niemals das gleiche. Irgendein Therapeut, bei dem man einmal in der Woche eine Stunde in einem schäbigen kleinen Zimmer sitzt und redet. So wie hier ist das nicht.»

«Das ist doch auch nicht nötig», entgegnete ich. «Es wäre einfach eine Hilfe. Du hast so viel erreicht. Es wäre doch schade, wenn dir das alles wieder verlorenginge.»

Sie musterte aufmerksam mein Gesicht. «Du bist ein merkwürdiger Mensch. Du hast so viel Geduld, und doch hast du überhaupt kein Vertrauen.»

«Doch, ich habe Vertrauen.»

«Nein, hast du nicht. Du hast nicht einen Funken Vertrauen zu mir. Du glaubst nicht, daß ich es schaffen kann. Genauso wie du Ostern dachtest, ich würde es nicht schaffen. Genau wie im Februar, als ich sagte, ich würde aufhören zu trinken. Daran glaubtest du auch nicht.»

«Ich *erwarte* nichts. Das ist etwas anderes als Vertrauen haben.»

Sie zuckte die Achseln. «Nenn es, wie du willst.»

Ich schwieg.

«Jetzt bist du verärgert.»

«Nein, ich bin nicht verärgert», versetzte ich. «Ich überlege nur, wie es weitergeht.»

«Paß mal auf, ich hab's mir so vorgestellt. Ich setze mich mit meinem ehemaligen Doktorvater in Princeton in Verbindung. Ich möchte wieder in der Spektroskopie arbeiten; das ist das Gebiet, das mich am meisten interessiert. Ich vermute, daß unser altes Projekt inzwischen in die Binsen gegangen ist. Es war ja nahe daran, als ich wegging. Ich rechne also nicht damit, daß ich da weitermachen kann. Aber ich werd mal mit John reden und sehen, was es für Möglichkeiten gibt.» Sie machte eine kleine Pause. «Das heißt natürlich, daß ich ihn um Referenzen bitten muß ...»

Lächelnd zwinkerte sie mir zu. «Siehst du, wie weit ich schon bin? Ich hätte nie gedacht, daß ich es je über mich brächte, diesen Leuten wieder ins Gesicht zu sehen. Das hat sich geändert. Ich weiß, daß ich es kann. Oder zumindest will ich es versuchen.»

Ich erwiderte ihr Lächeln.

«Bist du nicht stolz auf mich?»

Ich nickte.

«Und wenn es eine Möglichkeit gibt, wenn John mir was vermitteln kann, dann fang ich wieder an zu arbeiten.»

Ich nickte wieder.

«Wenn ich wieder arbeiten kann, geht's mir auch gut. Dann hab ich was zu tun, ich hab ein Ziel, das mich trägt. Und dann wäre ich sowieso nicht hier, um in eine Therapie zu gehen.»

Ich wußte nicht, was ich sagen sollte. Das gleiche Gespräch

hatten wir Anfang April geführt, aber unter umgekehrten Vorzeichen. Damals hatte Ladbrooke gezweifelt, und ich hatte ermutigt. Jetzt waren die Rollen vertauscht. Hatte sich in vier Wochen alles so sehr verändert? Oder war dies nur eine neue Variante von Ladbrookes alter Taktik, durch Angriff abzuwehren?

«Und was wird aus Tom?» fragte ich. «Und Leslie und eurem Zuhause?»

Lad holte einmal tief Atem. «Darauf wollte ich gerade kommen», sagte sie leise. «Ich dachte mir, ich geh erst mal an die Ostküste und arbeite da eine Zeitlang. Wenn nicht in Princeton, dann wahrscheinlich am M. I. T. Erst will ich mit meiner Arbeit klarkommen, dann seh ich mir diese Geschichte mit Tom genauer an.»

«Mit ‹dieser Geschichte› meinst du eure Ehe?»

Sie nickte. Schweigend starrte sie einen Moment lang auf ihre Arbeit.

«Weißt du, Torey», sagte sie dann, «für mich ist in letzter Zeit immer klarer geworden, daß Tom und ich nicht zusammenbleiben können. Jedenfalls im Augenblick nicht. Ich verlier den Verstand, wenn ich mit ihm leben muß. Ich liebe ihn immer noch. Und ich weiß, daß er mich liebt. Aber ich bin mir nicht sicher, ob wir für ein Zusammenleben bestimmt sind. Ich bin mir nicht sicher, daß wir einander guttun.»

Während ich ihr zuhörte, fiel mir Bobby ein; wie sie mir gesagt hatte, wie fassungslos es sie gemacht hatte, erkennen zu müssen, daß sie, die geglaubt hatte, ihn so gut zu kennen, nie geahnt hatte, was in ihm vorging. Die gleiche Fassungslosigkeit verspürte ich jetzt. Da hatte Ladbrooke offenbar wochenlang Zukunftspläne gewälzt, und ich hatte nichts davon geahnt. Durch das viele Zusammensein mit ihr, die zunehmende Vertrautheit mit ihrer Wortkargheit hatte ich mich allzusehr an ihr Schweigen gewöhnt und einfach angenommen, daß sich hinter diesem Schweigen nichts abspielte.

«Ich glaube, Tom mag mich nicht, so wie ich jetzt bin», sagte

Ladbrooke müde und resigniert. «Es ist mir sehr schwergefallen, mir das einzugestehen, aber ich glaube, darauf läuft es hinaus.»

«Und wann willst du alle diese Pläne in Angriff nehmen?» fragte ich.

Sie zuckte die Achseln. «Im Juni, denke ich. Ich habe schon Briefe aufgesetzt, aber noch keine abgeschickt.» Mit leichter Verlegenheit sah sie mich an. «Ich hoffte, du würdest mir dabei helfen; dir die Briefe ansehen und mir sagen, ob sie gut sind. Du bist eine viel bessere Briefschreiberin als ich.»

Ich lächelte.

«Ich geb ja zu, daß mir das alles immer noch schwerfällt. Ich schaff es beispielsweise nicht, John einfach anzurufen. Aber einen Brief getraue ich mich zu schreiben, wenn es mir gelingt, ihn – na ja, sachlich abzufassen.»

Noch immer etwas überwältigt von all diesen überraschenden Neuigkeiten, wußte ich nicht, was ich sagen sollte.

«Ostern hast du gesagt, neun Wochen wären genug. Weißt du noch? Damals glaubte ich dir nicht. Aber vielleicht ist es wirklich genug.»

«Gut», sagte ich. «Das freut mich.»

Sie sah mir einen Moment lang forschend ins Gesicht und lächelte leicht. «Es fällt dir schwer, nicht wahr, die Kontrolle aus der Hand zu geben?»

Geraldines «Unfall» wurde nicht, wie ich gehofft hatte, zum Katalysator für eine Veränderung. Obwohl Geraldine nun in psychiatrischer Behandlung war, obwohl ich durch den traurigen Zwischenfall erbarmungslos auf meine eigenen Kommunikationsschwierigkeiten mit ihr hingewiesen worden war, änderte sich nichts. Als sie Anfang Mai, noch einen dicken Verband um die Hand, zu uns zurückkehrte, blieb alles beim alten.

Meine Kinder aßen mittags immer gemeinsam mit Carolyns Kindern im Turnsaal. Wir hatten extra zwei Hilfskräfte eingestellt, die die Kinder in dieser Zeit beaufsichtigten und uns, Carolyn, Ladbrooke und mich, nur in dringenden Fällen in unserer Pause zu stören pflegten. Mit kleineren Krisen konnten die beiden Frauen, groß, kräftig und erfahren, gut selbständig fertig werden. Die schlimmste Strafe war es für die Kinder, von einer dieser Brünhilden bei uns gemeldet, und, wenn sich das Verhalten nicht besserte, ins Klassenzimmer zurückgeschickt zu werden. Dirkie, in dieser Hinsicht der hartnäckigste Übeltäter, hatte schon mehrmals seine Mittagspause mit Ladbrooke und mir im Klassenzimmer beschließen müssen.

Am Donnerstag der Woche, als Geraldine wiederkam, ging Ladbrooke während der Mittagspause kurz hinaus, um aus der Toilette Papiertücher zu holen, weil sie Milch verschüttet hatte.

«Da unten ist die Hölle los», sagte sie beunruhigt, als sie zurückkam.

«Wo? Im Turnsaal?»

Sie nickte. «Eines der Kinder brüllt wie am Spieß.»

«Eines von unseren?»

«Es hört sich so an.» Sie wischte die vergossene Milch auf.

Wenig später hörten wir vor unserer Tür Geschrei. Ich lief hinaus. Eine der Hilfskräfte, Mrs. Anderson, hatte mit der einen Hand Geraldine am Schlafittchen, in der anderen hielt sie Geraldines Pausentäschchen.

Ich hielt den beiden die Tür auf. «Was ist los?»

Geraldine weinte nicht, schrie nur immer wieder: «Ich war's nicht. Ich war's nicht.»

Die Frau stieß Geraldine vor sich ins Zimmer zum Tisch, wo Lad und ich gegessen hatten, und drückte sie auf einen Stuhl.

«Schauen Sie sich das an», sagte sie und öffnete das Pausentäschchen. Ein ganzes Sortiment von Keksen, Schokoladeriegeln, kleinen Kuchen und ähnlichen Dingen fiel heraus. «Sie hat das alles Miss Berrys Kindern weggenommen. Das geht seit Tagen so. Wir haben sie immer wieder ermahnt, aber jetzt reicht's mir. Ich sagte ihr, wenn ich sie noch einmal erwische, würde ich sie Ihnen melden.»

Ich starrte auf all die Süßigkeiten.

«Sie bedroht die anderen Kinder. Meistens draußen im Flur oder in der Toilette. Sie zwingt sie, ihr die Süßigkeiten zu geben. Wenn nicht, verprügelt sie sie. Schlimmer als die Mafia.»

«Das war ich nicht», schrie Geraldine, warf sich über den Tisch, packte Ladbrookes Milchbehälter und schleuderte ihn wütend nach Mrs. Anderson. Sie verfehlte ihr Ziel, und die Milch ergoß sich auf den Fußboden.

Ich schleppte Geraldine in die stille Ecke und drückte sie dort auf den Stuhl. «Du bleibst jetzt hier sitzen, bis du dich beruhigt hast. Und nachher reden wir über die Sache.»

Nachdem ich Mrs. Anderson hinausbegleitet hatte, setzte ich mich wieder an mein Mittagessen. Ladbrooke war dabei, den Boden aufzuwischen.

Geraldine schimpfte und murrte, offensichtlich entschlossen, uns zu irritieren. Nicht gewillt, das länger mitzumachen, packte ich ärgerlich den Rest meines Brots wieder ein. Ladbrooke, die Geraldine ebenfalls nicht zu weiteren Demonstrationen animieren wollte, ging um die Ecke und aß dort den Rest ihres Salats. Nachdem ich mein Brot weggepackt hatte, rief ich Geraldine zu mir.

«Also?» fragte ich, als sie sich dem Tisch näherte. «Was hat das zu bedeuten? Was ist passiert?»

«Nichts.»

«Von wegen, nichts. Mrs. Anderson hat all diese Dinge in deiner Tasche gefunden, und sie gehören dir nicht. Ich möchte wissen, warum du sie genommen hast und was nun weiter geschehen soll.»

Geraldine zuckte wieder einmal die Achseln.

Ich wartete.

«Shamie hat mir zwei Kekse weggenommen. Letztes Wochenende. Als wir draußen waren und aßen, hat er mir zwei Plätzchen weggenommen und hat sie einfach aufgegessen.»

«Soll das heißen, daß du Miss Berrys Kindern – warte mal, neun, zehn, zwölf, vierzehn Sachen weggenommen hast, weil Shamie dir letztes Wochenende zwei Kekse weggenommen hat?»

«Es war gemein von ihm. Es waren meine Plätzchen. Tante Bet hatte sie mir gegeben.»

«Glaubst du denn, diese Kinder sind daran schuld, daß Shamie deine Kekse genommen hat?»

«Nein.»

«Dann versteh ich dich nicht.»

«Die sind doch zurückgeblieben, die Kinder da.»

«Und das heißt, daß sie unsere Hilfe ganz besonders brauchen, nicht wahr? Aber doch nicht, daß wir sie übervorteilen dürfen.»

«Aber sie sind dumm.»

«Das hat überhaupt nichts mit der Sache zu tun, Geraldine. Du hast unrecht getan. Du tyrannisierst andere, die schwächer sind als du. Du wendest Drohungen und Gewalt an, um dir etwas zu nehmen, das nicht dir gehört. Und es ist nicht das erste Mal. Du bist immer wieder bei so etwas ertappt worden.»

«Aber sie sind blöd.»

«Das ist kein Grund, jemanden zu übervorteilen. Wie wär dir denn zumute, wenn man das mit dir machte? Wenn ein größeres Kind dich im Flur festhielte und verlangte, daß du ihm deine Süßigkeiten gibst?»

«Hier sind keine größeren Kinder.»

«Nein, das weiß ich. Aber vielleicht kannst du mal deine Phantasie gebrauchen und dir vorstellen, wie es wäre, wenn dich jemand zwingen würde, ihm deine Plätzchen und Kuchen zu geben. Würde dir das gefallen?»

«Aber ich hab doch schon gesagt, daß mir Shamie letztes Wochenende meine Plätzchen weggenommen hat.»

«Und wie war dir da zumute?»

«Ich war wütend auf ihn. Es war gemein.»

«Und was meinst du wohl, wie diesen Kindern zumute ist, wenn du ihnen ihre Süßigkeiten wegnimmst? Findest du das nicht auch gemein?»

«Die sind doch zurückgeblieben.»

«Geraldine, sie sind Menschen. Sie fühlen wie du und ich. Und was meinst du, wie sie sich fühlen?»

Sie sah mir direkt in die Augen. «Das ist mir egal.»

Ich seufzte resigniert und rieb mir müde über die Augen. Dann sah ich sie wieder an. «Kannst du sehen, daß das, was du getan hast, unrecht ist?»

Sie zuckte die Achseln.

«Heißt das ja oder nein?»

Wieder zuckte sie die Achseln, trotziger diesmal.

«Na schön, Geraldine. Ich will es dir sagen. Es war unrecht. Wenn du das nicht selbst erkennen kannst, mußt du es mir einfach glauben. Und ich kann nicht zulassen, daß du so etwas wieder tust. Ich kann nicht zulassen, daß du anderen weh tust. Das weißt du bereits.»

«Sie halten ja nur zu denen. Das tun Sie immer. Sie halten immer nur zu denen, nie zu mir.»

Den Blick abgewendet, die Arme um ihren Oberkörper, hockte sie zusammengekrümmt vor mir. Ich war entmutigt; es war keinerlei Kommunikation mit ihr möglich.

«Ich muß zu strengeren Maßnahmen greifen, Geraldine. Ich weiß nicht, wie oft wir schon darüber gesprochen haben, daß es nicht recht ist, wenn du Dinge an dich nimmst, die dir nicht gehören, aber es war oft genug. Anfangs dachte ich, du wüßtest einfach nicht, wie unrecht das ist, aber das kann ich jetzt nicht mehr glauben. Du weißt es genau. Und du tust es trotzdem.»

«Na schön, dann bleib ich eben in der blöden stillen Ecke», sagte sie mürrisch.

«Nein, damit ist es diesmal nicht getan. Zuerst gehen wir hinunter, und du gibst jedem Kind seine Süßigkeiten zurück.

Und dann, denke ich, gibst du jedem etwas von dir. Du hast ihnen etwas weggenommen, da ist es nur fair, ihnen etwas zurückzugeben.»

Ihre Miene zeigte Beunruhigung.

«Du hast heute morgen das Päckchen mit den Pony-Aufklebern mitgebracht. Ich finde, das nehmen wir mit hinunter, und du gibst jedem Kind, dem du etwas genommen hast, einen Aufkleber.»

Sie war entsetzt. «Das sind meine! Tante Bet hat sie für mich gekauft. Für mich alleine. Das ist ungerecht.»

«Das finde ich nicht. Du hast Dinge genommen, die dir nicht gehörten, die andere Kinder gern behalten hätten. Da ist es nur gerecht, daß du jetzt auch auf etwas verzichtest.»

Geraldine begann zu weinen.

Ich stand auf und legte ihr die Hand auf die Schulter. «Komm jetzt. Holen wir die Aufkleber.»

Geraldine hörte überhaupt nicht mehr auf zu weinen. Anfangs war sie einfach wütend und tobte lautstark gegen ihre Hilflosigkeit, aber nach einer Weile flossen die Tränen wie von selbst weiter. Auf dem Rückweg ins Klassenzimmer weinte sie immer noch und versuchte trotzig, sich mir zu entziehen, als ich den Arm um ihre Schultern legen wollte. Aber sie entzog sich nicht ganz. Sie duldete immerhin meine Fingerspitzen auf ihrer Schulter.

Auf dem Treppenabsatz blieb ich stehen. «Wollen wir uns einen Moment setzen?»

«Wo denn?»

«Hier.» Ich deutete auf die Treppe.

«Wozu?»

Ich zuckte leicht die Achseln. «Damit wir ein paar Minuten ungestört sind.»

Sie nickte.

Wir setzten uns Seite an Seite auf die unterste Stufe. Geraldine hatte einen dicken Packen Papiertücher in der Hand, den sie auf der Suche nach trockenen Stellen unaufhörlich hin und her drehte. Ich nahm sie in den Arm, aber es blieb ein kleiner Abstand zwischen uns.

Ich wollte ihr ein paar Minuten Zeit geben, sich wieder zu fangen, und ich wollte mit ihr sprechen, um ihr begreiflich zu machen, daß meinem Handeln nicht das Bestreben zugrunde lag, ihren Willen zu brechen oder sie zu demütigen, sondern daß es von meiner Verantwortung diktiert war, dafür zu sorgen, daß gewisse Regeln eingehalten wurden. Das war von Anfang an eine unserer Schwierigkeiten gewesen: Geraldine schien unfähig zu akzeptieren, daß Regeln auch für sie galten. Und sie konnte auch nicht verstehen, daß meine vorhersehbare Reaktion auf Verstöße gegen diese Regeln mit einem persönlichen Angriff auf sie überhaupt nichts zu tun hatte. Um das zu klären, wollte ich ein paar Minuten mit ihr allein sein.

Aber als ich nun endlich ungestört und allein mit ihr war, kam mir nicht ein Wort über die Lippen. Ungefähr fünf Minuten saßen wir schweigend nebeneinander.

Als ich dann noch immer nichts sagte, drehte Geraldine den Kopf und sah mich an. Sie sagte nichts; sie sah mich nur mit einem langen, forschenden Blick an. Dann senkte sie den Kopf. Die Tränen, die schon versiegt waren, begannen wieder zu fließen. Ohne ein Wort lehnte sie sich aufschluchzend an mich und drückte ihren Kopf in meinen Schoß.

Ich strich ihr leise über das Haar.

Was war aus unseren Möglichkeiten geworden? Die Beziehung zwischen uns war nie einfach gewesen, aber auch nicht schwieriger als mit so vielen anderen Kindern. Was war mit uns geschehen? Wann hatten wir aufgehört, am selben Strang zu ziehen, und waren Gegnerinnen geworden? Wann hatte ich sie verloren? Denn daß ich sie verloren hatte, das wußte ich jetzt, so schwer es war, mir das einzugestehen.

31

Ladbrooke war in eine Phase bemerkenswerter Stabilität eingetreten. Seit Ostern verzichtete sie auf die Unterstützung unserer Wochenendtreffen und schien gut zurechtzukommen. Im Unterricht war sie mir eine zuverlässige, reife Hilfe. Ab und zu ging sie allein ins Lehrerzimmer hinunter, und wenn sie auch nicht gerade entgegenkommend war, so war doch ihr Schweigen neutral und für die anderen gut zu akzeptieren. Sie hatte eine gute Beziehung zu Carolyn aufgebaut und ging jetzt regelmäßig einmal in der Woche mit uns zum Schwimmen. Selbst im Gespräch war sie unbefangener. Noch immer geriet sie manchmal ins Stocken, verstummte plötzlich, aber Carolyn und ich pflegten das einfach zu übergehen, und im allgemeinen faßte sie rasch wieder Tritt. Das wichtigste aber war, daß sie es geschafft hatte, drei Monate keinen Tropfen zu trinken.

Trotz dieser Fortschritte, oder vielleicht gerade ihretwegen, geriet die Beziehung zwischen Ladbrooke und mir ins Schlingern. Die Schwierigkeiten tauchten in den ersten Maitagen praktisch aus dem Nichts auf und überschatteten von da an beinahe ständig unser Zusammensein. Ein erstes Anzeichen der Veränderung war wohl die Art, wie sie mir ihre Zukunftspläne präsentierte. Ich war völlig unvorbereitet gewesen und fiel aus allen Wolken, als ich sie hörte. Ladbrooke genoß den Überraschungseffekt. Es hatte ihr immer schon Spaß gemacht, mich zu verblüffen und damit zu beweisen, daß ich nicht ganz so unerschütterlich war, wie ich wirkte. Zudem wollte sie wohl gern selbst ein bißchen unberechenbar bleiben. Die Beziehung hatte dadurch eine gewisse Spannung erhalten, gelegentlich auch leicht rivalisierende Momente, aber mich hatte das nie sonderlich beunruhigt. Für mich war das nur eine der vielen normalen Kräfte gewesen, die in einer dynamischen Beziehung hin und her strömten. Doch im Mai änderte sich Ladbrookes Verhalten abrupt. Sie legte es geradezu darauf an, mich ständig aus der Fassung zu bringen. Was bisher nur subtil vorhanden gewesen war, wurde jetzt offensichtlich.

Lads Lieblingstaktik war es, mich mit meinen eigenen Gefühlen zu konfrontieren. «Jetzt bist du verärgert.» – «Du wolltest deinen Kopf durchsetzen.» – «Ich habe dich enttäuscht, zornig gemacht, irritiert.» Und so weiter. In jedem Gespräch ging das so, und es war um so ärgerlicher, als sie beinahe immer recht hatte. Hinzu kam, daß die Emotionen, die sie entlarvte, im allgemeinen solche waren, die ich lieber nicht aufgedeckt gesehen hätte. Sie spielte mit diebischem Vergnügen den *advocatus diaboli*. Das war ein ganz neuer Zug an ihr, und die ersten Male ging ich ihr prompt auf den Leim, indem ich ziemlich außer mir geriet. Am liebsten trieb sie dieses Spiel, wenn es um heikle oder kontroverse Themen ging, Nordirland oder ähnliche politische Fragen, oder um solche, bei denen sie meine Autorität in Frage stellen konnte, also etwa meine Art, im Unterricht für Disziplin zu sorgen. Ganz gleich, welchen Standpunkt ich vertrat, sie ging sofort in die Opposition und brachte eine heiße Diskussion in Gang. Es überraschte mich immer wieder, wie sehr es mich kränkte, wenn ich glaubte, daß sie tatsächlich aus Überzeugung sprach. War ich dann so richtig in Fahrt, zuckte sie plötzlich die Achseln, lachte und sagte, sie hätte das alles gar nicht so ernst gemeint; sie hätte nur sehen wollen, wie ich meinen Standpunkt verteidige. Worauf ich mich meistens noch schlechter fühlte.

Ladbrookes Attacken hatten im allgemeinen nichts Sadistisches. Auch wenn sie es häufig ziemlich weit trieb, lag ihr nicht daran, mich wirklich zu verärgern. Geriet ich wirklich in Zorn, machte sie augenblicklich einen Rückzieher und entschuldigte sich. In meinen klareren Momenten ließ mich das hoffen, daß es ihr nicht darum ging, mich persönlich zu treffen, sondern daß dies nur eine schwierige Phase ihrer Entwicklung war; doch sie köderte mich immer wieder, und das ruhige Behagen sich gegenseitigen Akzeptierens, das so lang Teil unserer Beziehung gewesen war, existierte plötzlich nicht mehr.

Ich dachte viel über diese Wandlung nach. Trotz ihres negativen Erscheinungsbildes hielt ich sie für ein Zeichen inneren Wachstums. Es war wohl endlich die Zeit gekommen, wo Ladbrooke nicht mehr bereit war, mir in allem die Führung zu überlassen. Ich hatte sie lange genug getragen, und jetzt wollte sie auf eigenen Füßen stehen. Um das zu erreichen, mußte sie unserer beider Rollen verändern. Um mit mir auf gleiche Ebene zu kommen, mußte sie mich vom Piedestal herunterholen.

Rein intellektuell betrachtet, konnte ich das durchaus akzeptieren. Es war einleuchtend, und es paßte zu früheren Erfahrungen, die ich gemacht hatte. Zudem war es ein notwendiges Stadium der Reifung. Dennoch quälte es mich, daß gerade ich die Zielscheibe für ihre Ausbruchsversuche abgeben mußte. Ähnlichen Entwicklungen war ich bisher nur in meiner Arbeit mit Heranwachsenden begegnet, und ein Honiglecken war das auch damals nicht gewesen. Aber mit Ladbrooke war es die reine Hölle. Sie besaß Lebenserfahrung und Intelligenz, ein Waffenarsenal, mit dem sie bestens umzugehen verstand; sie kannte mich gut genug, um genau meine wunden Punkte zu treffen; und sie hatte durch Tom jahrelange Übung im Kreuzen geistiger Klingen. Das Schlimme war, daß ich ihr nicht entkommen konnte. Zum erstenmal konnte ich im klassischen Therapie-Setting einen Sinn sehen. Ein-, zweimal die Woche eine Stunde pro Tag hätte ich das wahrscheinlich mit Aplomb durchgestanden. Tagein, tagaus machte es mich völlig fertig.

Schließlich kam ich zu der Einsicht, daß es das beste sei, jeder von uns mehr Raum zu lassen.

Eines Morgens kam ich in der Hektik nicht dazu, mir ein richtiges Mittagsbrot zu machen, und saß in der Pause mit einem Erdnußbutterbrot und einer zerquetschten Banane da.

«Gehen wir doch morgen mittag mal zu *Enrico's*», sagte ich.

Ladbrooke zog eine Braue hoch.

«Die Banane ist kaum noch zu essen. Ich hab mal Lust auf was Anständiges.»

«Hier. Willst du was von meinem Salat? Gib mir die Plastikfolie von deinem Brot, dann tu ich dir was drauf.»

«Nein, laß nur. Ich will einfach mal eine Abwechslung.»

Ladbrooke krauste die Nase.

«Ich mag die mexikanische Küche», fuhr ich fort, «und die Brote sind mir wirklich über. Ich hab morgens nie Zeit, mir was Besseres zu machen.»

«Ich mach meine immer am Abend vorher. Soll ich dir deine mitmachen? Ich tu's gern.»

«Nein, ich geh lieber zu *Enrico's*.»

Lad kam mit, wie ich vermutet hatte. Obwohl sie in Gesellschaft immer noch leicht befangen war, hatte sie gern andere um sich. Sie hätte sich ganz allein im Klassenzimmer nicht wohl gefühlt. Ihr Verhältnis zu den meisten Mitgliedern des Personals hatte sich im Lauf des Jahres stetig gelockert, darum verließ ich mich darauf, daß der Besuch bei *Enrico's* sie nicht in Angst versetzen würde.

Das erstemal ging alles glatt. Es waren nur sechs Leute aus der Schule da, weil Frank und einige andere an einer Besprechung teilnehmen mußten. Wir konnten also alle zusammen an einem Tisch sitzen, das Gespräch war zwanglos und angeregt. Lad unterhielt sich hauptsächlich mit Carolyn und Katy aus dem Sekretariat, während ich mir von zwei Sekretärinnen den neuesten Klatsch über die bevorstehenden Wahlen für die Schulbehörde erzählen ließ. Erfrischt wie schon lange nicht mehr, kehrte ich zur Schule zurück.

Am folgenden Tag machte ich mir kaum noch Gedanken. Lad saß neben mir wie am Tag zuvor, aber ich achtete kaum auf ihr Tun. Die meisten Leute, die mit uns am Tisch aßen, kannten wir beide nicht, und Carolyn, die später kam, setzte sich an einen anderen Tisch. Aber Frank saß bei uns, und zwischen uns drei entspann sich bald ein lebhaftes Gespräch.

Erst am dritten Tag gab es Schwierigkeiten. Mariana mußte zum Zahnarzt, und ihre Mutter, die sie abholen wollte, verspätete sich. Lad und ich kamen deshalb erst gegen halb eins bei *Enrico's* an. Alle Tische waren besetzt, und es gab keine Möglichkeit für uns, zusammenzusitzen. Ladbrooke setzte sich zu Carolyn und den Sekretärinnen, während ich mich zu Frank und den Leuten von der Sprechtherapie setzte. Ich dachte mir nichts; ich war viel zu beschäftigt damit, eine Kellnerin auf mich aufmerksam zu machen, da wir nicht viel Zeit hatten.

Als ich später in der Toilette war, kam Carolyn mir nach. «Du mußt Ladbrooke retten», sagte sie. «Sie ist völlig erstarrt.»

Wieder im Restaurant, nahm ich mein Glas mit Mineralwasser und ging zu Ladbrooke und Carolyn an den Tisch. Ladbrooke saß in eisigem Schweigen vor ihrem fast unberührten Teller.

Ein Weilchen schwatzte ich mit einer der Sekretärinnen, um abzuwarten, ob es Ladbrooke gelänge, sich mit eigener Kraft aus ihrer Lähmung zu befreien. Als sich zeigte, daß sie es nicht schaffen würde, sagte ich, um ihr Hilfestellung zu geben: «Hast du Lust, zu Fuß zurückzugehen? Es ist so ein schöner Tag.»

Sie nickte, legte ihre Serviette auf den Tisch und stand auf.

Die Sonne war warm und hell. Blinzelnd trat ich ins strahlende Licht, lächelnd, weil es so ein herrlicher Tag war. Ich blieb einen Moment stehen und holte tief Luft. Aber Ladbrooke hatte für all das keinen Sinn. Ohne einen Blick zurück lief sie die Stufen hinunter und weiter über den Parkplatz.

Ein paar Minuten lang gingen wir schweigend nebeneinander her. Ladbrooke gab das Tempo an. Sie hatte einen ausgreifenden Schritt und marschierte so energisch voran, daß ich Mühe hatte mitzuhalten.

«Carolyn sagte mir, daß du Schwierigkeiten hattest», bemerkte ich.

Ladbrooke runzelte die Stirn. «Wieso?»

«Nun, sie hatte wohl den Eindruck.»

Ladbrooke ging noch schneller. Gleich würde ich überhaupt nicht mehr sprechen können, weil ich alle meine Luft brauchte, um mitzukommen. Ich mußte beinahe laufen.

«Wenn es Schwierigkeiten gibt, dann gibt es sie eben, Lad. Das ist doch nichts Schlimmes. Aber es ist sinnlos, so zu tun, als wären sie nicht vorhanden.»

«Ich hatte keine Schwierigkeiten.»

Wir hatten den Schulhof erreicht.

«Ich geh einfach nicht gern da rüber», fuhr sie fort. «Ich esse lieber im Zimmer.» Sie stieg die Treppe zur Tür hinauf und zog sie auf. Ich folgte ihr. Augenblicke später waren wir wieder im Zimmer.

«Und ich esse lieber drüben», sagte ich. «Es tut gut, eine Weile hier rauszukommen. Ich fühl mich danach gleich frischer.»

Sie zuckte die Achseln. «Dann ißt du eben dort und ich eß hier.»

«Lad, sei doch nicht so stur.»

«Du wirst schon genau wie Tom. Ich glaube, ich bin froh, wenn ich von dir weg bin. Du behandelst mich wie ein Kind. Ich brauch deine ständige Fürsorge nicht. Ich kann sehr gut auch allein zu Mittag essen.»

Ich war versucht, ihr zu sagen, daß es wahrscheinlich nützlich wäre, sich an den Umgang mit Bekannten in einem Restaurant zu gewöhnen, wenn sie wirklich vorhatte, in ein paar Wochen an die Ostküste zu gehen. Aber ich hielt den Mund; es wäre ja doch nur Rechthaberei gewesen. Statt dessen wandte ich mich ab und begann die Materialien für den Unterricht herauszunehmen.

«Siehst du, jetzt bist du mir böse», sagte Ladbrooke.

«Ich bin nicht böse, ich bin frustriert. Ist dir eigentlich klar, wie du dich in letzter Zeit verhältst? Ich kann dir nichts recht machen.Ganz gleich, was ich tu, es ist immer verkehrt.»

Sie betrachtete mich mit unergründlichem Gesicht.

«Du kannst tun und lassen, was du willst, Ladbrooke. Wenn du allein hier hocken und essen willst, bitte! Wenn du rübergehen und wie ein Eisklotz dasitzen willst, bitte. Tu, was du willst, nur laß mich in Frieden.»

Sie sah mich sekundenlang an. «Siehst du», sagte sie ruhig. «Du bist doch ärgerlich.»

Ich nickte. «Stimmt.»

In der Pause kam Ladbrooke zu mir.

«Hör mal, das heute mittag tut mir leid», sagte sie.

«Ist schon in Ordnung.»

Sie lehnte sich neben mich an die Mauer.

«Mir war beim Mittagessen wirklich ein bißchen mulmig. Ich weiß nicht, wieso. Es überfiel mich einfach, während ich dasaß.»

«Ist ja nicht schlimm.»

Wir sahen Shamie und Mariana zu, die Baseball spielten. Shemona flitzte hin und her, um ihnen den Ball zu holen, nachdem sie ihn geschlagen hatten.

«Ich kam mir so jämmerlich vor», sagte Ladbrooke leise. «Und es wurde noch schlimmer, weil ich wußte, daß Carolyn Bescheid wußte. Ich spürte, wie sie mich beobachtete. Ich hätte sie am liebsten angeschrien.»

«Das hättest du wahrscheinlich tun sollen. Man muß sie manchmal daran erinnern, daß sie sich um ihre eigenen Angelegenheiten kümmern soll.»

«Ich wollte es für mich allein klären. Ich wollte nicht, daß sie dir was sagt. Wenn ich mir vorstelle, wie ihr in der Toilette geklatscht habt.»

«Wir haben nicht geklatscht, Lad.»

«Na, du weißt schon, was ich meine.»

Ich ließ den Blick über den Hof schweifen, um mich zu vergewissern, daß die Kinder alle da waren. Es war heiß, ich stieß mich von der Mauer ab, um die Luft ein bißchen zirkulieren zu lassen. Lad sah mich an.

«Aber ich geh trotzdem wieder zu *Enrico's*», sagte ich. «Ich brauch die Unterbrechung.»

Ladbrooke senkte den Kopf.

«Du kannst gern mitkommen. Das weißt du. Aber von belegten Broten im Klassenzimmer hab ich einfach genug.»

«Du bist immer noch ärgerlich, nicht?»

«Nein. Ich merke nur, daß mir ein Tapetenwechsel guttut.»

Ladbrooke schwieg.

Am folgenden Morgen kam ich wie immer um halb acht, holte mir meine Tasse Kaffee und traf die Vorbereitungen für den kommenden Tag. Augenblicke später hörte ich zu meiner Überraschung die Tür gehen. Es kam eigentlich nie jemand um diese Zeit. Ich wartete, dann hörte ich Ladbrookes vertrautes Rumoren, wie sie ihre Tasche am Regal abstellte, die unterste Schublade aufzog, um ihre Jogging-Schuhe herauszunehmen.

«Du bist aber früh dran», rief ich.

Noch in Socken kam sie um die Ecke, die Schuhe in der Hand. Vor dem Tisch blieb sie stehen.

«Ich hab mich gestern abend betrunken», sagte sie.

Sie sah aus, als wollte sie in Tränen ausbrechen.

«Fast drei Monate hab ich's geschafft, und es war höllisch. Und dann hab ich mit einem kleinen Glas alles zunichte gemacht.»

«Setz dich, Lad.»

Sie blieb stehen. «Was ist nur los mit mir, Torey? Warum kann ich nicht aufhören?»

«Es ist einfach sehr schwer, Lad.»

«Ich wollte nur einen kleinen Schluck. Nur einen. Warum konnte ich es nicht dabei lassen?»

«Lad, setz dich hin.»

Sie zog sich einen Stuhl heran und ließ sich darauf niederfallen. Verzweifelt drückte sie ihre Fäuste gegen die Wangen.

«Weißt du, warum es passierte?» fragte ich.

«Ich wollte einfach was trinken.»

Angesichts ihrer offenkundigen Enttäuschung hielt ich es für sinnlos, sie zu fragen, warum sie keine der zahlreichen Präventivmaßnahmen ergriffen hatte, die wir uns im Lauf der Monate hatten einfallen lassen. Es war klar, daß ihr Verhalten sie ebenso überrascht und erschreckt hatte wie mich ihr Geständnis.

«Hatte es mit Tom zu tun? Hattet ihr Streit?»

Sie schüttelte den Kopf. «Tom war nicht mal zu Hause.»

«Waren seine Kinder da?»

Wieder schüttelte sie den Kopf.

«Du hattest einfach Lust auf einen Drink?»

«Ja.»

Ich beugte mich vor. «Hat es mit mir zu tun, Ladbrooke?»

Sie sah mich flüchtig an, und unsere Blicke trafen sich. «Nein.»

Stille.

«Zwischen uns beiden ist in den letzten Wochen einiges schiefgelaufen, meinst du nicht? Es hat mich auch belastet. Ich fühlte mich von dir sehr unter Druck gesetzt.»

«Von mir?» fragte sie überrascht.

Ich nickte. «Ich habe das Gefühl, daß ich dir nichts recht machen kann. Wenn ich dir helfen möchte, lehnst du das ab. Wenn ich nicht helfe, bist du ärgerlich, weil ich es nicht getan habe. Wenn ich zu irgend etwas meine Meinung sage, gehst du sofort in die Opposition. Wenn ich eine Entscheidung treffe, sagst du mir, daß sie falsch ist. Das hat mir ziemlich zugesetzt.»

Ladbrooke beobachtete mich aufmerksam. Tränen traten ihr in die Augen, aber sie drängte sie zurück.

«Ich kann mir nicht vorstellen, daß dir das alles nicht bewußt war», fuhr ich fort. «Ich hoffte immer, es wäre nur eine vorübergehende Phase, deshalb sagte ich nichts. Aber vielleicht müssen wir jetzt doch darüber sprechen. Ich hab den Eindruck, daß der Druck für dich ein bißchen zu viel ist.»

Sie senkte den Blick.

«Was steckt dahinter? Hast du Angst vor dem Ende?»

«Eigentlich nicht.»

«Hast du das Gefühl, daß ich dich zu schnell hinausstoße?»

Mit gesenktem Kopf zuckte sie leicht die Achseln. «Ich hab gar nicht das Gefühl, daß du mich hinausstößt.»

Ich nickte.

«Ich hab höchstens das Gefühl, daß es dir vielleicht überhaupt nichts bedeutet, wenn ich gehe.»

«Oh.»

Sie sah mich an. «Ich werde immer noch nicht klug aus dir.»

«Wie meinst du das?»

«Du lehnst dich nie auf. Du sagst nie, daß es dir leid tut, daß es bald zu Ende ist. Wir haben hier alle Blut geschwitzt, aber für dich gilt nur die Tagesordnung. Heute muß ein Platz für Shemona gefunden werden. Morgen muß Shamie in die High-School. Übermorgen muß Ladbrooke mal rüber zu *Enrico's*, damit sie lernt, wie man unverfängliche Konversation macht. Das ist für dich vielleicht inzwischen alles so alltäglich, daß dein Gefühl überhaupt nicht mehr berührt wird.»

«Sieht es für dich so aus?»

«Du bist in allem so verdammt objektiv. Ich kann nie erkennen, wann dir was wirklich wichtig ist und wann nicht. Es sieht immer so aus, als läge dir alles ganz schrecklich am Herzen, und doch kann ich mir nicht vorstellen, daß es dir überhaupt am Herzen liegen *kann*, weil es dich nicht berührt.»

«Ganz so ist es nicht.»

«Aber so sieht es für mich aus. Wie gestern – ich wußte, was in deinem Kopf vorging. Du wolltest mich zu *Enrico's* zurücklotsen, mich dazu bringen, daß ich mit den Leuten rede, ein halbwegs geselliges Wesen aus mir machen, damit ich ein normales Leben führen kann und du dir auf deiner Erfolgsliste wieder einen Punkt eintragen kannst. Im Grund war es dir gleich, daß ich mich so schlecht fühlte, daß ich Todesangst hatte und nur ein bißchen Unterstützung wollte.»

«Moment mal, Lad. Gestern hast du mir gesagt, du wolltest keine Hilfe, du wärst ärgerlich über meine Einmischung. Jetzt nimmst du mir übel, daß ich dir nicht genug geholfen habe. Was willst du denn wirklich? Es ist ein bißchen schwierig für mich, beides zu tun.»

Wieder kamen ihr die Tränen, wieder hielt sie sie zurück. Ein langes Schweigen folgte, während sie mit den Tränen kämpfte.

«Ich weiß selbst nicht mehr, was ich will», sagte sie schließlich mit zitternder Stimme. «Alles ist in ständigem Fluß. Meine Ansichten, meine Gefühle, mein Denken, alles ist verändert. Manchmal möchte ich alles ganz allein machen. Ich möchte nicht, daß ständig alle so intensiv auf mich achten.»

«Ich finde das alles ganz normal, Lad. Ich glaube, wir sind an den Punkt gekommen, wo mein Eingreifen bei dir ambivalente Gefühle auslöst. Das ist ein positives Zeichen, kein negatives. Das ist Reifung. Es ist ja dein Leben, nicht meines, und nun willst du es auch allein wieder in die Hand nehmen.»

Mit einem Finger wischte sie sich die Tränen aus den Augenwinkeln. «Ich wollte über dich sprechen, und jetzt sind wir wieder bei mir gelandet. Mit dir ist es, als wollte man einen Schatten fangen. Ja, wirklich.»

Ich lächelte leicht.

«Ich muß wissen, wer *du* bist, Torey. Kannst du das nicht verstehen? Daß unsere Zeit hier bald zu Ende ist, das kann ich verkraften. Es ist traurig, aber es ist eine Tatsache. Damit kann ich mich auseinandersetzen. Aber...» Sie schwieg einen Moment. «Ich werd einfach das Gefühl nicht los, daß das für dich alles nur ein Job ist. Nicht mehr als eine Art glorifizierter Fließbandarbeit. Man bearbeitet die Menschen, dreht hier ein wenig und da ein wenig, und fertig ist das neue Modell.»

Ladbrooke hob den Kopf und sah mich an. «Ich muß verstehen, was du wirklich fühlst. Sonst ist alles sinnlos für mich. Ich habe diese Hölle in den letzten Monaten durchgestanden, weil ich meinte, endlich wäre es jemandem wichtig, daß es mir gelingt. Ich fühlte mich geschätzt, dachte, dir liegt was an mir. Aber wenn es nur ein Job für dich war, dann war das alles Illusion.»

Ich schwieg und senkte einen Moment den Kopf. Ich spürte, daß Ladbrooke mich scharf beobachtete.

«Es *ist* ein Job, Ladbrooke. Das ist nicht zu bestreiten. Ich wäre nicht hier gewesen, wäre dir nie begegnet, wenn mich nicht jemand extra dafür angestellt hätte, daß ich hierherkomme und genau die Dinge tue, bei denen du mir in den letzten neun Monaten geholfen hast. Das ist meine Arbeit. Das hab ich gelernt. Aber ich sehe es nicht als Fließbandarbeit. Ich bearbeite nicht Menschen, ich bearbeite Probleme. Meine Aufgabe ist es, Schwierigkeiten zu beseitigen, die den Menschen das Leben schwermachen und die sie allein nicht bewältigen können. Und wenn meine Zeit um ist, gehe ich, weil das so vereinbart ist. Ich lasse mich nicht emotional in die Schwierigkeiten hineinziehen, denn wenn ich das zuließe, wäre meine Arbeit kaum wirksam. Aber wenn ich den Anschein erwecke, daß ich mich auch mit Menschen nicht emotional einlasse, so macht mich das traurig. Denn ihr liegt mir am Herzen, Ladbrooke, du, Shamie, Shemona und die anderen. Ich liebe euch. Sonst hättest du recht. Sonst hätte das alles keinen Sinn.»

Sie blickte auf ihre Hände hinunter.

«Verwechsle nicht dich mit deinen Schwierigkeiten, Lad. Du bist nicht deine Schwierigkeiten. Kehr nicht zum Alkohol zurück, um das zu entdecken.»

Sie zuckte leicht die Achseln. «Ich weiß nicht, warum ich das getan habe.»

«Ich denke, es war einfach so etwas, das wir manchmal tun und von dem wir hinterher wünschen, wir hätten es nicht getan. Wahrscheinlich ist es am besten, man schaut es an und läßt es dabei bewenden. Du hast ungeheuer viel erreicht, Lad. Vergiß diesen Zwischenfall und mach einfach weiter.»

«Weißt du, was ich mich manchmal frage?» sagte sie.

«Ja?»

«Ich frage mich, wie mein Leben ohne diese Schwierigkeiten sein wird.» Sie machte eine kleine Pause.

«Ich seh dir zu, wie du dich bereit machst, dich von den

Kindern zu verabschieden ... Ich weiß, du wirst wahrscheinlich keines von ihnen je wiedersehen, und doch machst du weiter wie immer, selbst nach diesem intensiven Zusammensein.» Wieder machte sie eine Pause. «Ich meine, ich würde nicht wollen, daß dies alles ewig so weitergeht, diese unglaubliche Intensität. Ich bin es müde. Ich hab manchmal das Gefühl, daß wir alle beide hier bei mir unter meiner Haut sitzen und einfach nicht genug Platz für uns ist. Ich möchte wieder ich allein sein. Und trotzdem ertappe ich mich immer wieder dabei, wie ich darüber nachdenke, wie es sein wird ohne das alles, wenn du fort bist. Ich frage mich, ob ich dir manchmal fehlen werde.»

Ich lächelte und bedeckte mit einer Hand meine Augen.

«Was ist daran so komisch?»

«Ich lache nicht, Lad. Ich bin einfach erstaunt – darüber, wie zwei Menschen so viel Zeit miteinander verbringen können und doch den anderen nicht verstehen können. Ja, natürlich wirst du mir fehlen. Und wie du mir fehlen wirst.»

Sie lächelte verlegen.

«Aber der springende Punkt ist doch, daß damit unsere Beziehung nicht beendet ist.»

«Wie meinst du das?»

«Ich meine, darum drehten sich doch die Schwierigkeiten der letzten Wochen, nicht wahr? Die Zeit der Ablösung ist gekommen. Du bist in Zukunft nicht mehr eins von den Kindern. Du bist meine Freundin.»

32

In der vierten Maiwoche hatte ich Geburtstag. Obwohl er ziemlich ungünstig in die Mitte der Woche fiel, beschloß ich, daß wir uns eine Feier mit allem Drum und Dran nicht nehmen lassen würden. Wir waren das ganze Jahr bescheiden genug gewesen.

Der ganze Dienstag sollte der Feier gehören. Ich ließ die Kinder dekorieren, es waren ja morgens sowieso nur noch vier. Trotzdem ging es natürlich ziemlich laut und chaotisch zu. Dirkie und Leslie amüsierten sich königlich, wenn auch ihr konkreter Beitrag gering war. Dafür packten Mariana und Geraldine um so energischer zu. Sie dirigierten uns alle wie zwei kleine Despotinnen. Wir bliesen Ballons auf, schnitten Girlanden aus, machten chinesische Laternen. Mariana und Geraldine hüpften zwischen Tisch, Stühlen und Heizkörper hin und her, um die Dekorationen aufzuhängen. Wir drehten eine Ladung Marzipankartoffeln und machten Schokoladebananen, die wir zum Erstarren ins Eisfach des Kühlschranks im Lehrerzimmer legten. Gegen Mittag setzten sich die vier Kinder an den Tisch, um für jedes ein Hütchen zu basteln.

«Das war echt lustig», sagte Mariana. «Wir müßten viel öfter feiern.»

«Dann wär's nicht mehr so lustig», meinte ich. «Außerdem könnten wir uns das nicht leisten.»

«Wie meinen Sie das?»

«Weil wir nichts lernen würden», sagte Dirkie. «Wenn wir immer nur feiern würden, würden wir nichts lernen, und man geht zur Schule, um zu lernen.»

«Aber wir haben doch was gelernt. Ich hab heute früh gelernt, wie man eine chinesische Laterne macht», erklärte Mariana. «Außerdem hab ich ja nicht gemeint, daß wir jeden Tag feiern sollten. Ich meinte nur ein bißchen öfter.»

«Das geht jetzt nicht mehr», sagte ich. «Das Schuljahr ist bald zu Ende.»

Stille trat ein, während alle sich in ihre Arbeit vertieften.

«Ich hab Glück», sagte Geraldine plötzlich.

Mariana sah auf. «Wieso?»

«Weil ich in dieser Klasse bleibe. Ich, Dirkie und Leslie. Wir gehen nächstes Jahr wieder in diese Klasse. Aber du nicht.»

«Ich komme in die dritte Klasse», sagte Mariana etwas pikiert.

«Na und?»

«In eine richtige Schule mit einer richtigen Lehrerin.»

«Die da ist auch eine richtige Lehrerin», erkärte Geraldine mit einem Nicken in meine Richtung.

«Ist sie nicht», entgegnete Mariana. «Und das hier ist auch keine richtige Schulklasse.»

«Na und?»

Darauf wußte Mariana keine Antwort. Geraldine hob den Kopf und sah zu mir herüber. Sie lächelte. «Ich hab Glück. Ich kann hierbleiben.»

Als Ladbrooke vom Mittagessen zurückkam, fand sie mich auf allen vieren in den Tiefen der Bibliothek.

«Was machst du denn da?» fragte sie.

«Ich verstecke Erdnüsse für die Schatzsuche.»

«Das wird ja wirklich ein tolles Fest.»

Ich stand auf und wischte mir die Knie. «Soll es auch. Die Kinder sollen einen richtig schönen Tag haben.» Ich lachte. «Außerdem ist es mein Geburtstag.»

«Dann komm und schau dir deine Geburtstagstorte an.»

Ladbrooke stellte den Karton auf den Tisch. «Noch nicht schauen. Dreh dich um.»

Als ich mich wieder umdrehen durfte, verbarg sie die Torte hinter einem Blatt Papier. «Ta-tara-ta!» rief sie und zog das Papier weg.

«Die ist ja toll!» Eine hohe Torte mit pinkfarbenem Guß, auf dem in großen weißen Buchstaben mein Name stand.

«Übung macht den Meister.»

«Ja, das sieht man.»

«Na, es konnte ja auch nur besser werden.» Sie lachte mich an. «Bei dir ging es mir wie bei Shemona. Ich hätt's nicht fertiggebracht, einfach in eine Bäckerei zu gehen und eine Torte zu kaufen.»

Dann begann das große Fest. Alle setzten ihre Hüte auf, der Plattenspieler wurde in Gang gesetzt, und es ging los.

Wir machten Spiele am laufenden Band. Wir spielten das Schokoladenspiel, wo die Kinder, in zwei Teams aufgeteilt, erst verschiedene Kleidungsstücke anziehen, dann zu einem Teller mit einer großen Tafel Schokolade laufen, mit Messer und Gabel ein Stück abschneiden und dann zurücklaufen mußten, damit das nächste vom Team loslegen konnte. Am komischsten waren Leslie und Dirkie, die im Übereifer immer wieder die Reihenfolge durcheinanderbrachten und von ihren Teamkameraden gewaltsam zurückgehalten werden mußten, wenn sie schon wieder zur Schokolade stürzen wollten.

Nach der Pause setzten wir uns alle an den Tisch und aßen Torte und Eis.

«Fräulein», fragte Shamie, «kann ich jetzt meine Platte auflegen?»

Ich nickte.

Er hatte extra für das Fest eine Langspielplatte mit irischer Volksmusik mitgebracht. Behutsam nahm er sie jetzt aus der Hülle und legte sie vorsichtig auf den Plattenteller. Nachdem er den Apparat eingeschaltet hatte, setzte er sich wieder zu uns.

«Das ist *céili*-Musik», erklärte Shamie, während wir den dünnen, fremdartigen Tönen lauschten. «Wenn bei uns ein Fest ist, spielen wir immer solche Musik.»

«Ja», warf Geraldine eifrig ein. «Und alle tanzen.»

«Das Fest selbst wird *céili* genannt», erläuterte Shamie. «Bei uns waren sie immer Freitag abends in der Kirche. Curran Maris und Sean Michael haben gespielt, und alle haben getanzt. Das war schön.»

«Oh, das ist ‹The Top of Cork Road›», rief Geraldine, als ein neues Stück begann. «Darauf kann ich eine *jig* tanzen. Du kannst sie doch auch, nicht Shemona?»

Shamie sah zu mir herüber. «Könnten die beiden uns nicht vortanzen, Fräulein? Wenn ich die Nadel zum Anfang zurücktu, könnten sie doch ‹The Top of Cork Road› tanzen?»

«Ja natürlich.»

Alle drei sprangen begeistert auf.

«Du müßtest ein Kleid anhaben, Geraldine», sagte Shemona mit einem Blick auf die Shorts ihrer Schwester.

«Ach, es geht auch so. Bist du soweit, Shamie?»

Er nickte und hob den Tonarm.

Die Musik war dünn und scharf, Geigen und eine Art Pfeife. Shemona und Geraldine stellten sich nebeneinander auf, die Gesichter uns zugewandt, die Arme an ihren Körpern gesenkt. Sie standen mitten im Sonnenschein, der wie Scheinwerferlicht durch das Fenster strömte. Und dann begannen sie zu tanzen.

Ich hatte nie eine irische Jig gesehen, aber so oft davon gehört, daß eine falsche Vertrautheit entstanden war. Der Tanz war völlig anders, als ich ihn mir vorgestellt hatte, schnell, aber dennoch sehr gehalten. Die Mädchen blieben die ganze Zeit in ihrer steifen Körperhaltung, nur ihre Füße bewegten sich. Dafür um so temperamentvoller. Spitze, Hacke, Drehung, Kick, Spitze, Hacke. Es war ein Einzeltanz, kein Partnertanz, und die beiden schienen einander kaum zu beachten.

Shemonas Haar glänzte in der Sonne. Lang und zerzaust wie immer flog es ihr um den Kopf. Geraldine gewann im Tanz eine ganz neue Ausstrahlung. An Shemona war immer etwas Ungebärdiges, doch Geraldine, die im Alltag so reizlos und unauffällig wirkte, war wie verwandelt. Den Blick in unbekannte Fernen gerichtet, das Gesicht wie verklärt, tanzte sie zu einer Musik, die, glaube ich, niemand von uns hörte. Sie konnte die Schritte besser als Shemona. Ich sah, wie Shemona ab und zu auf die Füße ihrer Schwester blickte, um sich zu vergewissern; Geraldine jedoch tanzte ohne Zaudern mit kerzengeradem Körper, während ihre Füße wie von selbst über den Boden flogen.

Wir waren alle wie verzaubert. Das Tanzen der beiden hatte etwas Märchenhaftes. Sie waren so losgelöst wie zwei kleine

Waldelfen, vorübergehend dem grauen Einerlei des Alltags entkommen.

Als die Musik endete, ließ sich Geraldine mit gespielter Erschöpfung zu Boden fallen, und Shemona fiel lachend über sie. Wir klatschten begeistert.

«Das war wirklich gut», rief Ladbrooke. «Das war ganz toll.»

«Tanzt ihr immer so?» fragte Mariana.

«Nicht immer», antwortete Shemona. «Aber manchmal zu Hause. Wenn wir gerade Lust haben. Wenn Shamie die Platte auflegt.»

Geraldine kam zu uns, stellte sich hinter meinen Stuhl, legte mir die Arme um den Hals und drückte ihre Wange an die meine.

«Das war ein wunderschöner Tanz, Geraldine. Vielen Dank, daß ihr ihn uns vorgeführt habt.»

«Sehen Sie», sagte sie leise. «Es gibt auch was Gutes in Nordirland. Es ist nicht alles schlecht dort. Ich wollte Ihnen nur zeigen, daß wir auch schöne Sachen haben.»

Dann war der Juni da. Die letzte Woche war, was die Schularbeit anging, vergeudet. Nur Dirkie und Leslie konzentrierten sich noch. Sie verstanden beide nicht, daß das Ende des Schuljahrs vor der Tür stand. Shamie hatte seine Liebe zum Baseball entdeckt und war einer Mannschaft beigetreten, wo er im Sommer spielen wollte. Er sprach also von nichts anderem. Geraldine sollte die Ferien mit einer ihrer Cousinen in einem Tagescamp verbringen, und auf Shemona wartete kurz nach Schuljahresende eine Woche Bibelschule an der Gemeindekirche. Sie wußte nicht recht, was sie davon halten sollte, und war ein bißchen neidisch auf Geraldine, die den ganzen Tag nur vom Schwimmen und Reiten schwärmte. Mariana erzählte uns, daß ihre Großmutter aus Kalifornien zu Besuch käme und bestimmt jeden Tag mit ihr in den Park gehen und ihr Kaugummi kaufen würde. Sie und Geraldine trafen umständliche Verabredungen, wann und wo sie sich in den Sommerferien treffen wollten. Dirkie berichtete übersprudelnd von einer Reise nach Disneyland mit seinen Pflegeeltern. Nur Leslie hatte zur allgemeinen Aufregung nichts beizutragen, aber auch ihr Sommer war bereits geplant: Sie war für das Förderprogramm des Schulbezirks eingeschrieben.

Ladbrooke erzählte mir nach dem Unterricht von diesen Kursen. Es war Dienstag, und der letzte Unterrichtstag war der Freitag. Wir waren dabei, Inventur zu machen und alles wegzupacken. Sie saß auf dem Boden und packte unsere audiovisuellen Geräte ein, während ich auf einem Stuhl stand und all die Dinge vom Regal holte, die wir dort oben verstaut hatten.

«Was machen deine Pläne?» fragte ich.

Sie hatte die Briefe, nachdem wir sie zusammen durchgegangen waren, etwa zehn Tage zuvor abgeschickt. Seitdem hatte sie nichts mehr darüber gesagt.

«So, so.»

«Hast du von deinem Doktorvater gehört?»

«Noch nicht. Er muß sich wahrscheinlich erst mal von seiner Überraschung über meinen Brief erholen. Aber der andere Kollege, von dem ich dir erzählt habe, hat mir geschrieben. Der beim M. I. T.»

«Und? Was schreibt er?»

«So ziemlich das, was ich erwartet hatte. Sämtliche Mittel sind gekürzt worden und überall wird gespart. Er meint, wenn er nicht lockerließe, könnte ich wahrscheinlich wieder reinkommen, aber ob es gleich mit der Spektroskopie klappen würde, bezweifelt er. Es wird wahrscheinlich von meinen Referenzen abhängen. Also kommt im Grund alles auf John an.»

«Was sagt Tom eigentlich zu deinen Plänen?» fragte ich.

Sie zuckte die Achseln. «Ich weiß nicht. Glücklich ist er nicht, das kannst du dir wohl denken. Aber wie er wirklich darüber denkt, weiß ich nicht.»

«Versucht er, dich zu hindern?»

«Das kann er nicht.»

Ich sah zu ihr hinunter. Sie hob den Kopf und breitete die Hände aus. «Vielleicht war das immer schon das Problem. Er konnte mich nie hindern.»

Wir arbeiteten eine Weile schweigend, ehe ich schließlich von meinem Stuhl herunterstieg und die Sachen, die ich ausgeräumt hatte, zum Tisch trug.

«Und was ist mit Leslie?» fragte ich.

Ladbrooke schnitt eine Grimasse. «Ich weiß nicht», antwortete sie. «Ich hätte sie gern bei mir, aber für sie wäre es vielleicht besser, wenn sie bei Tom bleiben könnte.»

«Tom hat mir erzählt, daß Leslie nicht sein Kind ist.»

Ladbrooke war überrascht. «Tatsächlich? Wann denn?»

«Ach, schon lange. Im Januar, glaube ich.»

Ladbrooke starrte mich einen Moment schweigend an. «Wirklich, Torey, es verblüfft mich immer wieder, was du den Leuten alles entlocken kannst. Ich hätte nicht gedacht, daß Tom das je einem Menschen erzählen würde.»

«Stimmt es denn?»

«Ja. Leslie ist Johns Kind.»

«Bist du sicher?»

«Die letzte Bestätigung war die Diabetes. Weder in Toms Familie noch in meiner gibt es diese Krankheit. Aber John ist Diabetiker.»

«Aber es besteht trotzdem immer noch die Möglichkeit, daß sie Toms Kind ist, nicht wahr?»

Lad schüttelte den Kopf. «Das glaube ich nicht.» Sie warf mir einen kurzen Blick zu. «Tom ist – fast impotent.»

«Oh.»

Ladbrooke lächelte leicht. «Siehst du, wie du den Leuten Dinge entlockst, über die sie sonst nie sprechen?»

Ich begann zu packen. «Hat das Auswirkungen auf Leslies Zukunft?» fragte ich. «Daß sie nicht Toms Tochter ist, meine ich.»

Ladbrooke schüttelte den Kopf. «Nein. Er ist ihr richtiger

Vater. Vielleicht nicht den Genen, aber dem Herzen nach.» Sie blickte stirnrunzelnd auf die Sachen in ihrem Schoß. «Ich möchte sie bei mir haben. Sie ist meine Tochter, und ich liebe sie. Wenn ich fortgehe, dann möchte ich sie mitnehmen, aber ich frage mich dauernd, ob das recht ist. Will ich sie nur haben, weil ich weiß, daß es Tom vernichten würde? Oder glaube ich wirklich, daß es für Leslie das Beste wäre? Glaube ich wirklich, daß ich der bessere Elternteil wäre? Ich weiß, daß ich heute eine bessere Mutter bin als noch vor einem Jahr. Ich weiß besser, was ich zu tun habe. Ich kann sie besser führen. Vielleicht ist sie bei mir wirklich besser aufgehoben. Aber sie liebt Tom abgöttisch. Und Consuela auch. Was würde aus ihrer Beziehung zu Consuela werden? Consuela ist für Leslie ein Teil der Familie. Sie kennt sie seit ihrer frühesten Kindheit, und sie hat Leslie wahrscheinlich mehr Halt und Geborgenheit gegeben als Tom und ich zusammen.» Ladbrooke sah mich an. «Wie entscheidet man so etwas, Torey?»

«Ich weiß es nicht.»

Sie schüttelte den Kopf. «In mancher Hinsicht erscheint mir mein Leben so viel besser. Wirklich. Aber in anderer Hinsicht ist es schwerer geworden. Viel schwerer.»

33

Der letzte Tag war gekommen. Wir hatten vereinbart, einen Ausflug zu machen. Statt des gewohnten warmen Mittagessens bekamen die Kinder Lunchpakete; Ladbrooke und ich spendierten Limonade und Chips, Mrs. Lonrho schickte Kekse, und Dirkies Mutter brachte kleine Kuchen, die wie Äffchen aussahen, mit Augen aus Liebesperlen und Schwänzen aus Lakritze.

Ladbrooke und ich packten die aufgeregten Kinder unter Geschrei und Gelächter in unsere Autos, verstauten die Picknickkörbe im Kofferraum, und die Fahrt ging los. Wir hatten uns für ein historisches altes Fort etwa sechzehn Kilometer außerhalb des Orts entschieden, wo einst die Kavallerie gelegen hatte, die dieses Gebiet gegen Indianerüberfälle verteidigen sollte. Es stand von den Vorbergen der Rocky Mountains umgeben auf einem weiten Plateau, und in jüngster Zeit hatte man dort ein großes Erholungsgebiet mit eigenem Picknickplatz geschaffen.

Es war ein guter Gedanke gewesen, mit den Kindern hierher zu fahren, wo sie sich nach Herzenslust austoben konnten. Schreiend und lachend rannten sie über die grünen Hügel.

Ihre Ausgelassenheit weckte in mir Erinnerungen an meine eigene Kindheit und das Gefühl unbändiger Freiheit, das ich stets am letzten Schultag empfunden hatte. Ich konnte mit ihnen fühlen, mich mit ihnen freuen, und doch war da ein Teil von mir, der abseits stand. Ich beobachtete sie alle, auch Ladbrooke, wie aus weiter Ferne, als blickte ich von der falschen Seite durch ein Fernglas und sähe nicht nur diesen warmen, windigen Tag, sondern all die vergangenen Tage, Wochen, Monate ineinandergeschoben. Einmal kam Shemona zu mir gesprungen, und ich war mir deutlich bewußt, daß ich sie nicht so sah, wie sie in diesem Augenblick war, in ihrem gestreiften Sommerkleid mit den nackten Füßen, sondern so, wie sie gewesen war: mit ihrem Affen George im Arm, mit Ladbrooke auf der Schaukel, mit Geraldine beim Tanz zu «The Top of Cork Road». Den ganzen Tag widerfuhr mir das immer wieder. Die vielen kleinen Augenblicke des vergangenen Jahres spukten wie lauter kleine Gespenster um mich herum.

Trotz der Beklemmung, mit der Ladbrooke diesem Tag entgegengesehen hatte, schien auch sie Freude zu empfinden. Sie war so ausgelassen wie die Kinder. Sie hatte eine herrliche Art, sich manchmal einfach gehenzulassen und all die Fesseln und Belastungen des Erwachsenendaseins abzuwerfen. Und die Kinder waren natürlich entzückt von ihrer unbeschwerten Fröhlichkeit. Sie zeigte Shamie, wie er sein Frisbee in den

Wind werfen mußte, damit es zurückgesegelt kam. Sie kletterte mit Mariana, Shemona und Dirkie auf die Wehrmauern der alten Festung hinauf. Beim Mittagessen, als wir Götterspeise aßen, blies sie mit einem Strohhalm in ihre Speise und erzeugte die unanständigsten Geräusche. Die Kinder fanden das natürlich herrlich und lachten so hemmungslos, daß Geraldine prustend ihren Sprudel über den ganzen Tisch spuckte. Später zog Ladbrooke eine unmögliche Mütze aus der Tasche und überreichte sie mir im Namen aller. Es war eine blaue Baseballmütze mit Fuchsohren, die ich sofort aufsetzen und den ganzen Tag tragen mußte.

Gemeinsam erforschten wir das alte Fort, wateten im Teich herum, jagten den Dingen nach, die der starke, böige Wind uns entriß und fortblies.

Allmählich näherte sich das Ende des Tages. Die Kinder tobten immer noch über die weite Hügelflanke am Rand des Picknickplatzes und störten die Erdhörnchen auf, die dort in ihren Höhlen hausten. Da wir bald abfahren mußten, um die Kinder rechtzeitig zurückzubringen, fingen Lad und ich langsam an aufzuräumen.

Mit einem Arm voll Papptellern und -bechern kam Lad zu mir und packte alles in den Karton, den wir mitgebracht hatten. Dann hielt sie inne.

«Jetzt muß ich noch was erledigen, das ich schon lange vorhatte», sagte sie lächelnd zu mir.

Ehe ich sie fragen konnte, was es war, stürzten sich die Kinder auf uns. Quietschend vor Ausgelassenheit kroch Mariana unter den Picknicktisch und schoß zwischen uns beiden in die Höhe. Dirkie krabbelte über den Tisch hinweg.

«He, Leute, nicht so stürmisch», sagte ich.

Sie lachten nur alle.

Ich sah Lad an. «Was wolltest du eben sagen?»

«Ich hab gesagt, ich möchte noch was erledigen, ehe wir abfahren.» Sie trat zu mir und nahm mich in die Arme. Genau in dem Moment sprang Mariana wieder wie der Teufel aus der

Schachtel unter dem Tisch hervor und stieß uns beide um. Alle drei landeten wir im Gras.

«Los, alle drauf», schrie Geraldine, als sie uns zu Boden gehen sah, und sämtliche Kinder warfen sich über uns. Ich lag ganz unten, platt auf dem Rücken, und das hohe Gras, das rundherum wuchs, kitzelte mich im Gesicht. Langsam kletterten die Kinder eines nach dem anderen wieder herunter. Das Knäuel entwirrte sich, und schließlich lag nur noch ich auf dem Boden, und Shemona hockte rittlings auf meinen Beinen. Sie rutschte ein Stück herauf und setzte sich auf meinen Bauch. Dann beugte sie sich vor und legte ihre Hände um mein Gesicht. Sie beugte sich so weit über mich, daß unsere Nasenspitzen sich berührten.

«Ich hab dich lieb, Fräulein», sagte sie mit einem unbefangenen, vertrauensvollen Lächeln. «Fräulein Hayden. Torey Hayden. So heißt du.»

Ich nickte. «Ich hab dich auch lieb, Shemona.»

Sie lächelte immer noch. «Ja, das weiß ich.»

Ladbrooke war weggegangen. Ich sah sie an einem anderen Tisch stehen, wo sie mit einem Mann sprach, einem Touristen offenbar, mit Shorts und Sonnenbrille. Ich stand auf und klopfte mir die Hose ab.

«He, bleibt mal alle einen Moment da», rief Lad herüber. «Der Herr fotografiert uns jetzt. Alle zusammen.» Sie hielt ihren Fotoapparat hoch.

«Habt ihr gehört?» fragte ich die Kinder. «Geht jetzt nicht weg.»

Dirkie stopfte schnell noch ein paar Kekse in den Mund.

«He!» schrie Shamie empört. «Das sind doch nicht alles deine.» Er riß Dirkie die Schachtel aus der Hand.

«Ich auch. Ich will auch eins», rief Mariana und packte die Schachtel.

«Ach, hört doch auf zu streiten», sagte ich. «Ladbrooke will uns fotografieren.»

«Ich will neben dir sitzen, Fräulein», erklärte Dirkie.

«Ich auch», sagte Mariana und stieß Dirkie weg.

«Moment mal, das werden wir gleich haben», sagte ich. «Alle haben Platz.»

«Nein, gar nicht. Ich will hier sitzen, aber er drängelt sich immer vor.»

«Du setzt dich auf den Tisch. Du auch, Geraldine. Wir können sowieso nicht alle in einer Reihe sitzen.»

«Und wo sitzt Ladbrooke?» fragte Shamie. Er hatte die Keksschachtel schon wieder geöffnet.

«Lad und ich sitzen hier auf der Bank. Du da, Shamie. Shamie, bitte leg die Kekse weg. So, Dirkie, du hier. Leslie da. Und Shemona ganz vorn. Geraldine und Mariana, ihr beiden hinter Lad und mir.»

«Ich muß aufs Klo, Fräulein.»

«Halt es einen Moment zurück. Es dauert nicht lange.»

«Hier, Fräulein, setzen Sie die Mütze auf.» Shamie zog die Mütze mit den langen Ohren aus dem Karton.

«Ach nein, lieber nicht», entgegnete ich. «Ladbrooke will doch ein schönes Bild von uns haben.»

«Doch, Fräulein, bitte setzen Sie sie auf.»

«Ja, Fräulein, bitte», sagte Geraldine.

Mariana riß Shamie die Mütze aus der Hand, sprang auf den Tisch und stülpte sie mir über den Kopf. «Sie sehen echt gut aus mit der Mütze, Fräulein. Wie ein richtiges Schlitzohr.»

Der Mann am anderen Tisch hatte Schwierigkeiten mit Ladbrookes Apparat. Er kam mit dem Belichtungsmesser nicht klar.

Die Kinder begannen unruhig zu werden. Leslie setzte sich auf den Boden und weigerte sich aufzustehen. Mariana lupfte meine Mütze und stülpte sie mir wieder über. Shemona erinnerte mich mit einiger Dringlichkeit daran, daß sie aufs Klo müsse.

Endlich schien der Mann zu wissen, was er tun mußte, und Ladbrooke kam zu uns. Sie zwängte sich zwischen Shamie und mich auf die Bank und zog Shemona näher zu sich heran.

«Leslie, steh auf», sagte ich, aber sie rührte sich nicht. Ich zog sie hoch und hob sie auf meinen Schoß.

«Fertig?» fragte der Mann.

«Augenblick noch. Rutsch mal ein bißchen, Dirkie», sagte Lad.

Der Mann mit dem Fotoapparat visierte uns an. «Näher zusammen, sonst krieg ich euch nicht alle drauf.»

Wir rückten noch enger zusammen. Lad legte ihre Arme um Shamie und mich.

«Fertig?»

«Sind meine Haare auch schön, Fräulein?»

«Wunderbar, Mariana.»

«Okay, alles fertig?» fragte der Mann.

«Lächeln. Alle lächeln.»

Nachwort

Mehr als fünf Jahre sind seit jenem windigen Juninachmittag vergangen. Ladbrooke und ich sind gute Freundinnen geblieben. Wir sehen uns immer, wenn ich in die Staaten reise, und sie hat meine Familie und mich schon mehrmals hier in Nord-Wales auf unserem kleinen Hof im Hochmoor besucht.

Kurz nach Ende des Schuljahrs ging Ladbrooke tatsächlich an die Ostküste zurück und begann wieder zu arbeiten. Acht Monate später wurden sie und Tom geschieden. Inzwischen hat sie wieder geheiratet. Ihr zweiter Mann ist ebenfalls Physiker und arbeitet auf einem Ladbrookes Forschungsarbeit eng verwandten Gebiet. Vor zwei Jahren hat Ladbrooke ein gesundes kleines Mädchen zur Welt gebracht. Ich ebenfalls.

Auch heute noch hat Ladbrooke gelegentlich mit den Gespenstern ihrer Vergangenheit zu kämpfen; ihre Ehe und die Beziehung zu ihrer kleinen Tochter werden von diesen Kämpfen immer wieder belastet. Aber im großen und ganzen führt sie ein daseinsfreudiges, erfülltes Leben. Als wir uns bei unserem letzten Zusammensein darüber unterhielten, was von allem, was wir bisher erreicht haben, uns am glücklichsten machte, wußte Ladbrooke die Antwort sofort. Einmal, daß sie jetzt fähig ist, selbst für die Familie zu kochen – ohne Dosenöffner; zum zweiten, daß sie seit jenem lang vergangenen Abend im Mai keinen Alkohol mehr angerührt hat.

Nach der Scheidung hatten Tom und Ladbrooke ungefähr ein Jahr lang das gemeinsame Sorgerecht für Leslie, eine Vereinbarung, die sich für alle Beteiligten als unbefriedigend erwies. Nun lebt Leslie ganz bei Tom und sieht ihre Mutter nur selten. Die Frage der Vaterschaft wurde nie aufgeworfen. Leslie hat innerhalb der Grenzen ihrer Behinderung große Fortschritte gemacht und sich zu einem liebenswerten jungen Mädchen entwickelt. Sie wird vielleicht niemals ganz allein, aber doch eines Tages unabhängig von ihrer Familie leben können.

Dirkie lebt weiterhin bei seinen Pflegeeltern. Er geht jetzt in einer Werkstatt für schwerbehinderte Jugendliche und junge Erwachsene in die Lehre, wo er wahrscheinlich mehrere Jahre bleiben wird. Er wird zwar immer zu Hause leben müssen, aber es ist zu hoffen, daß er dank der Fertigkeiten, die er sich jetzt erwirbt, eines Tages eine Anstellung finden und lernen wird, sich in größerem Maß selbst zu versorgen.

Mariana wechselte im folgenden Herbst in die dritte Klasse über und machte sich recht gut. Am Ende des Schuljahres zog ihre Familie um, und wir haben seitdem nichts mehr von ihr gehört.

Shamie ist inzwischen ein hochgewachsener junger Mann, mit seinen dunklen Haaren, dem sanften, schönen Gesicht und seiner gewinnenden Art der Schwarm aller Mädchen. In der Schule war er nie eine große Leuchte, aber er entwickelte sich auf seinem Weg durch die High-School zu einem hervorragenden Sportler und hat jetzt aufgrund seiner sportlichen Leistungen ein Stipendium bekommen, das es ihm ermöglicht, an einer nahe gelegenen Universität zu studieren. Seit mehreren Jahren arbeitet er als Freiwilliger in einem örtlichen Pflegeheim für unheilbar Kranke und wurde erst vor kurzem öffentlich für seine unermüdlichen Bemühungen geehrt, Mittel zur Aufbesserung der Lebensbedingungen in diesem Pflegeheim aufzubringen. Er hat sich zwar entschieden, bei seinen Verwandten zu bleiben, besucht aber alljährlich seine Familie in Belfast. Er hofft, nach Beendigung seines Studiums für immer nach Irland zurückkehren zu können.

Shemona, inzwischen fast ein Teenager, wurde mit sieben von ihren Verwandten adoptiert. Sie hat sich gut in ihre neue Familie und ihr neues Leben hineingefunden. Sie sieht so amerikanisch aus wie ihre Cousinen, und von dem rauhen Akzent Ulsters ist nicht einmal ein Anklang geblieben. Shemona ist nie nach Belfast zurückgekehrt und sagt heute, daß sie auch nicht den Wunsch hat. Was dort geschah, ist für sie vergangen und vorbei; sie erinnert sich nur noch düster an ihre richtigen Eltern, ihren Bruder und das Haus in der Greener Terrace.

Geraldine kehrte auf ein Jahr in die Sondergruppe zurück, aber es war ihr keine Hilfe. Gegen Ende des Schuljahrs wurden ihre selbstzerstörerischen Tendenzen so stark, daß sie in stationäre Behandlung gegeben werden mußte. Nach drei Monaten entschlossen sich die Lonrhos, Geraldine nach Nordirland heimkehren zu lassen. Kurz vor ihrem zehnten Geburtstag zog sie zu Shamies Familie, nur drei Häuser von ihrem alten Zuhause entfernt. Aber auch hier fand sie keinen Frieden. Nach einem Jahr kehrte sie zu den Lonrhos zurück, hielt es aber auch dort nicht aus und ging schließlich erneut nach Belfast zu anderen Verwandten der weitverzweigten Familie. Als Heranwachsende war sie immer schwerer zu führen; da ihre Verwandten nicht mit ihr fertig wurden, gaben sie sie schließlich in ihrer Verzweiflung in ein Heim in County Tyrone, wo sie heute noch lebt. Ich habe Geraldine seit jenem Sommer vor fünf Jahren nicht wiedergesehen, obwohl uns kaum hundert Kilometer über die Irische See trennen. Alles, was ich über sie weiß, erfahre ich von Shemona über Ladbrooke oder von Shamie, der Geraldine immer besucht, wenn er nach Belfast kommt. Als letztes hörte ich, daß die Behörden bemüht sind, eine Pflegefamilie für sie zu finden. Ich hoffe von Herzen, daß das gelingt, sonst findet Geraldine, fürchte ich, die Familiengeborgenheit, die sie so verzweifelt sucht, im Terrorismus.

Diese bemerkenswerte Gruppe war bisher meine letzte Klasse. Zwei Wochen nach meiner Rückkehr nach Wales heiratete ich und lebe jetzt mit meinem Mann und meiner kleinen Tochter auf einem Bauernhof.

Nach meiner Rückkehr von der Hochzeitsreise wartete ein dicker Brief von Ladbrooke auf mich, der einen Abzug der Fotografie enthielt, die an jenem letzten Nachmittag von uns aufgenommen wurde. Es ist ein freundliches und natürliches Bild. Lad und ich sitzen dicht nebeneinander auf der Bank, umringt von den Kindern. Geraldine und Mariana knien hinter

Lad und mir auf dem Tisch, und Geraldine hat ihre Arme um meine Schultern. Dirkie und Shamie sitzen neben uns, Leslie auf meinem Schoß, Shemona steht vor uns. Die Aufnahme schmeichelt keinem von uns außer Leslie, die wie ein kleiner Engel in die Kamera lächelt. Dirkie hat die Augen zugekniffen. Shemona stiert ins Leere. Shamies Gesicht ist halb verdeckt von Ladbrookes flatterndem Haar. Ich habe die blaue Mütze mit den Fuchsohren auf dem Kopf, deren Schild mein grinsendes Gesicht beschattet. Lad lächelt so künstlich wie ein kleines Mädchen auf dem Schulfoto. Und hinter ihr hockt Mariana und hält ihr zwei gekrümmte Finger wie Hörner über den Kopf. Und dennoch ist in diesem Bild der ganze Zauber jenes Jahres eingefangen.

So will ich diese Zeit für immer in Erinnerung behalten.